제 2 판

알파세대를 위한

# 유아 멀티미디어 놀이·교육

김창숙 · 김은아 · 이주현 · 이선혜

창지사

# 머리말

예쁜 핑크색의 빛깔로 유아 멀티미디어 놀이교육이 출간된 지 8개월 만에 제2판으로 개정판이 나오게 됨을 감사드립니다. 그동안 대학 강의 교재로, 현장 교사들의 미디어 놀이·교육 지도서로, 부모들에게는 자녀들의 안전한 미디어 교육 생활을 위한 안내서로 선택되어 많은 독자들의 관심 속에 초판이 완판되었습니다.

개정판에서는 초판에서 미처 다루지 못한 아쉬운 부분을 인공지능과 같이 빠르게 변화하고 있는 시대적 흐름을 반영하여 유아교육 관계자들이 쉽게 알고, 교육현장에 반영할 수 있도록 내용을 수정 및 보완하였습니다. 달라진 내용을 살펴보면 제2장 미디어 관련 이론에서는 교수매체의 개념과 특성, 교육적 가치, 매체 활용 이론을 유아 발달과정과 연계하여 이론적인 틀을 탄탄히 하도록 많은 논의와 협의를 거쳐 그 결과를 담아내려고 노력하였습니다. 제3장 유아교육에서의 멀티미디어 활용 부분에서는 메타버스를 유아교육 현장에 접목할 수 있는 실질적인 예시를 추가하였습니다. 특히 메타버스 ZEP의 다양한 기능을 활용하여 기관을 만드는 방법을 자세하게 기술하여 유아교육 관계자들이 도움을 얻을 수 있도록 구성하였습니다. 미래 사회의 핵심 기술로 인식되며 중요성이 강조되고 있는 인공지능을 추가하여 ChatGPT, 바드, 라마 등 다양한 인공지능 종류를 추가하고 유아교육적 활용방안을 제시해 놓았습니다. 제4장 유아 미디어 안전 교육에서는 교사 미디어 리터러시 역량 강화를 위해 '교사가 활용하기 좋은 미디어 tool(도구)'과 '미디어 아트 공간'을 추가하였습니다. 미디어 tool의 경우 실제 유아교육 현장에서 필요로 하는 도구가 무엇인지 현장 조사한 것을 바탕으로 다양한 미디어 tool을 제시하고 유아교육 현장에서 어떻게 유아들을 위해 활용할 수 있는지의 실질적인 예시를 담으려 노력하였습니다.

본 디지털-알파세대라고 일컫는 지금의 아이들은 필요한 지식을 얻기 위해 교사에게 배우기보다는 유튜브와 같은 온라인 공간에서 알맞은 정보를 선별하고 콘텐츠를 만들어가는 자기주도학습을 이루어가는 세대입니다. 알파 세대인 유아들을 위해 유아교육 관계자들이 개정판을 통해 영감을 받고 미디어 관련 놀이를 함께 연구하여 유아들의 삶의 질을 개선하고 안전한 미디어 세상에서 살아갈 수 있도록 도움이 되는 역할을 하면 좋겠습니다.

그동안 저는 오랜 시간 동안 어린이들과 함께 웃음과 눈물을 나누며 교육자로서 성취와 기쁨을 누렸습니다. 그리고 LG유플러스 아이들나라와의 협력을 통해 미디어 교육의 새로운 역할을 담당하며 많은 보람을 느꼈습니다. 이 책은 그 경험과 지식을 여러분과 함께 나누기 위한 노력의 일환입니다. 책의 여정을 함께 해준 모든 분에게 다시 한번 감사의 인사를 드리며, 아이들나라 팀의 열정적인 지원과 참여로 아동의 권리를 보호하며 행복한 세상을 만드는 일에 함께하고자 합니다. 마지막으로 이 책을 통해 기꺼이 자신들의 삶을 공유해준 그림유치원 어린이와 그들의 놀이를 가치 있게 지원해준 교사들에게 바칩니다. 그리고 김은아 교수, 이선혜 연구부장, 이주현 책임연구원 등 함께 해준 모든 분께 감사드립니다.

2023년 10월 12일

동대문구 그림유치원 연구실에서

대표저자 김창숙

## Chapter 04. 유아 미디어 안전 교육



## Chapter 05. 디지털 놀이 프로젝트 실제

# Chapter 1

## 미래사회에서의 미디어 활용

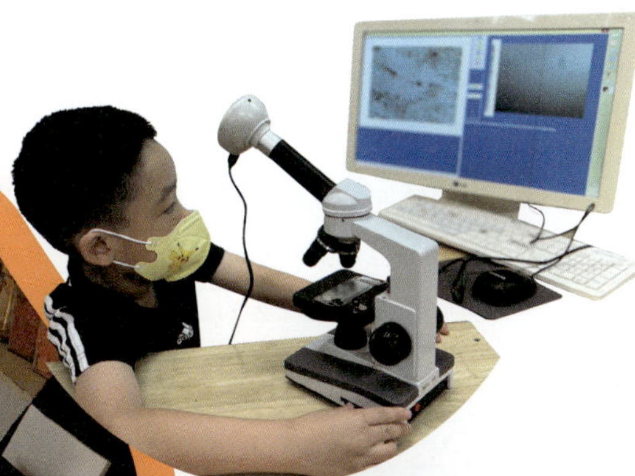

# 1. 4차 산업사회와 미래교육 방향 찾기

## 1) 4차 산업혁명 시대의 특징

지식정보 혁명을 넘어 초인지혁명이라 일컬어지는 제 4차 산업혁명은 IOT, CPS, AI를 기반으로 사람과 사물 그리고 공간이 초연결되어 있고, 모든 사회가 빠르게 변화하는 특징을 가지고 있다. 인공지능과 가상현실·증강현실, 빅데이터, 3D프린터 등이 화두가 되고 있는 4차 산업혁명 시대에 유아교육에서의 교육패러다임은 특히 교수매체와 교수학습방법 측면에서 변화를 요구받고 있다. 새로운 미디어의 등장은 인간에게 희망과 동시에 불안을 안기기도 한다. 문자의 사용이 정보의 저장을 도와주지만, 인간의 기억력은 감퇴할 것이라는 경계심이 소크라테스에게도 있었다. 이러한 소크라테스의 우려에도 불구하고, 지금 교육현장에서는 교육미디어로 이미 인공지능과 지능형 인터넷들이 활용되고 있다(이연승, 2022).

그러므로 디지털 사회의 도래로 크게 변화된 미래 환경 변화에 능동적으로 대처하고, 미래인재 양성을 위한 교육으로 전환되어야 할 필요성이 대두되었다. 이에 세계 여러 나라의 교육 동향의 경우 미래사회 학습자에게 필요한 역량을 기르기 위한 디지털 교육을 강조하고 있으며, 유아교육분야에서도 이러한 교육동향을 반영하고 있다(교육부, 2022). 우리나라도 2019 개정 누리과정에서 이러한 방향에 부합한 유아중심·놀이중심 교육과정을 도입하여 운영하고 있다. 이러한 시점에서 미래의 유아교사에게는 교수학습과 매체 측면에서의 패러다임 전환에 대한 인식, 다양한 스마트 매체와 애플리케이션 활용 지식 그리고 이를 활용할 수 있는 기술이 요구된다. 우리는 로봇과 인공지능을 이용하며, 사람들과 협력하고 집단지성을 통해 그 이상의 가치를 만들어내는 방향으로 진화해야 하며, 이를 위하여 우리는 기존의 세계관을 디지털 세계관으로 바꾸어야 한다. 이는 디지털 원주민이라 불리는 MZ세대가 미래의 표준이며, 미래의 선진국은 창의적 아이디어와 디지털 혁신을 이룰 수 있어야 하기 때문이다(최재붕, 2022).

우리 사회에서는 거의 모든 문화가 디지털로 옮겨가는 과정에서 우리 자신마저 바뀌어 가고 있다. 이러한 인간을 우리는 포노사피엔스라고 부른다(최재붕, 2019). 이것은 우리 역사상 가장 위대한 창의성과 발명, 그리고 발견의 폭발에 따른 뜻밖의 부수적인 결과라고 할 수 있다. 디지털 테크놀로지의 발달은 경제, 예술, 교육, 문화산업에도 큰 영향을 미치고 있으며, 인간의 사고방식과 감성까지도 변화시키고 있다. 이러한 특징들을 종합하면 지금은 디지털의 시대를 넘어 아날로그적 감성을 추구하는 포스트 디지털 시대라고 정의할 수 있다(최진경, 2021).

## 2) 미래 사회에 요구되는 핵심역량(인재상)

### (1) 새로운 인재상과 핵심역량

4차 산업혁명 시대는 지금까지와는 다른 인재를 원한다. 세상이 필요로 하는 인재상이 바뀌었다면 교육의 방식도 바뀌어야 한다. 제 4차 산업 혁명 시대의 교육에서는 혁신적 기술을 융합하여 자유롭게 활용할 수 있도록 컴퓨팅 사고, 창의적 사고, 아이디어를 기술할 수 있고, 제품과 융합할 수 있는 비즈니스 정신과 정보지능에서 융합지능으로 고도화 시키는 능력이 필요하다. 농경사회에는 노동력이 필요했고, 산업사회에서는 3R 능력이 필수적이었다면 정보화 시대에 필요한 핵심소양은 3R 능력과 더불어 컴퓨팅 사고능력이 필요하다. AI시대의 새로운 언어인 코딩은 미래 언어로서, 창의융합사회를 살아갈 세계시민으로 갖추어야 할 필수적인 역량이라고 할 수 있다.

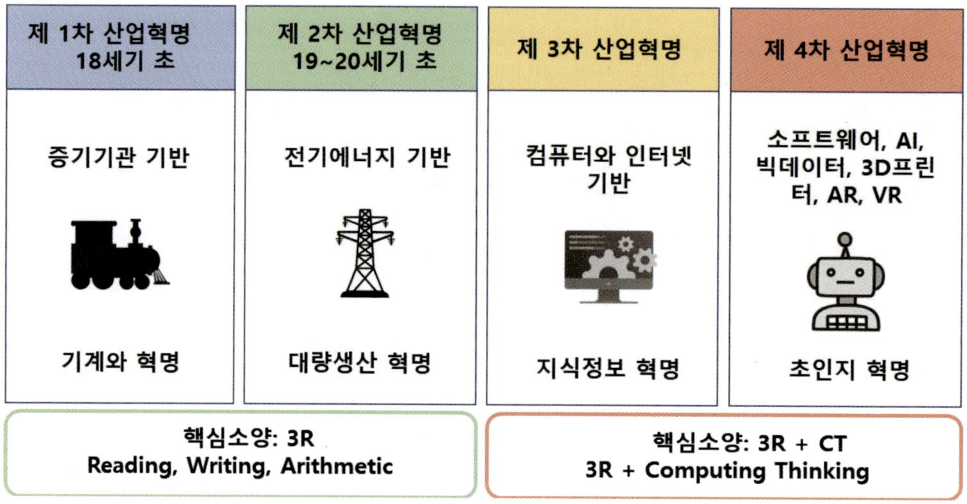


〈그림 1-1〉 4차 산업 혁명시대의 특징과 핵심 역량

### (2) 4차 산업 혁명시대의 특징과 핵심 역량

이와 같은 과학기술에 의한 기계적인 연결은 교육현장에서도 엄청난 개방화를 초래할 것으로 예측한다. 이러한 개방화는 교육에서 인간관계 회복과 관계된 책무성을 요구하게 될 것이다. 영·유아기 개념관계의 형성도 현실에 기반을 둔 사물과 사물, 사물과 인간의 개념 관계를 통하여 데이터와 네트워크 개념으로 확장되어야 한다. 유아교육의 가장 큰 특징이 통합교육이라고 가정한다면 유아교육 영역인 의사소통과 예술표현, 자연탐구, 사회관계, 신체건강·운동 영역의 통합적 접근은 융합을 전제로 한 미래교육에 적합한 교육이라고 할 수 있다.

### (3) 지식에서 역량으로 변화

4차 산업혁명 시대를 준비하는 교육의 핵심 개념이 지식에서 역량으로 변화하고 있다. 기존산업사회에서는 지식의 획득과 활용, 기술의 개발 및 활용이 중요하였다. 그러나 4차 산업혁명 시대에서의 복잡하고 다양한 사회적 요구에 적절하게 대처하고 준비하기 위해서는 인지적 측면과 비인지적 측면을 아우르는 종합적 역량을 갖추어야 한다(김창환, 2014). 4차 산업혁명 시대 교육은 기하급수적으로 생산되는 정보를 알고 기억하는 것을 목표로 하는 단순 암기 위주의 교육보다는 방대한 정보를 이해하고 이를 통해 가치 있는 정보를 찾아내고 조직화하는 능력을 기를 수 있는 교육이 필요하다. 지금까지의 교육이 지식을 전달하고 이를 평가하는 교육이었다면 앞으로의 교육은 미래 사회에서 무엇을 할 수 있는가에 대한 역량을 길러주는 교육으로 전환되어야 하며, 새로운 지식을 빠른 시간 안에 습득하고 업무에 적용할 수 있는 역량을 기르는 데 초점을 맞추어야 한다.

그렇다면 이러한 4차 산업혁명 시대에 유아들에게는 어떠한 역량이 필요한 것일까? 세계경제포럼(World Economic Forum, 2016)에서 제시한 4차 산업혁명시대가 요구하는 핵심기술은 기초문해(foundation skills), 역량(competencies), 인성자질(character qualities)과 하위영역으로 구성된다. 기초문해는 일상생활에서의 핵심기술 적용과 관련되는 인지적인 역량이다. 역량은 어떻게 복잡한 도전 상황에 대처하는지를 의미한다. 하위 영역으로 4C로 일컬어지는 협력(collaboration), 의사소통(communication), 비판적 사고/문제해결(critical thinking/ problem-solving), 창의적 혁신(creative innovation)을 포함한다. 더 나아가 미국의 발달심리학자 골린코프와 파섹(Golinkoff & Pasek, 2016)은 '4차 산업혁명시대 미래형 인재를 만드는 최고의 교육'에서 아이들의 잠재력을 이끌어 내는 방법을 소개하면서 콘텐츠(contents)와 자신감(confidence)을 추가하여 21세기에 필요한 역량을 6C로 제시하였다.

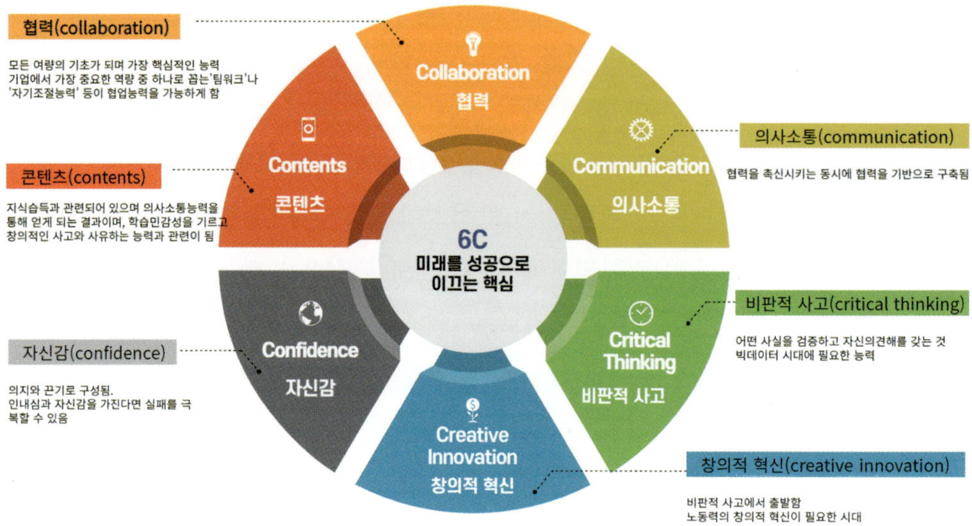


〈그림 1-2〉 4차 산업혁명 시대가 요구하는 핵심역량(6C)

변화하는 환경에 어떻게 대처해야 하는지를 보여주는 인성 자질은 주도성, 일관성/도전정신, 적응력, 리더십, 과학 및 문화로 구성되어 있다. 세계경제포럼에서는 이러한 핵심역량을 갖춘 인재상으로 정의되지 않은 복잡한 문제를 해결할 수 있는 사람, 다양한 분야의 사람들과 협업할 수 있는 사회적 기술을 갖춘 사람, 정보를 다루고 합리적으로 활용하는 정보처리능력을 핵심역량으로 제시하였다. 또한 이가라시 유키(Yuki, 2017)는 4차 산업혁명 시대 유아들과 초등학생들을 'AI세대'라 칭하면서 AI세대를 위한 디지털 교육으로 6세까지 가르쳐야 할 핵심역량 다섯 가지를 제시하였다(이미란, 홍순옥, 2018).

〈그림 1-3〉 AI 세대를 위한 핵심역량

① 생각하고 행동하는 능력(창의성과 이노베이션):
디지털 리터러시, 논리적 사고력, 지식활용능력, 표현력, 창의력 등을 포함

② 성과를 만들어내는 능력:
스스로 목표를 설정하고 이를 달성하는 능력과 자신감이 필요함

③ 공생과 협업 능력:
스스로 학습하고 사고 할 수 있는 인공지능 로봇과의 의사소통 능력은 AI세대에게 가르쳐야 할 핵심역량으로 매우 중요함

④ 수리력과 어휘력:
학습토대가 되는 능력으로 효율적으로 학습을 진행하기 위해 필요한 능력. 21세기형 능력으로 Science(과학), Technology(기술), Engineering(공학), Mathematics(수학)을 강조하는 STEM 교육방법과도 같은 맥락임

⑤ 정보리터러시:
사회변화를 간파하는 능력으로서 정보리터러시는 사회를 이해하기 위한 다양한 정보의 수집·처리·분석에 매우 필요한 핵심 역량이며, 사회 구조를 이해하는 능력 또한 강조되어야 하는 핵심역량

역량은 지식, 기능(실행능력), 가치 및 태도로 구성되는 포괄적 개념으로 정의된다. 이러한 역량을 키우는 목적은 학생들 스스로 사회를 변화시키고 자신의 미래를 형성하는 주도적 학습자가 됨으로써 자신과 사회의 안녕(질 높은 삶)을 추구하는 데 있다. 이를 위해 학생이 교사, 친구, 부모, 지역사회의 협력을 통해 문해력, 수리력, 데이터 활용능력, 건강관리능력, 디지털 활용능력을 키우며 '새로운 가치 창조', '긴장과 딜레마 조정', '책임 감수'에 필요한 역량을 함양해야 한다. 이러한 역량은 모두 중요한 요소이며 더 중요한 것은 이들 간의 융합과 균형이라고 할 수 있다.

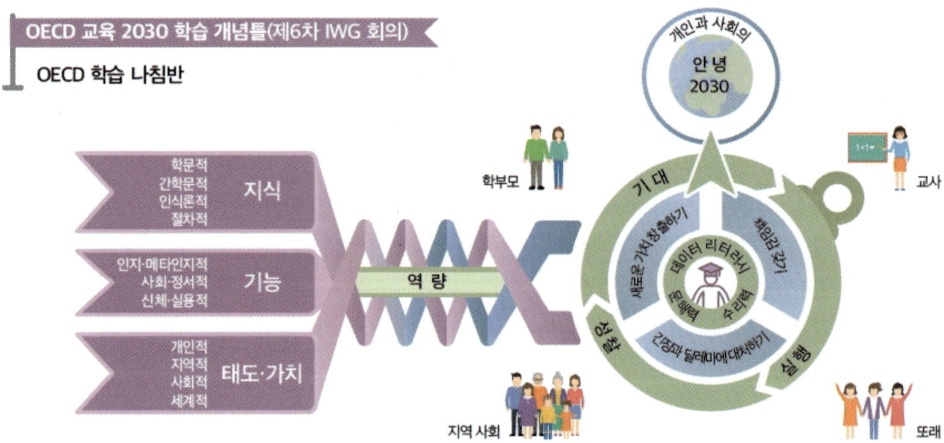


〈그림 1-4〉 OECD 교육 2030 프로젝트에서 제시한 학습의 틀

출처: OECD(2018): 교육부(2019)에서 재인용

OECD에서 제시한 교육을 위한 개념 틀은 역량 교육이 지식 교육을 소홀히 하거나 경제적 목적에 치우치는 것을 경계하고 역량 교육 과정에서 '학습자 주도성'이 중요한 요소임을 보여준다(최상덕, 2018). 이러한 역량 교육의 목적과 방향 제시가 새로운 개념은 아니다. 그동안의 학습자 주도 학습방식을 적용한 교수학습 방법과 평가 방법을 성찰적 분석을 통해 종합한 내용을 바탕으로 도출한 개념이라고 할 수 있다.

핵심역량을 함양하는데 교육의 측면에서 다양한 변화가 필요하고 변화의 필요성도 느끼고 있지만 학교는 거대한 시스템 속에 존재하기 때문에 실제로 변화를 구현하는 것은 쉽지 않다. 전문가들은 On-demand 방식의 교육제공에 대한 요구가 크게 증가할 것이라고 전망하며 연계된 분야를 넘나드는 유연성을 교육과정 안에서 체득해야한다고 주장하면서 이를 위해서 학습능력을 길러야 한다고 하였다. 더불어 학습능력을 기르는 방법으로 서로 다른 영역을 연결할 수 있는 창의력, 동료와 함께 문제를 해결할 수 있는 능력을 제안한다(박형주, 2022). 사실상 교육적 측면에서 오랫동안 내용과 방식을 바꾸려고 노력했지만 변화의 속도는 사회변화 속도를 따라가지 못하는 것이 현실이다(박일준, 김묘은, 2020). 교육을 바꾸기 위해서는 비교적 변화가 쉬운 교수매체를 바꾸는 것이 가장 현실적이라고 할 수 있다. 물론 교육의 중심은 '주제'이며 주제를 더욱 재미있고 효과적으로 이해하는데 활용하는 수단의 개념으로 교수학습 방법을 적용하고 매체를 활용해야 한다.

이를 위해 디지털 & 미디어 리터러시 수업 방법을 적용할 수 있다. 이는 디지털 도구를 활용한 방법으로 디지털 리터러시 교육협회가 추구하는 교육프로세스로서 S(search), T(Talk), M(Make), P(Presentation), E(Evaluation)의 다섯 단계로 진행된다.

S(search): 주어진 주제에 관해 스스로 탐색, 생각, 질문하며 문제 발견
T(Talk): 함께 대화하고 생각 나누기
M(Make): 디지털 컨텐츠로 제작
P(Presentation): 제작한 컨텐츠 발표, 공유
E(Evaluation): 스스로 돌아보고 성찰, 피드백

이러한 방식은 4차 산업혁명 시대가 요구하는 핵심역량(6C)을 기르는데 필요한 요소를 포함하고 있으며, 디지털 리터러시를 기르는 효과적인 방법이다.

### (4) 협업을 가능하게 하는 커뮤니케이션

핵심역량을 기르기 위한 교육은 학습자 간 협업이 중요한 요소로 작용한다. 효과적인 협업이 이루어지기 위해 토의와 토론을 통해 문제를 해결하는 방법을 찾는 방법을 경험하게 된다. 토론과 토의는 민주적 의사소통 과정으로 공동체의 목표 달성을 위해 협력하고 모든 개인의 행복을 추구하기 위한 방법이라고 할 수 있다. 따라서 효율적인 토론과 토의를 통한 커뮤니케이션 능력을 향상시킬 필요가 있다. 더불어 상호작용이 가능한 미디어 매체가 유아교육에 긍정적인 영향을 미치는 부분을 인정하고 유아의 발달에 적절하고 안전한 상호작용적 디지털 미디어를 유아에게 기술 · 학습 · 소통적으로 노출시키며 교육할 책임이 있다(NAEYC, 2012). 학습 도구에 대한 접근성이 높아지면 서로에 대한 접근성도 높아진다. 이메일, 소셜미디어 및 온라인 포럼은 학습자가 성인이 되어 직장생활에서 마주칠 수 있는 상황과 유사한 협업 환경을 구안할 수 있다. 새로운 혁신을 위한 협업학습 분야에 대한 관심이 고조되고 있다. 커뮤니케이션은 협업의 기초이기 때문에 서로 의사소통 능력은 매우 중요하다. 구성주의에서는 교실의 원리로 흥미, 실험, 협동을 제시하는데 협동에서 관찰할 수 있는 요소가 커뮤니케이션이라고 할 수 있다.

## 3) 미래 교육 방향 찾기

### (1) 디지털 리터러시가 필요한 시대

디지털 사회로의 패러다임의 변화는 우리의 일상에서도 새로운 소양과 역량을 필요로 한다. 학생들이 다양한 지식과 정보를 전달하고, 경험하고, 의사소통하도록 이미지와 동영상, 웹 페이지를 연계할 수 있는 디지털 미디어를 적극적으로 활용하고 있다. 디지털 기술을 이용한 인터넷을 비롯한 다양한 디지털 환경의 글, 이미지, 동영상, 음원, 링크되어 있는 여러 자료들을 실제적인 목적으로 읽고 쓰고 공유하는 능력이 중요해졌기 때문이다(이연승, 2022).

UNESCO의 미래교육 구상에서는 미래사회 학습자에게 필요한 핵심역량으로 디지털 리터러시와 데이터 리터러시를 강조하고 있다(UNESCO, 2018). 또한 유럽 국가의 디지털 리터러시 교육실행(Bocconi et al., 2016; Otterborn, Schönborn & Hultén, 2018) 및 일본, 홍콩, 벨기에 호주, 미국, 이스라엘, 튀르키예 등 다양한 나라에서 디지털 교육프로그램을 적용하여 디지털 역량을 국가 교육 정책으로 제시하고 있으며, 세계경제포럼은 4차 산업혁명시대 인재의 핵심 역량으로 복합적인 문제해결 능력, 창의력, 협업과 더불어 디지털 미디어 리터러시를 제시했다.

OECD는 청소년들이 살아갈 미래사회가 요구하는 핵심 역량을 함양할 수 있도록 하기 위한 '교육 2030' 사업을 2016년부터 본격적으로 추진하고 있으며, 그동안의 연구를 통해 'OECD 교육 2030 학습 개념틀'이 새롭게 제시되었고, 핵심역량 교육이 실행될 수 있도록 교육과정, 수업방법, 평가방법, 교육환경 등의 연구가 계속되어 왔다. 'OECD 교육 2030 학습 개념틀'은 역량 개념의 정의와 역량 교육의 목적 및 과정을 알기 쉽게 제시하고 있다(OECD, 2018). 우리나라도 이러한 세계적인 동향을 반영하여 21세기를 살아가는데 필요한 '핵심역량'을 중요한 요소로 다루고 있으며 핵심역량은 디지털 미디어에 대한 이해와 활용능력을 포함한다.

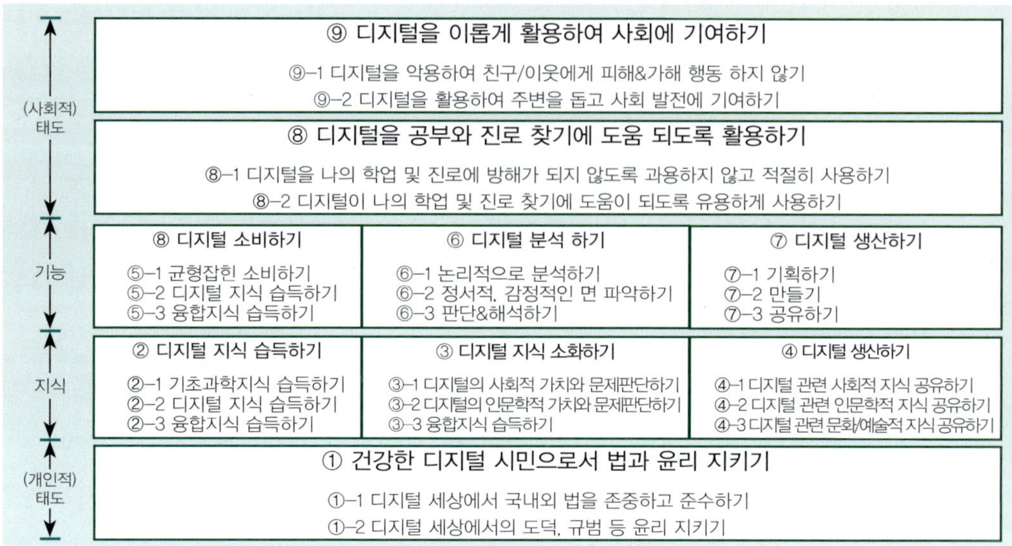


〈그림 1–5〉 디지털 리터러시의 요소

디지털 리터러시의 개념은 '온라인을 통해 다양한 출처로부터 찾아낸 여러 가지 형태의 정보를 이해하고 자신의 목적에 맞는 새로운 정보로 조합해 냄으로써 올바로 사용하는 능력(Glister, 1997)'으로 정의되었으나 디지털 기술의 발전과 시대가 인간에게 요구하는 능력의 변화에 따라 지식과 기술을 넘어 디지털 기술의 적절한 활용을 위한 인식과 태도의 영역으로까지 확장되고 있다.

디지털 리터러시는 '디지털 기술과 미디어를 잘 활용하며, 디지털 콘텐츠를 소비하고, 분석하고, 공유하고 생산할 줄 아는 능력과 소양'이라고 정의한다. 루블라와 베일리(Rubbla & Bailey, 2007)는 '디지털 기술을 사용할 줄 아는 능력과 언제 어떻게 사용할지를 아는 능력'이라고 정의하였으며, 미국 도서관협회(ALA)는 '발견, 평가, 창조, 정보소통을 위해 정보와 커뮤니케이션 기술을 이용하는 능력'으로 인지적 능력과 기술적 능력을 요구한다고 보았다(구본권, 2017).

이러한 디지털 리터러시의 개념을 이연승(2022)은 다음과 같이 정리하였다.

첫째, 디지털 매체와 테크놀로지를 효율적으로 사용할 수 있는 기술, 지식, 비

판적 사고력과 함께 문제해결, 커뮤니케이션, 그리고 지식을 창출할 수 있는 능력

둘째, 디지털 사회 구성원으로서의 자주적인 삶을 살아가기 위해 필요한 기본 소양으로 윤리적 태도를 가지고 디지털 기술을 이해, 활용하여 정보를 탐색 및 관리, 창작을 통해 문제를 해결하는 실천적 역량

셋째, 디지털 기술과 커뮤니케이션 도구로 적절하게 정보에 접근하고, 관리하고, 통합하고, 분석하고, 평가하며, 새로운 지식을 구성하고 창조하고, 분석하며 소통할 수 있는 흥미, 태도 능력

넷째, 디지털 미디어를 사용할 때나 디지털 시민으로 살아가는 데 필요한 보안, 윤리, 안전, 확인과 관련하여 바람직한 선택을 할 수 있는 능력

이와 같은 내용을 요약하면, 디지털 리터러시는 디지털 미디어 콘텐츠를 비판적인 사고로 이해하고 활용하며, 스스로 생산할 수 있는 종합적인 역량이다. 또한 다양한 디지털 테크놀로지를 활용할 수 있으며, 정보기술과 인터넷을 활용해 콘텐츠를 수집하는 능력을 포함한다. 또한 이를 평가하고, 공유하고 창조하는 능력이라고 정리할 수 있다.

디지털 리터러시가 중요한 또 다른 이유는 허위정보에 대한 분별력이 중요하기 때문이다. 수많은 정보 중에서 유익한 정보를 찾아내는 능력이 필요하고 객관적이며 주체적인 판단을 할 줄 아는 능력이 필요하다. 더불어 기술을 배워 능력을 갖추기에 앞서 디지털 윤리를 배우고 인성을 함양하는 것, 즉 윤리의식과 시민의식을 갖추고 책임 있게 미디어를 활용하는 자세가 필수적인 요소이다.

디지털 미디어를 통해 지식과 정보를 얻고, 인터넷으로 연결되는 세상에서는 누구나 쉽게 지식과 정보에 접근할 수 있다. 따라서 미디어를 읽고 쓸 줄 아는 능력은 지식과 정보를 얻는 능력과 밀접한 관계가 있다. 세상의 많은 지식과 정보가 디지털화 되고, 이렇게 디지털화된 지식과 정보는 디지털 미디어를 통해 공유된다. 이러한 이유로 미디어 리터러시가 가장 중요한 요소가 되었다(박일준, 김묘은, 2019).

미디어 리터러시는 다양한 매체를 이해할 수 있는 능력이며, 다양한 형태의 메

시지에 접근하여 메시지를 분석하고 의사소통 할 수 있는 능력을 의미한다(국어용어사전). 이러한 미디어 리터러시는 인지적 차원을 뛰어넘어 미학 · 감정 · 도덕적 계발을 포함하며 자신의 삶에서 미디어를 사용하는 방식이 표현되므로 단순한 기술의 습득이라기보다는 미디어의 내용, 패턴, 그리고 매체 활용의 효과를 예측하는 지식구조 즉, 미디어에 대한 스키마(schema)를 의미한다고 할 수 있다.

새로운 미디어의 등장이 낳은 사회 · 문화적 변화는 미디어 이용자에게 새로운 미디어에 대한 적응력을 높이고, 제대로 활용할 수 있는 역량을 함양할 필요성을 제기하고 있다. 이러한 변화는 더욱 빠르고 신속하게 이루어질 것이므로 시대의 변화를 받아들이고 그 안에서 발생하는 문제점에 적극적으로 대처하여야 한다. 4차 산업 혁명시대에 디지털 미디어 시대를 뛰어넘어 더욱 새로워질 미디어 시대를 맞이할 수 있는 소양을 길러야 할 것이다.

### (2) 가상공간에서의 시민의식이 필요

디지털 기술에 대한 이해는 미래사회의 변화를 이끄는 핵심 요인이다(이철현, 2016). 따라서 세계 여러 나라에서 모든 국민이 디지털 사회의 시민으로서 삶을 살아가기 위한 디지털 역량을 중요하게 고려하고 있다(UNESCO, 2018). 디지털 시민성의 개념은 디지털 세상 속 인권과 관련이 있다. 모든 시민이 온라인에서 안전할 권리, 시민으로서 동등하게 참여할 권리로서 미디어를 매개로 이루어지는 삶에서 시민 상호 간 윤리와 존중, 인권의 가치를 중시하는 담론으로 확장되며 정치적 중요성을 갖게 되었다.

영국 JISC(Joint Information Systems Committee, 2016)는 디지털 시민성을 '사람들이 디지털 사회에서 삶과 학습 그리고 일을 위해 갖추어야 할 능력'으로 정의하고 있다. 디지털 시민성 개념은 기본적으로 완전히 새로운 것은 아니다. 시민성 혹은 시민의식에 대한 논의는 오랜 역사를 지니고 있으며 시민성 교육 역시 중요한 교육의 영역으로 인식되어 왔다. 다만 디지털이라는 미디어 환경과 그와 연계된 사회문화적 변화에 기존의 시민성과 시민성 교육에 대한 재검토의 필요성이 부각되었다(안정임, 최진호, 2020). 우리나라의 경우에도 디지털 미디어 소통역량 강화 종합계획(2020)에서 온·오프라인 미디어 교육 인프라 전국 확대를 통해 디지털 공간에서 소통하고 능동적으로 참여하기 위한 디지털 시민성 강화를 도모하고 있다(교육부, 2021).

아시아·태평양 지역의 어린이와 청소년에게 정보통신기술의 안전하고 책임 있는 이용을 촉진하는 데 있어 국가적 차이를 살펴보기 위해 유네스코에서 진행한 DKAP(Digital Kids Asia Pacific) 프로젝트에 제시된 디지털 시민성은 다음과 같은 5개 영역의 역량으로 구성되어 있다.

① 디지털 리터러시 : 디지털 도구를 사용하여 정보를 검색하고, 비판적회으로 평가하고, 효과적으로 사용하여 정보에 입각한 결정을 내릴 수 있는 능력

② 디지털 안전과 회복 : 디지털 공간에서 자신과 다른 사람들을 위해로부터 보호하는 방법을 이해하는 능력

③ 디지털 참여 : 적절한 디지털 기술을 통해 사회와 공평하게 상호작용하고 관여하며 긍정적인 영향을 미치는 능력

④ 디지털 감성 지능 : 개인과 대인관계 수준에서 디지털 상호작용 중에 감정을 인식하고 탐색하고 표현하는 능력

⑤ 창의성과 혁신 : ICT 도구를 활용한 디지털 콘텐츠 창출을 통해 자신을 표현하고 탐구하는 능력

이러한 디지털 시민성 또한 디지털 리터러시를 포함하고 밀접하게 연관되어 있음을 알 수 있다. 가장 중요한 것은 이들 요소를 균형 있게 다루어야 한다는 것이다. 지나치게 윤리만 강조하면 디지털을 금지하는 방향으로 치우치게 되어 디지털의 발전을 기대할 수 없고, 디지털 윤리의식이 부족한 상황에서 활용하는 능력만 갖춘다면 디지털 분야에 있어서 아노미 현상이 발생하여 혼란스러운 상황이 발생할 수 있다.

디지털과 아날로그 모두를 요구하는 포스트 디지털은 디지로그(Digilog)와 맞닿아 있다. 이어령(2006)에 의해 처음 사용된 디지로그는 디지털(Digital)의 Digi

와 아날로그(Analog)의 Log를 합쳐서 새롭게 만든 이 말은 21세기 후기 정보사회의 문화현상을 읽어내기 위해 만든 용어로서(이동은, 2010), 디지털 기술이 성숙할수록 아날로그적 감성이 뒷받침되어야 한다는 의식의 표현이다. 이는 디지털 공간에서도 관계를 맺는데 필요한 윤리와 법을 지키면서 사회의 발전에 기여할 수 있는 성숙한 시민의식 즉 디지털 시민성(digital citizenship)의 필요성에 대한 주장이기도 하다.

유네스코(UNESCO)에서 제시한 '교육 2030 아젠다'는 디지털 세계에서 시민들이 번영하기 위한 필수적인 요소로 정보통신기술(ICT)의 습득과 기술 습득을 강조한다. 디지털 기술의 발전은 상당한 기회와 이익을 가져다 준 것은 사실이지만 사이버 괴롭힘이나 온라인 범죄와 같은 사회 · 윤리적 문제 또한 증가하고 있는 것도 간과할 수 없는 사실이다. 디지털 시민성은 '디지털 혁명의 시대에 시민들이 더 책임감 있고 역동적으로 참여할 수 있는 역량'을 말한다. 디지털 시민성은 미디어를 통한 소통을 포함하고 있다는 점이 일반 시민성과 가장 큰 차이점이다. 유아가 미디어 활동을 하는 디지털 세상에서 디지털 시민성의 인식과 개념을 이해하는 것은 매우 중요한 과제이다. 디지털 시민성은 언어, 수학, 학습 및 문화적 인식과 같은 다른 역량을 배양하는 중요한 도구라고 할 수 있다(Ferrari & Punie, 2013).

기존 교육을 살펴보면, 안전하고 효율적이며 책임감 있는 정보통신기술 활용의 개념을 도입하고 있지만, 학교 교육에서 디지털 역량을 강화하기 위한 교육의 변화는 아직 제대로 이루어지지 않고 있는 실정이다. 디지털 환경에서 개인의 영향력이 커지고 미디어를 통해 사회에 참여하는 것이 일상화되면서 디지털 미디어를 사용하는 사람의 성숙한 태도와 시민의식이 강조되기 때문에 디지털 시민성은 실제 대면하는 사회공간과 달리 디지털 사회가 갖는 특성과 윤리의식, 디지털 기술과 환경에 대한 이해가 뒷받침되어야 한다.

디지털 미디어 이용과 활용에 의해 서로 다른 방식의 디지털 시민성이 나타날 수 있으며 이것이 시민의식의 근간을 이루는 공동체 의식에도 차별적인 영향을 줄 수 있기 때문에(안정임, 최진호, 2020) 오프라인 중심 사회에서의 시민성을 함양하는 것을 매우 의미 있는 교육의 목표로 설정하고 있는 기존 교육을 뛰어넘어 이제 디지털 사회에서 필요한 시민성을 다시 한번 정의하고 우리 교육의 목표와 내용을 설정하는 중요한 준거를 마련해야 한다(정제영, 2022). 이러한 근거로 홍남희(2021)는 디지털 시민성 교육에 대해 '디지털 사회에 적극적으로 참여하기 위한 역량을 교육으로 강화하는 것을 목표로 하며 이를 통해 온라인에서 이용자가 민주적 권리와 책임감을 키우고 인권과 민주주의, 사이버 공간의 규칙을 수호하기 위한 지식과 기술, 이해를 키우도록 해야 한다'고 제안한다.

### (3) 포스트 디지털 세대, 디제라티(Digerati)가 이끄는 미래

포스트 디지털 세대는 디지털 시대의 한계(기술 자체를 위한 차가운 기술과 이기적 개인주의)를 뛰어넘는, 인간을 위한 따뜻한 기술과 수평적 네트워크의 진화, 공동체 문화의 확산으로 아날로그적 가치를 다시 되살리는 젊은 세대를 의미한다. 포스트 디지털 세대는 디지털 환경과 문화 속에서 성장하면서 디지털 기기와 매체를 자유롭게 활용해 자신의 감정과 욕구를 적극적으로 표현하는 특징을 가지고 있다.

나현신(2008)은 미래를 살아갈 포스트 디지털 세대의 특성을 다음 6가지로 제시하였다. ①인간관계(Human Relationship)를 위한 디지털, ②표현(Expressionism)을 위한 디지털, ③시각적(Anti-literality) 라이프 스타일, ④낙천적(Relaxed Mindset) 라이프 스타일, ⑤트렌드의 주체적 수용(Trend-independence), ⑥즉시성(Speed)이라는 핵심 코드인데 이러한 요소의 첫 글자를 조합하여 'H·E·A·R·T·S'라는 개념을 제안하였다. 이를 요약하면 포스트 디지털 세대는 디지털 환경과 문화 속에서 성장하면서 디지털 기기와 매체를 자유롭게 활용해 자신의 감정과 욕구를 적극적으로 표현하는 세대라고 정리할 수 있다. 이처럼 이중성과 속도를 중심으로 이전 세대와는 다른 존재 방식과 사유 방식을 갖는 이들은 이성과 감성이라는 이분법 또한 의미가 없다. 이들은 가상보다도 더 가상 같은 실제 현실에서 그리고 실제보다도 더 실제 같은 가상 속에서 살아간다. 따라서 이들은 인간중심의 가치추구를 위해 가장 효율적인 방법으로 디지털 문화를 활용할 수 있으며, 인간관계를 유지하고 강화하는 도구로 디지털 매체를 활용한다.

이러한 포스트 디지털 세대를 주도하는 인재를 디제라티라고 정의한다. 디지털(digital)과 리터라티(literati, 지식인)의 합성어로서 전형적인 산업사회의 지식계층인 엘리트(elite)의 개념에서 탈피하여 정보사회로 변화하는 현대사회를 이끌어가는 새로운 특성을 가진 엘리트를 의미한다(위키백과). 디제라티는 뛰어난 디지털 미디어 리터러시 역량으로 IT분야에서 혁신적인 업적을 이룬 사람들이라고 할 수 있는데, 마이크로소프트의 빌 게이츠, 메타의 마크 저커버그, 아마존의 창립자 제프 베조스 등이 여기에 속한다고 할 수 있다. 이들은 정보기술에 대한 지식과 인문학적 감성에 대한 이해를 갖추고 이를 융합할 수 있는 컨버전스(convergence)형 인간이며, 지금까지 세상에 존재하지 않은 것들을 창조한 혁신가이며, 인문학과 자연과학의 경계를 아우르는 융합형 인재라고 할 수 있다.

# 2. 유아교육에서의 디지털 미디어 교육

## 1) 놀이의 새로운 관점

### (1) 놀이에 대한 관점의 변화

전통적으로 놀이는 유아교육에서 유아에게 가장 적합한 교수-학습 방법으로 인식되었다. 놀이를 학습의 핵심으로 보는 피아제(Piaget)의 관점이 지배적이었는데, 유아는 놀이를 통해서 자신들의 세계에 대한 지식을 구축한다고 인식했다(Kamii & Ewing, 1996). 이러한 구성주의 관점에서 생산적인 놀이의 기준은 유아가 문제를 해결하고 자신을 둘러싼 환경에 대해 자신이 표상할 수 있는 기회에 지속적으로 참여하는 것으로 여겨졌다. 즉, 놀이는 '자유롭게 선택하고 비문자적(Rubin, Fein & Vandenberg, 1983)인 것으로 생각되었으며, 역할놀이나 가상놀이 또는 전반적으로 몸을 사용해서 하는 놀이와 같은 형태가 있다'는 의미로 받아들였다.

이러한 관점이 후기 발달주의로 이동하면서 아이들의 놀이를 문화적인 규범으로 보는 시각이 등장했다. 이는 '맥락'에 대한 의미를 강조하는 것이 특징인데 모든 유아에게 발달에 적합한 실제를 적용하는 것이 타당한가에 대한 비판적 시각이 대두되었으며, 이러한 시각은 아이들의 사회·문화적, 경제적 측면과 더불어 유아의 성별과 개개인의 경험의 측면을 고려해야 한다는 주장이 제기 되었다(Cannella, 2000). 이와 함께 레지오 에밀리아의 혁신적인 교육방법이 국제적인 관심을 불러일으켰는데, 레지오 교육에서의 유아는 자신의 생활에서 능동적이며 스스로 의미를 창조하는 유능한 존재로 인식되었다.

놀이에 대한 사회 문화적인 시각은 놀이를 유아기의 주도적인 활동이라는 사상에 바탕을 둔다. 이는 유아기의 중심적인 심리기능인 감각운동과 지각, 감정과 기억을 새로운 심리 기능인 관련 짓기, 실험하기, 놀이로 발전시켜가는 것이다. 유아들에게 '놀이'는 감정과 기억을 연결해주는 주도적인 활동이 된다. 놀이에 있어 새로운 심리 기능은 상상하는 것이라고 할 수 있다. Vygostky(2004)에 의하면 상상이란 유아의 발달에 있어 유아와 자신이 속한 현실을 연결하도록 만들어 주는 것이며, 종합적인 개념화를 위한 사회적 상황이다.

### (2) 디지털 놀이

디지털 놀이는 유아교육 분야에서 급성장하고 있는 분야이다. 아이패드가 출시되기 전 2010년까지는 디지털 놀이라는 개념에 대한 관심이 거의 존재하지 않았으며, 다만 학습과 발달에 테크놀로지가 어떠한 영향을 미치는가에 대한 부분에 관심이 있었다(Gee, 2003; Shaffer, 2007). NAEYC(1986)가 제안한 '발달에 적합한 실제'에 따르면 아이들에게 '발달적 적합성'을 고려하여 테크놀로지가 활용된다면 교육적으로 유용하다(Haugland, 1999)고 주장하였다. 이는 '테크놀로지 자체가 더 나은 양질의 교육으로 이어지지는 않겠지만, 교육 기술의 발전은 더 포괄적이고 기술 기반 학습을 지원할 수 있고 교육 과정을 개선하는 데 도움이 될 수 있다.'는 의미이다.

기술적 관점에서 '발달적 적합성'은 유아가 자유롭고 탐구적이라고 규정된 유아용 소프트웨어를 사용하는 것이며, 수학과 문해 교육을 위해 설정된 단순하게 반복되는 소프트웨어는 발달에 적합하지 않다는 인식이 주를 이루었다(Davis & Shade, 1999). 그러나 아이패드의 등장으로 유아의 테크놀로지 사용에 대한 출판 문헌과 연구들에서 놀이이론과 디지털의 개념이 서로 융합되어 나타나기 시작했는데 이는 유아교육에서 테크놀로지 활용에 대한 변화를 일으켰다(Christen & Susan, 2019). 유아들을 위해서 마우스나 키보드와 같은 입력장치를 제거하고 터치스크린 방식을 적용한 이 기기는 유아들이 테크놀로지를 사용하는 데 있어 거대한 변화를 일으켰으며, 놀이에 대한 인식의 변화를 이끄는 역할을 하게 되었다. 이미 실생활에 수많은 디지털 기기들로 채워져 있는 가정에서의 활동 가운데 많은 부분이 스마트 폰, 컴퓨터, 태블릿 PC 등 스마트 미디어 활용에 의존하고 있으며, 이러한 환경에서 유아들의 디지털 미디어 사용은 단지 타인에 의해서 만들어진 미디어를 소비하는 수동적인 소비자가 아니며, 생산하며, 공유하고 이러한 과정을 통해서 세상을 배우고 소통한다고 할 수 있다.

이후 디지털 시대에 유아가 성장하며 사회적이고 문화적인 맥락이 바뀌는 것에 초점이 맞춰지면서 유아교육에 있어 디지털 놀이에 대한 관심이 나타나기 시작하였으며, 테크놀로지가 점점 더 유아의 일상생활의 일부로 받아들여지고 있다는 사실이 점점 더 인정되면서 사회맥락적인 관점에 기초하여 유아 교육환경에 테크놀로지를 접목시켜야 한다고 주장하였다. 또한 제벤베르겐(Zevenbergen, 2007)은 유아들의 테크놀로지 사용이 증가하는 것은 피할 수 없는 현실로 받아들여야 한다는 기술 결정론적 입장을 추구하며 놀이에 대한 재개념화 된 관점을 주장하였다. 이는 디지털 원주민으로 묘사되는 유아들에게 새로운 아비투스[1)]를 만들어 주었다는 것을 의미한다.

이러한 디지털에 대한 관점이 변화 되면서 베레로키나와 케빈(Verenokina, Kervin, 2011)은 '디지털 놀이'라는 개념을 처음으로 사용하였다. 이들은 기존의 놀이에 대한 이론을 옹호하면서도 앱을 활용하여 놀이에 참여하는 유아들을 연구하여 놀이를 '유아의 즉흥적이고 자발적이며 스스로 통제하는 활동이며, 목적이 있을 필요가 없는 것'으로 규정하고 있다. 이러한 정의에 의하면 디지털 놀이는 '스마트 매체에 탑재되어 있는 앱을 활용하여 유아가 행하는 활동이나 자발적으로 참여하는 행위'로 정리 할 수 있다. 그러나 이러한 디지털 놀이에 대한 관점도 기존 놀이 이론에 바탕을 두고 분석했기 때문에(Marsh, 2010) 진정한 디지털 놀이를 이해하는 것에는 한계가 있다.

### (3) 디지털 놀이에 대한 새로운 생각

온라인 디지털 콘텐츠가 존재하지 않았던 시기에는 전통적인 놀이라는 것이 디지털과는 무관한 개념이었다. 그러나 최근에는 유아들의 전통적인 놀이들이 거의 언제나 디지털을 함께 사용하고 있으므로(Edward, 2013) 유아들의 디지털 활동량이 점점 더 증가하는 맥락 안에서 전통적 놀이와 디지털 형태의 놀이를 구분하는 것이 더 이상 의미가 없다고 주장한다(Marsh, 2010).

에드워드(Edward, 2013)는 아이들이 디지털 놀이와 전통적 놀이를 결합하여

1) 개인의 취향을 결정하는 사회적 가치관, 분위기, 종교, 사상, 권력이나 계층과 같은 사회문화적 환경

개인적인 의미화를 하는 것은 그러한 관계망으로 '맵핑'이 될 수 있다고 생각하였으며 웹-맵핑이라는 새로운 개념을 만들어 냈다. 이러한 맵핑이라는 개념은 놀이에 대한 전통적인 생각을 디지털 시대에 있어서 새로운 해석으로 발전시킬 수 있게 한다. 또한 새로운 디지털 놀이의 등장은 교사들이 유아교육 틀 안에서 디지털 활용이라는 항목을 포함시키는데 강력한 배경으로 작용한다.

디지털 놀이는 유아교육 연구에서 가장 빠르게 발전하고 있는 분야 중 하나이다. 디지털 놀이에 대한 초기의 의견은 유아들의 학습에서 활용할 수 있는 유용한 소프트웨어를 규명하여 발달에 적합한 실제라는 구성주의적 개념을 활용하였다. 이후 디지털 테크놀로지가 유아들의 일상생활의 경험과 관계가 있다는 것을 인정하면서 유아들이 실제로 테크놀로지를 활용하는 방법과 융합되어 나타났다. 이후 전통적 놀이와 디지털 놀이에 대한 경계가 흐려지고 있으며, 디지털 놀이에 대한 새로운 시각인 '웹 맵핑'이라는 개념이 부각되었다. 맵핑은 기술로 사람과 사람을 잇는다는 의미(임완수, 한기호, 2021)로 쌍방향 정보교환을 통해 정보를 더욱 풍부하게 만드는 것을 뜻한다. 이를 통해 참여, 소통, 공감, 배려의 가치를 추구하므로 기술의 발전과 더불어 이를 사용하는 사람을 이롭게 하는 방향으로 테크놀로지가 활용되어야 한다는 의미를 포함한다. 이를 놀이와 관련지어 본다면 영유아의 놀이에 테크놀로지를 활용하고 놀이의 결과물을 공유하면서 놀이를 더욱 풍성하게 하며, 공유의 과정에서 공감하고 배려하는 가치를 학습해 간다는 것을 의미한다.

디지털 시대는 100년이 채 되지 않았고, 앞으로 테크놀로지의 혁신은 계속될 것이다. 테크놀로지의 발현 이후 디지털 기기의 사용이 해가 갈수록 더 어린 나이에서부터 시작되면 모바일 스마트 기기에 대한 선호도가 모든 연령대에 걸쳐서 증가(Common Sense Media, 2013; Ofcom, 2016)하고 있기 때문에 유아가 무엇을 위해, 테크놀로지를 어떻게 활용하여 놀며 배우는지 디지털을 활용한 놀이에 대한 탐구가 지속적으로 이루어져야 할 것이다.

## 2) 놀이에서의 미디어

### (1) 다양성이 존중받는 학습 및 놀이 환경, 디지로그(Digilog)

미래사회는 또한 한 가지 지식이나 기술로는 해결하기 어려운 다양성과 통합이 요구되는 사회라는 측면에서 나를 벗어날 수 있는, 다른 지식이나 기술을 인정하고 통합할 수 있는 다양성이 존중받는 학습 환경과 놀이 환경이 강조되어야 한다.

유아교육에 대한 관점은 시대의 흐름에 따라 변화되어 왔다. 특히 과학과 산업의 발달은 교육 분야에 지대한 영향을 미쳐왔는데 교육의 내용은 산업사회가 원하는 기술을 습득케 하는 방식으로 변화해 온 측면이 있기 때문이다(Blinder, 2009).

예컨대 증기기관을 기반으로 한 제조업의 1차 산업혁명, 석유, 전기 기반 제조업의 2차 산업혁명, 컴퓨터와 인터넷 기반의 정보화 시대의 3차 산업혁명의 과정에서 학교 교육은 기술습득을 위한 공립학교의 증설로, 컴퓨터 등의 테크놀로지 교육으로 변형되어 왔다(Blinder, 2009). 그리고 이제 4차 산업혁명 시대라는 새로운 시대를 맞이하게 되면서 유아교육은 또 한 번의 변화를 맞이할 것이라 예상된다(김호현, 김충일, 2018). 현대 사회가 디지털적이고 그 이전의 사회가 아날로그적이었다는 이분법적인 이해는 한편으로는 옳지만 한편으로는 극복되어야 할 편견이다. 디지털의 기반과 아날로그의 감수성이 융합되어야 하며, 그러한 창조적인 아이디어가 필요하다.

오늘날 사회는 미래 사회 학습자에게 필요한 역량을 기르기 위해서 디지털 교육을 강조하고 있으며, 유아교육에도 이러한 교육 동향을 반영하고 있다. 교육부는 2017년 12월 '유아교육 혁신 방안'을 발표하면서 유아·놀이중심을 강조한 「2019 개정 누리과정」을 고시하였으며, 2021년 「유아교육 역량강화 추진계획」을 통해 미래형 유아·놀이중심 유치원 교육과정을 도입하여 지원하고 있다.

또한 비대면 교육방식이 확산되고 디지털 미디어의 이용이 증가하면서 학습자의 가정 및 교육환경이 변화되었다. 이러한 과정에서 유아에게도 디지털 미디어를 활용한 새로운 교수-학습방법의 필요성이 대두되었고, 교육현장의 혁신적 변화를 기반으로 미래 교육으로 도약해야 한다는 사회적 공감대가 확산되고 있다(이지운, 강은진, 2020). 디지털 기술이 더욱 빠르게 발전하고 경제, 문화 등 사회구조가 디지털 대전환을 맞게 되면서 디지털 미디어는 우리 삶의 질을 결정짓는 중요한 요소가 되었다(교육부, 2021).

### (2) 디지털 호모루덴스

놀이는 유아의 삶 자체라는 대전제는 유아교육에서 정설로 자리 잡았다. 포스트 디지털 시대에 디지털 미디어는 사람들이 활용함으로써 고유의 가치를 확보하는데, 활용의 가치 중 최근 가장 주목 받고 있는 것이 바로 '놀이'이다(이연승, 2020).

최근에는 인간과 디지털 미디어가 만나 다양한 가치와 가능성을 지닌 놀이가 생성되고 있다. 놀이 정신이 디지털 기술의 속성과 조화롭게 결합하여, 전체 사회구조 속에서 놀이적이고 감각적인 삶의 형태가 폭발적으로 증가하였으며, 이는 호이징아(Huizinga)가 주장한 '놀이하는 인간'의 특성을 대변한다고 할 수 있다.

놀이의 특성에는 4차 산업혁명 시대에서 강조하고 있는 소통(communication), 창의성(creativity), 비판적 사고(critical thinking), 협력(collaboration)의 모든 요소들이 포함되어 있다(김윤희, 2019). 또한 놀이는 놀이주제(Contents)를 중심으로 자신들만의 스토리(Story)를 만들어가는 과정에서 자신감(Confidence)을 발휘할 수 있으므로 앞에서 언급한 '6C' 개념을 포함한다고 할 수 있다. 이러한 관점에서 유아들은 놀이 속에서 디지털을 활용하는 경험을 통해 디지털의 장점을 인식하고 정보에 대한 의사결정을 내릴 수 있는 가치관을 형성할 수 있으며 자신만의 이야기로 재창조하며 디지털 역량을 증진시킬 수 있다.

디지털 세상에서도 놀이가 유아들에게 주는 의미와 가치는 동일한 것이라고 할 수 있다. 실제 하는 공간에서 벌어지는 놀이가 디지털과 인터넷이라는 새로운 공간 혹은 장소로 이동하고, 디지털이라는 새로운 매체가 활용된다는 점에 차이가 있지만 디지털 게임도 어린이들의 다양한 놀거리, 놀이 방법 혹은 놀이 종류의 하나일 뿐이다. 디지털 미디어 기기들이 유아를 사이버 세상으로 초대하고 이곳에서 잘 놀 수 있는 환경을 만들어준다고 할 수 있다. 이러한 관점에서 테크놀로지는 재미를 추구하는 데에서 빠져서는 안 될 요소이거나 도구이다(신성환, 2009).

포스트 디지털 시대를 살고 있는 유아들은 태어나면서부터 디지털 기기를 생활 속에서 밀접하게 접하면서 성장한다. 특히 부모의 스마트 폰으로 영상통화, 사진 촬영 및 가족 간 공유, 음악 및 영상 감상, 게임 등 일상 면에서 자연스럽게 디지털 기반 놀이를 경험하게 된다. 유아의 디지털 기반 놀이는 디지털 기반 놀이 환경에서 유아가 디지털 기기나 매체, 앱 또는 디지털화된 자료(글, 그림, 사진, 영상 등), 온라인 콘텐츠 등을 활용하여 스스로 놀이하며 배우는 경험으로 정의할 수 있다.

디지털 기반 놀이는 유아들이 디지털 기기나 콘텐츠를 조작하거나 사용해보는 경험에 그치지 않고, 디지털 기기나 콘텐츠를 매개로 놀이하는 과정에서 소통하고 협력하며 탐구하고 발견하면서 배움의 경험을 더욱 넓고 다양하게 한다는 특징을 가지고 있다. 교실에서는 디지털 기기나 콘텐츠로 친구들, 선생님과 함께 소통하며 놀이하고, 교실에서 함께 있지 않은 다른 지역에 있는 친구들, 전문가 등과 원격으로 만나고, 교실에 없는 정보와 자료들을 온라인에서 찾기도 하며, 직접 경험하지 못하는 가상세계를 경험하기도 한다. 이를 통해 유아들은 자신의 관심과 흥미에 대해 탐색하고, 시도하고, 도전하고, 표현하는 과정을 실제 생활과 디지털을 융합하여 경험해봄으로써 미래 사회의 급격한 변화 양상을 선도하고 능동적으로 대처하는 역량을 기를 수 있다(교육부, 2021).

### 3) 미디어의 분류

미디어에 대한 개념은 적용하는 이론 및 분야마다 다양하게 제시되어 있다. 미디어의 특징은 멀티에 있는데, 멀티미디어의 사전적 정의를 살펴보면 여럿이라는 멀티(multi)의 의미와 정보의 유형을 뜻하는 미디어(media)의 합성어를 말하며 여러 정보의 형태를 컴퓨터를 통해 다룰 수 있는 것, 어원 그대로 다중매체를 말한다(컴퓨터 인터넷 IT 용어대사전, 2011). 유은영(2011)은 멀티미디어는 컴퓨터를 통해 제공하는 미디어라 정의하였다. 즉, 멀티미디어란 컴퓨터를 기반으로 문자, 그림, 청각 정보 등을 이용한 정보망을 만들고, 저장하고, 보내고, 재생하는 상호작용적인 통신체제로 비디오, 사진, 그래픽, 문자, 그림, 음향들을 디지털화시켜 각 매체 사이의 차이를 줄이면서 하나로 통합시키는 것을 말한다(이선아, 2007).

시기별로 미디어는 미디어의 발전 시기부터 2011년까지를 1세대 시기로 구분한다. 이 시기의 미디어는 단순 정보 제공형으로 3D 및 스마트 TV, 스마트 폰과 태블릿 PC 등 스마트 디바이스 공급의 확대와 방송과 통신의 융합이 가속화되면서, 미디어 간 융합이 활성화된 융합미디어 시대이다.

2011년부터 2016년까지를 2세대로 구분하는데 이 시기는 개방화된 플랫폼의 등장으로 디바이스 간 자유로운 정보전달 · 활용이 가능한 N-스크린 서비스 등 사용자가 필요한 정보를 선택하여 맞춤형 정보를 제공하고 활용할 수 있는 스마트 실감미디어 시대라고 정의한다.

2017년부터 2020년까지는 3세대로서 다양한 정보 창조형 미디어가 출현하였다. 단말의 종류, 플랫폼, OS, 네트워크 등의 사용자 이용환경을 자동으로 인식하여, 다양한 분야의 서비스와 결합하여 제공하고, 현실과 가상세계의 구분이나 시간 · 공간의 제약 없이 제공하는 Neo-스마트 실감미디어 시대이다.

디바이스닷컴(2011)은 '2010~2011 will go down as the greatest tech year sever'라는 제목의 기사를 통해 2011년 최고의 기술로 3D TV, LTE 4G Networks, iPad를 선정하였는데, 이러한 기술들이 디지털 미디어를 더욱 스마트하게 만들어줄 새로운 기술이 될 것이라고 하였다(이명희, 차태호, 2015). 이제는 그보다 더욱 새로운 개념의 디지털 신기술을 도입한 시대로 들어서고 있다. 앞으로 이러한 디지털 신기술의 융합을 통해 부가가치 창출을 주도적으로 이끌어갈 대표적인 역할을 할 기술들은 네트워크와 스마트 디바이스, 그리고 빅데이터(big data) 분야의 기술을 들 수 있으며 인공지능 기술 또한 우리의 삶에 커다란 변화를 가져올 것으로 예상한다.

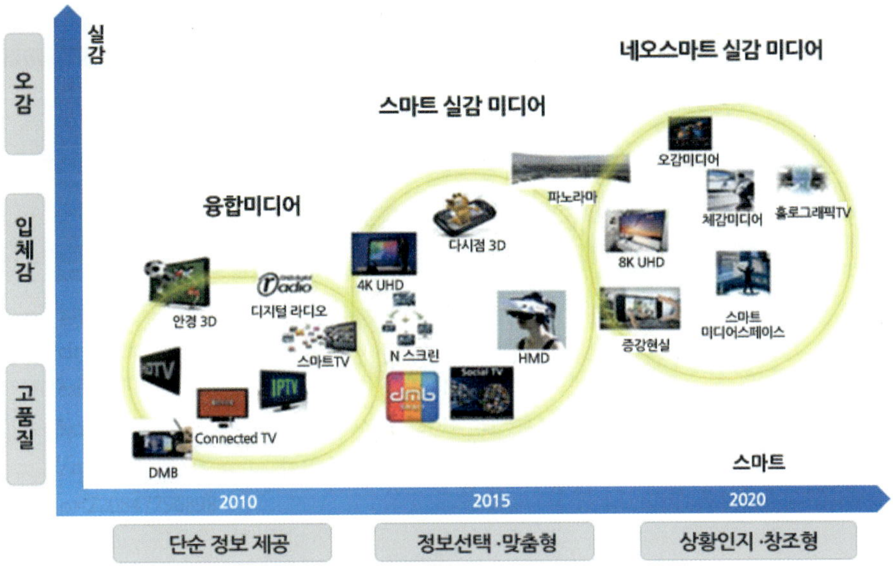


〈그림 1-6〉 스마트 미디어의 발전 방향

출처: 경주스마트 미디어센터

디지털 발전에 따라 그 특징을 나누던 시대가 끝나고 현재 초등학생 이후 세대를 알파세대라고 한다. 알파세대의 가장 큰 특징은 디지털 네이티브(digital native)라고 하며, 이들은 인공지능과 함께 만들어낸 새로운 기술이 일상이 되는 세대를 말한다. 따라서 이들에게는 소프트웨어 인식에서 더욱 다양한 해결방법을 찾는 융합 교육 방향에 맞춘 교육이 필요할 것이다. 알파세대 아이들은 디지털 교과서와 소프트웨어 교육 등 수업변화에 맞추어 자신의 능력을 반드시 디지털로 표현해야 하고 자신의 감정표현을 글이나 영상 등 디지털 매체를 이용하여 표현하는 방법이 일상화될 것이다. 이렇듯 인간 세계의 표현방법이 디지털화(digitalization)되어감에 따라, 디지털은 미래를 형성하는 주요한 경향으로 자리잡아가고 있다(Dufva, 2018).

디지털 기술의 발전은 세계화와 더불어 디지털 문화의 시대로 지칭되고 있다. 문화란 대중이 모여 살아가는 환경 속에서 자연스럽게 형성되는 생활방식으로 정의되는데, 이는 문화가 곧 삶 자체라고 할 수 있다. 그러므로 디지털 문화로의 전이라는 것은 대중들이 살아가는 방식의 변화를 의미한다. 그리고 이 디지털 시대는 오래전에 시작되었고 이제는 일상적인 것으로서 인식되고 있으며, 디지털 기술과 연관된 기기(器機)는 현대 생활의 필수적인 요소로서 자리 잡았다. 스마트폰과 태블릿 PC는 가능한 모든 공간을 사적 공간화 시켰다. 사방을 사적인 공간으로 만든 똑똑한 매체들은 이제 사회적 소통 체계(SNS)를 형성하고 있으며 이러한 소통 방식을 중심으로 포스트 디지털 매체 시대가 진행되고 있다(심혜련, 2014). 특히 21세기 디지털화된 미디어 환경으로 매체 특정성의 개념이 해체된 이후 다양한 미디어를 디지털로 재 매개하여 다층적인 감각경험과 소통을 가능하게 한다(이임수, 2015). 소통은 인간과 인간, 인간과 물질, 인간과 시스템, 시스템과 시스템의 관계에 대한 것이다(권은경, 2014). 따라서 스마트 미디어, 멀티미디어의 발전은 점점 정교화된 다양한 소통을 가능하게 하는 방향으로 진화할 것이다. 이를 통해 우리는 인간 중심의 가치를 추구하기 위해 가장 효율적으로 디지털 문화를 활용할 수 있어야 한다.

# Chapter 2

# 미디어 관련 이론

# 1. 교수매체의 개념과 특성

## 1) 교수매체의 개념

매체(media)란 중간(medius)을 뜻하는 라틴어에서 어원을 찾을 수 있으며, 수단으로서 어떤 의사나 사실을 전달하는 도구라고 할 수 있다. 이러한 관점에서 교수매체란 교육학에서 사용하는 용어로, 모든 종류의 교수-학습과정에 동원되는 학습자료를 포함하는 일체의 교육환경을 말한다(상담학사전). 교육환경이란 교과서를 포함하여 모든 인쇄매체, 실물, 모형, 영상, 게시판, 컴퓨터, 스마트폰, 미디어 등 교수-학습 과정에서 사용할 수 있는 매개체를 일컫는다. 매개체로서의 교수매체는 설정된 교육목표를 효과적이며, 매력적으로 달성 할 수 있는 기능을 갖는다. 이를 정리하면 '교수매체'란 학습자가 학습내용을 가장 잘 이해할 수 있도록 하기 위해 사용하는 모든 것을 교수매체라고 정의할 수 있다. 유아교육에서 매체는 교재, 교구, 교육자료, 장난감 등의 용어와 혼용해서 사용한다. 이는 유아교육의 교수-학습 과정은 놀이를 통한 배움의 과정이기 때문에 놀이에서 사용하는 모든 것이 교수매체가 될 수 있기 때문이다.

〈표 2-1〉 매체의 개념 비교

| 협의의 교수매체 | 광의의 교수매체 |
|---|---|
| • 수업활동에 있어서 학습자가 학습 내용을 잘 이해할 수 있도록 구체화 또는 보충하거나 시연하는데 필요한 자료와 기계<br>• 학습의 물리적 보조장치<br>• 어떤 매체를 활용하는 것이 학습에 더 효과적인가를 상대적 관점에서 밝히고자 함 | • 교수활동을 위해 교수자와 학습자간에 활용되는 모든 수단을 포함하는 종합적이고 포괄적인 개념<br>• 교수활동에 필요한 다양한 요소들을 학습자들에게 조직적으로 제공하기 위해 사용되는 모든 통신 혁명의 산물 (Gerlach & Ely, 1980)<br>• 주로 인지주의적 관점에 기초<br>• 매체의 어떤 특성이나 속성이 특정 학습에 영향을 미치는가에 관심 |

### 2) 교수매체의 분류

교수매체는 매체가 주 전달 대상으로 하는 감각 기관, 빛을 투사하는 장치의 사용여부 및 처리하는 데이터의 성질에 따라 분류할 수 있다. 이러한 교수매체는 감각기관에 따라 시각 매체··· 시청각 매체··· 디지털 매체(뉴미디어)의 방향으로 발전해 왔다. 교수매체의 종류, 변화와 발전에 따라 분류해 보면 다음과 같다.

〈표 2-2〉 교수매체의 분류

| 구분 | 1세대<br>전통 매체 | 2세대<br>인쇄매체 | 3세대<br>대량 전달매체 | 4세대<br>정보통신 기술<br>및 교육자동화 | 차세대<br>첨단 IT기술의<br>융복합화 |
|---|---|---|---|---|---|
| 시각 매체 | 칠판, 융판, 모형,<br>차트, 그림, 도표 | 교과서, 인쇄물<br>등 | 슬라이드<br>OHP | 실물화상기,<br>파워포인트,<br>LCD, 프로젝트 | 전자칠판,<br>디지털 카메라 |
| 청각 매체 | | | 녹음기 및<br>카세트 테이프,<br>라디오 | CD플레이어<br>및<br>CD, AOD | mp3 |
| 시청각 매체 | | | TV, 영화, VCR<br>및 비디오 자료,<br>케이블 TV | DVD,<br>CD-ROM,<br>위성방송 | VOD,<br>인터넷 TV,<br>PMP, PDA |
| 다감각 매체/<br>새로운 교육<br>환경 | | | | 상호작용<br>비디오디스크,<br>CAI,<br>양방향 TV | 인터넷을 통한<br>e-learning,<br>모바일을 통한<br>m-learning,<br>블루투스를 통한<br>u-learning,<br>인터넷 TV |

출처 : 노혜란, 박선희, 최미나(2012). 교육방법 및 교육공학 제 2판. 서울 : 교육과학사

### 3) 교수매체의 특성과 교육적 가치

유혜령(1993)이 제시한 매체의 특성을 바탕으로 교수–학습과정에 영향을 미치는 교수매체의 특성은 다음과 같다.

첫째, 학습을 능률적이며 효과적으로 이끈다. 학습하고자 하는 내용이 어려울 경우 학습 내용을 재구성하여 구체적이고 감각적인 형태로 단순화하거나, 이해하기 쉬운 형태로 변형하여 사용할 수 있다.

둘째, 학습자의 흥미를 유발시키고 적극적으로 학습 활동에 참여하도록 하여 기억에 오래 남는 학습을 할 수 있다. 시청각적 매체를 적절히 사용하여 학습자에게 동기를 부여하고 흥미를 유발시키므로써 학습자 스스로 학습에 참여하도록 하여 자기주도적 학습이 가능하다.

셋째, 다양한 교수매체의 사용은 경험의 확대와 심화를 가능하게 하며, 어려운 개념을 이해하도록 할 수 있다. 예를 들면 바닷속 풍경, 꽃이 피는 과정, 외국의 풍경 등 시·공간적인 제약으로 실제 경험이 어려운 상황의 경험을 제공하여 개념 이해를 돕는다.

넷째, 학습자에게 공통된 경험을 제공한다. 학습자 개개인의 경험은 다양한 개인차가 존재 한다. 따라서 동일한 학습내용을 경험한다하더라도 개인차가 발생한다. 시청각 매체는 어느정도 공통적인 경험을 제공하므로 실제 경험의 부재로 인한 학습격차를 최소화 할 수 있다.

다섯째, 태도의 형성에 도움을 준다. 태도는 인간의 심리적 자세로 인격의 중요한 요인이다. 그러나 내용을 배웠다고 즉시 태도가 형성되는 것은 아니므로 태도를 형성하도록 지도하는 것은 매우 어려운 일이다. 시청각적 매체는 정서에 호소하는 힘을 가지고 있으므로 태도 형성에 도움이 된다.

이러한 특성을 가진 교수매체의 유아교육적 가치를 발달영역별로 살펴보면 다음과 같다.

첫째, 신체운동영역 발달에 영향을 준다. 유아가 직접 매체를 만지며 사용하는 과정에서 감각기관이나 대·소근육, 손과 눈의 협응력, 균형감 등이 발달한다.

둘째, 사회적 측면에서 다양한 자극을 제공함으로써 사회관계 발달에 영향을 미친다. 유아가 다양한 교수매체를 활용하는 과정에서 또래와의 상호작용을 통해 관계를 이해하고 협동심, 이해와 양보, 타인에 대한 존중, 도덕성, 갈등의 해결 방법 등을 습득할 수 있다.

셋째, 인지발달에 영향을 준다. 유아들은 매체를 활용하면서 탐색과 탐구의 과정을 경험할 수 있다. 또한 탐구과정에서 재료의 다양한 성질을 이해하고 논리적 문제 해결력을 촉진할 수 있다.

넷째, 정서적 발달의 가치를 갖는다. 유아들은 교수 매체를 통해 자신의 감정과 경험을 표현함으로써 실제 생활에서의 긴장을 해소하고 정서를 이완시킬 수 있다. 이는 놀이 치료의 가치와 같은 맥락으로 정서적 안정감을 갖게 한다.

다섯째, 언어적 발달의 가치를 가진다. 유아는 자신이 이미 경험한 것들이나 새롭게 경험하는 것들의 이름과 의미를 부여하며 경험을 언어적으로 표현하고자 하는 욕구를 발현한다. 이는 어휘력을 향상 시키는데 도움이 되며, 이러한 풍부한 어휘력은 표현력을 기르고 생각을 다양하게 하기에 학습에 도움이 될 수 있다.

유아교육에서 교수-매체는 놀이와 분리시킬 수 없으며, 잘 준비된 매체는 놀이의 시작과 확장을 통해 배움이 일어날 수 있도록 하는 역할을 한다. 유아는 이러한 과정, 즉 놀이를 통해 전인적인 발달을 이룰 수 있다.

## 2. 매체 활용 이론

### 1) Hoban의 교육과정 시각화의 이론

Hoban(1937)은 시청각 교재와 기기(device)는 단지 시각과 청각의 경험으로만 양분화 되어서는 안된다고 보았으며, 학생들에게 구체적이고 풍부한 경험을 제공하는 것이 중요하다고 주장하였다(김은심 외, 2014).

그는 구체성이 가장 높고 추상성이 가장 낮은 '실제 장면부터 추상성이 높고 구체성이 낮은 언어'까지 총 8단계로 나누어 체계화하였다.

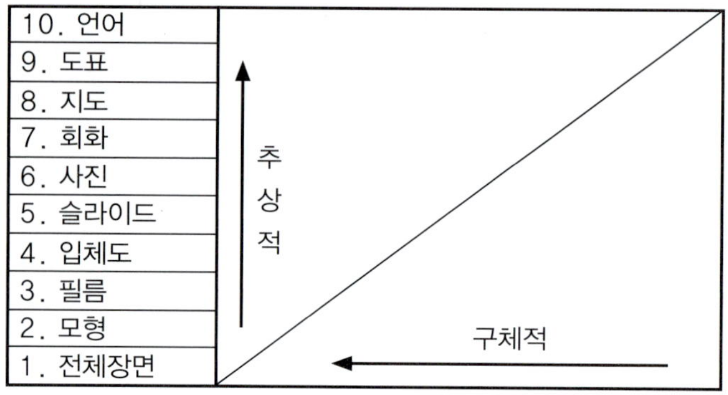


〈그림 2-1〉 Hoban의 교육 과정의 시각화

Hoban의 시각화 이론에 따르면 학습자의 경험을 구체화시키기 위해서는 언어 또는 경험 둘 중 하나만으로는 불가능하며 경험과 언어를 결합시켜야 가능하다. 경험과 언어를 결합시키는 과정에서 구체성이 많은 내용으로 시작하여 점차 추상적인 것으로 진행해야 한다고 보았다. 또한 구체성과 경험의 일반화에 대한 중요성과 시각자료와 교육과정의 통합의 필요성을 주장하였다.

### 2) Dale의 경험분류(원추경험)

교수매체 이론 중 가장 유명한 이론은 데일(Dale)의 원추경험이다. 데일은 교과과정과 시각자료의 통합을 최초로 시도한 호반의 교수학습 모형을 확장, 분류, 체계화시켜 교수매체를 활용한 학습경험의 종류를 구체성과 추상성을 바탕으로 경험의 원추(cone of experience)라는 모형으로 제시하였다. 경험의 원추 모형에서는 원추 모형의 아래에서부터 위로 올라갈수록 학습의 추상성이 높아지고 반대로 아래로 내려갈수록 구체성이 높아진다고 보았으며, 이러한 경험의 원추는 행동적 경험, 시청각적 경험, 상징적 경험의 세 가지 단계로 나뉘며, 각 단계와 관련된 하위 경험들로 구성된다.

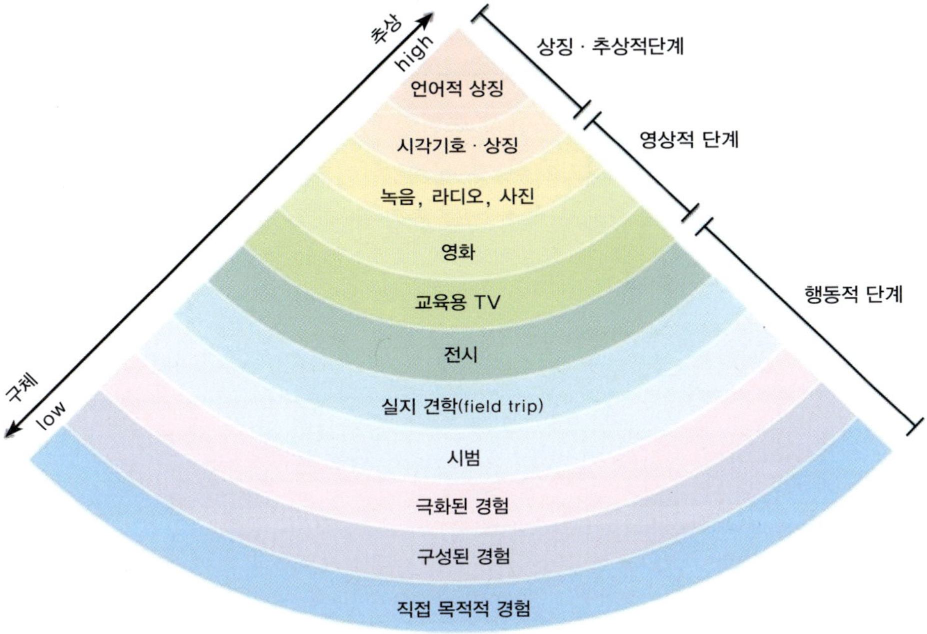


〈그림 2-2〉 Dale의 경험의 원추

출처: 서미옥(2020). 잘 가르치기 위한 교육방법 및 교육공학. 공동체

### (1) 행동적 경험

행동적 경험은 영·유아가 직접적인 조작과 탐색 등의 행동을 통해 얻게 되는 가장 구체적인 경험으로 경험의 원추 모형 중 가장 아랫부분에 속하는 직접적이고 구체적인 경험이고 직접 경험, 고안된 경험, 극화 경험과 같은 구체성이 높은 상징이 포함된다.

### (2) 시청각적 경험

시청각적 경험은 실제 행동이나 실물의 경험은 아니지만 시청각적인 표현이나 현상을 통해 경험하는 것을 의미하며, 시범, 견학, 전시, TV, 영화, 오디오, 사진, 그림과 같은 간접경험이 가능한 어느 정도의 구체성을 지닌 매체가 포함 된다.

### (3) 상징적 경험

상징적 경험은 실제 행동이나 사물, 그림이나 시청각 형상을 통한 경험이 아닌 추상적인 상징에 의한 경험으로 추상적 경험이라고도 한다. 경험의 원추 모형 중 가장 상위 부분에 위치하는 시각적 상징 매체, 언어적 상징 등 추상성이 높은 상징이 포함된다. 이러한 경험의 원추가 포함하고 있는 각 수준의 매체 내용 및 특징에 대해 요약하면 다음 표와 같다.

〈표 2-3〉 Dale의 경험분류 내용

| 학습유형 | 경험 원추의 띠 | 내용 및 특징 |
|---|---|---|
| 행동적 경험 | 직접 목적적 경험 | • 직접적인 행위를 통한 학습<br>• 학습의 근간을 구성<br>• 풍부하고 생생한 감각적 경험 |
| | 구성된 경험 | • 모형, 모의상황<br>• 직접 경험의 물리적 제한점을 극복<br>• 현실보다 단순화된 상황이 이해를 도움<br>• 주요 사항에 주목할 수 있음 |
| | 극화된 경험 | • 연극, 역할극, 시뮬레이션<br>• 시간의 제한점을 극복<br>• 실제적 형태로 아이디어나 상황을 직접적으로 경험할 수 있음<br>• 단순화된 상황으로 중요하지 않거나 혼란스러운 요소를 제거할 수 있어 학습에 도움을 줄 수 있음 |
| 시청각적 경험 | 시범 | • 중요한 사실, 아이디어 절차에 대한 시각화된 설명<br>• 사진, 그림, 필름 등을 사용하기도 함<br>• 정확한 관찰이 요구됨<br>• 시범 후 직접적인 경험을 학생에게 요구함 |
| | 견학 | • 소풍, 방문 탐험<br>• 관찰한 행위를 수행할 것을 학생에게 요구함<br>• 사람들의 실제 행위를 실제상황에서 관찰<br>• 관찰한 행위를 평가함 |

| 학습유형 | 경험 원추의 띠 | 내용 및 특징 |
| --- | --- | --- |
| 시청각적 경험 | 전시 | • 기성 전시(ready-made-Exhibit)와 학습자 기획 전시<br>• 관찰과 참여가 함께 이루어질 수 있음 |
| | TV와 영화 | • 시간과 장소를 압축하여 제시 가능<br>• 불필요하거나 중요하지 않은 것을 제거하고 선택한 주요 포인트에 집중할 수 있음<br>• 상황의 순서를 의도적으로 조직하여 제시 가능<br>• 과거의 상황을 재구성할 수 있음 |
| 시청각적 경험 | 사진, 그림, 라디오, 녹음 | • 글을 읽지 못하는 학습자에게도 메시지가 전달됨<br>• 프로젝터, 재생기기 등이 필요<br>• TV 나 영화보다는 간전접인 경험을 제공<br>• 그림이 사진보다 효과적일 때가 있음(사진이 너무 많은 아이디어, 관련이 없거나 주의를 분산시키는 자료를 담는 경우)<br>• 라디오와 녹음: 원격학습자에게 대량 생산한 메시지 제공 |
| | ucc | • 다양한 사람들이 공동체로서 함께 내용을 창작하고 공유<br>• 친근한 주제를 사용해 수업자료로 활용 가능<br>• 자기 주도적 학습과 협동학습의 특성 포함<br>• 제작활동은 체험적 학습을 제공하고 결과물은 다양한 방법으로 공유하면서 소통 가능 |
| 상징적 경험 | 시각적 상징 | • 칠판 판서를 통한 의사소통, 지도, 도표, 도식<br>• 매우 추상화된 표상<br>• 상징적 요소가 많이 포함됨 |
| | 언어적 상징 | • 언어, 아이디어, 과학적 원리, 공식, 도덕적 원리, 경험의 상징적 표상<br>• 시각적 단서를 거의 포함하지 않음<br>• 구어와 문어 |

### 3) 브루너의 경험분류

브루너(Bruner)는 피아제(Piaget)의 인지발달 이론에 근거하여 학습의 준비성에 대해 설명하면서 어떤 발달 단계에 있는 학습자든지 각 발달단계에 적절한 지적 양식을 제시한다면 효과적인 학습이 이루어질 수 있다는 이론을 제시하였다.

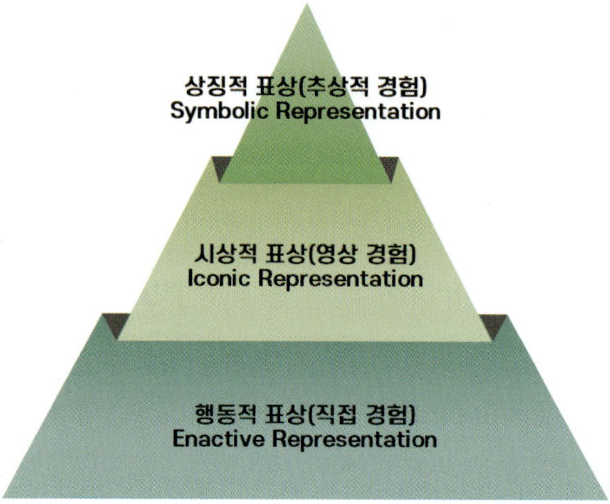


〈그림 2-3〉 Brunner의 경험 분류

브루너(Bruner)의 이론에 의하면 학습자는 발달단계에 따라 사물이나 현상의 구조를 알아 가는데 이전 단계와 다른 방식을 활용하므로 효과적인 학습이 이루어지기 위해서는 발달단계에 따른 학습내용의 구조를 다르게 제시해 주어야 한다. 브루너는 학습자가 학습할 때 세 가지 표상을 활용한다고 설명하였다(김정원, 김유정, 2011). 지식의 세 가지 표상형식은 행동적 경험에 의한 학습(행동적 단계), 관찰을 통한 학습(영상적 단계), 추상을 통한 학습(상징적 단계)으로 구분된다.

Bruner의 세 가지 경험형 특징을 정리하면 다음과 같다.

첫째, 행동적 표상(직접경험)은 학습자가 감각 기관을 통해 직접 행하는 경험을 의미한다. 예를 들면 '수영'배울 때 물 속에서 직접 해 봄으로써 학습하는 것이 여기에 해당한다.

둘째, 시상적 표상(영상경험)은 그림이나 화면을 통해서 간접적으로 경험하는 것을 의미한다. 수영하는 그림이나 영상자료를 보면서 수영을 배우는 방법이다.

셋째, 상징적 표상(추상적 경험)은 말이나 글을 통한 경험, 즉 책을 읽거나 설명을 들으면서 수영하는 방법을 학습하는 것을 의미한다. 학습자는 이미 직접 경험하거나 또는 영상 경험을 통해 쌓아 놓았던 개념들을 기초로 해서 추상적인 개념을 이해하게 된다.

### 4) Olsen의 효율적인 학습이론

올젠(Olsen, 1945)은 그의 저서 「Community and school」에서 시청각 교수는 신체적인 여러 감각, 특히 시각과 청각에 직접 호소하는 기계적인 도구라고 제시하였다. 이는 시청각 교구가 살아있는 경험을 제공하고, 복잡한 자료를 단순화 할 수 있다는 가치에 대해 설명한 것이다. 그러면서도 시청각 교구는 어디까지나 학습을 위한 보조물로서 사용해야하며 교육 자체를 대체할 수 없으며, 시청각 교재 자체가 목적이 되어서는 안 된다는 사실을 강조하고 있다. 또한 시청각 교구의 사용이 가능한 학습에는 세 가지 형태의 학습이 존재한다고 하였다.

학습 형태에 따른 교수매체를 구체성-추상성 정도에 따라 체계적으로 분류하여 모형을 제시하였다. 이러한 시청각 교재의 선택은 교육목적, 학습자의 발달단계 및 흥미, 경험 등이 토대가 되어야 하며 교사가 사전에 준비를 해야한다고 주장하면서 학습에 대한 교사의 준비성을 강조하고 있다.

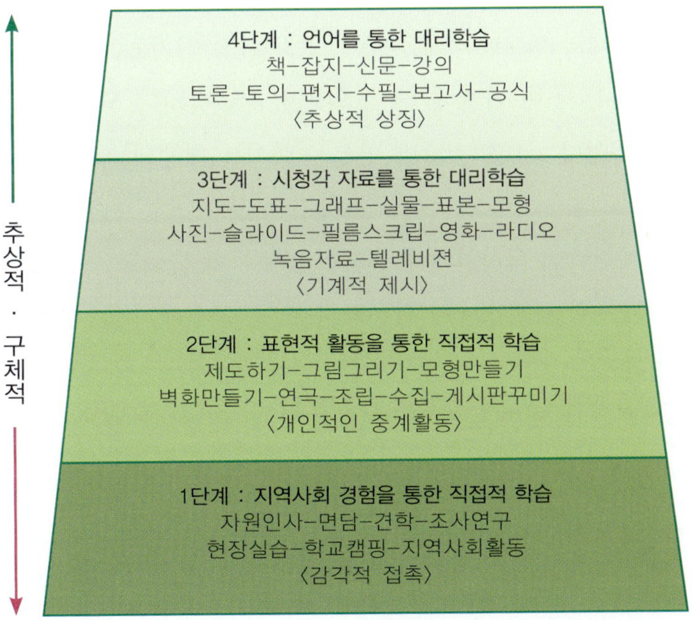


〈그림 2-4〉 Olsen의 효율적인 학습 이론

이상에서 살펴본 호반(Hoban), 데일(Dale), 브루너(Bruner), 올젠(Olsen)에 의해 제시된 이론들의 공통점은 학습자의 경험을 구체적인 경험과 추상적 경험으로 구분하였으며, 구체성과 추상성의 정도에 따라 단계별로 매체를 구분하여 제시하였다. 또한 효과적인 학습을 위해 학습의 종류 및 학습자의 특성에 따라 매체를 적절하게 선택하여 활용해야 한다는 점을 강조하였다. 이러한 이론들을 유아교육적 관점에서 정리해 보면, 학습에서 매체는 유아의 경험과 흥미가 고려되어야 하며, 발달에 적합한 매체를 사용해야 한다. 또한 매체는 유아의 학습, 즉 놀이가 효율적으로 이루어질 수 있는 매개체의 역할을 할 수 있어야 하며, 이를 위해서 교사의 적절한 지원이 필수적인 요소라는 시사점을 제공한다.

### 5) 매체의 최근 동향

최초의 교수매체로 알려져 있는 코메니우스의 세계도회(어린이를 위한 그림책) 이후 교수-학습의 효율성을 높이기 위해 매체와 관련된 연구는 활발하게 이루어져 왔다. 초기 매체의 연구는 주로 행동주의적 관점에 기초하고 있으며, 이는 '어떤 매체를 활용하는 것이 학습에 더 효과적인가'를 밝히는 상대적 관점에서 매체를 바라보는 것이었다. 이 후 학습에 영향을 미치는 매체의 특성을 밝히는 연구가 이루어졌고 클락(Clark, 1985)은 어떤 매체를 사용하느냐 보다 특정 매체를 활용할 때 어떤 교수 전략이 적합한가에 초점을 맞추어야 한다고 하였다. 최근 정보기술의 발달로 교수-학습 과정에서 활용할 수 있는 교수매체에 많은 변화가 지속적으로 이루어지고 있다.

교육부는 미래교육 전환을 위한 10대 정책 과제(안)을 발표하였고, 유아교육에서는 2019 개정 누리과정과 연계하여 디지털 환경 경험을 교육과정에 반영하는 미래형 유치원 교육과정 도입 과제를 제시(교육부, 2020)하였는데, 이는 디지털 테크놀로지에 기반한 유아교육이 필연적인 변화임을 인식하고 유아의 발달 특성과 유아교육의 특수성을 반영한 변화를 추구해야할 시점임을 시사한다(김교령, 2022).

이러한 변화의 시기에 활용되고 있는 매체들의 특성을 정리하면 다음과 같다.

첫째, 이동성과 편재성에 기반한 매체들이 등장하고 있다. 예를 들어 기존의 인쇄책은 다량의 책을 휴대하기 불편한 점이 있었다. 그러나 최근 디지털 서적(e-book)은 디바이스의 용량에 따라 다량의 책을 휴대할 수 있다. 또한 이러한 디지털 서적은 클라우드 서비스를 제공하여 교사-학생-부모를 연결하는 스마트 교육 생태계 조성에 많은 영향을 미치고 있다.

둘째, 감성에 호소하는 정서적 매체들의 영향력이 증가하고 있다. 새롭게 등장한 매체들은 일방향적인 특성이 아닌 개인과 개인, 개인과 다수, 다수와 다수 등 다양한 정보교환 형식이 이루어지면서 양방향 커뮤니케이션이 가능하다. 이러한 다양한 커뮤니케이션은 감성의 발생을 촉진한다. 감성은 감정과는 다른 개념으로 '감각 자극을 느끼고 반응하는 능력'이라고 정의하는데 감정은 동일한 요인에 대하여 대부분의 사람들이 같은 결과를 나타내는 반면, 감성은 개인의 심미적인 기준에 따라 다르게 표출 된다. 감성은 개인적 요인, 개인이 속해있는 사회적 요인, 그리고 문화적 요인에 따라 다르게 형성된 생활 경험에 의해 다르게 표출된다. 이는 다양성을 인정하는 현대사회의 특성과도 같은 맥락으로 볼 수 있다.

셋째, 개별화를 목적으로 한 매체가 증가하고 있다는 점이다. 개별화의 매체를 퍼스널 미디어(persnal media)라고 하는데 이는 개인의 특성에 맞춘 서비스를 제공하는 미디어이자 개인이 정보의 생산자가 될 수 있는 미디어라고 정의한다(현대원, 박창신, 2004). 퍼스널 미디어는 기존의 미디어와는 다르게 이동성, 휴대성, 쌍방향성이 결합된 미디어라고 할 수 있으며, 융합 환경에서 멀티미디어 콘텐츠 서비스를 활용할 수 있는 특성을 가지고 있다. 이러한 특성을 통해 정보 제공자와 수용자 양 쪽 모두가 소통과 텍스트의 구성에 참여할 수 있다(노을, 2019).

넷째, 매체 간 융합현상이 발생하고 있다. 디지털 매체 간 융합을 넘어서 디지털 매체와 아놀로그적인 감성의 융합이 나타난다. 예를 들어 자연탐구영역에서 자연물을 관찰할 때 디지털 현미경을 활용하는 것, 역할놀이에서 배경으로 빔 프로젝트를 사용하는 것, 식물을 기르는 활동에서 스마트팜을 활용하는 것, 유아들이 놀이 하는 장면을 웹캠을 활용해 촬영하여 자신의 놀이를 반성적으로 평가하는 등 다양한 형태의 융합이 가능하다. 미래사회는 한가지 지식이나 기술로는 해결하기 어려운 다양성과 통합이 요구되는 사회이며, 다양성이 존중받는 학습 환경과 놀이 환경이 강조되고 있다(유구종, 2020).

다섯째, 실감형 사용자 인터페이스(TUI: Tangerble User Interface) 방식을 탑재하고 있다. TUI는 MIT 미디어 랩의 Tangerble Media Group에서 처음 제안한 것으로 인간이 실생활에서 오랜 시간 발전시켜 온 감각운동을 인터페이스에 적용시킨 것이다. 유아기는 오감을 활용한 교육방식을 중요하게 여긴다. 따라서 디지털 환경과 물리적 환경이 융합된 텐저블 미디어 등의 TUI 방식의 매체는 유아들로 하여금 능동적인 조작을 통해 상호작용이 가능하게 하므로 유아교육에서 다양한 방식으로 활용할 수 있다.

여섯째, 인공지능 기반 기술의 적용이 확대되고 있다. 인공지능(AI: Artificial Intelligence)이란 인간처럼 생각하고 행동하며 스스로 학습할 수 있도록 구현되어 인간의 지각능력, 추론능력, 학습능력을 갖춘 컴퓨터 시스템을 말한다(교육부, 2021). 빅데이터를 기반으로 컴퓨터 프로그램이 스스로 규칙을 찾아 학습할 수 있는 딥러닝(deep learning) 기술과 많은 데이터를 기반으로 추론할 수 있는 기술의 발전으로 인해 인공지능은 미래 사회의 핵심 기술로서 중요성이 더욱 커지고 있으며, 무한한 잠재력을 가진 기술임에 틀림없다. 인공지능에 기반한 디지털 환경은 인공지능과 소통하고 활용하는 경험을 통해 유아의 배움의 폭을 더욱 넓혀 갈 수 있을 것으로 기대한다.

이와 같은 특성을 가진 새로운 매체의 등장은 교수-학습 형태의 변화를 초래하였으며, 새로운 교수법을 개발하는데 많은 영향을 미쳤다. 따라서 유아교사의 역할 또한 변화 되어야 한다. 그 중 하나가 디지털 페다고지(Digital pedagogy)로서의 역할(김호 외, 2022)인데, 디지털 페다고지는 기술을 활용한 보다 개별적이고 학습자 중심의 교육을 실행해야 한다. 이런 관점에서 매체는 교실에서 사용하는 간단한 도구가 아닌 배우는 방법과 내용을 변화시키고 있으며, 교사들은 교육의 변화에 대한 기대와 요구를 충족시킬 수 있어야 할 것이다.

## 3. 미디어를 활용한 놀이와 발달적 적합성

제4차 산업혁명 시대는 지금까지와는 다른 인재를 원한다. 세상이 필요로 하는 인재상이 변했다면 교육의 방식에도 변화가 필요하다. 미래에 필요한 역량은 미디어가 확산된 사회에서 다양한 미디어 문화에 참여하며, 필요한 것을 제대로 이해하고 선택하여, 문제해결 능력, 창의성, 협동심, 인성, 시민의식, 의사소통능력, 이해배려능력, 리더십, 비판적 사고 등을 키울 수 있는 능력이라고 할 수 있다(김창숙, 이선혜, 2019). 즉 4차 산업혁명 시대를 대비하여, 유아의 미디어 리터러시 능력 개발을 매우 중요하게 다룰 필요가 있다는 것이다.

디지털 융합사회로의 변화, 미래사회에 요구되는 핵심역량, 디지털 미디어 활용의 중요성에 대한 인식에도 불구하고 스마트 폰 과몰입, 과잉행동 증가, 주의집중력 결핍과 같은 부정적인 요인 때문에 초·중등에 비해 유아의 미디어 리터러시 능력 개발을 위한 정보통신기술 활용이나 스마트 미디어의 교육적 활용에 대한 논의는 미비한 편이다. 하지만 유아의 인지 수준에 맞는 프로그램을 통해 교육적 메시지를 전달하고 올바른 교육모델을 제공한다면 이러한 디지털 기술과 스마트 미디어 활용은 유아에게 긍정적인 영향을 미칠 수 있다(김대웅, 박윤현, 2018). 유아기에 디지털 미디어를 올바르게 활용하는 교육을 경험한 유아들은 성인이 된 후에도 테크놀로지 중독에 빠지는 경우가 적었다는 연구에서는 유아기 교육을 통해 디지털 미디어 기술을 올바르게 인식하고 활용하는 가치관을 형성해 준다면 현명한 기술 활용과 의사결정이 가능한 성인으로 성장할 수 있는 기초를 마련해 줄 수 있을 것이다.

이러한 디지털 미디어 활동 중 유아의 발달에 적합한 측면은 다음과 같다.

### 1) 능동적 학습경험

유아는 탐색과 발견, 시행착오, 가설검증을 통하여 인과관계를 경험함으로써 능동적으로 기술들을 습득하고 세상에 관하여 배운다. 발달에 적합한 컴퓨터를 비롯한 ICT, 스마트 경험은 유아에게 능동적인 학습경험을 제공하고, 동기화해주며, 통합적 학습경험으로 나타나는 경향이 있기 때문에 유아의 학습형태에 적합하다. 특히 최근에는 인공지능 경험을 통하여 유아들은 자신의 주도적인 탐색 학습으로 다양한 청각 정보뿐 아니라 시각적인 정보를 획득하고 상호작용 할 수 있는 환경이 되었다.

### 2) 협동학습

피아제(Piaget, 1970)는 유아를 지식의 구성자로 보았다. 학습의 과정은 세상에 대한 능동적인 탐색, 동화와 조절의 과정을 통한 지식의 획득과 구성을 포함한다. 패퍼트(Papert, 1993)는 피아제의 발달이론을 유아들의 컴퓨터 활동에 적용하였다. 따라서 학습을 '자신의 지적능력으로는 해결되지 않는 문제를 자신이 이미 가지고 있는 지적상태와 비교하여 단순한 가설을 제기하고 검증하여 해결하는 점진적인 과정'으로 보았다. 이러한 패퍼트의 컴퓨터 활동에 대한 구성주의적 견해는 미래의 유아들은 스마트기기로 가득 찬 스마트 세상 속에서 자신만의 지식을 구성하여 기존의 지식을 변형하고 새로운 지식을 만들어낼 수 있다는 유능한 학습자로서의 가능성을 제시한다. 스마트 구성주의 환경을 구현한 앱이나 스마트 블록, 다양한 코딩 로봇 등이 출시되었는데, 이러한 앱이나 스마트 교구들은 유아들이 서로 협력하여 탐색하고 문제를 해결해 나갈 수 있는 환경을 제공한다.

### 3) 통합적 학습 환경

유아가 발달에 적합한 콘텐츠나 앱을 탐색할 때 놀이와 마찬가지로 통합 학습 환경으로 들어갈 수 있게 된다. 유아가 배우는 것은 언어, 수학, 과학과 같은 명확한 과목으로 나누어지지 않는다. 대신 동물원, 우주, 인체, 날씨와 같은 주제를 탐색하고 탐구하는 과정에서 다양한 교육과정이나 발달영역에 속하는 지식과 기술을 습득하게 된다. 통합적 학습 환경을 제공하는 콘텐츠나 앱 활동을 통하여 유아는 분절된 지식으로 받아들이는 것이 아니라 다양한 영역의 지식을 통합적으로 구성해 보는 것이 가능하다.

### 4) 동기화

유치원 교실에 컴퓨터를 도입할 때 개방형 소프트웨어를 사용한 교사는 유아들이 컴퓨터 사용에 상당히 동기화된다고 확신하게 된다. 유아들은 컴퓨터를 지나칠 정도로 좋아하게 된다. 유아에게 발달에 적합한 컴퓨터 환경을 제공하는 교사들은 유아의 동기화 본능을 일깨워 낼 수 있다. 유아는 개방형(open-ended) 콘텐츠나 앱을 가지고 활동할 때 활동 결과를 확실히 알지 못한다. 활동이 전개되면서 유아는 여러 가지 문제들에 직면하게 되고 여러 가지 결정을 해야 한다. 이러한 전체의 과정은 하나의 도전이며 유아가 개방형 프로그램을 탐색해가면서 여러 가지 기술들을 습득하게 되고 능력감이 증진된다. 프로그램의 개방적인 속성으로 인한 다양한 선택 기회 제공과 활동 결과를 알고 있지 못하다는 것이 유아의 호기심을 자극할 수 있다.

### 5) 비계설정

비고츠키(Vygotsky, 1978)는 혼자서는 힘들지만, 사회적 상화작용에 의해 성취할 수 있는 과제 범위를 '근접발달지대(zone of proximal development)'라고 하였다. 샤인골드(Sheingold, 1986)는 비고츠키의 연구를 유아의 컴퓨터 경험에 적용하였으며, 이러한 컴퓨터의 효과를 '컴퓨터 비계설정(scaffolding)'이라고 정의하였다.

유아는 소프트웨어를 사용하여 집을 짓고 도시를 만들기도 하는데, 이 모든 것이 사전 기술들이 필요하지 않다. 자신의 집을 건설하면서 유아는 공간개념에 도움을 받을 뿐 아니라 선, 각도, 측정, 건축기술 등에 관하여 탐색하고 발견할 수 있게 된다. 컴퓨터는 이러한 실제적 도구의 도움으로 인지발달을 촉진시킬 수 있다.

## 4. 유아 놀이에 나타난 미디어 활용지원 단계

디지털 교육단계를 기반으로 유아들의 놀이를 지원해 줄 수 있다. 디지털 교육단계는 STMPE 단계를 의미하는데 Search, Talk, Make, Presentation, Evauation의 다섯 단계의 앞 글자를 조합하여 구성된 교육방법이다.

STMPE 단계는 놀이의 단계와 일정 부분 관련성을 갖고 있으며, 직선상의 과정이 아니고 순환, 확산, 연속성을 갖는다. 유아의 놀이 장면에서 STMPE 단계를 적용한 활동을 제시하면 〈표 2-3〉과 같다.

〈표 2-3〉 STMPE 단계를 적용한 놀이 지원 및 추출된 놀이 단계

| 놀이 장면 | 나만의 스마트 폰 만들기 | |
|---|---|---|
| 놀이 전 맥락 | 유아들에게 스마트 폰은 소유하고 싶은 생활 도구이다. 교실에서 놀이 활동에 제공할 수 있는 스마트 폰의 개수와 시간은 한정되어 있으니 서로 사용을 원하며 다툼이 일어나기도 한다. 유아들은 사진을 찍거나 교육 목적의 애플리케이션을 사용하거나 검색기능을 사용하는데, 이를 위하여 스마트 폰의 올바른 사용 방법을 알아본다. | |
| **STMPE 단계** | **놀이 관찰 장면** | **관찰된 놀이 단계** |
| S<br>search | 스마트 폰의 사용 차례를 기다리던 유아들이 교사의 스마트 폰을 빌려줄 수 있는지 물어본다. 교사의 스마트 폰을 가지고 놀이하던 유아 중 1명이 나도 스마트 폰 있으면 좋겠다고 말하고 초등학교에 들어가면 부모님이 스마트 폰을 사 주기로 했다고 이야기한다. 그러자 한 유아가 나는 이런 스마트 폰을 갖고 싶어... 라며 이야기를 시작하며 유아들이 자신들이 갖고 싶은 스마트 폰에 관해 이야기 나눈다. | 놀이의 발현 |
| T<br>talk | 유아들이 자신이 갖고 싶은 스마트 폰의 기능, 디자인, 색, 크기 등에 대해 이야기 나누고 태블릿 PC를 활용해 다양한 스마트 폰을 검색하는 활동을 한다. | 탐색/ 의견 나누기 |
| **STMPE 단계** | **놀이 관찰 장면** | **관찰된 놀이 단계** |
| M<br>make | 자신이 원하는 스마트 폰을 만들어 본다.<br>스마트 폰의 케이스 등은 유아들이 컴퓨터 검색기능을 활용해 찾아서 인쇄해서 활용하거나 자기 생각을 그림으로 표상한다.<br>    | 구체화 (표상) / 놀이 실행 (만들기) |

<table>
<tr>
<td>P<br>presentation<br>/<br>E<br>evaluation</td>
<td>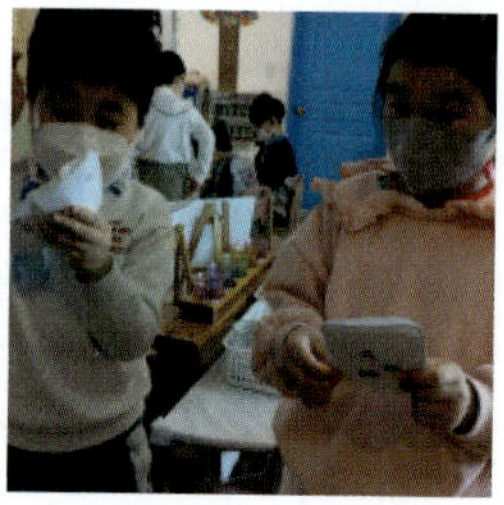</td>
<td>유아들이 자신의 스마트 폰을 보면서 서로 비교해 보고 자신의 스마트 폰에 관해 설명한다. 친구들의 애플리케이션에 대한 설명을 듣는 동안 자신의 핸드폰과 비교해 보면서 이야기를 나누는 동안 새로운 아이디어들이 생산되며, 유아는 수정할 부분들을 수정하며 자신만의 스마트 폰을 만들고 친구들에게 보내는 메시지를 적어 문자 메시지 기능을 활용하기도 한다.</td>
<td>공유<br>/<br>성찰<br>/<br>확장</td>
</tr>
</table>

유아들의 디지털 놀이를 관찰하고 기록화한 내용을 분석한 결과, 유아의 놀이에서 다음과 같은 놀이 과정을 발견하였다. STMPE 단계를 적용한 유아의 놀이를 관찰하고 기록화한 내용을 분석한 결과 유아의 놀이는 놀이의 발현(Manifestation), 탐색(Search), 의견 나누기(Talk), 의견의 구체화/ 표상하기(Ideation), 만들기(Create), 공유하기(Share), 성찰하기(Reflection), 그리고 놀이 확장(Extension)의 단계로 진행되는 것을 알 수 있다.

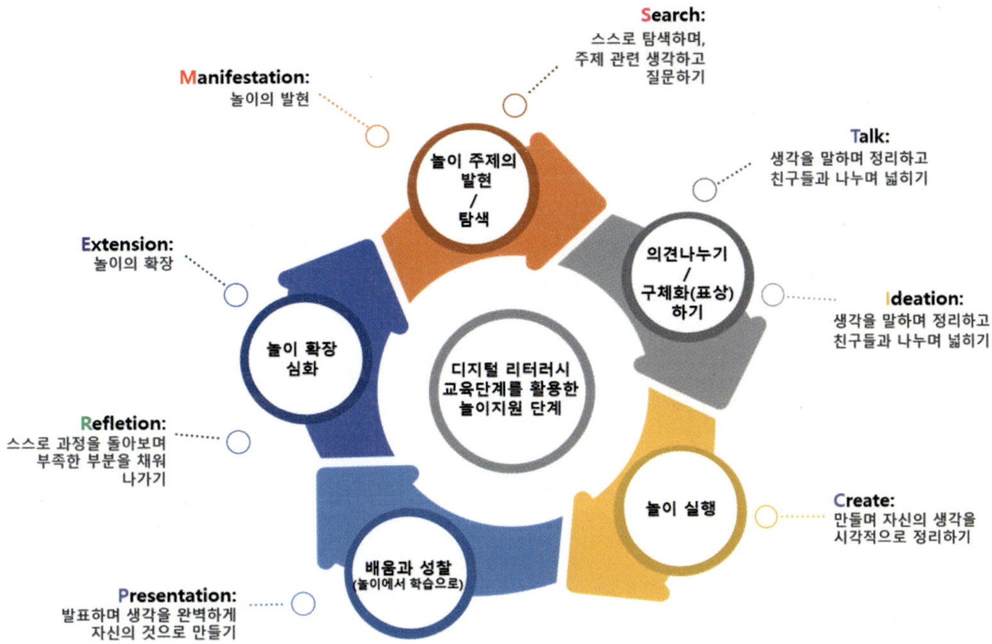


〈그림 2-4〉 STMPE(디지털 리터러시 교육)단계와 놀이

유아의 놀이 장면을 관찰한 결과 유아는 자신들의 관심에 관해 이야기 하고, 이를 위해 교사에게 매체를 지원해 달라고 요구하였다. 이러한 장면은 유아의 놀이가 시작되는 시점이라고 볼 수 있으며 놀이가 발현된 것이라고 할 수 있다. 유아들은 여기에서 멈추지 않고 자신이 갖고 싶은 스마트 폰의 기능, 디자인, 색, 크기 등에 관해 이야기 나누는 의견 나누기 단계와 태블릿 PC를 활용해 스마트 폰을 검색하는 탐색의 단계로 진행되었다. 탐색이 지속되면서 유아들은 자신이 갖고 싶은 스마트 폰을 구체화하였는데, 먼저 자신 원하는 기능 및 앱을 그림으로 그려보는 표상의 단계가 관찰되었다. 그 과정에서도 탐색과 의견 나누기 등은 지속되었다. 이후 자신이 표상한 그림을 보면서 만들기를 한 후, 친구가 만든 것과 비교하면서 자신의 스마트 폰에 대해 설명하는 등 결과물을 공유하였다. 공유하는 과정에서 유아들은 자신의 스마트 폰에 이런 기능이 있으면 더 좋겠다는 등의 의견

을 제시하기도 하고 더 편리하게 스마트 폰을 활용하기 위한 아이디어를 교환하기도 하였다. 이러한 놀이는 여기에서 멈추지 않고 다른 놀이로 이어지기도 하는데 한 유아가 스마트 폰에서 음악을 듣는 기능을 보여주며 노래를 들을 수 있다고 하자 다른 유아가 스피커랑 연결시켜서 같이 크게 들을 수 있다고 하면서 AI 스피커에 관해 이야기 하였다. 그러면서 유아들이 스마트 폰과 연결 할 수 있는 AI 스피커에 관심을 갖기 시작하였다. 이러한 과정을 거치면서 유아들의 놀이는 이전 놀이와 연결되고 확장이 되는 것을 알 수 있다. 여기에서 놀이의 확장은 또 따른 놀이 주제의 발현이기도 하며 이는 유아의 놀이가 심화 확장되는 연속적인 과정임을 시사한다.

# Chapter 3

## 유아교육에서의 멀티미디어 활용

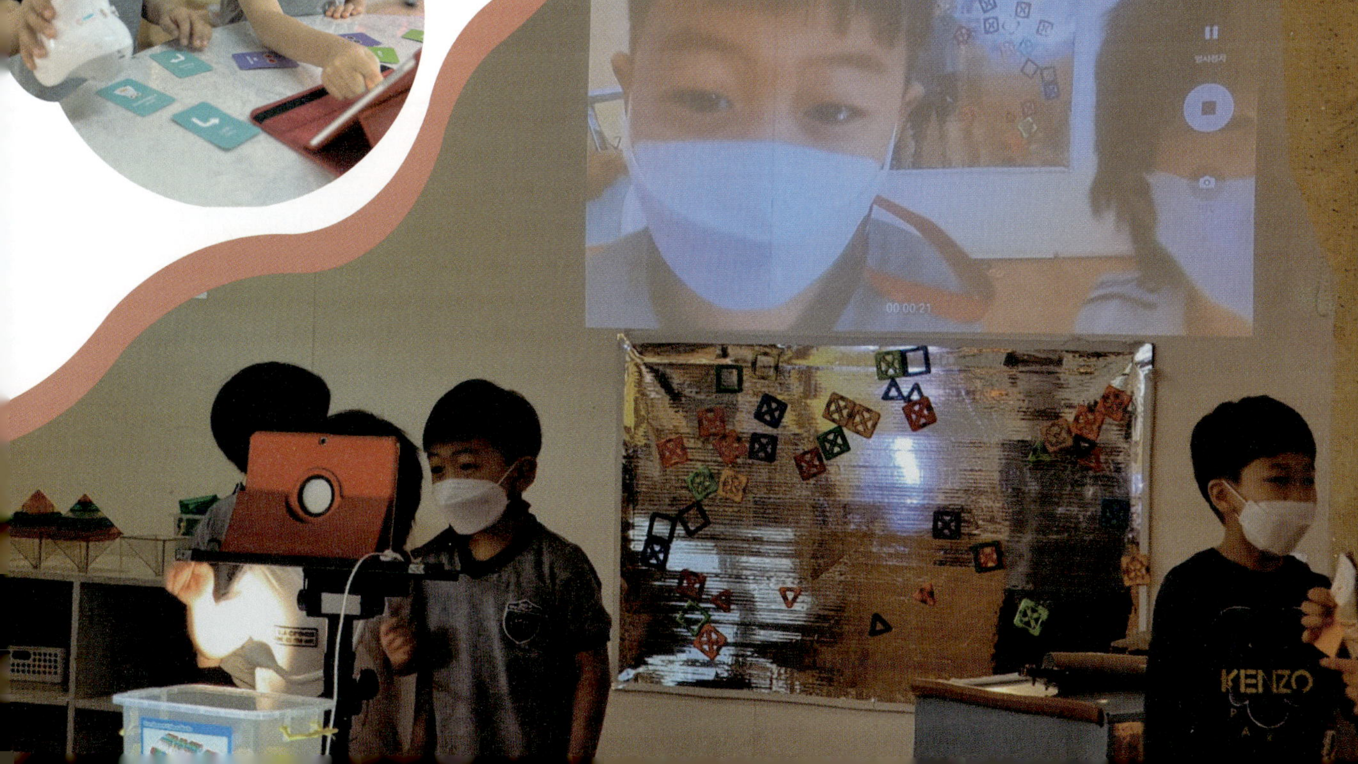

테크놀로지를 활용한 활동이 유아의 발달에 적합하며 교육적으로 유의미하게 교과과정에 통합된 형태로 제공된다면, 유아들은 자신의 창의적인 생각을 표현할 수 있는 프로슈머로서(prosumer)의 표현양식을 활용할 수 있을 것이다. 프로슈머란 생산자(프로듀서; producer)와 소비자(컨슈머; consumer)의 합성어로 기존의 테크놀로지를 사용하는 소비자로서의 개념을 가졌던 사람들이 디지털 테크놀로지 콘텐츠를 직접 생산하고 소비하는 역할을 동시에 한다는 의미이다. 따라서 프로슈머는 미디어를 활용하여 새로운 정보를 받아들이고 자신의 경험이나 생각을 미디어의 형태로 표현할 수 있는 미디어 사용자라고 할 수 있다. 21세기 디지털 시대에 디지털 네이티브인 유아는 미디어라는 새로운 방식의 표현수단을 활용하여 타인과 다른 아이디어를 생산하고 이를 소셜네트워크를 통해 공유함으로써 긍정적인 협력을 경험하게 될 것이다. 이는 미래사회 핵심역량과도 밀접한 관련이 있다.

『디지털 시대, 위기의 아이들』이라는 책에는 자녀의 미디어 사용 가정환경이 완전히 다른 두 가정이 등장한다(Steiner-Adair & Barker, 2015). 그중 한 가정의 가장인 일라이는 자녀들을 디지털 매체로부터 차단한 반면, 다른 부모인 아이번은 마음껏 사용할 수 있도록 하였다. 이러한 서로 다른 두 가정의 차이를 구체적으로 살펴보면, 일라이 집의 한 대뿐인 컴퓨터에는 유해 콘텐츠 차단 프로그램이 설치되어 있고 인터넷은 사용할 수 없고 케이블 방송은 볼 수 없다. 이와는 반대로 아이번의 집은 최신 텔레비전이 있고 아이들은 각자의 노트북과 휴대폰을 가지고 있으며 자유롭게 사용할 수 있다. 때로는 온 가족이 폭력적인 비디오 게임을 함께 하기도 한다. 얼핏 생각하기에 두 가정의 자녀들 모습은 상당히 다를 것 같지만 일라이와 아이번의 자녀들은 모두 생각이 깊고 영리하며 창의적이다(이연승 외, 2020).

이러한 사례를 통해 우리가 도출할 수 있는 시사점은 가정의 미디어 환경, 즉 디지털 기술 또는 매체를 얼마나 많이 사용했는가 여부는 자녀의 성장 및 발달에 큰 영향을 미치지 않는다는 것이다. 중요한 것은 부모의 적극적인 상호작용에 달려있다는 것을 알 수 있다. 따라서 디지털 미디어에 대한 규칙이 어떻게 정해져 있는지는 크게 상관없으며, 아이들이 건강하게 성장함에 있어 가장 큰 영향을 미치는 요인은 결국 '부모와 자녀의 관계'라고 정리할 수 있다. 그러므로 디지털 네이티브를 위한 디지털 페어런팅을 이야기하기 전에 각 가정에서 자녀와 얼마나 온전히 소통하고 있는지를 먼저 점검할 필요가 있다. 디지털 페어런팅은 디지털(Digital)과 페어런팅(Parenting)의 합성어로 전통적 육아방식에 디지털적 요소를 병합하여 디지털 미디어의 긍정적인 측면을 영유아의 발달을 지원하는 육아방식을 의미한다(한국정보화진흥원, 2019). 디지털 페어런팅도 전통적 육아방식과 마찬가지로 부모와 자녀 간의 따뜻한 관계를 토대로 현명하고 일관성 있는 부모의 양육태도가 전제되어야 한다.

이러한 디지털 미디어는 교육에도 영향력을 발휘하고 있다. 미디어는 이미 인간의 환경이며 단지 기술로서의 '매체(medium)'가 아니라 커뮤니케이션 관점에서 '언어'로 확대되고 있다(김양은, 2005). 오늘날 전 세계는 정보 기술과 인터넷의 눈부신 발전으로 언제, 어디서나 정보를 확인하고 공유할 수 있으며 스마트 폰 단말기 사용 확대로 인터넷 이용이 PC에서 모바일화로 전환되고 있는 가운데 학습환경도 빠르게 디지털화되고 있다(노현아, 정인기, 이원균, 2013). 그로 인해 다양한 문제점이 대두 되었고 부정적 영향에 대한 대안으로 연구가 진행되어 유아의 엄격한 사용을 위한 권고안 등이 마련되었다. 이에 한국정보화 진흥원 등의 기관에서는 가이드 라인(guide line)을 제공하며 영·유아 부모를 위한 디지털 미디어 이용 시 다음과 같은 사항을 권고하였다(이해국, 신윤미, 2019).

첫째, 24개월 전 텔레비전을 포함한 미디어 노출은 금지시켜야 한다. 특히 부모님이나 형제·자매들을 따라서 어린 유아들의 경우 수동적으로 나이에 맞지 않는 미디어에 노출될 수 있으니 특히 주의를 기울여야 한다.

둘째, 학령전기 아동들은 현실과 환상 구분 능력이 떨어지기 때문에 폭력성, 성적 내용에 노출되었을 때 위험성이 높아지고 판단 없이 자극을 받아들여 더 위험하다고 볼 수 있다. 학동기 아동들 역시 전두엽 기능이 아직 충분히 성장하기 전 시기이므로 성인에 비해 판단력, 자기조절능력 등에 있어서 통제 능력에 어려움이 있어 이 시기에 심한 자극에 노출되었을 시 위험성이 심하다고 볼 수 있다.

셋째, 아이가 연령대에 맞는 미디어를 보고 있는지 확인하고 부모님이 함께 보고 결정해주어야 한다.

넷째, 침실 등에서 일상적으로 미디어를 사용하고 배경으로 텔레비전을 켜 놓는 것을 피해야 한다.

그렇다면 디지털 미디어의 부작용을 우려하여 디지털 미디어의 활용을 최소화하고 아날로그 방식으로 교육을 하는 것이 더 바람직할까? 우리는 이러한 딜레마에 빠질 수밖에 없다. 하지만 우리 아이들은 디지털 네이티브이며 포스트 디지털 시대에서 로봇, 빅데이터, 인공지능 등 4차 산업혁명 시대를 살아가는 세대임을 잊지 않아야 한다. 따라서 원칙 없이 무한정 허용과 엄격한 통제 사이에서 방황을 멈추고 현명하고 슬기롭게 디지털을 활용하며 이를 통해 우리의 삶이 풍족해질 수 있는 방법을 찾아가야 할 것이다.

유아교육기관 교실에서 컴퓨터는 소집단이나 대집단 활동시간에 그리고 유아들의 독립적인 놀이 시간(자유놀이시간)에 가장 잘 어울린다. 선택활동 시간에 교사가 하나하나 도와주기보다는 집단 활동 시간에 여러 가지 방법들을 동원하여 새로운 콘텐츠나 앱, 프로그램을 소개해 주고 선택활동 시간에는 유아들 스스로가 상호작용을 통하여 콘텐츠나 앱, 프로그램을 활용한 활동을 할 수 있게 해주는 것이 좋은 방법이 될 수 있다. 집단 활동시간에 컴퓨터 화면을 투사하여 대형 스크린에서 교사가 시범을 보여주고 유아들이 한 번씩 경험해 보게 하는 것도 바람직한 방법이라고 할 수 있다. 따라서 디지털 미디어의 부정적인 측면보다는 긍정적인 측면을 바라보며 아이들이 건강하고 생산적인 방식으로 미디어와 관계를 맺을 수 있도록 도와주어야 한다(David, 2013).

## 1. 컴퓨터와 놀이

스마트 폰 패드와 컴퓨터는 다른 성격을 갖고 있기에 교실내 유아용 컴퓨터가 준비되면 유아들은 자연스럽게 그 차이를 받아들이고 기기가 가지고 있는 특성을 이해하고 다루는 법을 습득할 수 있다.

컴퓨터는..

아빠들이 일하거나 공부할 때 쓰는 거예요.

똑똑한 거에요. 멋진 상자에요.

게임도 할 수 있고, 유튜브도 볼 수 있는 거.

숫자, 한글, 한자를 쓸 수 있어~

계산할 때 쓰는거야.

궁금한 걸 물어볼 때 사용해요.

zoom해서 친구랑 선생님을 만날 수 있어요.

정보를 알려주는 기계에요.

아파서 유치원에 못 오거나 출근을 못할 때 사용할 수 있어요.

### 1) 환경구성

컴퓨터 주변 놀이 공간이 조형/언어/과학 등 무엇인지에 따라 놀이의 확장과 방향이 달라질 수 있으니 교실 속 놀이 흐름에 맞춰 공간을 옮겨가며 콘센트, 멀티탭의 위치를 고려해 공간을 구성해야 한다.

노트북이나 일체형 컴퓨터가 공간을 많이 차지하지 않고 이동성이 좋고, 키보드와 마우스, 인터넷 등은 주변 기기도 무선으로 연결되는 것이 안전하며 프린트도 Wifi를 통해 무선으로 연결해두는 것이 공간 활용에 적절하다. 출력물을 모아 놓을 수 있는 파일을 근처에 두면 유아 스스로 자신들의 결과물을 모아둘 수 있다. 주변 기기도 유아가 사용하기 편하도록 마우스는 유아들의 손 크기를 고려해 작은 것으로 준비하고, 모니터에 음향효과가 내장되어 있을 수도 있지만 따로 스피커를 사용해야할 수도 있는데 교육기관의 특성상 다수의 유아들이 동시다발적으로 다양한 공간에서 활동하기에 소리의 크기 약속을 정해야 한다.

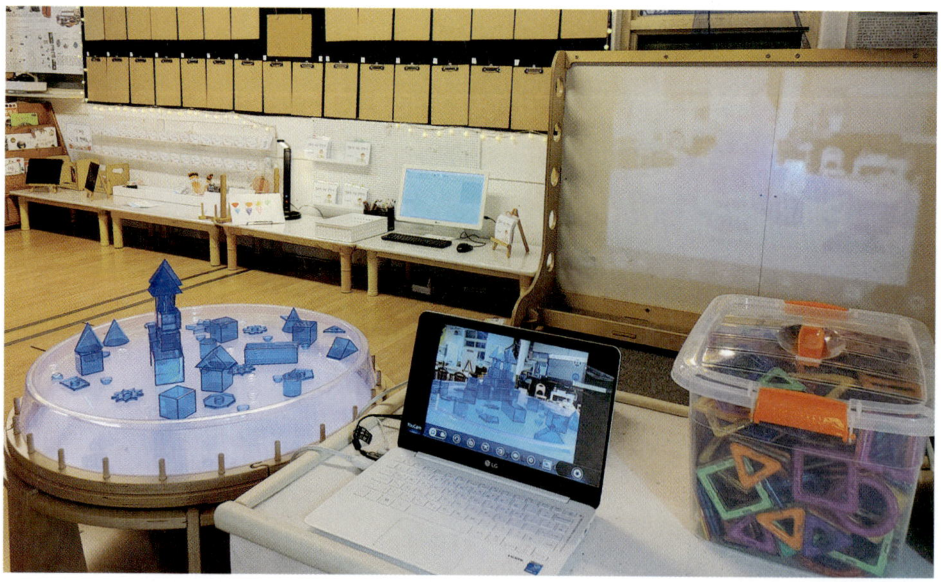

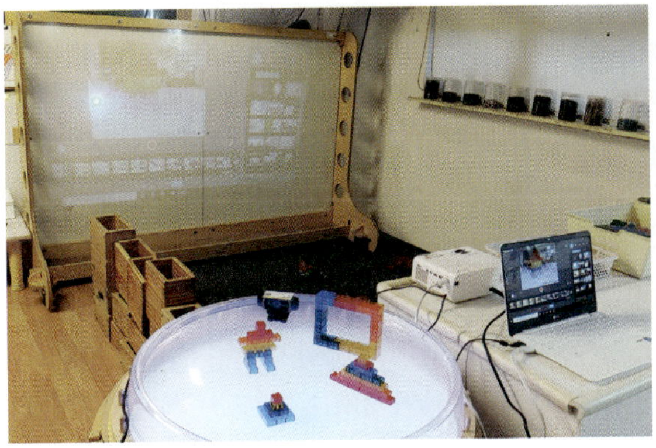

만 4, 5세가 기기를 다루기에 적합하며 학기 초에 유아들이 참고할 수 있는 도움 자료를 만들어 놓거나 짧은 영상 자료, 도서 등을 준비해두고, 아직 한글 능력이 미숙하기 때문에 사용 방법은 중·소그룹으로 알려주거나 놀이 시간에 교사가 함께하는 시간을 임의적으로 마련해두면 좋다.

컴퓨터와 연결해 사용할 수 있는 여러 기기들(현미경, 웹캠, 빔프로젝터, 프린터 등)을 연구해 함께 사용하면 좋다. 학기 후반에는 컴퓨터의 수를 늘려서 제공하면 재미있는 놀이가 발현되기도 한다. 데스크톱은 보통 컴퓨터 본연의 기기로 많이 쓰이고 노트북은 빔프로젝터나 웹캠과 연결되어 이동성 있게 필요에 맞춰 환경 구성할 수 있다.

### 2) 활용법

아이들은 이미 성인들이 컴퓨터를 사용하는 모습을 많이 관찰하였다. 그렇기에 준비된 환경만 주어져도 어려움 없이 익숙한 듯 마우스를 잡고 활동을 시작한다. 요즘처럼 IT 기기에 익숙한 알파세대는 더더욱 화면 속 세상이 친근하게 다가올 것이다.

컴퓨터 활동은 마우스와 키보드를 다루는 것에서 시작한다. 본인이 명령을 내리고 싶은 위치에 커서를 이동시키거나 원하는 내용을 키보드를 눌러 입력해 결과를 도출한다. 내가 하고자 하는 대로 따라오는 컴퓨터의 순응적인 모습에서 유아들은 성취감을 느끼기도 한다. 컴퓨터에서 사용하는 프로그램은 대부분 스마트

스마트 폰/패드로 똑같은 기능을 가진 어플을 통해 경험 할 수도 있다. 다음에 나오는 활용법 또한 스마트 폰/패드에서도 적용할 수 있을 것이다.

### (1) 검색 기능

검색 기능은 제일 기초적인 단계이나 유아들이 가장 흥미를 느끼는 기능으로 궁금한 것을 해결하는 방향도 있지만 텍스트에 집중되어 있는 결과만이 아닌 이미지로 나오는 정보는 유아들이 받아들이기에 용이 하다.

검색을 하는 데 있어서 한글 능력이 아직 부족한 경우 음성 검색을 활용할 수 있고, 또래 간의 상호작용을 이끌어 한글 실력이 앞선 친구의 도움을 받을 수 도 있다. 데스크톱인 경우 마이크 기능이 없을 수 있으니 확인해야한다.

검색 기능을 사용할 경우 반드시 동반·선행되어야 할 교육이 있는데, 쏟아져 나오는 수많은 정보 중에 사실에 근거한 올바른 자료를 찾을 수 있는 디지털 문해력을 기를 수 있는 교육과 유아 스스로 유해 정보를 차단하는 능력이 필요하다. 이전에 교사는 유아들이 자유로운 검색 결과를 탐색할 수 있도록 안전한 인터넷 환경을 마련해야 한다.

쥬니버와 같은 유아 대상 포털사이트를 웹 브라우저 홈페이지로 등록해 두어 검색을 할 수 있도록 하거나 검색 필터링을 잘 설정해 둬야 한다. 스마트 폰/패드와 마찬가지로 컴퓨터에서도 자녀 보호 모드, 키즈 모드와 같은 기능 및 프로그램을 미리 준비해 두어야 한다.

검색 결과를 복사/붙여넣기, 캡처, 저장을 사용해 프린트할 수 있도록 준비해 두고 유아들이 놀이 흐름에 따라 맞춰서 제시하면 좋다. 처음부터 제시할 경우 컴퓨터의 기능 탐색보다는 놀이가 프린트 결과물에 치중되기도 한다.

한글을 몰라도 검색이 되는 거 알어? 나 이거(마이크)로 해서 찾았어.

당연하지 컴퓨터가 얼마나 똑똑한데~

맞아. 진짜 모르는게 없어. 유튜브도 컴퓨터 속에 다 있잖아.

패드랑 같아. 터치 빼고..

아니야. 달라. 이건 전선이 있잖아.

| 초록창이 다 알려준대 | | | |
|---|---|---|---|
| **활동 유형** | 소그룹 | **대상연령** | 만 5세 |
| **활동목표** | • 궁금한 내용을 인터넷 검색을 통해 정보를 찾을 수 있다.<br>• 마우스와 키보드를 원하는 대로 조작할 수 있다. | | |
| **유아의 경험과 배움** | • 신체운동 · 건강<br>안전하게 생활하기 - TV, 컴퓨터, 스마트 폰 등을 바르게 사용한다. | | |
| **활동자료** | 컴퓨터, 마우스, 키보드, 필기도구 등 | | |
| **활동내용** | | | |
| (사전활동) 올바른 검색 결과를 선택할 수 있도록 안전교육을 진행하고, (chapter4 참고) 단어/속담/사자성어 등 교실 속에서 유아들과 전달하는 언어 쪽의 뜻을 찾아볼 수 있도록 단어카드를 준비해 두면 좋다.<br><br>1) 검색 방법<br>- 인터넷 브라우저를 실행한다.<br>(홈페이지는 네이버, 쥬니어 네이버 등 검색 포털로 설정해 둔다.)<br>- 검색창에 포인터를 옮겨 클릭한다.<br>- 커서가 깜빡거림을 확인하고 검색하고자 하는 글자를 입력한다.<br>- 돋보기 모양을 눌러 결과를 불러온다.<br>- 원하는 정보를 글 또는 이미지 중에서 선택해 공유한다.<br><br>2) 한글을 쓰기 어려운 경우 음성 검색 방법을 알려 준다.<br>- 마이크 모양을 누르고 (없으면 마우스 우클릭 '음성검색' 기능 활용 가능) 말하기<br><br>3) 알맞은 결과 찾기<br>- 수많은 검색 결과 중에 어떤 게 올바른 정보인지 이야기 나누기<br>- 우리에게 필요한게 그림일까 글자의 뜻일까?<br>- '사전'이라는 말을 들어 봤니? 어떤 뜻일 거 같니?<br>- 사전이란 단어나 말의 뜻이 풀이된 것을 말한단다. 우리가 모르는 말을 찾아볼 때 이쪽의 정보를 찾아보면 좋단다.<br><br>4) 확장하기 : 프린트하기 | | | |

### (2) 그림판 그리기

그림판 프로그램으로 그림을 그리는 건 마우스를 조작해야 하므로 마우스가 익숙하지 않은 유아들에겐 뜻대로 잘되지 않을 수도 있다. 하지만 유아들은 마우스를 움직이는 것 자체도 놀이로 보기 때문에 그 과정도 즐거워하는 모습을 보이곤 한다. 그렇기에 마우스를 조작하는 방법을 익힐 수 있는 몇 가지 활동을 제안해서 연습기회를 주고 유아들이 좀 더 수월하게 마우스를 조작하도록 다양한 방법을 연구해보자.(예: 바탕화면에 점 몇 개 그려두고 점에서 점까지 마우스 옮겨보기, 크기가 작은 마우스 구입하기, 마우스 포인터 크기 키우기 등)

그림판 도구들의 기능을 설명한 보조 자료를 준비해 제시하고, 저장 방법까지 알려주어 개인별 폴더를 만들어 주고 본인의 표상물을 저장, 보관하고 출력까지 할 수 있도록 단계적으로 알려주면 그림판 활동물 포트폴리오를 쉽게 제작할 수 있다.

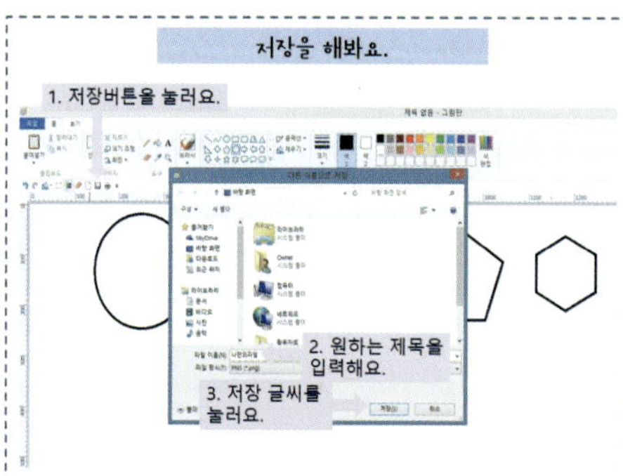

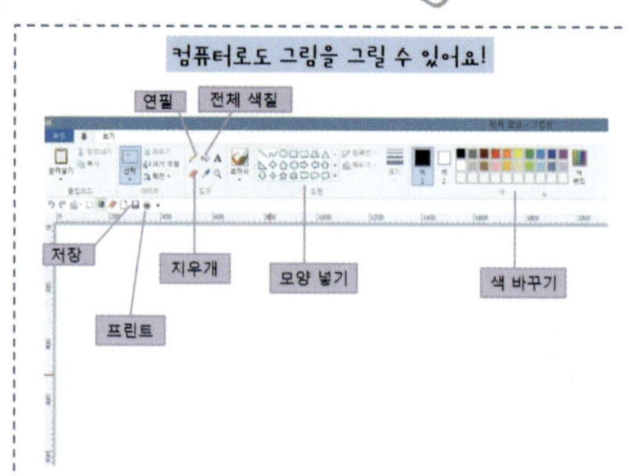

### (3) 언어의 마술사

스마트 폰/패드와 제일 다른 점은 키보드 사용일 것이다. 처음에는 메모장이나 한글 프로그램을 열어두고 자유롭게 유아들이 키보드를 눌러보며 엉뚱한 것이 화면에 기록되는 것을 시작으로 흥미를 갖도록 해도 좋다. 지우기(←, Delete)나 줄 바꿈(Enter)의 기능은 영어로 적힌 자판에 한글로 기능을 적어 붙여둔다. 이후 한컴타자 연습을 소개해 키보드의 자음, 모음 위치를 익히면 좋다. 자유놀이 시간에 메모장이나 한글 프로그램을 사용하면서 한글을 자음+모음 원리를 익힐 수 있고, 한글을 한자나 영어 그 밖의 언어로도 변환시켜 볼 수 있다.

한글을 몰라 교사에게 도움을 요청하던 유아는 마이크 기능이 있는 컴퓨터로 음성-문자 변환을 활용해 쓰고 싶은 글을 말로 전달해 화면에 보이는 글자를 따라 적기도 한다. 그림유치원에서는 해외 방문단이 교실에 찾아왔을 때 번역 기능을 활용해 인사를 나눈다.

### (4) 프린트

기관 환경마다 다르지만 그림, 문서 등 유아들이 만들어낸 수많은 표상물 출력할 수 있도록 무선으로 프린트를 공유하면 추가적인 공간이나 전선 없이도 출력이 가능하다. 유아들의 표상물 외에도 검색한 이미지, 색칠놀이 등도 출력할 수 있음을 소개하면 유아들의 놀이에서 새로운 흐름이 발견될 수 있다.

유아들이 출력하려는 파일 대부분 빈 공간이 많고 몇 번의 클릭으로 쉽게 얻을 수 있는 결과물이기에 프린트 방법을 소개하면서 출력 매수 활동 순서, 컴퓨터 사용 시간 등을 정하도록 이야기 나누기 시간을 가져야 한다.

### (5) 코딩 프로그램

2025년부터 적용되는 2022 개정 교육과정에서는 초·중학교 정보 교과 시수가 두 배로 늘어나고, 디지털 관련 교육이 강조되면서 2015 개정 교육과정에서 의무화한 '소프트웨어'에 이어 2022 개정 교육과정에는 '코딩'이 필수 과목이 될 예정이다. 초등학생은 놀이 중심의 간단한 프로그래밍, 중·고등학생은 AI 기초원리와 심화 적용까지 배우게 된다. 나아가 점차 주요 과목에도 디지털 교육이 접목된다고 한다. 이에 적응하기 위해 유아기에 활용할 수 있는 코딩 프로그램을 경험하는 기회를 주는 것은 사회 시대적 문화를 반영한 자연스러운 흐름이다.

엔트리는 네이버 커넥트재단에서 개발하고 운영하는 비영리 소프트웨어 교육 플랫폼이다. 2018년부터 2015 개정 교육과정에 따라 엔트리가 교육용 코딩 언어로 채택되어, 전국의 초·중학교 학생들을 대상으로 한 소프트웨어 교육을 시작했다(나무위키). 기존의 텍스트 코딩과 달리 블록을 끼우는 방식으로 코딩할 수 있는 그래픽 기반 프로그램이다(나무위키). 엔트리-생각하기 코너는 유아가 한글을 읽을 수 있다면 혼자서 진행할 수 있는 수준의 프로그래밍도 있다. 이것저것 눌러보며 시행착오를 거쳐 올바른 방법을 찾아내면 그것이 진정한 유아의 지식이 될 것이다.

| 재미있는 코딩 | | | |
|---|---|---|---|
| 활동유형 | 대그룹 | 대상연령 | 만 5세 |
| 활동목표 | • 코딩활동에 대해 관심을 가진다.<br>• 마우스와 키보드를 사용하여 스스로 코딩활동을 할 수 있다. | | |
| 유아의 경험과 배움 | • 신체운동 · 건강<br>안전하게 생활하기 – TV, 컴퓨터, 스마트 폰 등을 바르게 사용한다. | | |
| 활동자료 | 컴퓨터, 마우스, 키보드, 필기도구 등 | | |

**활동내용**

1) '코딩'에 대한 경험을 이야기 나눈다.
- 코딩이라는 말을 들어 보았니?
- 코딩이라는 것을 경험해 본 적 있니?
- 어디서 들어보았니? / 어디서 경험해 보았니?
- 코딩은 무엇일까?

2) 코딩활동을 할 수 있는 방법에 대해 알아본다.
- 코딩활동은 어디서 할 수 있을까?
- 교실에서 코딩활동을 하고 싶으면 어떻게 해야 할까?

출처: https://pinkwink.kr/1069, 엔트리 https://playentry.org/

3) 코딩활동 사이트 '엔트리'에 대해 소개한다.
- 교실에 있는 컴퓨터로 코딩활동을 할 수 있는 사이트가 있어. 바로 '엔트리'라는 사이트야.
- '엔트리'를 검색해서 들어가 볼까?
- '엔트리 검색→생각하기→엔트리 학습하기→엔트리봇 미션'에 들어간다.

4) '엔트리' 사이트에서 코딩활동을 하는 방법을 배워본다.
- 블록 꾸러미에 어떤 블록이 있니?
- 캐릭터를 움직이려면 어떤 블록을 사용해야 할까?
- 블록 꾸러미의 블록을 옮기려면 어떻게 해야 할까?
- 다 완성했으면 '시작하기'를 눌러볼까?

5) 활동 후 느낀 점을 이야기 나눈다.
- 코딩활동을 배워보았는데 어땠니?
- 활동하면서 어려웠던 점이 있었니?
- 재미있었던 부분이 있었니?
- 앞으로도 컴퓨터로 코딩활동을 하고 싶으면 오늘 알아본 '엔트리'라는 사이트에 접속해서 자유롭게 코딩활동을 해보도록 하자.

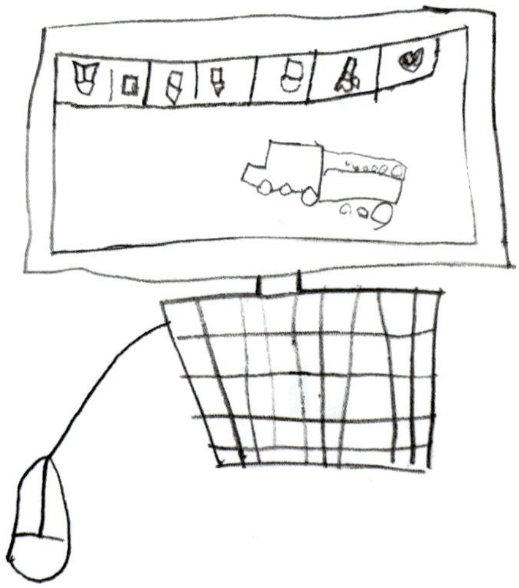

## 2. 웹캠과 놀이

웹캠은 보통 컴퓨터와 연결되어 사용하는 카메라로 COVID-19 이전 화상회의, 인터넷 방송을 위한 용도로 많이 쓰였다. COVID-19 이후 재택근무와 온라인 교육시장이 확대되면서 가정과 교육기관에서도 자주 사용하고 있으며 제품도 다양화 되었다.

웹캠은 교실에서는 스마트 패드나 빔프로젝터 등 다른 기기와 연결하여 놀이의 상황을 공유하고 전달하면서 활용된다. 유아는 웹캠으로 놀이에 필요한 상황을 구성하는 과정에서 시간적, 공간적 개념이 발달하고 그에 따른 자신의 생각을 바로 보완하고 수정하며 자신만의 공간으로 만들어낸다.

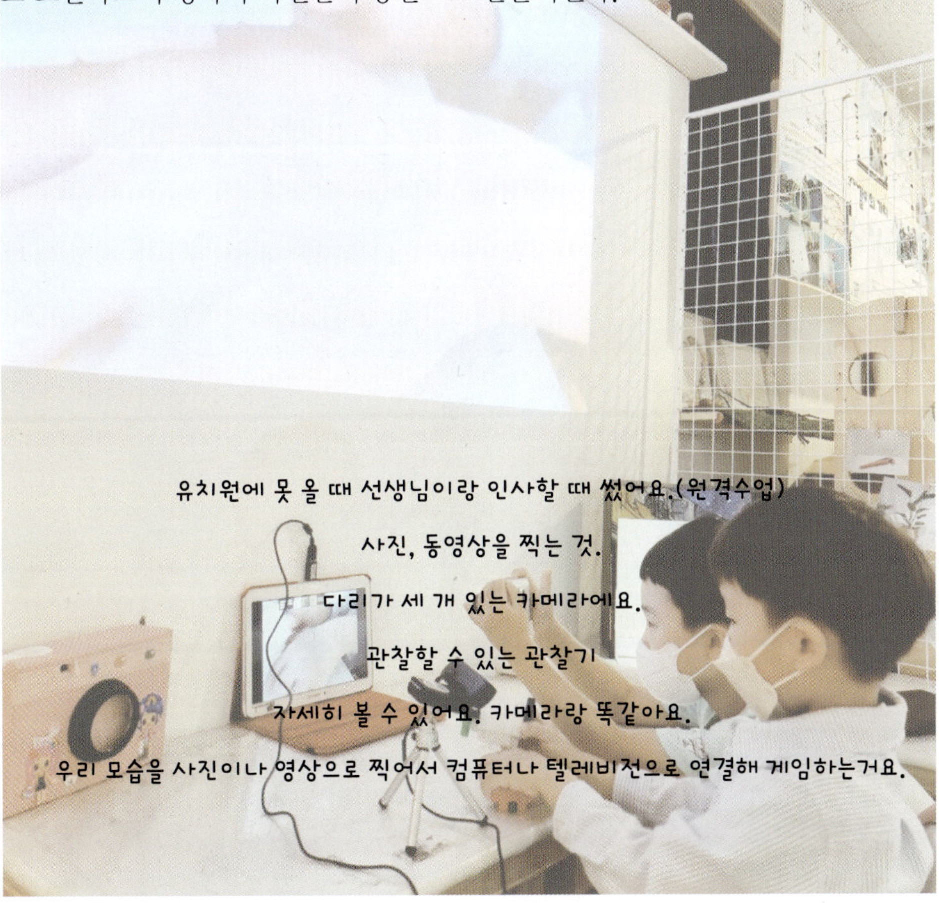

### (1) 환경 구성

웹캠은 단독 기기로 사용하기는 보다는 웹캠으로 촬영한 영상을 볼 수 있는 추가적인 기기가 필요한데 이것은 공간에 따라 스마트 패드, 모니터, 빔프로젝터 등의 기기들을 둘 수 있는 공간의 크기와 화면 사이즈를 생각하여 준비해야 한다. 웹캠을 단단히 고정하기 위해 미니 삼각대에 설치해두면 유아가 찍고자 하는 앵글을 잡고 촬영하는 데 편리하다.

빔프로젝터를 설치할 경우 큰 화면으로 놀이가 실시간 송출되어 유아의 흥미를 높이고 놀이 영역이 확장될 수 있다. 스마트 패드의 경우에는 웹캠의 USB 단자와 직접 연결이 안 되기 때문에 패드와 맞는 USB 젠더를 준비해야 한다. 이때 연결 단자 부분이 쉽게 고장 날 수 있으므로 유아들이 사용 시 젠더를 자주 움직이지 않도록 알려 주어야 한다.

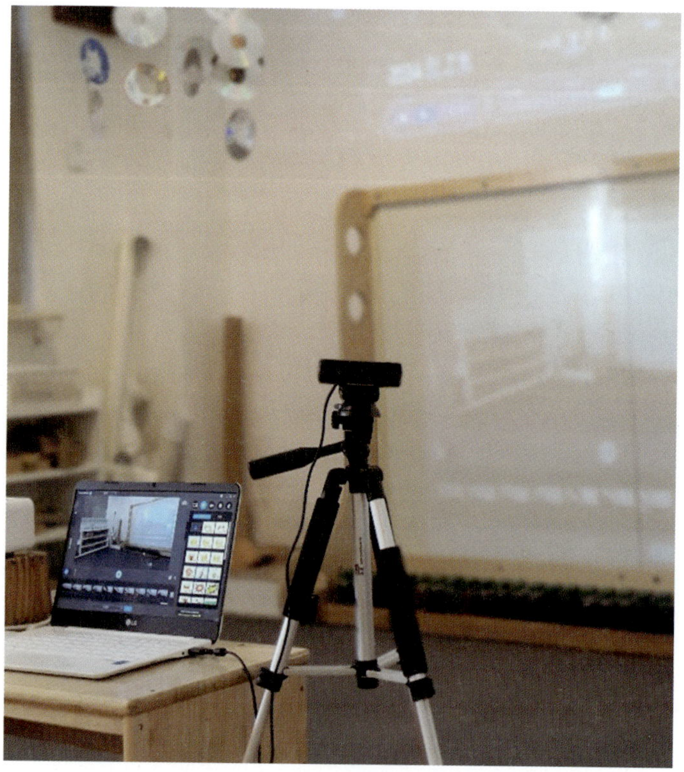

### (2) 활용법

① 스몰월드 : 미니스토리를 촬영하는 꼬마 감독

유아들은 교구나 장난감만을 가지고 역할놀이를 구성하는 것이 아니라, 자신이 직접 영상 속으로 들어가 주인공이 되어 즉흥적으로 재미있는 놀이를 만들어 낸다. 이를 웹캠으로 촬영하게 되면 친구들은 출연자와 관객, 감독, 평가자가 된다. 커다란 화면 속의 상황을 보면서 놀이에 관심이 없던 유아들도 궁금증을 가지며 놀이에 참여하거나 친구들과 함께 새로운 놀이를 만들기도 한다. 유아들은 자신들이 놀이하는 모습을 보면서 더욱 흥미를 느끼고 소극적인 유아들도 친구들과 활발하게 움직이며 상호작용하는 모습을 볼 수 있다.

또한 같은 공간에서 병행놀이가 이루어지던 만 3세 유아들도 여럿이 협동하며 놀이하는 모습이 관찰되었다. 자신의 놀이를 관찰자 입장에서바라보던 유아는 스스로 놀이를 되돌아보며 평가도 하고, 놀이의 방향에 대하여 의견을 나누기도 한다.

웹캠을 활용한 놀이가 익숙해질 때 스토리보드나 역할 목걸이, 장르별 소품 등을 지원하여 촬영을 계획할 수 있도록 교사가 도와주면 아이들의 놀이는 더욱 풍성하고 깊이있게 진행된다. 유아가 화면에 보이는 앵글 잡는 것에 익숙해지면 웹캠과 연결된 기기에서 녹화-일시 정지-정지 기능을 알려주고, 녹화된 놀이를 대그룹 시간에 공유하거나 서로 의견을 주고받아 다음 날 놀이 준비와 지원에 활용할 수 있도록 한다.

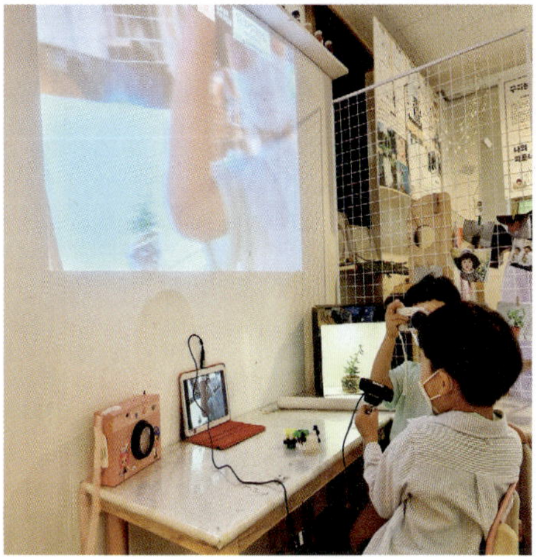

유아1과 유아2는 서로를 찍어주며 놀이한다.

유아1 : (웹캠을 움직이며) 여기 너 보인다?

유아2 : 그러네! 패드에 내가 있어! 여기
위에 벽에 더 크게 나온다!

유아1 : 내 얼굴도 찍어볼까?

유아2 : 해봐! 잘나오는지 봐줄게!

유아1 : 이거 너무 재미있는데?

유아2 : 나는 카메라로 너를 찍어줄게!

유아1 : 좋아! 나는 웹캠으로 찍어줄게!

유아2 : 찍어준다! 하나, 둘, 셋!

유아1 : 어! 선생님이다! 카메라를 돌리니까 선생님이 여기에 나와!

유아2 : 그러네! 그럼 우리 같이 선생님 찍는거 어때?

유아1 : 그래! 엄청 많이 찍자! (카메라로 교사를 촬영한다.)

유아1 : 아 맞아! 우리 만든 작품도 찍어야겠어! 잘 나오려나?

유아2 : 이거 거꾸로 나오는데?

유아1 : 반대로 들어서 그런가봐!

유아2 : 거꾸로 나오니까 하늘을 날고 있는 것 같아!

유아1 : 이젠 땅으로 내려와야지! (카메라를 돌린다.)

2021. 10. 5. 만 4세 사랑반

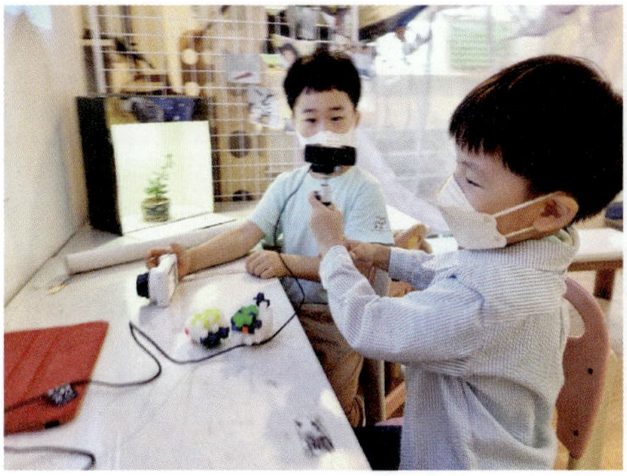

② 카메라가 확대경이라고?

웹캠으로 사물을 비추어보면 눈으로 보는 것보다 확대되어 보이기 때문에 관찰용으로 제시해주어 사물을 자세하게 살펴보는 교구로도 활용할 수 있다. 전자 현미경만큼 확대 배율이 높거나 전문적이지는 않지만 자동으로 초점을 맞추어 주기 때문에 저연령 유아도 쉽게 다룰 수 있다. 돋보기, 웹캠, 현미경 순으로 기기별 특성에 따라 관찰되는 모습을 살펴보면서 사물이나 자연물을 내가 보는 시선과 웹캠으로 바라보는 시선의 차이를 비교해보고 그림으로 그려보면서 미디어 매체의 특성을 이해하고 탐색한다.

③ 미지의 세계로

유아들이 익숙한 환경의 일부를 촬영하여 놀이의 배경으로 사용하기도 하는데 전자 현미경에서도 같은 방법으로 활용될 수 있지만 배율이 다르기 때문에 각기 다른 느낌으로 표현되기도 한다.

스몰월드는 웹캠으로 놀이 전체를 영화처럼 촬영하면서 배경으로 사용하고자 하는 공간의 일부분을 찍고, 그것을 벽이나 놀이 공간에 전송해 놀이의 무대로 만들 수 있다. 과일들이 가득한 풍경이나 과일 단면이 자세히 보이는 화면 속에서 곤충들은 파티를 하고, 모래그림 배경 앞에서는 춤을 추기도 한다. 유아들은 화면 속에 나타난 곤충들과 가상 놀이를 하며 마치 실제처럼 놀이에 몰입한다.

POLICE

<table>
<tr><th colspan="4">동물의 왕국</th></tr>
<tr><td>활동유형</td><td>소그룹</td><td>대상연령</td><td>만 3~5세</td></tr>
<tr><td>활동목표</td><td colspan="3">• 다양한 동물들의 서식지에 대해 관심 가진다.<br>• 환경이 오염이 되어 서식지를 잃는 동물들을 알고 오염이 되는 이유를 안다.<br>• 동물들이 잘 살아갈 수 있도록 환경을 보호하는 자세를 기른다.</td></tr>
<tr><td>유아의 경험과 배움</td><td colspan="3">• 신체운동 · 건강<br>안전하게 생활하기 – TV, 컴퓨터, 스마트 폰 등을 바르게 사용한다.<br>• 자연탐구<br>자연과 더불어 살기 – 주변의 동식물에 관심을 가진다.<br>– 생명과 자연환경을 소중히 여긴다</td></tr>
<tr><td>활동자료</td><td colspan="3">웹캠, 웹캠 삼각대, 빔프로젝터, 스마트 패드, 무대, 동물 피규어</td></tr>
<tr><th colspan="4">활동내용</th></tr>
<tr><td colspan="4">1) 동물들이 살아가는 공간을 구성한다.<br>– 어떤 동물들이 살아가는 곳을 만들었니?<br>– 이 동물들은 어떤 것을 먹을까?<br>– 동물들은 어디서 잠을 잘까?<br>– 동물들의 다른 친구는 누가 있을까?<br>– 어떤 동물들이 이곳에 살고 있는지 찾아보자.<br><br>2) 서식지를 잃어가는 동물들이 있는지 알아본다.<br>– 혹시 서식지를 잃어가는 동물들이 있다는 것 알고 있니?<br>– 왜 서식지를 잃고, 집을 잃어버리는 걸까?<br>– 내가 살고 있는 집과 마을이 없어진다면 어떤 기분일까?</td></tr>
</table>

3) 환경오염으로 인해 파괴되는 자연을 알아본다.
- 동물들의 서식지가 왜 사라지는 걸까?
- 인터넷 검색창에 동물 서식지 파괴라고 검색해 볼까?
→ 동물 서식지 파괴 관련 영상자료를 함께 본다.
- 왜 서식지가 파괴되고 있는 걸까?
- 서식지가 파괴되며 동물의 한 종류가 모두 사라지는 '멸종' 위기 동물이 생겨날 수 있대.

4) 동물들이 잘 살아갈 수 있도록 환경을 보호하는 방법에 대해 알아본다.
다양한 동물들이 자연 속에서 살아가는 공간과 모습이 담긴 영상자료를 함께 본다. 자유놀이 시간에도 영상자료를 제시해 주고, 동물 피규어와 스몰월드를 제시해 주어 다양하게 놀이할 수 있도록 환경적 마련을 지원한다. 무대에 웹캠을 설치하고, 웹캠과 스마트 패드, 빔프로젝터를 연동하여 웹캠으로 비치는 화면이 빔프로젝터를 통해 벽에 보일 수 있도록 환경을 구성한다. 유아들이 놀이하며 웹캠의 위치를 옮기며 자유롭게 놀이할 수 있도록 지원한다.

## 3. 프로젝터와 놀이

프로젝터는 빛으로 영상을 확대하여 스크린에 비추어 주는 기기로 보통 강당, 회의실, 사무공간에 주로 사용되었으나 최근이나 호텔이나 키즈카페 같은 공간에서 인테리어 효과로도 많이 활용되고 있다. 가정용으로 사용될 수 있는 다양한 크기의 제품들이 출시되어 우리의 생활 속에 더 이상 낯설지 않다. 많은 사람들의 시선을 주목시킬 수 있는 커다란 스크린이 교실 안에 들어와 움직이는 형태의 배경으로 놀이를 지원해준다면, 놀이를 실제처럼 느끼게 하면서 교실을 살아있는 공간으로 변화시킬 수 있다.

우리들이 놀이할 때 쓰는 거요.

배경을 틀어주는 것. 그럼 놀이를 더 재미있게 할 수 있어!

엄청나게 큰~ TV처럼 볼 수 있는 것.

뭘 보고 똑같이 만들 수 있게 보여주는 카메라.

벽에 화면이 나오는 기계에요.

영역이나 넓은 곳을 예쁘게 꾸밀 수 있도록 빛을 이용하여 그림 그린 것을 보여주는 것.

네모난 큰 조명!(빛 프로젝트)

### (1) 환경구성

빔프로젝터의 종류는 크게 DLP프로젝터, LCD프로젝터, LCoS프로젝터가 있는데 대부분 DLP프로젝터를 사용한다. 교육기관에서 빔프로젝터를 구입할 때는 구입하고자 하는 목적과 환경, 예산에 맞춰 기기의 사양을 확인하고, 기기의 밝기, 투사거리, 해상도, 스피커지원, 자체 OS여부, 충전형, 가격대를 살펴본다.

보통 교육기관의 특성상 오전과 낮의 밝은 교실에서 사용하려면 밝기(루멘, 안시루멘)가 높은 제품이 좋으나 가격대가 높은 단점이 있고 화면을 비출 장소와 기기 사이의 투사거리가 멀지 않기 때문에 기기 사양을 꼭 확인해 화면의 왜곡 조절 등이 가능한지 살펴보아야 한다. 강당과 같이 넓은 공간에서 큰 화면으로 연출하기보다는 짧은 거리에서 화면을 연출하면서 놀이하는 경우가 많아 단초점 형태가 유용하다.

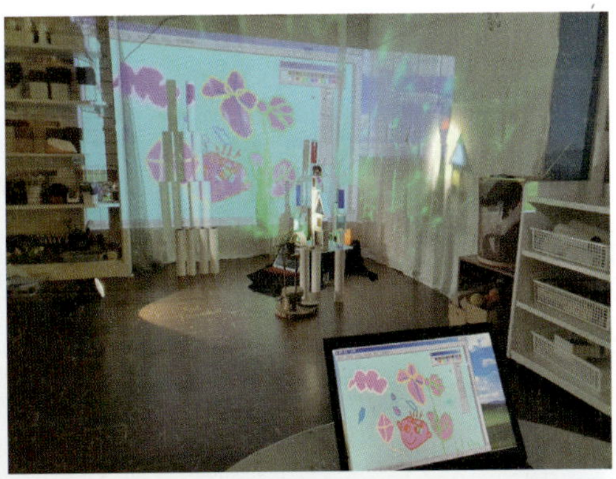

시네빔이 아닌 일반 빔프로젝터에서 USB나 인터넷 연결 등 즉각적인 작동을 원하면 자체 OS가 설치되어 있는 제품을 선택하고, OTT 셋톱박스인 우노큐브 또는 호매틱스이라는 것을 구매해 연결하면 유튜브나 PPT, USB의 사진, 영상 파일을 바로 구동시킬 수 있다. 자체 OS가 지원되면 스마트 폰이나 패드에서 쉽게 애플리케이션을 이용해 다룰 수 있다. OTT 셋톱박스 설치 시 기계가 2대가 된다는 것이 단점이나 셋톱박스의 크기가 크지 않고, 가격대를 낮춰도 낮 시간대에 충분히 밝은 화면을 구현할 수 있는 제품도 있다. 또는 스마트 미러링 기능이 있는 제품을 사용하면 핸드폰이나 스마트 패드와 연결해 손쉽게 보여주고자 하는 화면을 송출할 수 있다.

유선 외에 무선(충전)형 제품도 있으므로 놀이 시간이 길지 않으면 무선형을 쓰면서 콘센트의 거리와 위치에 구애받지 않고 공간을 구성할 수 있다. 무선형에 사용할 수 있는 외장 배터리를 준비해두면 긴 시간 동안 사용할 수 있다.

빔프로젝터는 작동 시 발열이 있어 오랜 시간 작동하면 기기에 무리가 되므로 중간중간 휴식 시간을 갖거나 사용하지 않을 때는 전원을 꺼두어야 한다. 또한 유아가 이동 시에 기기를 떨어트리거나 걸려 넘어지지 않도록 사전에 주의사항, 안전교육 및 기기를 다루는 바른 사용법을 지도하며 안전한 곳에 놓아둔다. 빔프로젝터는 렌즈 등 소모품의 AS로 오랫동안 사용할 수 있으므로 충분히 시간을 두고 신중하게 골라야 한다.

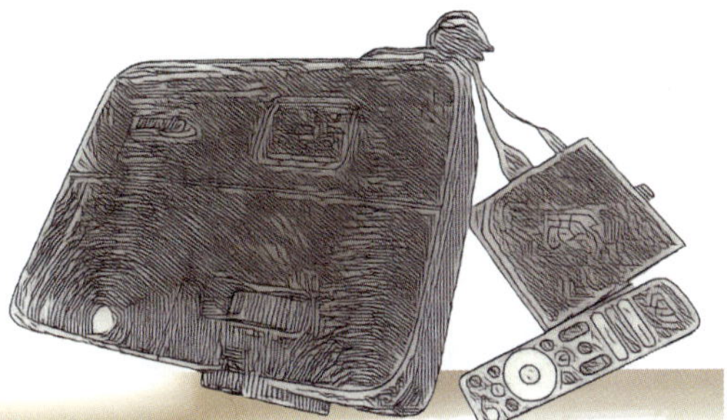

### (2) 활용법

빔프로젝터로 보이는 화면은 환경구성 시 놀이공간의 배경으로 활용되어 환경에 대한 실제적 느낌, 심미감을 주고 오프라인으로 구성하기 어려웠던 다양한 배경을 제공할 수 있으며 배경음악도 틀어줄 수 있어 놀이 상황이 실제인 것 같은 착각을 줄 만큼 유아들에게 큰 몰입감을 준다. 또는 컬러만을 보여주는 화면을 만들면 다양한 색의 조명 효과를 주어 빛 놀이를 하기에 용이한데 유아들이 프로젝터 기기를 이리저리 옮기거나 새로운 매체를 렌즈 앞에 비춰보면서 빛의 반사, 투과, 그림자 등을 탐색하면서 과학적인 사고를 발달시킨다. 기기의 활용 방법은 유아들에게는 정해져 있지 않다. 유아들은 다양한 실험을 통하여 우연에서 오는 신비로움도 경험할 수 있다.

#### ① 실시간으로 변하는 배경

컴퓨터나 패드와 연결해 유아가 그린 그림판을 활용하거나 웹캠으로 찍는 교실 상황을 빔프로젝터와 연결해 주면, 유아의 그림으로 놀이의 배경이 만들어지기도 하고 그와 반대로 변화하는 배경을 탐색한 후 그에 따른 새로운 작품들을 만들 수도 있기 때문에 놀이는 여러 방향으로 계속 이어지고 발전하게 된다. 점차 미디어 전시회, 체험 등이 많아지고 있듯이 이러한 환경에서 생활하는 유아들에게는 새로운 미디어 예술 경험을 쉽게 접하게 되는 기회가 된다.

#### ② 주제에 맞춘 준비된 놀이 배경

주제에 따른 유아가 실제 경험할 수 없는 공간이나 '나'와 관계된 상황들을 놀이 배경으로 준비하면 교실 한쪽 공간이 아쿠아리움이 되고, 워터파크, 스키장 또는 놀이동산이 되기도 한다. 학기 초 가족사진을 슬라이드쇼로 보여주거나 친구, 선생님들의 사진을 보여주면서 아이들과 이야기 나누기를 해 보면 새로운 환경을 낯설어 하던 유아들도 쉽게 안정을 찾고 기관과의 친밀함을 느끼게 된다.

## 4. 스마트 폰/패드와 놀이

갓난 아기때부터 보아온 부모의 손에 들린 네모난 기기. 여러 기기들 중에 유아들과 가장 친숙한 기기는 아마도 스마트 폰과 패드일 것이다. 이제는 일상생활에서 뗄 수 없는 필수품이 되면서 미디어 이용 연령도 하향화 추세인 만큼 과의존에 대한 염려도 크다.

교육기관에서 이와 같은 스마트 미디어 기기를 교육적 목적을 바탕으로 활용방법을 연구하여 교육과정 내에 녹여내 유아들이 올바른 방향으로 경험할 수 있게 도와주어야 한다.

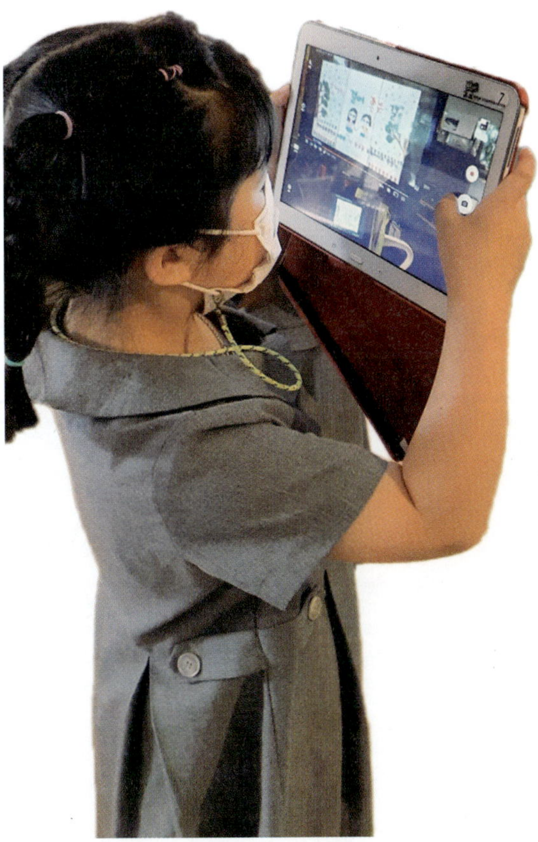

게임을 할 수 있고, 종이접기를

도와주는 것.

사진도 찍고, 사진을 뽑을 수 있어.

목소리를 녹음할 수 있지.

큰 핸드폰!(스마트 패드)

그림 그리는 세트.

생활에 도움이 되는 거예요.

물건을 사고 팔고

전화를 할 수 있고,

컴퓨터가 할 수 있는 것을

다 할 수 있어.

게임, 전화, 사진, 유튜브, 카톡,

화상 영어, 책을 볼 수 있어요.

노래를 듣고 부를 수 있어.

동영상을 볼 수도 있고,

택배를 시킬 수도 있어.

### (1) 환경구성

스마트 폰/패드는 무선으로 이동이 자유롭고 비교적 유아들이 사전 경험이 많아 다루기 쉬운 편이다. 유아가 자유롭게 이동하며 사용해도 좋고, 떨어트리지 않도록 기기는 보호 커버나 거치대에 설치해 제시한다. 거치대는 너무 크지 않고 기기를 빼거나 낄 때 어려움이 없도록 하며 여러 방향 회전 여부와 유아들의 신체 크기에 맞춰 사용 각도가 좋은지 살펴보고, 충전선 연결을 할 수 있는 공간이 있어야 현미경 등의 기계도 연결할 수 있다.

필요성에 따라 자유롭게 사용할 수 있지만 문화적 자료를 제시하는 도구로 준비되었다면 이는 이동하여 사용할 수 없다고 사전에 교실 약속으로 정해두어야 한다.

스마트 폰/패드는 1인 활용도도 높아서 기기의 수량을 학급당 2~3대 정도 준비해 사용 약속을 만들어 한 유아가 오랜 시간 사용하지 않도록 하고 친구들과 함께 사용할 수 있는 활동을 찾고, 활용 방법을 알려줘야 한다. 필요에 따라 터치펜을 제시하면 세밀한 표현을 하는 그림 그리기 활동도 할 수 있다. 또한, 장시간 설치해야 하는 경우, 충전을 잊었거나 기기를 오래 사용해 배터리가 충분하지 않을 때 외장 배터리를 사용하면 된다.

유아들의 놀이를 관찰한 결과 기본적으로 카메라를 제일 많이 사용하고 궁금증을 해결하거나 놀이에 필요한 검색, 그리기 어플을 즐긴다. 놀이 과정을 녹화 저장-전송하면서 놀이 속에서 자연스럽게 미디어 매체 특성을 이해하고 배운다. 검색 기능을 활용하기 위해 한글 자판에 관심을 두게 되며, 친구들과 공통 관심사를 통해 더욱 우정도 돈독해진다. 또한 빔프로젝터, 현미경 등 다양한 디지털 매체와 연결하여 활용된다.

유아들에게 스마트 패드와 컴퓨터의 경계가 모호함을 볼 수 있는데 이를 함께 사용하면 각 기기의 특성을 자연스럽게 알 수 있다. 미래 사회에는 이러한 경계가 더욱 허물어져 있을 것으로 사료된다.

아이 러브
포토♥스타일
I Love Photo Style

레고전시
눈으로 만 보세요

홈런볼
서울우유

### (2) 활용법

유아에게 제일 익숙한 스마트 폰과 패드는 제일 많이 활용되는 교수 매체로 무선으로 이동이 쉽고 컴퓨터와 비슷한 기능을 가져 다양한 용도로 사용할 수 있다. 정보의 검색, 다양한 애플리케이션 (이하 '앱')의 활용, 디지털 액자로의 사용, 문화적 자료 제시 등 활용 방법은 무궁무진하다.

급성장을 이룬 스마트 폰/패드 시장 덕분에 유아용 교육 앱도 매우 많은데 유아용이 아닌 것들도 유아들은 충분히 활용할 수 있기 때문에 교사가 먼저 충분히 사용해 보고 인 앱 결제와 광고 여부와 유아 수준에 맞는지 확인히 필요하다. AR을 활용해 곤충, 동물, 공룡을 교실로 불러올 수 있고, 사진 꾸미기, 그림그리기 앱은 수십 개의 색과 질감을 표현해 색다른 그림을 그릴 수 있으며, 놀이 시 영상을 찍는 경우도 많은데 영상편집 앱을 소개해 교사의 도움을 받아 유아가 콘텐츠를 만들 때 편집기능(영상 배속 높이기, 필요 없는 부분 자르기, 자막 넣기 등)을 활용할 수 있다. 그 밖에도 우주, 수학, 도형, 사전 등 놀이와 주제에 적합한 다양한 앱을 활용 할 수 있다.

### ① 호기심 해결사 유튜브(종이접기, 360도 영상, 그리기 콘텐츠 등)

"구독! 좋아요! 눌러주세요~!" 유아들의 놀이를 관찰하다 보면 한 번쯤은 들리는 말이다. 이미 가정에서부터 미디어에 노출되다 보니 유아들에겐 유튜브가 선생님이고 친구이다. 종이접기, 캐릭터 그리기, 춤, 게임 등을 알려주고 온 세상의 재미는 다 모아 놓은 것 같다(유아말). 일찍이 가정에서 여러 이유로 아이들 손에 핸드폰을 쥐여주고 영상을 보게 되는 경우가 많은데 교육 기관에서 유튜브를 활용하기에 앞서 기기를 작동하는 방법을 시작으로 앱을 실행시키고 원하는 것을 찾기 위해 검색하는 방법까지 지도해야 하며 키즈 유튜브를 사용해야 하는 이유에 대해 유아와 이야기 나눠야 한다. 물론 원하는 정보가 나오지 않을 경우 일반 유튜브를 사용할 수도 있으나 키즈 유튜브의 존재 이유를 알게 된 유아들은 스스로 수준에 맞는 안전한 자료를 선택할 수 있다.

#### ➔ 종이접기

유아들이 유튜브를 사용할 때 제일 많이 찾는 콘텐츠는 '종이접기-캐릭터 그리기'로 자유놀이 시간에 색종이를 들고 삼삼오오 모여 함께 주제를 정하고 검색해 놀이에 적합한 영상을 선택해 중간중간 재생을 멈춰가며 종이를 접는다. 지면자료 보다 입체감 있고 실제와 동일한 접는 방법을 반복하여 볼 수 있기 때문에 이해하기 쉽고 유아들에게 인기가 좋다.

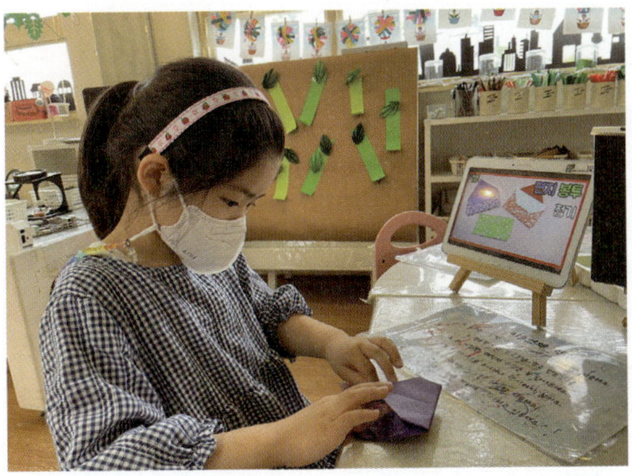

### ➔ 현장학습 대체 온라인 체험 (360° 영상)

현장학습 장소의 대부분 홈페이지나 유튜브 채널에서 사전 영상자료를 많이 제공하고 있고, 기관 외에도 다녀온 사람들의 체험 영상 콘텐츠가 많으니 온라인 체험으로 활용해보자. 360° 영상은 종이키트 형태의 '구글 카드보드'를 활용해 스마트 폰과 결합하여 활용할 수 있어 심해, 놀이기구 외에도 박물관(구글 아트 앤드 컬쳐), 미술관, 세계 명소 등 실제 같은 다양한 간접 경험이 가능하다.

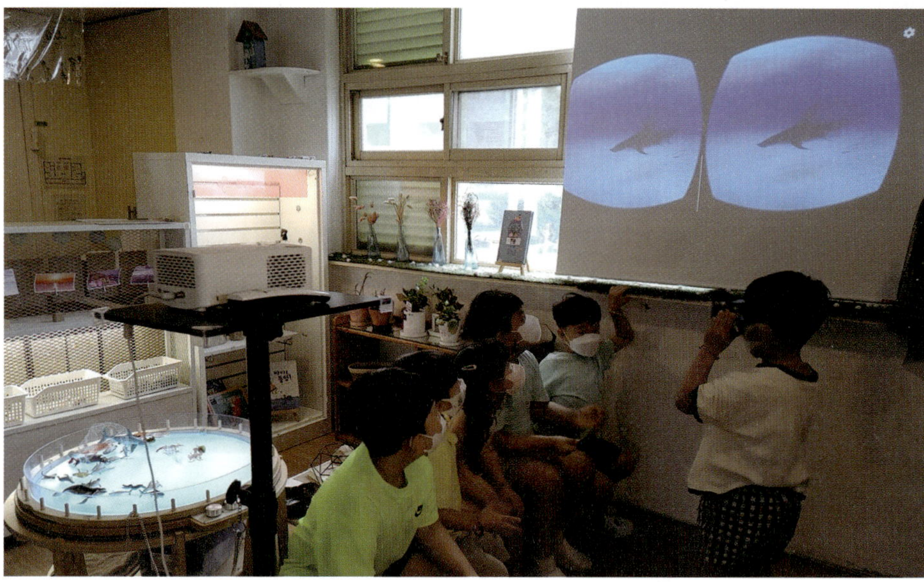

### ➔ 그리기, 만들기 미술놀이 콘텐츠

유아 대상뿐만 아니라 교사들에게도 유용한 조형활동 콘텐츠가 많은데 수많은 자료 중 유아가 스스로 활동할 수 있는 수준의 콘텐츠를 고르는 것이 중요하다. 아무래도 작품을 완성하기까지 시간이 많이 필요하기 때문에 혼자서 오랫동안 기기를 독점해서 쓰게 되는 경우가 생길 수 있어 함께 할 친구들을 모아 활동할 수 있도록 약속을 정해두면 좋다. 교사는 사전 활동 준비로 조형영역에 제공된 재료로 만들 수 있는 콘텐츠를 자료를 찾아 문화적 자료로 재생해 두면 자연스럽게 유아들이 스마트 패드-유튜브를 활용해 활동하는 방법을 익힐 수 있다.

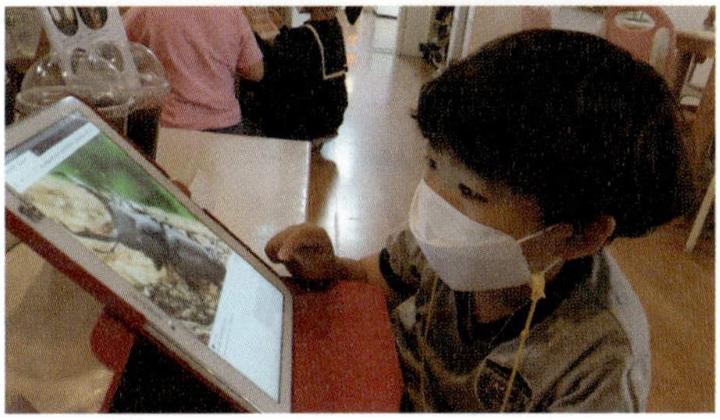

### ➔ 실내체조, 키즈요가

운동량이 점점 감소하는 요즘, 실내에서 할 수 있는 맨손 체조 같은 것을 활용해 교실에 신체활동 공간을 마련해 두고 빔프로젝터와 연결해 큰 화면으로 재생하면 여러 유아가 함께 활동할 수 있다. 만 5세 같은 경우 방송댄스도 꽤 인기인데 유아 대상의 시범 자료를 미리 살펴보고 교사가 3~5개를 추려 두고 그 안에서 유아들이 선택하도록 하자.

### ➔ 자연 관찰 등 호기심 해결

궁금한 것이 생겼을 때 인터넷에서 검색할 수도 있지만 인터넷의 문자 자료를 해석하기 어려울 수도 있기 때문에 유튜브에서 영상자료를 검색해 유아에게 적합한 콘텐츠가 궁금증을 해결해 줄 수 있다. 곤충, 식물 등을 키우는 과학 영역에 문화자료로 식물의 성장 과정, 곤충의 한살이 등 다큐멘터리 콘텐츠를 검색해 제공할 수 있다.

② 애플리케이션

아래의 앱은 그림유치원 교실에서 활용하는 앱인데, 이 밖에도 많은 앱이 있고 계속해서 새롭게 활용할 만한 앱들을 찾아 상황에 맞게 사용하고 있다. USB 카메라(전자 현미경 연결), 그림그리기, 사진 앱과 같이 상시 사용하는 앱은 대그룹으로 소개해 자유놀이 시간에 활용할 수 있게 하고 그 밖에 놀이주제에 맞춰 유아들에게 소개하거나 유아가 사용 방법을 궁금해할 경우 알려준다.

많은 무료 앱은 광고가 자주 뜨기 때문에 어떤 유의 광고가 나오는지, 성인광고가 나오진 않는지 확인하고 지속적으로 사용할 앱일 경우 유료 버전을 사용해 유아들에게 광고가 뜨지 않는 상태로 제공하면 좋다.

출처: Google Play 스토어

유아가 가장 많이 쓰이는 앱은 카메라(영상녹화)–키즈유튜브–포털사이트 검색이고, 교사들은 유튜브–아이들나라이며 놀이와 교육 현장 주제에 맞추어 필요한 속성(공룡, 우주, 블록, 영상, 그리기 등)을 가진 앱을 활용하면 된다.

### ③ 유료 애플리케이션 : 독서 활동

디지털 네이티브 세대인 영·유아들에게 디지털 문해력은 필수인 시대가 되었다. 디지털 문해력이란 미디어 콘텐츠의 특성을 파악하고, 주어진 정보를 그대로 받아들이는 것이 아니라 분석·평가·비판적 이해를 바탕으로 진짜 정보를 파악할 수 있는 역량을 의미한다. 디지털 문해력이 필요한 이유는 글·그림·플랫폼·영상 등 다양한 형식의 시청각 정보를 이해하고, 자신에게 필요한 정확한 정보를 파악하여 활용하는 문제해결력이 중요하기 때문이다. 이러한 디지털 문해력을 키우기 위해 독서 능력이 기반 되어야 하는데 지류 그림책뿐만 아니라 디지털 그림책으로도 문해력을 키울 수 있다. 디지털 및 미디어 콘텐츠의 정보를 분석하고 비판적으로 이해하는 능력을 키우기 위해 디지털 그림책을 바탕으로 제작된 프로그램을 활용하는 것도 좋은 방법이다. 다양한 디지털 독서 프로그램 중 가정과 교육기관에서 활용할 수 있는 유료 애플리케이션은 다음과 같다.

#### ▶ 화상 독서 프로그램

실시간 화상으로 화상 독서 선생님(캐릭터)과 유아들이 함께 책을 읽고 토론, 퀴즈, 발표 등 독후 활동을 하는 프로그램이다. 일주일에 한 번씩 화상 수업이 진행되며 유아와 부모가 원하는 시간을 선택하여 수업이 가능하다. 매월 최대 5권까지 신청 가능하며 정기적인 참여형 수업을 통해 독서에 흥미를 붙일 수 있다. 화상독서 프로그램은 일방향 수업이 아니라 Zoom, Google Meet 등을 활용해 선생님, 친구들과 함께 소통하며 자신의 생각을 나누고 타인을 이해하는 프로그램으로서 소그룹 활동으로 진행된다. 월별로 제공되는 독서에 대한 생각 나누기 작업은 마치 독서 동아리처럼 독서에 대한 깊은 이해를 가능하게 한다. 유아 화상 전용 플랫폼을 활용하기 때문에 유아가 자신의 얼굴을 확인하며 실시간 반응을 할 수 있는 양방향 수업이 진행되어 독후 활동에 대해 유아의 흥미를 지속할 수 있다는 장점이 있으며 ID를 부여한 유아 전용 독서 플랫폼이기 때문에 개인정보 및 유해 콘텐츠 위험성에서 안전하다.

아이들나라 화상독서 프로그램

출처: LG유플러스 아이들나라 공식 홈페이지

### ▶ 입체북 프로그램

총 600편의 세계 유명출판사(DK, 옥스퍼드, 브리태니커 등)에서 제작된 다양한 영어, 한글 도서 콘텐츠에 3D 기술을 적용하여 실감 나게 체험할 수 있는 입체북 프로그램이 있다. 유아교육기관의 단골 프로젝트 주제인 공룡, 동물, 우주의 자연 관찰 콘텐츠를 360도 돌려가며 관찰하고 체험할 수 있는 프로그램으로 상상력, 관찰력, 과학적 사고력을 함양할 수 있다. 이는 다문화 수업 시간 또는 1인 1패드 수업으로 헤드셋과 터치펜을 사용하여 진행하면 좋다.

아이들나라 입체북 프로그램

출처: LG유플러스 아이들나라 공식 홈페이지

▶ 터치북 프로그램

터치북 양방향 도서 콘텐츠는 유아가 손가락으로 터치, 문지르기 등 간단한 동작을 하면 반응하는 양방향 소통 요소(쌍방향 소통 요소)가 삽입되어 있어 동화책에 대한 유아의 흥미를 증폭시키고 재미있게 몰입하며 시청할 수 있는 프로그램이다. 유아가 스마트 폰/패드를 터치 시 동화책 내용과 관련된 양방향 소통 요소가 나타나면서 다음 이야기가 전개되어, 책 읽는 동안 이야기 속 주인공이 되어 문제를 해결할 수 있어 유아가 일방적으로 듣는 것이 아니라 능동적으로 참여하여 책의 이야기를 완성해 나가는 경험을 할 수 있다. 동화책의 도입부터 마무리까지 유아의 흥미와 몰입이 높은 편이다. 또한 책 내용부터 퍼즐 맞추기, 선 잇기 등 다양한 독후활동까지 양방향 소통 요소가 삽입되어 있어 책 내용을 복습할 때도 유아의 흥미가 지속된다.

아이들나라 터치북 프로그램

출처: LG유플러스 아이들나라 공식 홈페이지

<table>
<tr><th colspan="4">우리 반에 놀러 온 곤충!</th></tr>
<tr><td>활동유형</td><td>중그룹</td><td>대상연령</td><td>만 3~5세</td></tr>
<tr><td>활동 목표</td><td colspan="3">• 우리 주변에 만날 수 있는 곤충에 관심을 가진다.<br>• 곤충의 생김새에 대해 안다.</td></tr>
<tr><td>유아의 경험과 배움</td><td colspan="3">• 신체운동 · 건강<br>안전하게 생활하기 – TV, 컴퓨터, 스마트 폰 등을 바르게 사용한다.<br>• 자연탐구<br>자연과 더불어 살기 – 주변의 동식물에 관심을 가진다.<br>탐구과정 즐기기 – 주변 세계와 자연에 대해 지속적으로 호기심을 가진다.</td></tr>
<tr><td>활동자료</td><td colspan="3">다양한 곤충 사진, 스마트 TV, 스마트 패드(아이들나라, 생생체험학습 앱)</td></tr>
<tr><th colspan="4">활동내용</th></tr>
<tr><td colspan="4">(사전활동) 실외 놀이 시간 돋보기를 제공하여 유아들이 실외에 있는 곤충들을 탐색할 수 있도록 충분한 기회를 준다.<br><br>1) 실외 놀이 시간 만난 곤충에 관해 이야기 나눈다.<br>– 실외 놀이 시간에 어떤 곤충을 발견했니?<br>– 어떤 곤충을 가장 좋아하니?<br><br>2) LG유플러스 아이들나라 책 읽어주는 TV '와글와글 곤충 운동회'를 시청한다.<br>– 스마트 패드와 TV를 스마트 미러링하여 유아들과 화면을 공유한다.<br>– 스마트 패드에 곤충을 검색해 볼까?<br>– '와글와글 곤충 운동회' 동화에는 어떤 곤충들이 나올까?<br>– 우리가 만난 곤충들도 동화 속에 나오는지 살펴보자!</td></tr>
</table>

3) LG유플러스 아이들나라 책 읽어주는 TV '와글와글 곤충 운동회'를 시청한 후 독후 퀴즈를 하며 이야기 나눈다.
- 동화 속에 어떤 곤충들이 나왔니?
- 우리가 실외에서 만난 곤충도 있었니?
- OO 곤충은 어떤 생김새를 가지고 있니?
- 그럼 함께 퀴즈를 맞혀보자.
- 나뭇가지를 흉내 낸 곤충은 누구인가요?
- 수영 경기에서 승리한 곤충은 소금쟁이일까요?

4) LG유플러스 아이들나라 생생체험학습 곤충마을을 실행하여 곤충을 교실로 초대한다.
* 생생체험학습 앱 설치 후 패드를 활용하여 교실바닥과 유아들을 비추고 AR 곤충을 실행
- 우리가 만난 곤충을 교실로 초대해 볼까?
- 사마귀가 우리 반에 놀러 왔네! 먹이를 줘 보자!

5) 자유놀이 시간 유아들이 AR활동을 경험한다.

## 5. 전자현미경과 놀이

전자현미경으로 여러 가지 자연물과 직물, 신체 등과 같은 일상생활 속에서 만났던 익숙한 사물과 매체들을 관찰하며 눈으로 볼 수 없었던 새로운 점을 발견하면서 유아들은 호기심과 탐구심을 갖게 된다.

손을 관찰할 수 있는 것.

눈으로 보는 것보다 더 커! 크게 보여.

자세히 보면 안 보이는걸 볼 수 있는 것.

보이지 않는 것(바이러스)이나 보이는 것을

더 자세하게 보여줘. 연구를 할 수 있게 도와주지.

카메라! 또... 그림 속 그림을 볼 수 있어요.

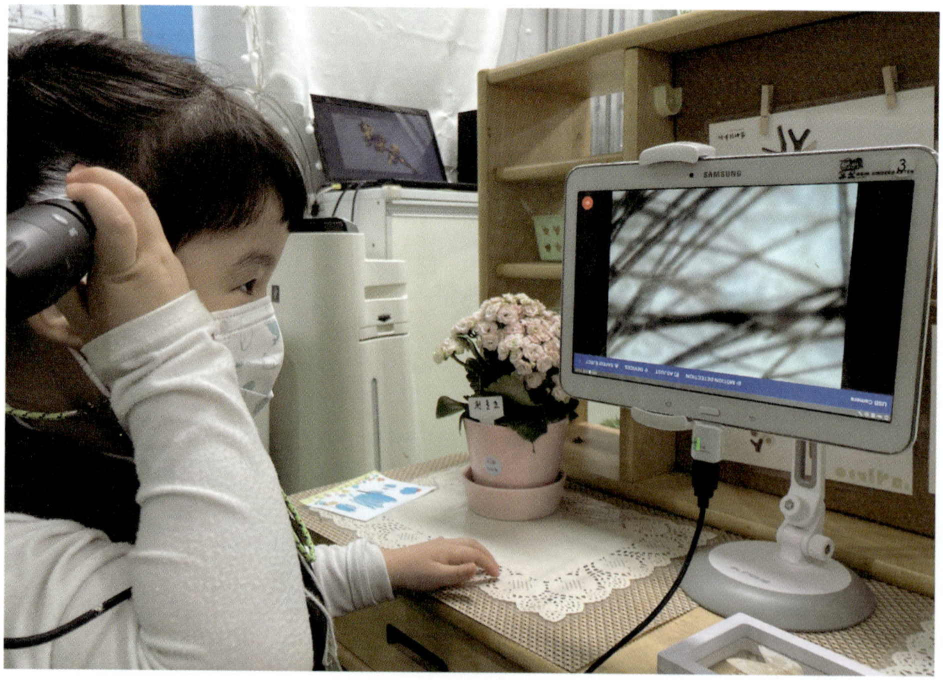

### (1) 환경 구성

전자 현미경의 종류에는 선의 유무, 모니터 일체형, 렌즈의 배율 등 다양한 제품이 있어 연령에 맞춰 다루기 쉬운 기기를 선택하거나 사용하는 환경의 여건에 맞는 기기를 선택하면 된다. 시중의 보급형 전자 현미경은 보통 부속품 교체나 손상된 부분의 수리와 같은 AS는 진행되지 않는 경우가 많으니 유아들에게 다루는 방법을 잘 지도하여 기기를 함부로 다루지 않도록 가르치고 바르게 사용하는 약속을 정한다.

모니터 일체형은 추가적인 기기 연결 없이 단독으로 충전해서 사용할수 있는 제품으로 공간 활용과 이동성이 좋고 여러 타입의 현미경을 유아가 경험해보고 용도에 맞춰 사용할 수 있도록 제공하는 것도 좋은 방법이다. 펜 타입은 유무선에 따라 활용법이 다를 수 있고 스마트 패드와 연결해야 화면으로 관찰되는 장면을 볼 수 있다. 펜 타입은 고정할 수 있는 거치대가 필요하며 저연령의 경우 초점 맞추기가 힘들고, 무선의 경우 블루투스, Wifi 연결이 끊어지는 경우가 발생함으로 선의 유무는 놀이 여건에 따라 적절한 것을 고르면 된다. 유선의 경우 관찰된 장면을 볼 수 있는 화면 기기가 세트로 준비되어 활동 시에 이동할 경우 두 개의 기기가 같이 움직여야 하므로 전자현미경-스마트 패드를 서로 연결할 젠더(USB-C핀 또는 USB-5핀과 같은 스마트 패드 기기에 맞춘 젠더 준비)가 필요하다.

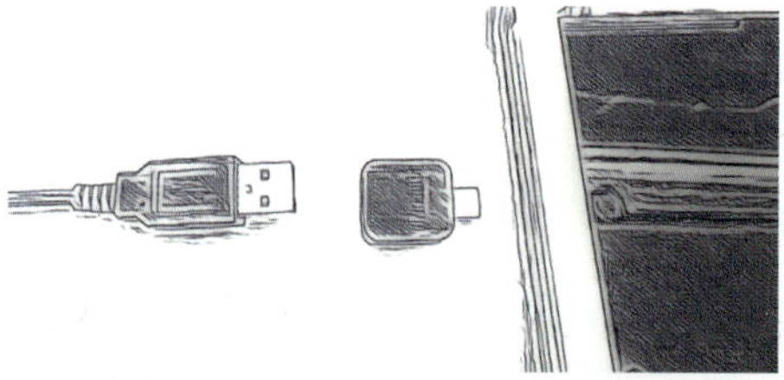

내시경 카메라 개미 관찰 캡쳐

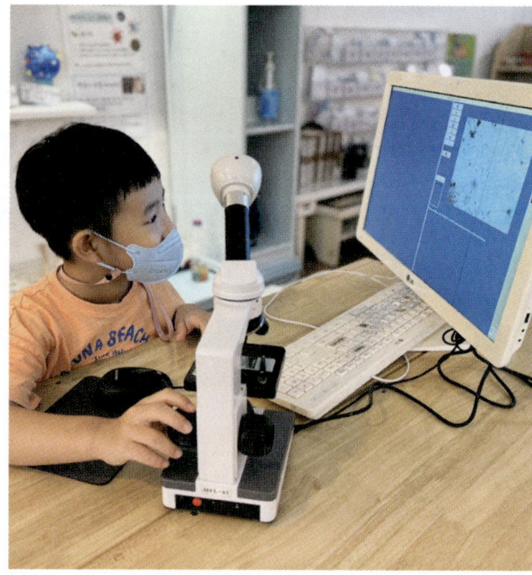

전자 현미경으로 관찰할 대상은 자연물, 직물, 신체 등 무엇이든 가능하기 때문에 과학 놀이에만 국한되지 않고 정크, 조형 놀이에서도 활용될 수 있다.

가끔은 실외 놀이 시간에 들고 나가 바깥놀이를 하는 동안 만나게 되는 동식물들을 관찰하면서 교실에서 관찰한 것과 다른 새로운 정보 습득과 경험을 하게 되기도 한다.

내시경 카메라를 사용하면서 유아들이 그동안 알 수 없었던 궁금증을 해소하기도 하고 살아있는 자연에 놀라움을 경험한다. 유아들은 기계 부속품을 확대해 관찰하고, 일반 확대경(돋보기)과 얼마만큼 차이가 나는지 비교해 보기도 하며, 기기 작동법을 익히고 실행하는 능력을 키워 기기 사용 조절 능력을 향상시키기도 한다. 유아는 새로운 것을 발견하며 창의성과 과학적 소양을 길러나간다(Lynch & Harris, 2001). COVID-19에서 시작된 세균에 대한 관심은 곰팡이를 관찰하는 것으로 확장되고, 이는 우리 눈에 보이는 것 외에도 다양한 것들이 존재함을 확인할 수 있었다.

그 밖에도 주말 동안 가정에서 가져온 자연물이나 유치원에서 채집한 곤충들을 교실로 가져와 전자현미경으로 살펴보며 사물을 새롭게 보는 시각을 키운다. 그러므로 만 4, 5세는 현미경으로 관찰한 것을 표상 활동으로 확장하여 탐구의 흥미를 고조시키며 놀이 속 배움의 깊이를 더 할 수 있다. 만 3세 유아들의 경우 전자현미경으로 자신의 신체를 탐색하는데 많은 흥미를 느끼고 신체 일부분이 화면 속에서 다른 모습으로 전송되는 것에 신기해하며, 친구와 서로 교환해 보면서 그러한 활동을 통해 타인에 대한 관심도 증가시킨다. 유아는 타고난 과학자로서 일상생활 속 사물에 호기심을 가지고, 발견하고 탐구하며 창의성을 키워나가는데 이러한 과학적 경험은 지적 성장의 원천이 된다(Piaget, 1973). 이렇게 기기의 활용이 일상놀이 속에 스며들어 유아들은 점차 미래사회에 일부가 될 기계와의 공존 안에서 본인이 주도할 수 있는 활용 능력을 기를 수 있다.

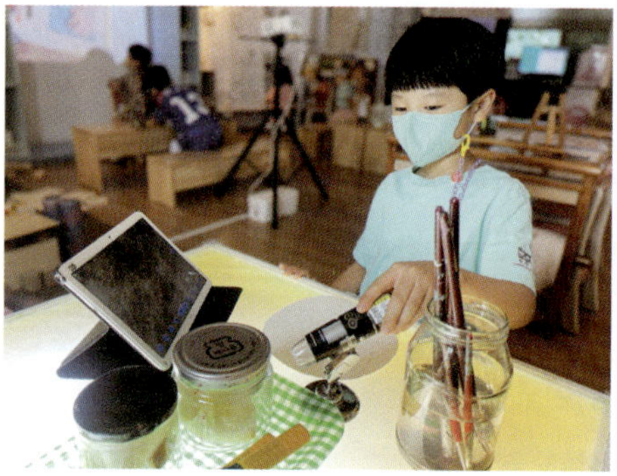

빵 곰팡이 관찰

### (2) 활용법

① 관찰하기

여러 가지 다른 종류의 관찰물과 관찰 후의 확장 활동으로 관찰물 그림 그리기, 관찰물 무늬 클레이로 만들기, 투명필름에 따라 그리기, 관찰면 패턴 찾기 등을 준비해 둔다. 곤충 같은 경우 먹이를 먹는 동안은 움직임이 적기 때문에 주둥이 부분이나 얼굴 쪽을 관찰할 수 있도록 전자 현미경 위치와 초점을 설정해 준비해 두면 유아들이 그 모습을 지켜보면서 매우 흥미로워하는 모습을 볼 수 있다.

② 상상하기

확대된 관찰물을 프린트하거나 패드에 화면을 띄워 그 위에 풀숲에 숨어있는 곤충과 아직 피어나지 않은 꽃을 상상해 그려보기도 하고 기계 회로판의 경우에는 미로찾기 게임도 해볼 수 있다.

③ 놀이하기

관찰된 화면은 빔프로젝터를 연결해 놀이 배경으로 활용 할 수 있는데 예를 들어 인조 잔디를 확대하면 숲의 모습이 되고, 피규어의 겉면이나 직류의 다양한 조직을 들여다보면 재미있는 모습으로 나타나 유아들은 각자의 느낌을 이야기하며 상호작용이 증가함을 볼 수 있다.

유아1 : 여기(패드) 봐. 엄청 크게 보이지?

유아2 : 오! 진짜 잘 보이네!

유아1 : 한 번 더 확대해서 볼까?

유아2 : 알겠어. 내가 확대해 볼게.

유아1 : 약간 징그러운데?

유아2 : 아니 잠깐만 이거는 줄이 아닌 것 같아!

유아1 : 확대해서 보니까 줄이 아닌 것 같기는 하네.

유아2 : 진짜 웃기다. 약간 거미줄 같아.

유아1 : 내 생각에는 아주 큰 기둥 같은데? 이번엔 내가 줄 골라볼게.

유아2 : 응. 자리 바꾸자. (매체가 준비된 쪽으로 자리를 옮긴다.)

유아1 : 이 리본 할까? 아니면 손을 할까?

유아2 : 여기에 책상 보이는데?

유아1 : 책상하자 그냥 그거 찍어. 가운데 버튼 눌러.

유아2 : 이거? (버튼을 가리키며)

유아1 : 응. 그리고 나중에 한번 다 보면서 우리가 본 게 뭔지 맞추기 퀴즈하자.

유아2 : 어려울 것 같은데.. 알겠어. 내가 잘 찍어 둘게!

2022.5.27 만 5세 미래반

<table>
<tr><th colspan="4">나무껍질을 관찰해요</th></tr>
<tr><td>활동유형</td><td>소그룹</td><td>대상연령</td><td>만 4, 5세</td></tr>
<tr><td>활동 목표</td><td colspan="3">• 자연물에 관심을 가지고 나무표면을 관찰한다.<br>• 현미경과 패드 사용방법을 이해하고 현미경을 사용한다.</td></tr>
<tr><td>유아의<br>경험과 배움</td><td colspan="3">• 자연탐구<br>탐구과정 즐기기 – 주변 세계와 자연에 대해 지속적으로 호기심을 가진다.<br>생활속에서 탐구하기 – 도구와 기계에 대해 관심을 가진다.</td></tr>
<tr><td>준비물</td><td colspan="3">전자현미경, 패드, 나무껍질</td></tr>
<tr><th colspan="4">활동내용</th></tr>
<tr><td colspan="4">1) 현미경이 어떤 도구인지 퀴즈로 풀어본다.<br>- 이것은 실험을 하거나, 수술 할 때 편하게 할 수 있도록 도와주는 도구입니다.<br>- 이것은 눈으로 보기 어려울 만큼 아주 작은 것을 크게 볼 수 있도록 도와주는 것입니다.<br>- 이것의 이름은 세 글자입니다. 이것은 무엇일까요?<br><br>2) 전자 현미경에 대해 알아본다.<br>- (전자 현미경을 보여주며) 이 도구를 본 적이 있니?<br>- 스마트 패드와 함께 사용할 수 있는 전자 현미경이야. 사용 방법을 알아보도록 하자.<br>(패드에 전자 현미경과 연결되는 프로그램을 준비하여 연결해준다.)<br><br>① 전원 버튼을 소개한다.<br>- 현미경 렌즈에서 불빛이 나오는데 현미경이 켜졌다는 뜻이야.<br>② 렌즈와 사용 방법을 소개한다,<br>- 우리가 크게 보고 싶은 부분을 찍는다고 생각하고 가까이 렌즈를 대는 거야,<br>③ 화면에 보이는 장면을 함께 본다.<br>④ 초점 조절 방법과 추가 기능을 소개한다.<br>- 선명하게 보기 위해 돌려지는 부분을 움직여 초점을 맞춰서 관찰할 수 있어.<br>- 이 버튼을 누르면 사진이 찍혀서 다음에 또 볼 수 있어.<br>⑤ 유아가 스스로 조작하는 기회를 준다.</td></tr>
</table>

3) 전자현미경을 사용하여 관찰할 때의 약속할 점을 이야기 나눈다.
- 현미경의 렌즈를 손으로 직접 만지면 이물질이 묻어 관찰하기 어려워지니 렌즈는 손으로 잡지 않도록 하자.
- 미세한 충격에도 현미경과 패드가 고장 날 수 있으니 조심히 다루도록 하자.
- 기계와 연결된 부분을 건드리거나 빼거나 하면 고장날 수 있으니 만지지 않도록 하자.

4) 전자현미경으로 나무껍질을 관찰해본다.
- 나무껍질이 어때 보이니?
- 현미경으로 확대해서 보니 어떤 느낌이니?

# 6. 메타버스와 놀이

## 1) 메타버스의 의미와 특징

메타버스(metaverse) 또는 확장 가상 세계는 가상, 초월을 의미하는 '메타'(meta)와 세계, 우주를 의미하는 '유니버스'(universe)를 합성한 신조어다. 이 용어는 1990년 닐 타운 스티븐슨(Neal Town Stephenson)의 사이버펑크 소설 스노우 크래시(snow crash)에서 처음 등장한 용어로 가상현실 플랫폼은 현재의 인터넷 기반 플랫폼을 대체할 차세대 핵심 기술로 등장하였는데, 미국 미래가속화연구재단(ASF)은 물리적 현실과 가상공간이 융합된 것이고, 현실 세계와 가상세계를 연결하는 공간이라고 정의하였다(박상준, 2021). 즉 메타버스는 입체 가상 서비스가 콘텐츠로 사회 경제적 가상공간의 중심이 되는 융합공간을 지칭하는 용어라고 할 수 있다.

세계 최대 SNS 기업인 페이스북(Face book)은 메타버스 기업으로 체질을 개선하겠다는 포부와 함께 메타버스에서 유래한 Meta로 사명을 바꾸었는데(이슬기, 황정수, 2021), 이는 메타 버스가 단순히 하나의 유행을 넘어서 미래 사회의 새로운 주류가 될 잠재력을 갖췄음을 보여 주는 것이다(김영진 외, 2022).

마크 주커버그와 메타
출처: https://pds.joongang.co.kr/news/

ZEPETO 블랙핑크 뮤직비디오 커버
출처: https://newsimg.sedaily.com/

BTS 로열파티
출처: 사이언스 타임즈, https://bit.ly/2Kirxh4

파티 및 세미나 등 메타버스를 활용한 행사
출처: esri.com

메타버스는 기존의 플랫폼이나 다른 콘텐츠와 차별화된 세계관(canon), 창작자(creator), 디지털 통화(currency), 일상의 연장(continuity), 연결(connectivity) 등 고유한 특징 5가지를 가지고 있다. 또 다른 학자들은 존재감(Presence: 가상 세계에 가상의 타인들과 실제로 같이 있다는 느낌), 상호 운용성(Inter operability: 같은 가상 자원을 가지고 여러 가상 세계를 끊임없이 돌아다닐 수 있는 능력), 표준화(Standardization: 메타버스 내의 플랫폼과 서비스에서 상호 운용성을 보장하는 요소)를 메타버스의 특징으로 제시하는데, AR, VR 기술이 메타버스에서 가장 중요한 세그먼트로 꼽히고 있다.

ASF(Acceleration Studies Foundation)에서 제시한 메타버스의 가장 중요한 4가지 요소는 가상세계, 거울 세계(미러 세계), 증강현실, 라이프 로깅 등이 있다(위키 트리, 2022). 메타버스에서는 누구나 아이템을 만들어 공유 또는 판매가 가능하여 이용자가 자신의 스토리, 일상, 아바타, 게임 등의 콘텐츠를 창작하고 이를 통해 메타버스를 새롭게 구성하고 확장시켜 나갈 수 있다. 대표적인 예로 로블록스(ROBLOX)의 경우 스튜디오를 활용해 이용자가 자신의 게임을 제작하거나 아바타 의상을 제작하여 판매할 수 있다.

2020년 9월 2일 제페토(ZEPETO)는 블랙핑크와 셀레나 고메즈의 3D 아바타 뮤직비디오를 최초로 공개했는데, 하루 만에 1,500만 조회 수를 기록했고, 9월 26일 방탄소년단은 이용자들이 자신의 아바타로 다른 사람들과 콘서트, 영화 등을 즐기는 공간인 온라인 게임 포트나이트의 '파티 로열' 공간에서 뮤직비디오를 공개했다.

if land
출처: 매일경제

LG전자 올레드 섬
출처: I love LG(Lg 전자 소셜매거진)

LG 전자는 '모여봐요 동물의 숲'에 OLED 홍보 전시관을 개관하였다. 이처럼 디지털에 익숙한 세대는 메타버스에서 자유롭게 소통하고 콘텐츠를 공유하는 새로운 문화를 형성하고 있다(박상준, 2021). 메타버스가 소셜네트워킹 서비스(SNS)의 기능을 갖고 있는 지속 가능한 가상공간의 특징을 갖고 있기 때문이며 이러한 특징을 바탕으로 실시간 쌍방향의 자유로운 소통과 놀이가 가능하며, 여가시간을 보내면서 자신의 삶을 공유할 수 있다.

### 2) 미래 교육에서 메타버스 교육의 방향

최근 메타버스에 관한 관심이 높아짐에 따라 교육계에서도 새로운 교육공간으로서 메타버스에 관한 논의가 활발해지고 있다.

메타버스에서의 수업은 가상교실 공간과 실시간 온라인 수업을 결합한 형태로 이루어질 수 있다. 교실을 교육이 일어나는 공간으로 보기보다는 교육에 속한 공간으로 해석했을 때(최성욱, 2006) 메타버스 그 자체를 교육공간으로 이해할 수 없지만 메타버스를 교육공간으로 활용하는 소위 메타버스의 교육화(김영진 외, 2022)의 방향성에 관심을 갖는 것이 바람직하다. 이에 대해 정유남과 이영희(2022)는 메타버스를 교육적으로 활용할 수 있는 특징을 〈표 3-1〉와 같이 제시하고 있다.

〈표 3-1〉 메타버스의 교육적 활용

| 구분 | 기술적 특징 | 교육적 시사점 | 교육적 한계 |
|---|---|---|---|
| 증강 현실 | ① 현실세계에서 가상의 물체를 덧씌워서 대상을 입체적이고 실제적으로 느끼게 함<br>② 현실에 판타지를 더함 | ① 가상의 디지털 정보를 통해 실제 보이지 않는 부분을 시각적, 입체적으로 학습, 효과적으로 문제 해결력 함양<br>② 직접 관찰이 어렵거나 텍스트로 설명하기 어려운 내용을 쉽게 이해하고, 학습자의 체험을 통해 지식을 구성해 나갈 수 있음 | ① 정체성이 확립되지 않은 연령대의 학습자에게 현실적 자아에 대한 혼란감 야기<br>② 현실 도피나 현실세계 부적응을 유발할 가능성이 있음 |
| 라이프 로깅 | ① 소셜미디어와 SNS를 통해 자신의 일상과 생각이 생산적으로 콘텐츠화되고 공유됨<br>② 네트워크 기술로 온라인상에서 타인과 관계를 형성하고, 빠르게 소통하며, 각종 소셜 활동이 기록됨 | ① 자신의 일상을 돌아보고 성찰하며, 적절한 방향으로 정보를 나타내고 구현하는 능력 향상<br>② 학습과 분석된 자료를 바탕으로 학습을 성찰하고 개선함 | ① 높은 자유도로 플랫폼 관리자가 이용자 행위를 모두 예측 불가함<br>② 익명성으로 개인정보를 비롯한 각종 범죄에 노출되기에 용이함 |

| 구분 | 기술적 특징 | 교육적 시사점 | 교육적 한계 |
|---|---|---|---|
| 거울 세계 | ① GPS와 네트워킹 기술들의 결합으로 현실 세계를 확장시킴<br>② 현실의 모든 것을 담지 않음. 즉 현실 세계를 효율적으로 확장해 재미와 놀이, 관리와 운영의 융통성, 집단지성을 증대시킴 | ① 교수-학습의 물리적, 공간적 한계를 극복하고 메타버스 안에서 학습이 이루어짐<br>② 대표적인 거울 세계인 온라인 화상회의 등을 통해 온라인 실시간 수업을 진행<br>③ 거울 세계를 통해 학습자들은 '만들면서 학습하기'를 할 수 있음 | ① 실제 세계를 그대로 반영하는 것에 몰입하여 실제 세계와 가상 세계간의 혼란이 야기될 수 있음<br>② 거울 세계로 반영이 불가한 실제 환경에 적응이 어렵고 스스로 실제 세계의 정보를 파악하고 탐구하고자 하는 동기가 부족함 |
| 가상 세계 | ① 정교한 그래픽, 특히 3D 기술로 구현된 가상환경에서 사용자가 자연스럽게 다양한 활동을 즐김<br>② 원래 자신의 모습이 아닌 아바타로 활동 가능<br>③ VR에 포함된 채팅 및 커뮤니케이션 도구로 다른 사람들과 소통하고 협력함 | ① 고비용, 고위험 문제로 하기 힘든 여러 가지 실습을 할 수 있음<br>② 과거 혹은 미래 시대 등 현실에서 경험할 수 없는 시공간은 몰입적으로 체험할 수 있음<br>③ 전략적, 종합적 사고력, 문제 해결력의 향상, 현실 세계에 필요한 능력을 배움 | ① 타인과 관계형성 시 현실 세계의 상호작용보다 가벼운 유희 위주의 관계가 형성됨<br>② 다양한 개인정보 수집, 처리에 따른 프라이버시 문제 발생함 |

이와 같은 특징은 미국의 Victory XR사에서 제공하는 Victory XR Academy(https://www.victoryxr.com/)에서도 찾아볼 수 있다. Victory XR Academy는 학교 공간을 기본으로 하는 학교 중심의 메타버스 플랫폼이지만, Oculus Go 등의 VR 기기 하나로 공룡이 뛰어다니는 백악기 시대, 음식점의 주방, 중세 시대의 대학 강의실, 미술 아트 스튜디오, 수학 교구가 있는 교실, 병원, 이발소, 열대우림, 피라미드, 우주선, 공연장, 천문대 등의 다양한 공간을 방문할 수 있도록 하고 있다.(김신애, 방준성, 2021)

물리적으로 움직이지 않고도 다양한 공간을 감각적으로 방문하는 경험이 가능하다는 점, 실제로 만나기 어려운 역사 속 인물과 가상현실에서 생생한 대화가 가능하다는 점, 우주와 같이 접근이 어려운 물리적 세계를 마음대로 변형이 가능하다는 점과 같은 가상현실 기술의 특징은 메타버스의 고도화가 우리의 교육 현장에 다양한 변화를 가져올 수 있다는 기대를 갖게 한다. 그러나 현재까지 상용화된 메타버스에서 가상적 존재와의 상호작용, '신체활동이 그대로 디지털 현실에 받아들여지고 현실세계와 같은 상호작용의 자연성이 보존되는' 정도의 수준으로 구현하는 데는 한계가 있다. 지금까지 구현 가능한 가상현실 플랫폼에서 이루어지고 연구된 교육적 상호작용은 아직 초보적인 단계로서 '신기성'을 포함하고는 있지만 인간의 정신적 교류의 측면을 보이지는 못하고 있다(방준성, 2021).

VictoryXR Academy
출처: https://www.youtube.com/watch?v=5qtTbCOrlaE

VictoryXR Academy
출처: https://www.victoryxr.com

이러한 한계점을 가진 메타버스의 특징을 교육적 공간으로 활용할 수 있는 측면을 김영진 등(2022)은 다음과 같이 제시한다.

첫째, 가상세계로서의 특징이다. 가상세계에서 '가상(virtual)'은 실존하지 않는 허구의 무언가(fake)가 아니며, 심리처럼 눈에 직접적으로 보이지는 않지만 존재하는 새로운 개념으로 다루어져야 한다(여명숙, 1998).

둘째, 플랫폼으로서의 특징이다. 플랫폼의 특징은 연결된 네트워크 속에서 개방과 협력이라는 끊임없는 상호작용을 통해 새로운 것을 창출해내는 것(양미경,

2020)이며, 메타버스 속에서 사람들은 '또 다른 나'인 아바타(Avatar)를 통해 자유롭게 교류하고 소통한다. 메타버스의 역동성은 공간 그 자체에서 나오는 것이 아니라 공간에 참여하는 아바타들의 상호작용에서 기인한다. 이를 통해 자연스럽게 교육적 관계를 형성할 수 있다.

셋째, 감각의 극대화를 통한 몰입이다. 몰입은 가상세계 속에서 현존(present)하는 느낌, 다시 말해 사용자가 가상세계를 가상이라고 인식하지 못하고 오히려 사용자의 감각이 가상세계를 실제세계라고 인식할 수 있도록 하는 것을 의미하는데, 이에 대하여 Jonathan Steuer(1992)는 실재감(presence)을 가상현실의 가장 중요한 조건으로 제시하였다. 이러한 특성은 현실에서 다양한 인물들과의 만남이 제한되는 현실을 극복하고 메타버스가 플랫폼으로서 시간과 공간의 제약에서 벗어나 다채로운 교육적 상호작용의 기회를 제공해 줄 수 있을 것으로 기대할 수 있다. 또한 메타버스는 오감을 극대화하여 실재감을 느낄 수 있는 공간이므로 오감을 통한 체험 중심의 교육소재로의 확장 가능성을 기대할 수 있다.

현재 구현되고 있는 메타버스의 교육적 활용은 교실에서부터 도서관·미술관까지 다양한 학습·체험 기회를 제공하는가 하면 공부한 만큼 포인트를 제공하는 보상 시스템까지 마련해 학습 몰입도를 끌어올리고 있다. 이러한 가상현실에서 학생들은 실제 학교에서처럼 교실을 자유롭게 돌아다닐 수 있고 재미있는 책을 찾아보거나 AI와 끝말잇기 게임도 할 수 있다. AI는 디지털 공간에서의 또 다른 장점을 갖는 기능을 수행할 수 있는데, 보조교사 또는 휴먼-아바타로 표현되는 인간에게 친밀함이나 동질감을 느끼는 또 다른 존재인 교사, 선후배, 친구 등의 모습으로 등장하여 교육적 활동에 도움을 줄 수 있다(김신애, 방준성, 2021).

최근에는 7~9세 아동을 위한 커뮤니티 기반의 체험·학습형 키즈 메타버스가 구현되어 관심을 받고 있다. LG유플러스의 아이들을 위한 안전하고 더 넓은 세상 키즈토피아 메타버스는 나만의 아바타 꾸미기, 메타버스 체험공간, 다양한 퀴즈를 풀고 아이템을 획득하는 4가지 공간으로 구성되어 있다. 아바타 꾸미기 공간은 나만의 개성이 담긴 아바타를 만들어 나를 대신하는 아바타의 성장을 지켜볼 수 있다. 유아들이 개성 있는 아바타를 제작할 수 있도록 새로운 꾸미기 요소가 주기적으로 보급되어 '아바타 공간'에서 1회성이 아닌 다(多)회성으로 아바타 제작을 하게되므로 공간 방문이 증가되어 아바타 성장에 몰입할 수 있다. 메타버스 체험 공간은 유아교육기관의 프로젝트 주제로 자주 등장하는 공룡, 동물 체험뿐만 아니라 우주, 역사, 바다, 과학실험, 놀이공원 체험까지 가능하여 유아들이 직접 체험하지 못한 공간을 안전하게 메타버스 공간에서 놀이를 통해 탐험하며 과학적 상상력, 호기심, 인지적 사고 등 학습 효과에도 긍정적인 영향을 미친다. 학부모들이 걱정하는 가상공간에서 사이버 괴롭힘, 온라인 포식자, 부적절한 콘텐츠 노출 등 위험한 환경에서 보호하기 위해 채팅 욕설·비속어 차단 기능 탑재, 불량 사용자 차단 기능 강화, 개인정보 보호 보안 및 규칙 강화, 제한적 커뮤니케이션 도구, 보호자 모니터링 도구 제공 등을 통해 아동에게 안전한 메타버스 놀이터를 제공하고 있다.

또한 가상체험만 하는 것이 아니라 놀이를 통해서 직접 체험과 학습이 가능할 수 있도록 연령별로 제공된 다양한 형식의 퀴즈와 미션이 가능한 공간도 있다. 아동들이 체험하는 공간 곳곳에는 퀴즈와 미션이 제공되는데, 숨겨진 퀴즈와 미션을 풀며 주제에 대한 폭넓은 지식을 확장시킬 수 있다. 퀴즈 풀이는 다양한 연령의 아동들이 모이는 메타버스의 특징을 살려 친구들과 함께 미션을 달성해 나가는 게임 형식으로 진행되어 유아의 흥미를 지속시키기 충분하다. 한편 퀴즈를 풀고 보상받은 아이템을 가지고 아바타 상점에서 구매 및 착용하며 재화의 가치와 경제적 개념을 학습할 수 있는데, 이때 보상받은 아이템은 메타버스 공간에서만 사용이 가능하고 아이템을 사기 위한 외부 결제 시스템이 없다는 것도 장점 중 하나이다.

메타버스 놀이터에 7~9세 연령의 아동이 참여하며 자유롭게 탐험하는 동안 새로운 친구와 사귀고 소통할 수 있으며 유아가 좋아하는 캐릭터 IP가 탐험의 조수 역할을 수행하여 모르는 것을 물어보고 즉각적으로 답을 얻을 수 있어 교감과 재미를 지속할 수 있다. 또한 온라인에서 친구를 만나는 새로운 경험과 부모의 보호가 가능한 안전한 가상공간인 메타버스에서 올바른 네티켓을 익힐 수 있다.

LG유플러스 '아이들을 위한 안전하고 더 넓은 세상, 키즈토피아'
출처: LG유플러스.

이 밖에도 메타버스 융합교육은 학습자의 요구에 맞추어 다양하게 활용될 수 있다. 융합교육은 STEAM으로 다양한 교과를 연계하여 창의성, 비판적 사고력, 문제해결 능력, 의사소통 능력을 개발하고자 하는 방향으로 진행되었다. 메타버스 기반 교육은 일방적인 지식 전달 수업보다는 개별 학생의 자질과 소질을 중시하는 방향으로 개발될 수 있다. 메타버스에서 학습자는 아바타를 통하여 개인의 정체성을 획득할 수도 있고, 학습이 이루어지는 가상공간의 주도자가 될 수도 있다. 또한 메타버스에서는 학습자 중심적인 개별 학습이 가능하며, 이는 MZ 및 알파 세대의 소통 방식에도 부합한다. 메타버스 플랫폼 기반 교육은 게임화(gamification) 방식을 통하여 학습자 흥미를 유발하고 몰입도를 제공해 동기부여를 확보할 수 있고, 활발한 상호작용이 가능하다(정유남, 이영희, 2022).

이러한 특징에도 불구하고 메타버스가 현실 교육의 제한점을 극복하고 새로운 교육적 가능성을 실현 시킬 수 있다는 막연한 기대와 불안이 공존하고 있기 때문에 접근성, 누적된 연구 결과의 부재로 인한 교육적 효과 검증의 어려움 등과 같은 이유로 메타버스의 교육적 활용에 있어 극복해야 할 한계가 있다. 특히 유아교육에 있어 메타버스의 적용 가능성에 대한 효과 검증이 필요하며, 사이버 폭력이나 따돌림 같은 사회적 문제를 해결하기 위한 노력이 필요하다.

### ▪ ZEP(메타버스)를 활용한 유아교육기관 구성

한국형 '게더타운'이라고 불리우는 ZEP의 특징은 한글 인터페이스이기 때문에 유아교육기관 홍보를 위한 맵을 구성했을 때 학부모나 교사들의 접근성이 용이하다. 맵에 들어올 수 있는 수용 인원이 최대 5만명까지 무료 지원이 가능하여 동시 방문을 했을 때 맵 로딩 시간이 오래 걸리지 않는 장점이 있다. 또한 맵·미니게임·어플리케이션을 지원하는 에셋스토어가 무료이기 때문에 홍보하고자 하는 유아교육기관 맵의 장점을 부각시킬 수 있는 옵션을 지속적으로 추가할 수 있다.

ZEP을 구현할 때, PC 기기는 모든 기능의 제약 없이 활용 가능하고 태블릿은 부분적인 제한이 있지만 맵 제작이 가능하다. 하지만 모바일은 맵 제작이 어려워 게스트로 참여만 가능하기 때문에 PC나 태블릿을 활용하여 유아교육기관 맵을 구성하는 것을 추천한다. 맵 관리를 하는 호스트는 가입을 해야 하며 게스트는 로그인이 필요없다. ZOOM처럼 링크 또는 비밀번호만 입력하면 쉽게 참여할 수 있어서 우리 원의 메타버스 공간을 만들고 학부모 및 타 기관에 소개할 때 링크만 제시하면 된다는 장점이 있다.

먼저 ZEP을 사용하여 우리 원을 만들기 전에 어떤 기능이 있는지 소개하고자 한다. 기능을 알아보기 위한 과정은 다음과 같다.

〈표 3-2〉 ZEP의 기능 및 활용방법 안내

| | |
|---|---|
| 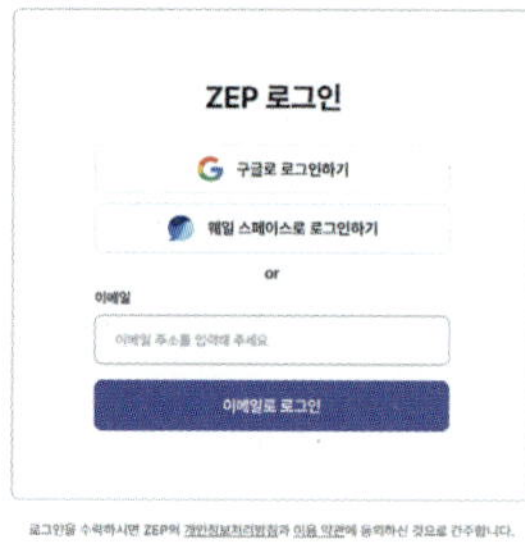 | • 홈페이지 가입을 해야 한다. 무료로 시작하기 버튼을 누르면 구글로 로그인을 하거나 웨일 스페이스로 로그인하여 연동할 수 있다. 메일로도 가입이 가능하다. |
|  | • 맨 윗 상단의 내 아이디를 선택하고 나의 스페이스 목록을 클릭하면 스페이스 만드는 공간이 나오게 된다. |
| 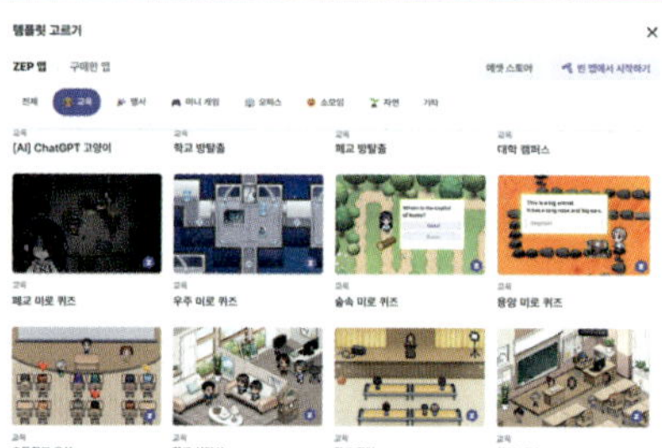 | • 기본적으로 ZEP에서 제공하는 맵이 있으며, 교육, 행사, 미니게임, 오피스, 소모임, 자연, 기타 등 내가 만들고자 하는 맵의 성격에 따라 고르면 된다. |
| 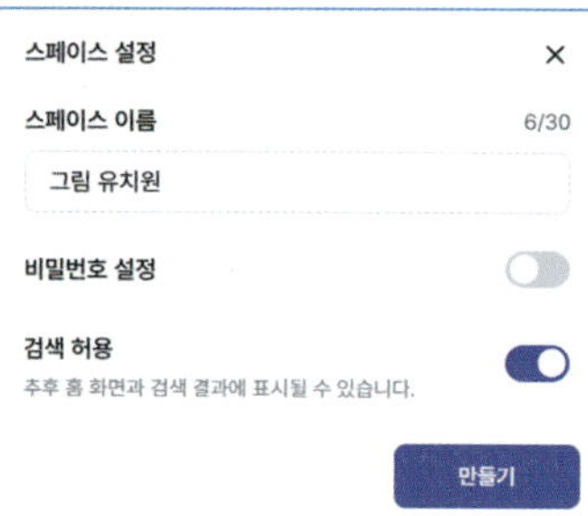 | • '학교 내부' 맵 스페이스를 클릭하게 되면 스페이스 설정란이 나오는데 스페이스 이름과 비밀번호 설정을 할 수 있다. |

| | |
|---|---|
|  | • 교실 공간으로 들어오게 되면 호스트인 캐릭터가 보이게 된다.<br>• 움직이기 : 키보드 방향키로 상하좌우 움직이기<br>– 영어 키보드 A/S/D로 움직이기<br>– 키보드로 움직이고 싶은 공간을 더블 클릭하면 이동 가능<br>• 타인과 소통 : F 버튼 눌러 실행 |
|   | • 편집 설정에서 썸네일, 공간의 이름, 아바타 꾸미기 등이 가능하다. |
|   | • 미니 게임으로 재미있게 맵을 구성할 수 있다. |
| 출처: https://zep.us/home/tutorial | |

본격적으로 빈 맵으로 이동하여 우리 원을 제작하여 보는 과정은 다음과 같다.

〈표 3-3〉 ZEP을 활용한 우리 원 제작 과정

| | |
|---|---|
|  | 빈 맵에서 우리 원을 제작하려면 3가지 단계를 거쳐야 한다.<br>1. 편집 효과 선택 : 바닥, 벽, 오브젝트, 상단 오브젝트, 타일 효과<br>2. 세부 편집 효과 선택 : 바닥, 음향 파일, 배경 화면 설정<br>3. 효과 삽입 선택 : 도장, 지우개, 화살표, 스포이드 (복사&붙여넣기 기능) |
| 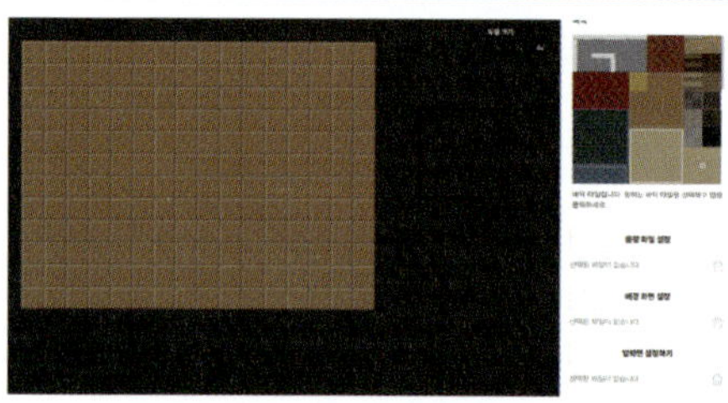 | 〈바닥 제작하기〉<br>• 바닥 선택 → 바닥 타일 모양 선택 → 도장 선택(바닥 타일을 확정 짓는 개념) |
| 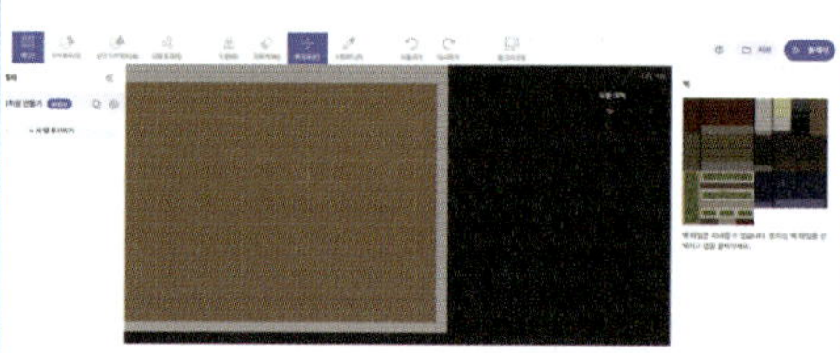 | 〈벽 제작하기〉<br>• 벽 선택 → 벽 모양 선택 → 도장 선택/ 화살표로 내려가며 타일 선택 가능<br>• 잘못 선택된 도장의 경우 지우개로 지우면 됨 |
| 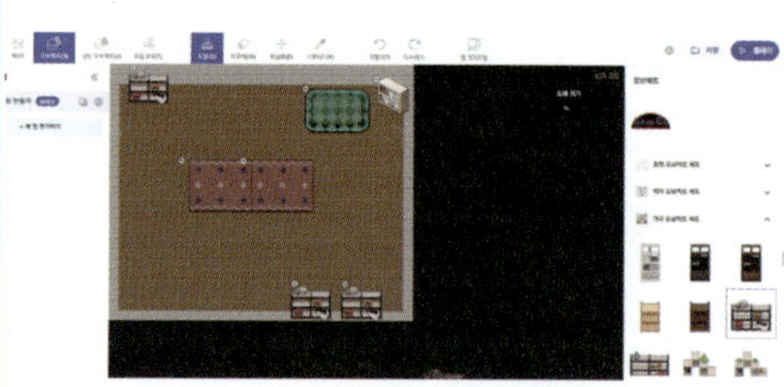<br>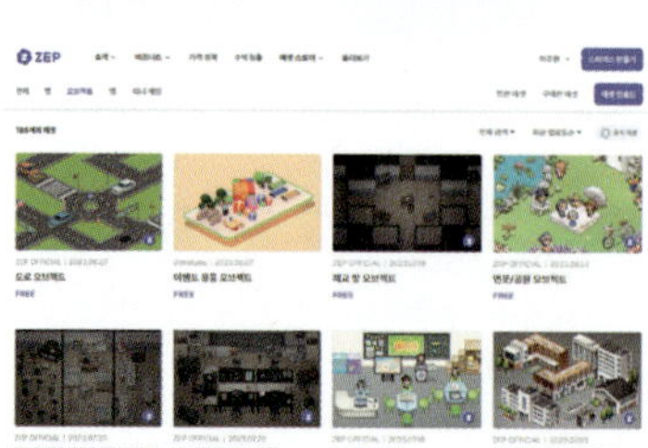 | 〈오브젝트 만들기〉<br>• 교실 공간을 꾸미는 오브젝트 모아놓는 공간<br>• 나의 오브젝트에서 추가를 누르면 FREE 오브젝트를 다운로드 받는 공간으로 이동하게 됨<br>• 교실 및 유아교육기관에 필요할 것으로 생각되는 오브젝트를 다운로드 받기<br>• 교실 및 원의 성격에 맞는 오브젝트를 도장 찍기를 통해 원하는 위치에 고정시키기<br>• Ctrl + F : 검색창에 오브젝트 검색 할 수 있음<br><br>〈스포이드 기능〉<br>• 오브젝트 개별은 복사, 붙여넣기 가능<br>• 오브젝트를 단체로 묶어서 복사, 붙여넣기 불가능 |

<table>
<tr><td></td><td>〈상단 오브젝트 만들기〉<br>• 아바타 위에 표현되는 오브젝트(입체감 가능)</td></tr>
<tr><td>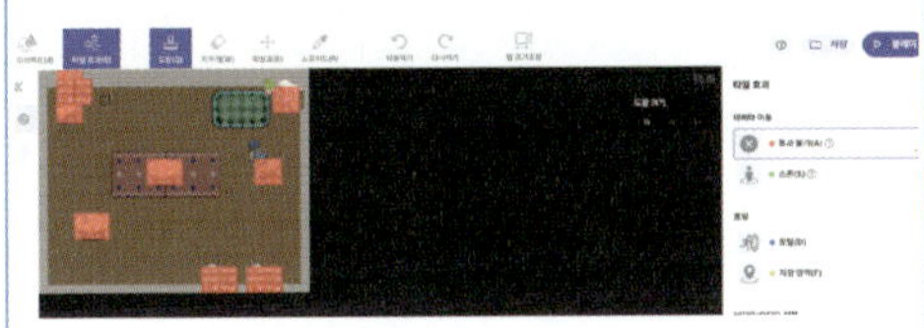</td><td>〈타일 효과 만들기〉<br>• 통과 불가 기능 : 아바타가 오브젝트를 뚫고 지나가지 못하도록 표시하는 기능<br>• 프라이빗 공간 기능 : 해당 조에 속한 사람들만 참여할 수 있는 기능</td></tr>
<tr><td><br></td><td>〈상호작용 오브젝트 활용법〉<br>• 아바타가 오브젝트 가까이 이동하거나, F키를 눌러 실행하는 오브젝트<br>• 오브젝트 이름, 말풍선, 텍스트 팝업, 웹사이트(영상) 삽입, 이미지 팝업, 비밀번호 팝업 기능을 포함할 수 있음<br>• 오브젝트 가까이에 이동했을 때 노란색 테두리가 생기면 상호작용 오브젝트가 삽입되어 있는 것으로 판단<br>• 말풍선 표시 : 상단오브젝트 → 상호작용 오브젝트로 하고 싶은 것 클릭 → 도장 → 톱니바퀴 설정 표시 누르기 → 말풍선 표시<br>• 팝업창 : 상단오브젝트 → 도장 → 톱니바퀴 설정 → 텍스트, 이미지, 비밀번호 팝업 기능<br>• 웹사이트 기능 : 상단오브젝트 → 도장 → 톱니바퀴 설정 → 웹사이트(웹사이트 주소 입력하면 주소로 이동 가능)</td></tr>
<tr><td colspan="2">출처: https://zep.us/home/tutorial</td></tr>
</table>

ZEP을 활용하여 유아교육기관 맵을 구성하는 방법은 위에 소개한 방법 이외에도 옵션 추가로 무궁무진하게 활용이 가능하다. 서울동부교육지원청의 경우 초등학교 학생들을 대상으로 '지구를 위한 먹거리 생태계 만들기'라는 생태교육을 실천하고 있는데 이때 ZEP을 활용하고 있다. 전남메타스쿨도 환경교육 메타버스를 함께 활용하여 초등학생의 탄소중립에 대한 인식을 기고하는데 도움을 주고 있다. 초등학생들은 ZEP에 참여하여 맵 학교 교실에 있는 아바타 캐릭터들과 상호작용하며 탄소중립 퀴즈와 게임을 풀며 생태교육을 받을 수 있다. 또한 중·고·대학교의 경우 과제 형식으로 메타버스 학교 공간을 구축하는데 ZEP을 다양하게 활용하고 있다. 홍보관과 역사관을 구축하여 학교의 특성을 맵 공간에 담거나 전공별 홍보 자료, 학교 데이터를 구축하는데 활용하고 있으며, 메타버스 운동장을 개설하여 체험활동과 행사를 진행하는데 적극 사용하고 있다(김지혁, 2023). ZEP은 웹 기반으로 되어있으며 도트 그래픽으로 구현된 가상공간에서 나만의 캐릭터를 움직이며 다양한 캐릭터들과 음성·텍스트·화상 대화를 할 수 있는 것이 특징이기 때문(송협, 2022)에 유아교육기관에서 가상학급을 구축하며 교사와 학부모간의 상호작용을 할 때 유용하게 활용될 수 있다. ZEP의 다양한 장점을 활용하여 우리 원만의 홍보 메타버스 공간을 만들어 보는 것을 추천한다.

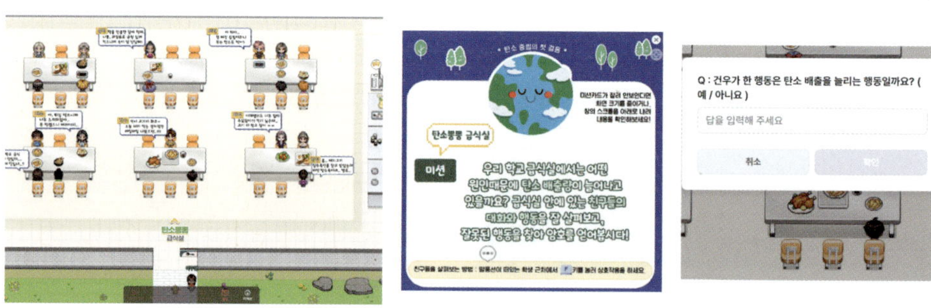


탄소 뿜뿜을 탄소 중립으로(세계 채식인의 날)

출처: 전남 메타버스스쿨 환경교육 메타버스

### ■ 유아와 함께 체험하는 메타버스 : 한국형 ESG 메타버스 울릉 '독도버스'

종합 핀테크 전문기업 핑거가 운영하는 한국형 ESG 메타버스 울릉 '독도버스'는 2022년 8월 15일 광복절에 오픈한 메타버스이다. 울릉·독도를 배경으로 한 가상공간에서 ESG(환경, 사회, 지배구조)와 나라사랑의 가치에 대해 알 수 있는 게임과 캠페인, NFT 생성 및 거래를 할 수 있는 공간이다(김두한, 2023). NFT 거래는 도민권과 땅을 사고팔 수 있는데 도민권을 보유한 사람은 땅을 가지거나 건물을 세울 수 있다. 도민권은 소유권이 보장되며 퀘스트를 깨면 가상자산인 도스를 얻고, 가상자산인 도스가 NH독도 금융센터에 예치가 가능하다는 점이 장점이다. 실제 독도 지도를 기반으로 게임에서도 지도 형태로 열리며, 독도와 관련된 퀴즈와 영상시청이 가능하여 유아들과 함께 독도를 메타버스로 구현한 것을 소개하는 것으로 교육 활용이 가능하다. 단, 유아들이 직접 독도버스 내의 유저가 되어 움직여 보는 것도 좋지만 퀘스트가 유아 수준이 아니기 때문에 교사의 도움이 필요하다.

한국형 ESG 메타버스 울릉 '독도버스'

출처: https://url.kr/79n8lr

# 7. 로봇, 코딩교육과 놀이

## 1) 코딩교육

'코딩(Coding)'이란 컴퓨터의 언어라고 할 수 있는 코드(Code)를 활용하여 컴퓨터 프로그램을 만드는 것을 말한다. 코딩교육은 문제를 해결하기 위한 순서도를 그리고 이를 풀어나가는 논리를 배우는 것이라고 할 수 있으며, 향후 인공지능과 로봇기술 등이 더욱 발전할 시대를 대비하여 컴퓨터에게 명령할 수 있는 언어를 배우는 것이라고 생각할 수도 있다(이건우, 2019).

전 세계에서 시작되고 있는 코딩교육의 흐름을 보면, 외국과 우리나라의 경향이 다른 것을 알 수 있다. 영국과 미국은 컴퓨터 과학 과목으로 코딩교육을 유아 단계에서부터 하고 있다. 영국은 2013년 OA 등 기초적인 응용 소프트웨어의 활용법을 중심으로 한 교육에서 벗어나, 코딩을 통하여 창의력과 문제해결 능력을 높이고 지식의 효용가치를 높이는 교육과정을 2014년 9월부터 본격적으로 시행하고 있다. 미국의 경우 오바마 대통령은 2016년 라디오 연설을 통해 미국 내 모든 학생들에게 SW교육 기회를 제공하는 '모두를 위한 컴퓨터과학 프로젝트(Computer Science For All)'를 발표하였다. 미국 또한 영국과 마찬가지로 코딩교육을 정규과목으로 시행하고 있으며, 향후 3년간 40억 달러의 예산을 지원하여 초·중·고 학생을 대상으로 한 컴퓨터과학 교육을 지원하는 구체적인 실행 방안을 제시하였다(안인회, 2016).

세계 리더들의 코딩교육에 대한 생각

출처: 큐비코 홈페이지

반면 우리나라는 과학교육이 아닌 소프트웨어 실현 전략으로 중학교 때부터 실시하도록 추진하고 있다(이경우 외, 2019). 최근 우리나라에서는 소프트웨어 교육을 다른 말로 코딩교육이라 부르며 코딩교육을 강조하기 시작했는데, 코딩교육에 대한 관심이 증가하고 있는 이유는 문제를 탐색하고 해결할 수 있는 문제해결 능력인 컴퓨터적 사고(CT; Computational Thinking) 능력을 배양할 수 있기 때문이다. 유아의 논리-수학적 지식을 향상시킬 수 있는 매체로서 로봇을 활용한 코딩교육이 주목받고 있다. 코딩 로봇이라는 새로운 매체의 도입은 교실 속에서 산출되는 다양한 생산물들에 변화를 줄 수 있다(유구종 외, 2014). 코딩과 로봇을 통한 교육은 직접적인 경험에 의한 구체적 조작과 대상에 대한 폭넓은 이해로 유아의 논리-수학적 지식 향상에 도움을 준다(정다희, 2014).

### 2) 유아코딩교육의 방향과 코딩교육의 종류

유아를 위한 코딩교육은 유아의 눈높이에서 놀이와 게임 등을 통해 자연스럽게 알고리즘의 원리를 이해할 수 있도록 해야 한다. 코딩교육의 장점은 코딩놀이를 통하여 논리성과 절차성을 습득하게 되는 것이라고 할 수 있으며, 이러한 논리 · 수학적 코딩활동은 스토리텔링 코딩[1]과 같은 인공지능 활동으로 적용이 가능하다. 유아를 위한 스토리텔링 코딩의 예로는 '아이들나라 스토리 기반 코딩'이 있다. 아이들나라 코딩 프로그램은 코딩의 기본적인 원리를 영 · 유아들에게 친숙한 동화책을 활용하여 놀이처럼 스토리텔링으로 코딩을 배울 수 있는 프로그램이다. 총 338편의 명화 동화를 감상 후 스토리와 연관된 문제를 코딩으로 해결하는 미션형 코딩 게임으로 코딩 원리를 암기식으로 외우는 것이 아니기 때문에 코딩 프로그램을 통해 자연스럽게 문제해결력, 컴퓨팅 사고력, 창의력 역량을 함양하는 데 효과적이다.

아이들나라 코딩프로그램

출처: LG유플러스 아이들나라 공식 홈페이지.

또한 유아를 대상으로 한 코딩교육은 기존 SW교육의 한계를 보완하기 위하여 물리적 교구인 코딩 로봇을 활용하는 실체적인 교육을 실시하는 것이 바람직하다.

유아에게 적합한 코딩 교육의 종류를 유구종(2020)은 다음과 같이 제시하고 있다.

첫째, 언플러그드 코딩이다. '언플러그드'란 말 그대로 컴퓨터의 전원 플러그를 꽂지 않아 전기를 사용하지 않음을 의미한다. 즉 언플러그드 코딩 활동이란 학습자들이 컴퓨터를 사용하지 않고 코딩 과정(프로그래밍 과정)의 원리가 내제된 문제, 퍼즐, 보드게임 등을 활용하는 활동이라고 정의할 수 있다(강소담, 2019). 주로 유치원생, 초등학생과 중학생을 대상으로 하며, 컴퓨터 대신 신체 활동이나 동

1) 그래픽 인터페이스 환경에서의 이야기 만들기와 영화 스토리 만들기 같은 형태의 코딩.

전, 카드 등을 이용한 놀이를 통해 쉽고 재미있게 컴퓨터를 가르치는 것을 목적으로 한다.

둘째, 블록형 코딩이다. '블록형 코딩'이란 기존의 소스코드를 활용한 코딩방식이 아닌 블록형 프로그램을 통해 블록을 조립하여 코딩하는 것을 말한다. 기존의 코딩교육 또는 프로그래밍 교육방식과 교육내용은 매우 어려워 초보자가 배우기 쉽지 않았다. 하지만 최근에는 블록형 프로그램이 개발되며 과거 소스코드를 외우던 코딩교육의 방식과 달리 블록형 놀이처럼 블록을 끌어다 놓으면서 코딩을 할 수 있게 되었다. 이 때문에 더 쉽게 코딩을 배우고 체계적인 사고능력과 문제해결 능력을 향상시킬 수 있게 되었다(임수영, 2017).

셋째, 피지컬 컴퓨팅이다. '피지컬 컴퓨팅'은 피지컬한 현실 세계와 컴퓨터의 가상 세계가 서로 대화할 수 있도록 하는 것을 의미한다. 즉 현실세계의 여러 현상들을 센서 또는 여러 장비들을 통해 감지하고, 감지된 값들을 사용하여 컴퓨터를 이용하여 물리적인 장치를 제어하는 것을 피지컬 컴퓨팅이라고 정의할 수 있다(김지은, 2018).

넷째, 코딩 로봇을 통한 코딩이다. 코딩용 로봇인, 비봇, 로머, 알버트, 오조봇, 큐비코 등을 통해 사물을 직접 다루는 놀이를 통해 자발적으로 프로그래밍의 기본 원리를 익힐 수 있는 장점이 있다. 코딩 로봇을 통한 코딩은 대표적인 피지컬 코딩이라고 할 수 있다.

이와 같은 코딩교육은 이분법적으로 구분하여 교육하거나 활용하는 것보다는 상호 보완적 또는 융합하여 활용함으로써 유아의 절차적 사고 발달에 도움이 될 수 있도록 활용하는 것이 바람직하다.

### 3) 코딩 로봇의 종류

#### (1) 비봇/ 프로봇/ 이노봇

비봇과 프로봇은 직진, 멈춤, 회전 등의 간단한 명령을 조작을 통해 입력할 수 있다. 비봇이 좀 더 초급단계에 해당하고 프로봇은 로봇에 탑재된 디스플레이 화면과 버튼을 사용하여 사운드 및 조명센서를 활용하여 프로그래밍할 수 있다. 다양한 명령어와 변수를 고려하여 활동함으로써 쉽고 재미있게 소프트웨어 역량을 함양할 수 있다.

비봇

프로봇

이노봇

출처: 에코스쿨스 공식 홈페이지

이노봇은 스크래치와 연동하여 활용할 수 있다. 버튼을 눌러 소리를 녹음할 수 있으며 내장된 소리를 재생할 수 있다. 투명한 몸통을 가지고 있어 내부의 구성요소를 볼 수 있다. 비봇, 프로봇과 같은 방식으로 명령어를 사용하여 작동하며, 태블릿, 컴퓨터에 연결할 수 있다. 또한 리프트 및 펜 삽입 장치가 있어서 이동경로를 시각적으로 볼 수 있다.

비봇을 활용한 여러 가지 활동

출처: 에코스쿨스 공식 홈페이지

### (2) 오조봇

어린이들에게 프로그램을 교육시키기 위해 개발된 오조봇은 몸통이 큐빅처럼 생겼다. 시각적으로 프로그래밍할 수 있는 블록리(Blockly)를 쉽게 가르칠 수 있으며, 유아들이 블록을 쌓듯이 코드 라인을 쌓다 보면 자신이 원하는 프로그램을 형성할 수 있다. 또한 iOS나 안드로이드 등의 운영체제를 가진 스마트 폰 앱을 통해 어린이들은 접근하기 쉬운 프로그램 언어인 블록리(Blockly)를 통해 소스코드를 작성할 수 있다. 블록리는 구글에서 개발한 웹, 또는 모바일 기반 블록형 프로그래밍 언어이다.

오조봇 비트

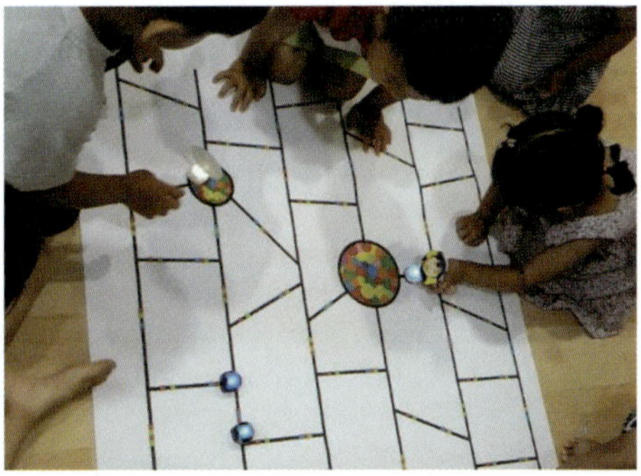

오조봇을 활용한 코딩 놀이

출처: 로봇 신문(2015.01.06.)

오조봇은 클레버 블록과 연결해 사용할 수 있는데, 클레버 블록은 손으로 블록을 조립해 로봇을 직접 작동할 수 있는 코딩 교구이다.

### (3) 큐비코

큐비코는 스테이지 보드 위로 코딩칩을 배치하여 프로코딩을 한 후 트레이 위에서 블록을 순서대로 삽입하여 직접 코드를 짜고 코딩 결과를 큐비코 애플리케이션을 통해 확인할 수 있다. 또한 블루투스를 연동해 코딩 결과가 바로 디바이스 상의 게임 애니메이션으로 즉각 구현된다. 즉 큐비코는 플러그드 코딩과 언플러그드 코딩이 결합 된 형태의 코딩교육 로봇이라고 할 수 있다.

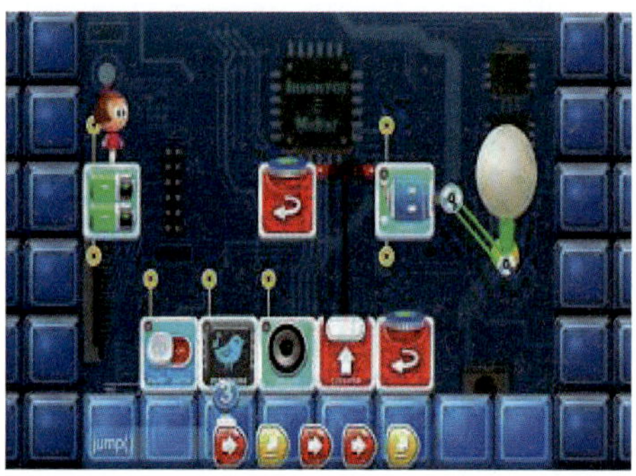

큐비코

큐비코 스테이지 보드 및 코딩트레이

출처: https://zabawazkodowaniem.pl/cubico/

### (4) 로머

로머는 몸체 위의 키패드를 교체하면서 난이도가 높아지는 코딩을 진행할 수 있는 다양성이 가장 큰 장점이라고 할 수 있다.

입문단계는 수세기 방식으로 이동과 방향을 설명하는 패드를 장착하고 있으며 단순한 프로그래밍 작성, 테스트 및 경로 설계 등 코딩입문용 학습이 가능하다. 초급단계는 알고리즘의 정의를 이해하고, 디지털 장치에서 가능한 프로그래밍 방법과 과정을 배우고 로봇을 실행시켜 이를 확인할 수 있다. 중급은 특별주제 학습이 가능한 디자인, 프로그램 작성, 디버깅과 컴퓨팅 사고력의 학습목표인 문제를 작은 단위로 분해하여 절차(procedures)를 구성하여 문제 해결력을 향상시킬 수 있다.

고급단계는 알고리즘과 프로그램 학습과정에서 잘못된 부분을 수정하고 다양한 알고리즘을 이해하기 위해 논리사고를 사용한 다양한 입력과 출력의 결과를 학습할 수 있다.

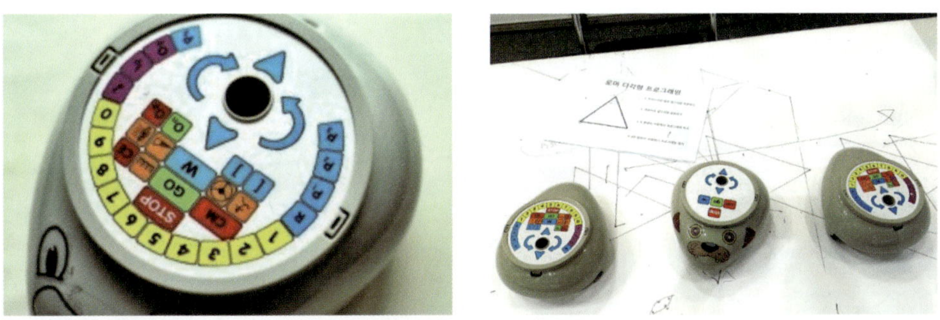


로머

출처: https://blog.naver.com/femail317/220847796898

### (5) 대시/ 카미봇

대시(dash)는 원더(wonder), 고(go), 블록리(blockly), 패스(path), 자일로(xylo) 등의 앱과 연동하여 코딩을 배울 수 있으며, 코딩프로그램인 엔트리와 연동해서 활용할 수 있다. 대시의 눈에는 총 12개의 LED 라이트가 있는데, 이를 통해 눈동자와 감정을 표현할 수 있다. 정면에는 두 개의 거리 센서가 있어 장애물을 만나면 뒤로 물러나는 등 다양한 동작의 구현이 가능하다. 또한 3개의 마이크를 장착하고 있어서 어떤 방향에서 대시를 부르거나 박수를 치거나 하면 목소리가 사운드에 반응을 하므로 아이들과 어느 정도 소통할 수 있는 장점이 있다. 카미봇은 로코콘과 연동하여 다양한 명령을 수행하고 놀이를 즐길 수 있으며, 별도의 코딩 과정 없이 카미 카드를 이용하여 언플러그드 활동도 가능하다.

대시
출처: https://www.newswire.co.kr

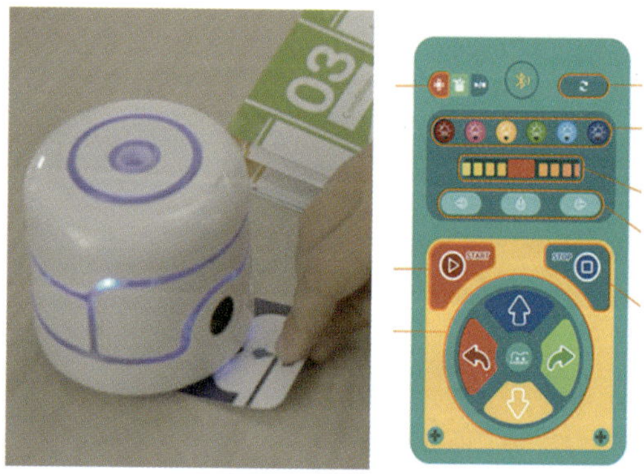
카미봇과 로코콘
출처: https:// bit.ly/3jTymHO

현대 사회에서는 유아들이 일상에서 컴퓨터 기기를 사용하는 비중이 점점 높아지고, 자연스럽게 컴퓨터 기기와 기술을 놀이에 활용하거나 기존의 놀이와 통합하는 등 놀이 양상의 변화가 가속화되고 있다(권숙진, 2021). 이러한 시대적 흐름에서 미래 사회를 살아갈 유아들에게 지능화된 시스템과 소통할 수 있는 컴퓨팅 사고력 함양은 필수적인 요소라고 할 수 있다(이재은, 김준수, 2020).

코딩 로봇을 활용한 소프트웨어 교육은 스마트 매체와 같은 전자기기를 연결하여 조작하는 플러그드 방식이 아닌 유아의 직접적인 조작으로 작동하는 언플러그드 활동(Unplugged Activities) 형식에 속하며, 프로그래밍을 통해 로봇이라는 디지털 미디어에 물질성을 부여한다는 의미에서 피지컬 컴퓨팅 교육으로 분류된다(이경우 외, 2019; 허영, 2019).

특히 코딩 로봇을 활용한 코딩은 친근한 외모로 유아들의 흥미를 유발하는 효과가 있으며, 명령을 시각 또는 청각화하여 구현하는데, 이는 입력과 출력이라는 정보 처리 과정을 흥미롭게 학습할 수 있게 한다. 또한 구체적인 실물을 활용하여 프로그래밍에 물질성을 부여하는 것은 마치 제트 추진력을 다는 것만큼이나 유아의 놀이에 질적 향상을 일으킨다(Martinez & Stager, 2015). 따라서 코딩 로봇은 유아를 대상으로 하는 소프트웨어교육에서 효과적인 교육매체가 될 수 있다(이유진, 이연승, 2022).

## 8. 인공지능

인공지능(AI: Artificial Intelligence)이라는는 용어는 1956년 존 매카시(John McCarthy)가 처음 사용하였는데, 그에 의하면 인공지능이란 '인텔리전트한 기계를 만드는 과학이자 공학이며, 기계를 인간 행동의 지식에서와 같이 행동하게 만드는 것'이라고 정의하였다. 인공지능은 미래 사회의 핵심기술로 인식되면서 중요성이 더욱 강조되고 있다. 많은 사람들이 AI 기반 프로그램을 업무에 활용하면서 그 생산성이 높아짐을 확인하였다. 이로 인해 긍정적인 부분도 있지만, 일부 능력이 인간 수준을 뛰어넘으면서 AI 때문에 직업을 잃게 될 미래가 더 가까워졌다는 평가도 존재한다(나무위키, 2023). 그러나 이는 걱정을 한다고 해결될 문제는 아니다. AI를 어떻게 활용해서 더 풍요로운 삶을 살아갈 것인가에 대한 고민이 이루어져야 한다. 이를 위해 AI 리터러시 교육도 필수적이다.

https://url.kr/h7ywel

AI에 의한 기술과 삶의 양극화

이러한 시대의 흐름에 부응하기 위해 교육부는 2025년부터 유·초·중·고 교육과정에 AI 교육을 도입할 계획이라고 발표하였다. 컴퓨터가 인간처럼 생각하고 행동할 수 있도록 설계된 인공지능은 무한한 잠재력을 가진 기술이다. 유아교육적 관점에서 바라본다면 인공지능교육은 유아들이 다양한 관점으로 세상을 바라보고 다양한 방식의 사고가 가능하도록 도와준다. 따라서 AI에 기반한 디지털 환경은 인공지능의 활용과 소통하는 경험을 바탕으로 무한한 배움이 가능할 것으로 기대한다. 또한 그 배움을 바탕으로 AI 기반 사회에 적응하며 자신의 삶을 주도적으로 살아가는 존재로 성장할 수 있을 것이다. 그러나 AI 기술이 널리 보급됨에 따라 윤리적 고려 사항에 대해 관심을 가져야하며, 특히 편견, 잘못된 정보 문제의 해결, 사회에서 책임감 있는 AI 사용을 보장하는 내용을 포함한 교육이 이루어져야 한다.

## 1) 인공지능의 종류

### ChatGPT

ChatGPT는 Open AI에서 출시한 인공지능 기반으로 Generative Pre-trained Transfomer의 약자로서 의미는 다음과 같은 의미를 포함한다. 'Chat'은 대화형이라는 의미이다. 대화는 입력과 응답으로 이루어지는데, 입력하는 대화문을 '프롬프트(Prompt)'라고 하며, 이에 대한 AI의 답변을 '응답(Response)' 이라고 표현한다. 대화형이라는 단어는 두 가지 의미를 포함한다. 하나는 입력을 대화형으로 자연스럽게 할 수 있다는 것이며, 또 하나는 단기 기억을 갖고 있다는 것이다(박태웅, 2023). 'Generative'는 '생성형'이라는 뜻으로, 유저의 질문과 관련된 응답을 지속적으로 생성하는 능력이 탑재되어 있음을 의미한다. 'Pre-trained'는 사전학습 되었다는 의미이며, 'Transfomer'는 딥러닝의 한 모델로서 다음 단어가 무엇이 오면 가장 그럴듯한 문장이 될 것인가를 확률로 예측할 수 있다. 이러한 예측의 메커니즘은 'Attention'이라는 방식인데, 이는 문장에서 핵심 단어가 뭔지를 파악을 해서 기억하는 특징이 있다. 이러한 특징으로 인해 인공지능 대화형 서비스가 가능하다.

ChatGPT 이전에도 인공지능이 존재했지만 인공지능의 실제가 일반인에게 공개 되었다는 점과 실생활에 영향을 주고 있는 것이 가장 큰 의의라고 할 수 있다.

〈그림 3-1〉 ChatGPT 대화형 검색 화면

ChatGPT는 유저(User)의 질문(Prompt)에 대해 응답(Response)해 주는데 거의 모든 질문에 즉각적인 대답을 얻을 수 있다. 그러나 모든 질문에 대한 답이 사실은 아니다. 그럴듯해 보이지만 무의미한 결과(hallucination)를 포함하고 있으며, 입력 된 정보들이 영어로된 정보가 대부분이기 때문에 데이터와 문화에 대한 편향성이 나타날 수 있어 소수 민족의 문화를 반영하지 못한다는 한계점을 가지고 있다.

또한 ChatGPT는 질문의 형식이나 유저가 사용하는 단어에 따라 다른 대답을 생성한다. 즉 질문의 질이 대답의 질을 결정하므로 질문을 얼마나 잘 하느냐는 ChatGPT 사용에 있어 매우 중요한 요소이다. 따라서 유아들에게 교육을 통해 질문을 잘 할 수 있는 역량을 길러주어야 한다. 질문은 곧 문제해결의 출발점이 될 수 있다. 이러한 질문 역량을 기르기 위해서는 유아들이 호기심을 가져야 하며, 익숙한 것을 새롭게 바라 볼 수 있는 시각을 길러 줄 필요가 있다. 또한 ChatGPT와 같은 AI 기반 프로그램이 널리 사용됨에 따라 책임감 있는 AI 개발 및 배포를 보장하기 위한 윤리적 지침 및 규정에 대한 필요성이 커지고 있다.

### 바드(Bard)

바드(Bard)는 '음유시인'이라는 뜻을 갖고 있는 구글이 개발한 대화형, 생성형 인공지능 챗봇 서비스로 구글검색, 구글닥스(Docs), Gmail, 구글렌즈 등 구글의 25개 제품에 결합하여 실시간 검색결과에서 정보를 얻거나 이메일 초안을 작성하는 기능 등 다양한 관련 서비스를 제공한다. 프롬프트 입력란에 질문을 적으면 원하는 답을 확인 할 수 있다. 원하는 답이 아니면 '다른 답안 보기∨'를 선택하면 된다.

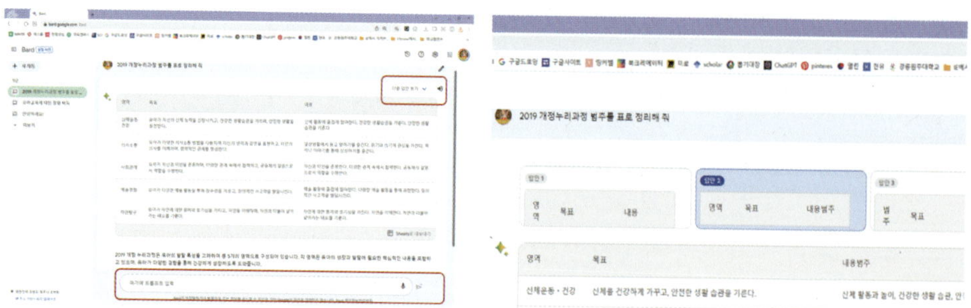


〈그림 3-2〉 바드의 대화형 검색 화면

바드에는 구글의 최신 대규모 언어 모델(LLM)인 '팜2(PaLM2)'를 적용하였다. 팜2는 100개 이상의 언어를 지원하는 초거대 언어 모델인데, 바드는 다중언어를 학습할 수 있는 능력을 탑재하였다. 검색에 영어뿐만 아니라 한국어와 일본어를 추가하여 편의성이 향상되었다는 특징을 가지고 있다. 또한 과학과 고급 수학, 코딩에 대한 답변도 가능하며, 구글 렌즈와 결합되어 이미지에 대한 질문에 답하거나 이미지를 답으로 제시하는 기능도 제공한다(네이버 지식백과).

### 라마(LLaMA)

라마(LLaMA)는 'Large Language Model Meta AI'의 약자로 2023년 메타가 공개한 대규모 AI 언어모델이다. 메타는 마크 저커버그(Mark Zuckerberg)가 설립한 소셜미디어인 페이스북이 2021년 10월 "Meta Platforms, Inc."로 변경했는데 이를 간소화하여 메타라고 부른다. 이러한 변화는 사람들이 상호작용하고, 협업하고, 놀고, 사교할 수 있는 가상의 상호 연결된 몰입형 디지털 공간인 메타버스 개발을 향한 초점과 전략의 변화를 동반하고 있다. 이러한 메타버스 개발의 혁신을 주도하기 위해 AI, AR, VR 및 기타 기술에 지속적으로 투자하고 있으며, 라마는 그 노력의 산물이라고 할 수 있다. 라마는 Bing이나 ChatGPT와 달리 대화 기능을 가진 인공지능 시스템은 아니지만 소프트웨어가 개방되어 있으며, 더 많은 사람들이 빠르게 문제를 찾아내고 식별하고 해결할 수 있어 안전과 보안을 향상시킬 수 있다(Mark Zuckerberg, 2023)는 특징을 갖고 있는, 상업적으로도 사용이 가능한 오픈 소스이다. 메타는 '연구 사용 사례에 맞춘 비상업적 라이센스'를 추구하여 대학, 연구소 등과 같은 기관에서 사용할 수 있도록 허용하고 있다. 이를 통해 메타는 AI 커뮤니티가 책임감 있는 인공지능 기술과 대규모 언어 모델을 개발하기 위한 명확한 지침을 개발하도록 돕는 역할을 하면서 인공지능 챗봇에 대한 부정적인 인식을 개선하고자 하였다.

### Bing 검색 / Bing image creator

Bing은 마이크로소프트사에서 제공하는 인공지능 검색 엔진이다. 따라서 인터넷과 연결되어 있어 최신 정보를 출처와 함께 제공한다. 완전 무료로 제공되는 반면 대화 세션 한 차례에서 주고받을 수 있는 문답은 30회로 제한되어있다. Bing을 자주 할수록 Microsoft의 리워드 포인트가 적립되어 한 차례에 주고받을 수 있는 문답횟수가 늘어난다.

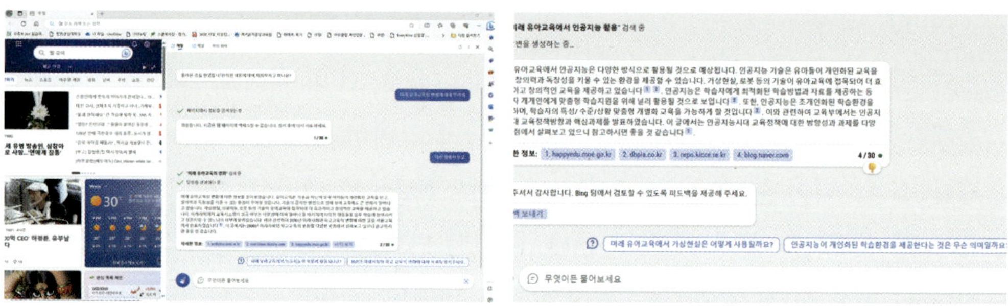

〈그림 3-3〉 Bing의 Ai기반 정보 검색

검색이 끝나면 좀 더 자세한 정보를 생성하기 위한 질문이나 검색 문장을 추천해 주는 것이 특징이며, 프롬프트 창의 렌즈( ) 모양을 클릭하여 이미지를 통한 검색도 가능하다. 생성된 답변에 피드백( )을 보낼 수 있으며, 내용을 복사하거나 내보내기 기능을 사용할 수 있다는 점에서 편리하다.

마이크로소프트의 검색엔진인 Bing에 탑재된 AI 기반 이미지를 생성해 주는 서비스가 있는데 바로 Bing image creator이다. 사용자가 원하는 이미지를 텍스트 형태로 입력하면 AI가 해당하는 이미지를 자동으로 그려준다. 이 서비스는 DALL·E라는 오픈 AI에서 개발한 AI 그림 툴을 기반으로 하여 만들어졌는데 사용자가 입력한 텍스트를 기반으로 AI가 이미지를 4장씩 생성해 주며 사용자는 생성된 이미지중 마음에 드는 그림을 다운로드하여 사용하면 된다. 그림이 마음에 들지 않으면 입력 단어를 바꾸어 다시 생성할 수 있다.

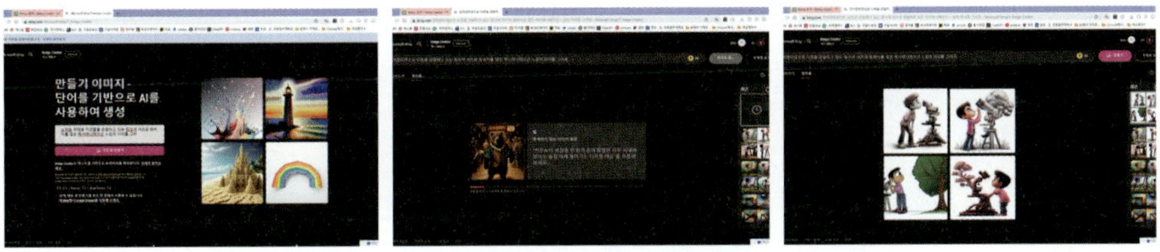


〈그림 3-4〉 Bing image creator의 이미지 생성 과정

### 뤼튼(WRTN)

뤼튼은 리서치부터 문서 작업, 이미지 생성까지 무제한으로 무료 사용이 가능한 플랫폼이다. 키워드를 입력하여 원하는 글과 이미지를 생성할 수 있으며, 한국어에 최적화된 AI 글쓰기 도구이다. GPT4에 API를 연결해 사용하며, 블로그 포스팅에 많이 이용되고 있다. 또한 AI 이미지를 무제한으로 생성할 수 있는데, Bing image creator와 마찬가지로 4장씩 생성해 준다.

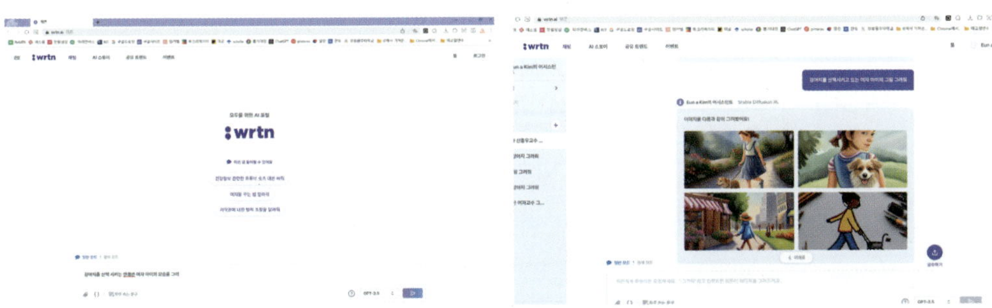


〈그림 3-5〉 WRTN의 이미지 생성

뤼튼은 이미지뿐만 아니라 검색창에 원하는 키워드를 입력하고 이에 관련한 문서를 생성할 수도 있다. 예를 들어 '푸른 바다, 하얀 구름, 시원한 파도가 있는 해변을 걷고 있는 감정을 노래하는 시를 써줘'라고 입력을 하면 키워드를 포함한 시를 생성해 준다.

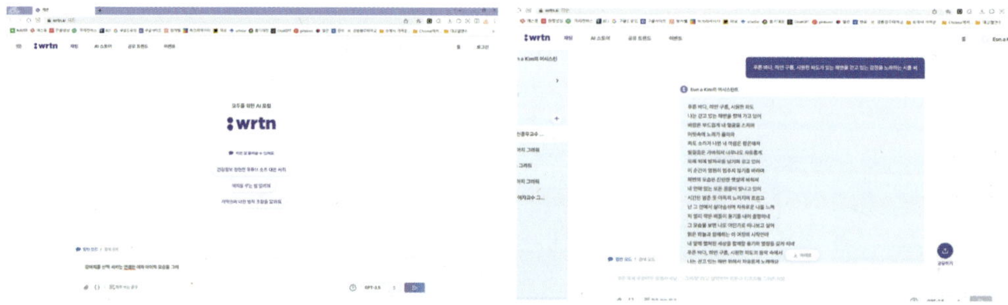

〈그림 3-6〉 WRTN의 문서 생성

### 아숙업(ASKUP)

AskUp은 이미지 내 텍스트를 이해하고 답변하는 AI 챗봇 형태의 카카오톡 채널이다. AskUp은 업스테이지에서 개발한 인공지능 챗봇으로 사용자가 메신저에서 쉽게 이용할 수 있으며, OCR 인식, 이미지 생성 등 다양한 기능을 활용할 수 있다.

OCR 기술은 'Optical Character Recognition'의 약자로, 이미지나 스캔한 문서에서 문자를 인식하여 기계가 읽을 수 있는 텍스트로 변환하는 기술을 의미한다. OCR 기술은 인공지능, 컴퓨터 비전, 패턴 인식 등의 분야에서 연구되고 있으며, 스캔한 문서를 디지털화하여 저장하거나, 신분증이나 여권 등의 공식 문서를 인식하여 정보를 추출하는 등의 다양한 분야에서 활용되고 있다(위키피디아). 최근에는 딥러닝을 이용한 OCR 기술이 발전하면서 더욱 높은 정확도를 보이고 있다.

카카오톡 채널을 추가하면 사용이 가능하다는 접근성과 편리성을 기반으로 출시 12일 만에 이용자 20만명을 돌파하는 인기를 끌고 있다. 또한 한국어 인식이 원활하여 자연스러운 대화를 할 수 있다는 장점을 갖고 있으며, 사용자의 질문에 따라 친구를 사귀듯 점차 성격에 맞는 대화까지 가능하다. 예를 들어 "봄 주말 오후에 할 수 있는 활동 추천해 줘" 라고 입력하면 나들이, 피크닉, 독서 등의 다양한 활동을 제안해 주기도 하고 "오늘 기분이 좋아" 라고 말하면 그 이유를 물어보거나 축하해 주는 등의 피드백을 제공한다.

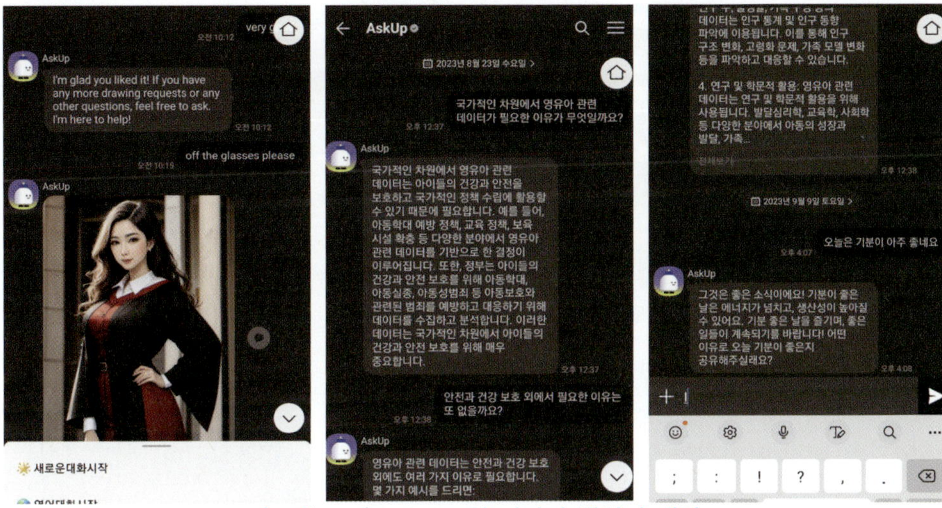


〈그림 3-7〉 ASKUP의 이미지 생성과 대화

### 미드저니(Midjourney)

미드저니(Midjourney)는 마이크로소프트의 검색엔진인 Bing에 탑재된 AI 기반 이미지 생성 서비스로 사용자가 원하는 이미지를 텍스트 형태로 입력하면 AI가 해당하는 이미지를 자동으로 그려주는 서비스이다. 미드저니는 오픈 AI에서 개발한 AI 그림툴인 DALL·E를 기반으로 하여 만들어다. DALL·E는 GPT-3와 같은 초거대 생성 AI (Generative AI) 기술을 활용하여 텍스트를 이미지로 변환하는 기능을 제공한다. 미드저니의 생성 프롬프트는 [캐릭터 설명], [스타일], [의상] 등의 요소로 구성된다. 예를 들어 미드저니 프롬프트창에 'short boy, brown hair, korean, black eyes, pixar styled, multiple expressions and poses, front view, side view, back view, character sheet, blue jean pants, pink t-shirt —ar 16:9'라고 입력하면 다양한 캐릭터 레퍼런스를 생성해 준다. 이렇게 생성된 이미지를 iloveimg와 같은 무료 온라인 크롭 툴을 이용해 이미지를 분리해서 사용할 수 있다(우혁준, 2023).

미드저니에서 생성된 이미지

생성된 이미지 크롭

이미지 출처: 비디오스튜 튜토리얼 블로그: https://url.kr/lop8ht

여기에 배경 이미지를 만들고 캐릭터를 배치하면 그림이 완성된다. 미드저니는 캐릭터 및 배경 이미지를 생성하고 동영상 편집 템플릿을 제공하는 비디오스튜를 활용하여 움직이는 그림책, 애니메이션, 게임 등 다양한 콘텐츠 제작에 활용할 수 있다.

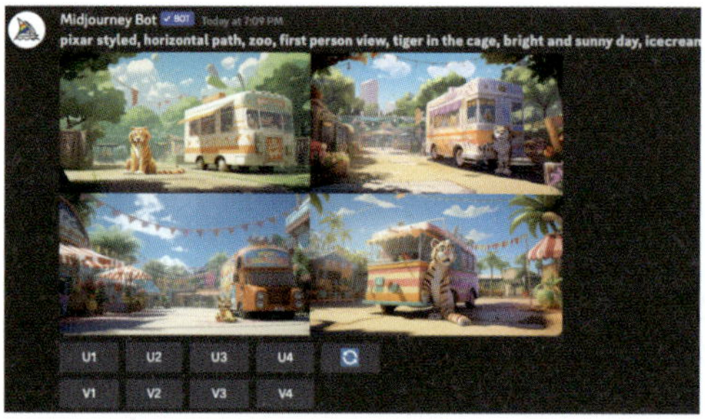


미드저니에서 생성된 배경이미지

비디오스튜를 활용한 동화의 한 장면

이미지 출처: 비디오스튜 튜토리얼 블로그: https://url.kr/lop8ht

### 2) 인공지능의 교육적 활용 방안

인공지능(AI)은 유아교육을 포함한 모든 수준에서 교육에 혁명을 일으킬 수 있는 잠재력을 가지고 있다. AI 기술은 교육 및 학습 경험을 향상하고 개별화된 교육을 할 수 있으며, 교육자와 부모에게 귀중한 통찰력을 제공할 수 있다. 유아교육 측면에서 AI의 교육적 활용에 대한 전망을 선행연구들을 기반으로 정리하면 다음과 같다.

첫째, AI 디지털 교과서로 활용이 가능하다. 2025년부터 인공지능 기술을 적용한 AI 디지털 교과서가 도입될 예정이다. AI 디지털 교과서는 기존의 교과서와 달리 학생 개개인에게 맞춤형 학습 지원을 제공 수 있다.

둘째, 학생 개개인을 위한 맞춤형 학습을 디자인할 수 있다. AI는 학생의 진행 상황에 따라 수업의 난이도와 속도를 조정하는 적응형 학습 플랫폼을 만들 수 있다. 유아교육에서 이는 아이들이 자신의 속도에 맞춰 학습하는 데 도움이 될 수 있으며 필요한 경우 추가 지원을 제공할 수 있다. AI 챗봇은 학생들이 궁금한 내용에 대해 즉각적으로 답변을 받을 수 있는 서비스이다. AI 챗봇은 학생들이 질문한 내용에 대해 정확하고 빠른 답변을 제공함으로써 학생들의 학습 효율성을 높일 수 있다.

셋째, 교사의 교육 활동을 돕는 보조교사 역할을 수행할 수 있다. AI 기반 챗봇과 가상 도우미는 학생들의 질문에 답변하고 안내를 제공할 수 있다. 유아의 경우 이는 읽기, 수학, 심지어 사회 정서적 기술까지 도움을 주는 대화형의 매력적인 캐릭터로 개발할 수 있을 것이다.

넷째, AI는 유아의 수행 데이터를 분석하여 학습 장애 또는 발달 문제의 징후를 조기에 감지할 수 있으며 예를 들어 언어치료 앱에 AI 기능을 탑재한다면 언어 지연을 식별하고 해결하는데 도움이 될 수 있다.

다섯째, AI는 교육자가 대화형 게임, 비디오, 퀴즈 등 연령에 적합한 교육 콘텐츠를 생성하고 큐레이션하는 데 도움을 줄 수 있다.

여섯째, 유아의 행동과 정서적 지원을 할 수 있다. AI는 얼굴 표정과 목소리 톤을 분석하여 아이의 감정 상태를 인식할 수 있다. 이는 유아가 화가 나거나 어려움을 겪을 때 교육자와 부모가 적절한 지원을 제공하는 데 도움이 될 수 있다.

일곱째, 언어 학습 도구로 활용할 수 있다. AI 기반 언어 학습 앱과 게임은 대화형 활동, 음성 인식, 발음 피드백을 통해 모국어나 새로운 언어를 습득하는데 도움을 줄 수 있다.

여덟째, 교사의 연구 및 교수법 개발 등에 활용할 수 있다. AI는 대량의 교육 데이터를 분석하여 추세, 학습 패턴 및 개선 영역을 식별할 수 있다. 분석된 정보는 보다 효과적인 교수법과 커리큘럼 개발에 도움이 될 수 있다.

요약하면, 유아교육 분야의 AI는 맞춤형 학습 경험을 제공하고, 특별한 도움이 필요한 학생을 지원하고, 커리큘럼 자료를 개선하고, 학부모-교사 의사소통을 촉진하는데 활용이 가능할 것으로 기대한다. AI는 많은 이점을 제공할 수 있지만, 어린 학습자의 다재다능한 발전을 보장하기 위해서는 개인 정보 보호 및 윤리적 문제를 고려해야 하며, 발달의 고유성과 적합성을 고려하여 교육의 효율성을 높이는 매체로써 활용되어야 할 것이다.

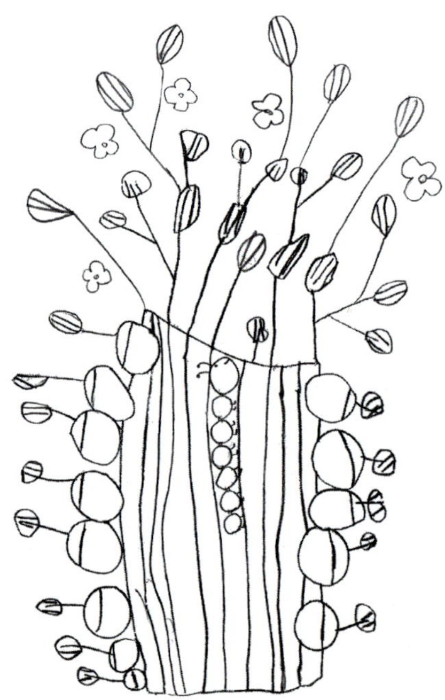

# Chapter 4

## 유아 미디어 안전 교육

# 1. 디지털 세상의 아동권리

디지털 세상의 정보통신 기술은 영·유아를 둘러싼 환경에서 점점 더 보편화되고 삶에서 당연한 것으로 받아들여지고 있다. 모든 아이들이 문화를 이해하기 위해 언어를 읽고 쓸 수 있는 권리가 있는 것처럼 디지털 세상에서 살아가는 아이들은 정보통신 기술과 정보 검색, 공유에 대한 방대한 가능성을 가진 도구로서의 정보통신 도구를 경험해야 한다(Sheridan & Samuelson, 2003). '정보화 시대'의 학습자인 영·유아는 정보를 구성하고 분석하는 기술을 개발할 필요가 있으며(Downes & Fatuoros, 1995), 전자 미디어를 사용하여 주변 환경에 대한 정보, 아이디어 및 감정을 기록하고, 다른 사람과 인터넷에 정보를 공유하는 등 세분화된 미디어 안전 교육이 필요하다.

## 1) 유엔아동권리협약 : 디지털 환경에서의 아동권리

유엔 아동권리위원회는 2021년 2월 4일 '디지털 환경 관련 아동권리에 대한 일반 논평 제25호'를 채택해 어린이들의 권리가 디지털 세상에서도 존중 및 보호 받으며 실현되어야 한다고 권고하였다. 2017년 유니세프 세계아동현황보고서(The State of the Worlds Children)에서 인터넷 이용률을 조사한 결과 전체 인구의 인터넷 이용률 48% 중 아동 이용률이 71%가 된다고 보고하였다(UNICEF, 2022). 또한 COVID-19로 교육기관의 디지털 기술을 활용한 원격 학습 도입은 인터넷 공간에서 아동이 보내는 시간을 증가시키는 결과를 초래하였다(UNICEF, 2022). 인터넷 공간에서 어린이의 미디어 노출 비중이 높아짐에 따라 영 · 유아를 위한 '디지털 안전 교육' 요구가 증가하였고, 디지털 환경에서의 아동권리 중요성이 강조되고 있다.

기존의 유엔아동권리협약에도 미디어 교육 내용이 일부 명시되어 있으나, 4차 산업혁명으로 인한 디지털 환경이 영·유아에게 확장되고 있는 상황에서 기존의 미디어 통신에 대한 내용만으로는 포괄적이라는 점에서 한계점을 지니고 있다.

이에 따라 디지털 기술 혁신이 영·유아에게 선한 영향력을 줄 뿐만 아니라 영·유아가 디지털 기술에 접근할 수 있는 방법적 차원에서 가능케 해야 한다는 내용이 유엔아동권리협약에 새롭게 반영되었다. 디지털 환경에서의 아동권리 내용은 다음 〈표 4-1〉과 같다.

〈표 4-1〉 유엔아동권리협약: 디지털 환경에서의 아동권리

| 디지털 환경에서의 아동권리 |
|---|
| 1. 디지털 공간에서 차별 받지않고 동등한 권리를 누릴 수 있다. |
| 2. 장애를 가진 아동도 디지털을 통한 학습, 소통, 놀이와 휴식 등이 가능해야 한다. |
| 3. 변화하는 시대 속에 필요한 기본적인 디지털 환경을 누릴 수 있어야 한다. |
| 4. 디지털 공간에서 고유한 문화와 언어를 자유롭게 사용할 수 있어야 한다. |
| 5. SNS와 모바일 메시지 등 디지털 공간에서의 사생활은 지켜져야 한다. |
| 6. 디지털 공간에서 각종 나쁜 정보로부터 보호받아야 한다. |
| 7. 각종 디지털 폭력과 범죄로부터 안전할 권리가 있다. |
| 8. 디지털 공간에서 모든 형태의 성 착취와 학대로부터 보호받을 권리가 있다. |
| 9. 아동 발달에 맞는 디지털 교육을 받고 지식과 능력을 키울 수 있어야 한다. |
| 10. 안전한 디지털 활용을 위해 교육받을 권리가 있다. |
| 11. 디지털 공간에서 자신의 정체성을 보호받으며 활동할 권리가 있다. |
| 12. 디지털 공간에서 연령에 맞는 플랫폼과 콘텐츠를 제공 받아야 한다. |
| 13. 아동의 삶에 영향을 미치는 이슈에 대해 디지털 공간에서 의견을 표현해야 한다. |
| 14. 디지털 공간에서의 의견 표현은 다양한 방식(댓글, 게시물 등)을 통해 가능하다. |
| 15. 디지털 공간에서 모임을 만들고 참여할 수 있다. |
| 16. 아동 친화적 디지털 공간을 만드는 일에 아동의 의견을 적극 반영해야 한다. |

출처: 유니세프 〉 유엔아동권리협약 〉 디지털 환경에서의 아동권리

### 2) Common Sense 디지털 시민성 교육

미국 민간단체 Common Sense는 6개 분야로 디지털 시민성 교육 역량을 구성하였다. '사이버 불링 및 혐오 발언', '디지털 발자취 및 정체성', '미디어 균형과 웰빙', '관계 및 의사소통', '개인정보 및 보안' 및 '뉴스와 미디어 리터러시'의 6개

분야이다. 디지털을 이해하고, 기기를 안전하게 이용하는 데 필요한 핵심 교육 역량 6개 요소는 〈표 4-2〉와 같다.

〈표 4-2〉 디지털 시민성 교육 역량 6가지

| | |
|---|---|
| 사이버 불링 및 혐오 발언 | 사이버 불링, 혐오 발언이 무엇인지, 미치는 영향은 무엇인지를 생각할 수 있게 하며 문제 발생 시 해결 방안과 실현하는 방법을 익히며 긍정적인 온라인 공동체 형성에 참여하도록 격려하는 내용이 포함되어 있다. |
| 디지털 발자취 및 정체성 | 아동기에는 정체성 형성 과정 중 하나로 자신을 사이버 공간에서 표현하고자 하는 욕구를 가지고 있다. '디지털 발자취 및 정체성'에서는 자신을 사이버 공간상에 다양하게 표현하는 것이 정체성을 형성하고, 자신의 위치-타인과의 관계에 어떤 영향을 미치는지에 대해 생각하게 하는 역량을 증진 시킬 수 있다. |
| 미디어 균형과 웰빙 | 사이버 공간에서 어린이, 성인 구분 없이 전 세계와 실시간으로 연결되어 있음을 알게 한다. 실시간 연결은 장점도 존재하지만 단점도 존재하는 만큼 사이버상의 위험 상황이 무엇인지를 안내한다. 미디어 균형의 중요성을 인지할 수 있도록 도와준다. |
| 관계 및 의사소통 | 온라인, 오프라인의 경계가 모호해짐에 따라 긍정적 온라인 소통을 위해 내 · 외적 대화 기술을 잘 활용하고, 공동체 형성을 위한 방법에 대해 생각할 수 있도록 돕는 역량이다. |
| 개인정보 및 보안 | 사생활의 개념에 대해 인지하고, 온라인 공간에서 사생활의 범위 등을 알아간다. 타인에게 자신을 나타내는 것은 건강한 활동이지만, 동시에 위험한 상황(사이버 공간 사기, 사생활 노출, ID 및 비밀번호 노출 등)에 노출될 수 있음을 이해하는 역량이다. |
| 뉴스 및 미디어 리터러시 | 뉴스와 미디어가 제공하는 정보를 비판적으로 분석하는 능력을 배우며, 원하는 정보 검색을 하고, 이용하고, 출처 확인을 통한 정보 제공자에 대한 신뢰에 대해 알게 한다. 미디어가 주는 정보가 사실이 아닐 수 있음을 인지하고 왜곡, 고정관념이 포함되어 있음을 알게 하며, 정보의 생산, 소비, 공유의 참여자로 가져야 할 권리와 의무에 대해 배우는 역량이다. |

출처: Common Sense 〉 디지털 기기를 안전하게 사용하는 6가지 역량

6가지 역량을 배울 수 있도록 Common Sense 웹사이트에는 유아부터 고등 3학년에 해당하는 교육내용이 구체적으로 제시되어 있으나, 본 교재에서는 영·유아에게 해당하는 교육 영상 내용만 〈표 4-3〉에서 안내하고자 한다.

〈표 4-3〉 유치원 영역 영상 및 교육내용 안내

<table>
<tr><td>도입 및 안내</td><td>
</td><td>〈미디어 균형의 중요성〉<br>온라인 생활과 오프라인 생활 간의 행복한 균형을 찾는 방법에 대한 영상</td></tr>
<tr><td>미디어 균형과 웰빙</td><td>
</td><td>〈잠시 멈추기〉<br>온라인 활동에서 오프라인 활동으로 전환하기 어려울 때 중단할 수 있는 방법에 대한 영상<br><br>미디어 사용을 중단하고 싶을 때 기술 안내 : 기기 멈추기- 숨을 깊게 쉬기- 마무리하기</td></tr>
<tr><td>개인정보 및 보안</td><td>
</td><td>〈온라인 동네의 안전〉<br>인터넷으로 유아들이 직접 볼 수 없는 장소를 경험하고 방문할 수 있도록 도와주는 영상. 현실 세계를 여행하는 것과 마찬가지로 온라인 세계를 여행할 때 안전하게 여행하며 스스로를 지킬 수 있도록 가상 견학을 경험할 수 있는 영상</td></tr>
</table>

출처: Common Sense 디지털 시민성 교육

## 2. 교육과정에서의 안전 교육

안전에 대한 사회적 관심이 커지고 안전 사각지대 발생을 미연에 방지하는 것의 중요성이 부각되고 있는 지금, 유아부터 고교까지 발달에 따른 전문적인 안전 교육 실행을 위해 통일된 안전 교육 체제 개편의 필요성이 대두되었다. 교육부에서는 2015년 2월, 교육 분야 안전 종합 대책의 일환으로 '학교안전교육 7대 표준안'을 공포함으로써 학교는 학습뿐만 아니라 전인적 교육을 위한 배움터로 가능해져야 함을 강조하였다. 특히 발달적 차원에서 영·유아는 주변 환경에 대한 호기심이 강하고, 운동능력이 미숙한 상태이기 때문에 주변의 위험 상황에 노출될 가능성이 매우 크다.

유아교육기관에서 영·유아가 신체·정신적으로 건강하게 생활하기 위해서 영·유아를 위한 안전한 환경을 조성하고, 적절한 안전 교육을 제공해야 하므로 2019년부터 우리나라에서는 유아교육과정인 '개정누리과정'을 통해 유아를 대상으로 안전 교육을 시행하고 있다.

유아교육기관은 3가지 방법으로 안전 교육을 실시해야 한다. 첫째, 기관장은 운영위원회 심의를 거쳐 시행연도 2월 말까지 학교 안전사고 예방 학교계획을 수립해야 한다. 학교 안전사고 예방 등에 관한 안전 교육을 영·유아에게 실시하고 교육결과를 학기별로 보고해야 한다. 담당 학급 교사는 영·유아 발달 수준을 고려하여 안전 교육을 실행하고, 역할극, 프로젝트 학습 등 안전 교육 내용을 숙지할 수 있도록 영·유아를 위한 참여 수업을 진행해야 한다. 또한, 교사는 영·유아가 안전 교육을 체험할 수 있도록 현장 체험학습을 계획하고, 가정과 연계하여 일상생활에서 반복 지도를 할 필요가 있다. 생활습관처럼 안전 교육을 지도하여 영·유아가 안전 교육을 내면화할 수 있도록 반복 지도해야 한다. 둘째, 기관장은 교직원을 대상으로 안전사고 법규에 따라 규정된 안전 교육을 시행해야 한다. 셋째, 안전 교육은 내용에 따라 전문교육기관 및 단체에 위탁할 수 있다.

'학교 안전 교육 실시 기준 등에 관한 고시 개정안'에 따르면 학교 안전 교육 7대 영역에 해당하는 것은 〈표 4-4〉와 같다.

〈표 4-4〉 유치원 안전교육 실시 현황

(단위 : 단위 활동, 차시)

| 7대 표준 | 유치원 안전 교육 실시 현황 | | | | | | |
|---|---|---|---|---|---|---|---|
| | 생활 안전 | 교통 안전 | 폭력예방 및 신변보호 | 약물 및 사이버 중독 예방 | 재난 안전 | 직업 안전 | 응급 처치 |
| 시간/횟수 | 12시간/학기2 | 11시간/학기3 | 8시간/학기2 | 10시간/학기2 | 6시간/학기2 | 2시간/학기1 | 2시간/학기1 |
| 총 교육 시간 | 51시간 이상 | | | | | | |

출처: 교육부 고시 제 2019-214호

안전 교육 내용 및 방법에 관련한 〈표 4-5〉는 아래에 제시되어 있다. 그 중 교육부에서 제시한 학교 안전교육 7대 표준안 중 '약물 및 사이버 중독 예방' 영역이 유아 미디어 안전 교육 부분에 해당한다고 볼 수 있다.

〈표 4-5〉 학교 안전 교육 유치원 교육내용 및 방법

| 7대 표준 | 생활안전 | | | | | | |
|---|---|---|---|---|---|---|---|
| | 생활안전 | 교통안전 | 폭력예방 및 신변보호 | 약물 및 사이버 중독예방 | 재난안전 | 직업안전 | 응급처치 |
| 교육내용 | 교실, 가정, 등·하굣길에서 안전하게 생활하기<br><br>안전한 장소를 알고 안전하게 놀이하기<br><br>놀이기구나 놀잇감, 도구의 바른 사용법을 알고 안전하게 사용하기<br><br>실종, 유괴 미아 상황 알고 도움 요청하기<br><br>몸에 좋은 음식, 나쁜 음식 알기 | 표지판 및 신호등의 의미 등 교통안전 규칙 알고 지키기<br><br>안전한 도로 횡단법 알기<br><br>어른과 손 잡고 걷기<br><br>교통수단(자전거, 통학버스 등) 안전하게 이용하기 | 내 몸의 소중함과 정확한 명칭 알기<br><br>좋은 느낌과 싫은 느낌 알기<br><br>폭력 예방 및 대처 방법 알기 | 올바른 약물 사용법 알기<br><br>생활주변의 해로운 약물 · 화학제품 만지거나 먹지 않기<br><br>TV, 인터넷, 통신기기(스마트 폰 등) 등의 중독 위해성을 알고 바르게 사용하기 | 화재의 원인과 예방법 알기<br><br>화재 발생 시 유의 사항 및 대처법 알기<br><br>각종 자연재난 및 사고 적절하게 대처하는 방법 알기<br><br>각종 재난 유형별 대비 훈련 실시 | 일터 안전의 중요성 및 안전을 위해 지켜야 할 일 알기<br><br>일터 안전 시설 현장 체험하기 | 응급상황 알기 및 도움 요청하기<br><br>119 신고와 주변에 알리기<br><br>손씻기와 소독하기 등 청결 유지하기<br><br>상황별 응급 처치방법 알기 |
| 교육방법 | • 유아 발달 수준을 고려한 전문가 또는 교원 설명<br>• 유아 참여 수업방법 연계 적용(예시 : 역할극, 프로젝트 학습, 플립러닝 등)<br>• 교내외 체험교육 또는 현장학습<br>• 일상생활을 통한 반복지도 및 부모교육 연계 | | | | | | |



출처: 교육부 고시 제 2019-214호

미디어 안전 교육은 '약물 및 사이버 중독 예방'과 관련하여 미디어 기기의 중독 위해성을 알고 바르게 사용하는 부분을 강조하고 있다. 사이버 중독 예방뿐만 아니라 사이버 불링, 사이버공간 예절, 초상권, 미디어 기기 사용법 등 확장된 미디어 안전 교육이 필요하다. 다음 장에서는 미디어 건강편, 미디어 권리편, 미디어 보안편, 미디어 커뮤니티편으로 세분화하여 미디어 안전 교육을 안내하고자 한다.

## 3. 유아 미디어 안전 교육의 실제

### ■ 미디어 안전 교육 구성

유아는 '건강하고, 안전하고, 즐겁게' 미디어를 사용할 수 있어야 한다. 이를 위한 유아 미디어 안전교육은 〈표 4-6〉에 총 4가지로 구성되어 있다.

〈표 4-6〉 미디어 안전 교육 구성내용

| 미디어 건강편 (Media Health) | 미디어 권리편 (Media Rights) | 미디어 보안편 (Media Security) | 미디어 커뮤니티편 (Media community) |
|---|---|---|---|
| • 수면 전 미디어<br>• 미디어기기 바른 자세로 사용하기<br>• 식사 시간과 미디어 | • 인터넷 정보 검색 기능<br>• 언론의 자유, 디지털<br>• 시민으로 지켜야 하는 책임감<br>• 개인정보 보호<br>• 초상권 보호<br>• 저작권 보호<br>• 미디어 사용 규칙 | • 사이버 세상 속의 사람들<br>• 미디어 기기 비밀번호 중요성<br>• 사이버 폭력<br>• 미디어 기기를 안전하게 지키려면? | • 소셜 네트워크 커뮤니티<br>• 게임 커뮤니티<br>• 미디어 속에서 정확한 정보 찾아내기 |

첫째, 미디어 건강편은 수면, 바른 자세, 식사시간과 관련하여 미디어를 건강하게 사용하기 위한 장이다. 둘째, 미디어 권리편은 미디어 공간에서 정보 검색, 인

터넷을 사용할 때 지켜야 하는 규칙과 더불어 스스로를 지킬 수 있는 자격이나 권리를 알아보는 장이다. 셋째, 미디어 보안편은 미디어 세상에서의 안녕과 질서를 유지하기 위한 안전 방법과 관련된 장이다. 넷째, 미디어 커뮤니티편에서는 SNS, 게임, 정확한 정보 파악 등 새롭게 조성된 미디어 커뮤니티 공간에 대한 안전 정보를 알아보는 장이다.

각 장에서는 내용에 대한 설명과 함께 현장에서 활용 가능한 활동 계획안 및 교사/부모용 참고자료가 제시되어 있다.

| 안전 교육 내용 | 안전 교육 활동 계획안 | 교사/부모용TIP |
| --- | --- | --- |
| 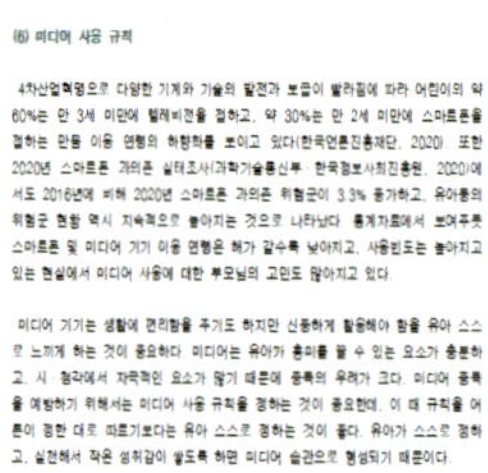 | 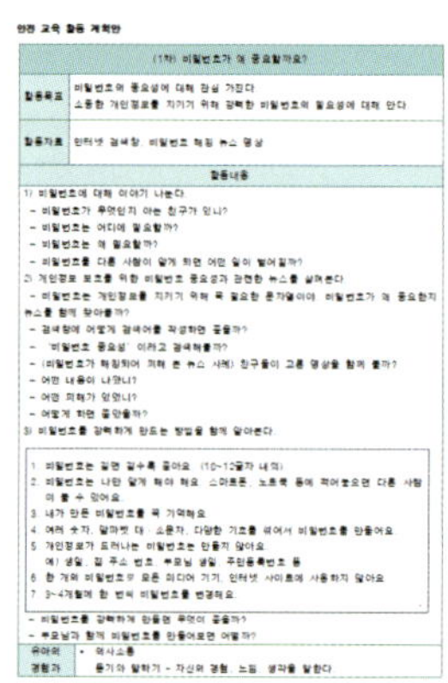 |  |

## 1) 미디어 건강편(Media Health) : 디지털의 빛과 그림자

### (1) 수면 전 미디어

다양한 미디어 기기는 짧은 파장이나 블루라이트를 방출하기 때문에 자연적인 수면과 기상 주기에 영향을 미친다. 6~12세 아동이 건강하게 성장하기 위해서는 9~12시간의 규칙적인 수면 시간이 필수적이다. 규칙적인 수면 주기는 기억력, 정서 조절력, 주의력, 학습 태도, 성장호르몬 촉진, 스트레스 해소, 낮 동안 손상된 중추 신경계 회복 등에 긍정적인 영향을 미친다. 반면, 수면 시간이 부족하면 뇌뿐만 아니라 생식기관, 면역력에 해로운 영향을 미치게 된다.

〈그림 4-1〉 수면의 긍정적 효과

잠을 생성하는 뇌의 영역은 태어나기 전에 대부분 형성이 되어 자리 잡게 되지만, 하루 주기 리듬을 조절하는 '시교차상핵'은 영·유아가 발달함에 따라 시간이 걸려 자리 잡게 된다(Mattew, 2019). 생후 3~4개월쯤 햇빛, 환경, 기온 등 반복적인 일과 활동으로 인해 몸의 자극과 시교차상핵이 연동되면 아기는 비로소 하루 주기 리듬에 따라 몸을 통제받고 컨디션을 유지하게 된다. 하루 주기 리듬이 더욱 발달하게 되는 첫 돌 이후가 되면 시교차상핵 시계는 정교화된다. 밤낮을 가리지 않고 자던 영아기의 패턴이 깨지면서 첫 돌 이후의 아기는 점차 하루 주기 리듬이 정상화가 되어 영·유아의 수면 패턴을 결정하는데 중요 역할을 맡게 된다(Mattew, 2019). 즉, 하루를 주기로 돌아가는 생체 시계의 하루 주기 리듬은 영·유아의 컨디션에 직접적인 영향을 주게 된다. 빛은 몸에 신호로 작용하게 되는데, 미디어 기기 화면의 블루라이트를 계속 접하게 되면 생체 시계를 조절하는 시교차상핵이 영향을 받게 된다.

시교차상핵은 블루라이트 빛 자극이 줄어들게 되면 수면을 돕는 멜라토닌 호르몬을 분비하는데, 블루라이트 자극이 밤에 지속되면 몸의 신호는 빛 자극을 받는다고 착각하여 멜라토닌이 분비되지 않아 수면 리듬이 깨지게 된다. 또한 위험에 대처하는 역할을 하는 교감신경계가 활성화되면서 몸이 지나치게 긴장되어 있어 심리·생리적 각성상태를 유지하기 때문에 수면 시간이 줄게 되는 결과를 초래한다.

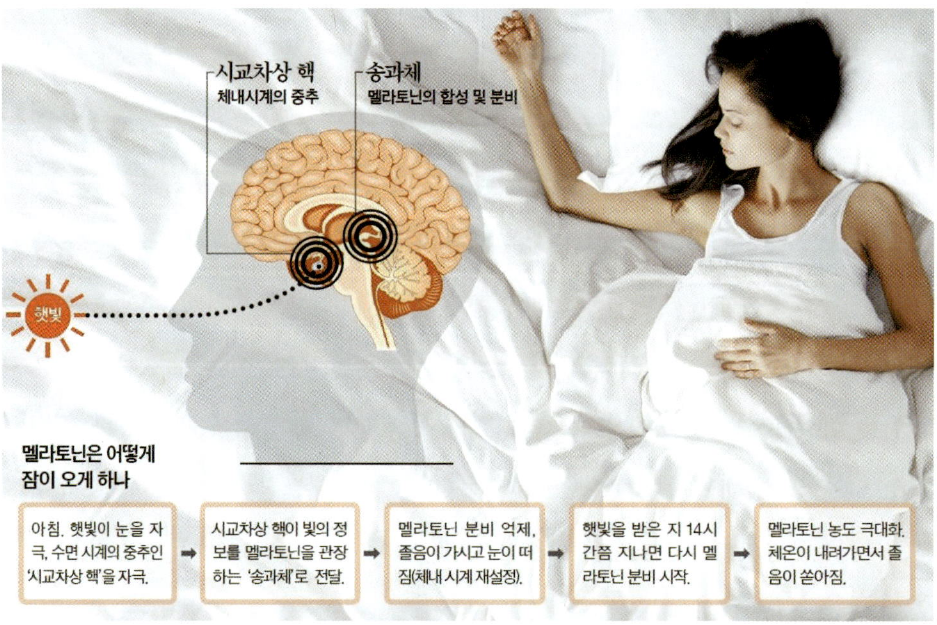


〈그림 4-2〉 멜라토닌과 잠의 관계

출처: 중앙일보 〉 잠 못자면, 고혈압·당뇨병 악화... 햇빛 쬐고 멜라토닌 복용(https://bit.ly/3GwECNl)

학령 아동과 청소년의 수면 패턴을 조사한 연구에서 미디어 기기 화면에 노출된 시간이 많아질수록 수면 시간이 단축된다는 연관성을 밝힌 결과가 나왔다(Hale & Guan, 2015). 그러나 이러한 연구는 수면 시간과 스크린 타임을 정확하게 측정하는 데에 한계점이 있지만 스크린 타임을 수면 시간 전에는 줄여야 함을 강조하는 것에 의의가 있다. 영·유아의 발달 및 컨디션에 영향을 주는 수면 시간을 지키기 위해 영·유아와 함께 약속을 정하는 것이 바람직하다. 예를 들어 취침 1시간 전에는 미디어 기기를 제한하거나, 블루라이트 차단 안경 보호장비를 제공하거나, 블루라이트 차단 설정을 활성화하는 것, 수면 환경에서 빛과 소음을 제거하기 등으로 질 높은 수면을 위해 영·유아와 함께 약속을 정하는 것이 바람직하다.

수면은 영·유아들의 건강과 밀접한 관련이 있으므로, 수면을 위한 TIP이 〈표 4-7〉에 소개되어 있다. 영·유아가 편안한 정신과 신체를 유지하는 방법을 실천하고, 스마트 폰 및 미디어 기기를 수면 시간 전에 이용하는 것을 제한하여 규칙적인 수면으로 건강한 하루 주기 리듬을 찾아갈 수 있도록 성인의 적절한 안내가 필요하다.

〈표 4-7〉 건강한 수면을 위한 TIP

건강한 수면을 위한 TIP

① 취침 1시간 전에는 스마트 폰, TV를 사용하지 않아요.
② 잠자리에 드는 시간과 일어나는 시간을 규칙적으로 지켜요.
③ 낮 동안 1시간 이상 신체 운동을 해요.
④ 잠자기 4시간 전에는 과도한 운동을 하지 않아요.
⑤ 낮잠은 가능하면 피하고 자더라도 짧게 자요.
⑥ 잠자리에 들기 전 과식하지 않아요.

### (2) 미디어 기기 바른 자세로 사용하기

최근 스마트 폰/패드, TV 등의 미디어 기기를 사용하는 연령이 낮아짐에 따라 VDT 증후군, 안구건조증, 시력 저하, 척추측만증, 소음성 난청 등의 건강 위험 신호가 영·유아들에게 나타나고 있다. 특히 미디어 기기 사용 시 바른 자세는 중요하다. 허리를 세우고, 바른 자세를 유지하면 자신감을 높여주는 호르몬인 테스토스테론이 20% 증가하며 스트레스 호르몬인 코르티솔이 20% 감소하기 때문이다(Amy, 2012). 또한 바르게 앉아 있는 것은 구부정할 때보다 에너지 감소를 줄이고, 기분이 침체되는 것을 예방하는 효과가 있다(브레인기자, 2019).

바르게 앉을 수 있도록 도움을 주는 스트레칭은 자세 교정뿐만 아니라 에너지 상승을 통한 정서 발달에 도움을 주기 때문에 유아와 활동하기 적합하다. 적절한 신체 활동을 통해 에너지가 상승하게 되면, 부정적인 감정은 발산하고 즐거움, 행복 등 긍정적인 감정으로 대체하는 데 도움을 주게 된다. 특히 영·유아기부터 시작된 바른 자세는 학령기에도 영향을 미치며, 자세를 바르게 하는 것만으로 집중력 향상에 도움을 준다. 샌프란시스코 주립대 연구에 따르면 구부정한 자세를 취하면 폐가 압축되어 폐의 용량이 최대 30%까지 감소하는데, 폐가 압축되면 몸속 공기 순환이 뇌까지 가는 것을 저지하여 집중력과 자신감을 저하시킨다는 연구가 나왔다(유대형, 2020).

잘못된 자세는 우리 몸의 중심인 척추의 변형과 중심 근육을 약하게 만든다. 척추와 중심 근육은 발달과정에서 중력이라는 항시 자극에 저항하여 발달하게 되는데 중심 근육에는 관절 수용체, 감각 수용체, 근육 수용체 등 70%의 수용체가 집중되어 있다(조명선, 2013). 수용체는 몸의 끝에서 오는 자극에 대한 정보를 뇌로 전달하는 역할을 하는데 잘못된 자세를 오랫동안 유지할 경우 및 중심축인 척추가 변형되고 중심 근육의 수용체가 약해질 경우 정보 자극이 뇌에 잘못 전달되거나, 뇌에 전달되는 자극이 줄어들게 될 가능성이 커지게 된다(조명선, 2013). 바른 자세를 취하는 것은 실제 뇌가 더 잘 기능하는 데 도움이 되어 명확한 인지적 사고능력 향상에 도움을 준다.

바르지 못한 자세는 어른보다 영·유아에게 더 큰 영향을 주게 된다. 성장기 영·유아들은 잘못된 자세로 인해 쉽게 몸의 형태가 변형되기 때문에 교사 및 부모는 평소 영·유아가 미디어 기기를 사용할 때 잘 살펴보고 도와주는 것이 필요하다. 미디어 기기를 사용할 때 바른 자세를 가질 수 있도록 〈표 4-8〉 안전 교육 활동 계획안을 소개하고자 한다.

〈표 4-8〉 안전 교육 활동 계획안

<table>
<tr><th colspan="4">미디어 기기 사용 시, 바른 자세를 위한 운동</th></tr>
<tr><td>활동유형</td><td>대집단활동(신체표현)</td><td>대상연령</td><td>만 5세</td></tr>
<tr><td>활동목표</td><td colspan="3">• 미디어 기기 사용 시, 바른 자세의 중요성에 대해 관심 가진다.<br>• 바른 자세를 위한 운동 방법을 안다.<br>• 바른 자세 운동을 통해 바른 자세를 가질 수 있도록 노력한다.</td></tr>
<tr><td>유아의 경험과 배움</td><td colspan="3">• 예술경험<br>창의적으로 표현하기 - 노래를 즐겨 부른다.<br>• 신체운동 · 건강<br>안전하게 생활하기 - TV, 컴퓨터, 스마트 폰 등을 바르게 사용한다.<br>신체 활동 즐기기 - 신체를 인식하고 움직인다.</td></tr>
<tr><td rowspan="2">활동자료</td><td colspan="3">컴퓨터, TV 화면, 영상 자료</td></tr>
<tr><td colspan="2">

출처: 유튜브 〉 유아 스마트 폰 과의존 예방교육 온라인 콘텐츠<br>https://bit.ly/3Vl9znc. 2022.9.5. 추출</td><td>※ 자료 다운로드<br>QR 코드</td></tr>
</table>

| 활동내용 |
|---|
| 1) 미디어 기기를 사용하는 올바른 자세와 관련한 퀴즈를 푼다.<br>- 미디어 기기를 사용할 때 올바른 자세가 아닌 것은 무엇이니?<br>- 미디어 기기를 사용할 때 올바른 자세가 무엇이 있을까?<br><br>2) 올바른 자세의 중요성에 관해 이야기 나눈다.<br>- 올바른 자세로 미디어 기기를 사용하는 것이 왜 중요할까?<br>- 올바른 자세로 미디어 기기를 사용하면 우리 몸의 어느 부분이 건강해질까?<br><br>3) 바른 자세를 위한 영상 체조를 소개한다.<br>- 바른 자세를 가질 수 있도록 돕는 영상을 하나 가지고 왔단다.<br>- (영상을 시청한다.) 영상을 따라해 볼 수 있겠니?<br>- 영상을 보며 체조를 함께 해 볼까?<br><br>4) 사후활동<br>- 영상 체조를 틈틈이 할 수 있도록 컴퓨터 영역에 비치한다.<br>- 천사 날개 운동법도 함께 하여 바른 자세를 가질 수 있도록 안내한다. |

**교사를 위한 TIP 「VDT 증후군 예방법」**

① 스마트 폰, 모니터 등 화면과 눈의 수평 맞추기
② 화면과 눈의 거리는 30cm 이상 유지하기
③ 스마트 폰은 15분 사용 후 2~3분간 휴식
④ 컴퓨터 및 노트북은 50분 사용 후 10분 휴식
⑤ 휴식 때 스트레칭 및 눈을 감거나 먼 곳 보기
⑥ 키보드, 마우스 사용 시 손목 꺾임에 주의하기

### (3) 식사 시간과 미디어 기기

일상생활 속에서 가족들과 함께 시간을 보내는 것은 가족 간의 친밀감을 형성하고, 애정표현의 기회를 증대시키면서 가족 구성원 간의 결속력을 높이는 데 긍정적인 영향을 미친다(유계숙 외, 2011). 가족 식사는 가족이 함께하는 기본적인 행위이기 때문에 자녀는 가족 식사를 통해 부모로부터 전통을 배우고 모델링하는 기회를 가지며, 바른 인성을 함양하는 기반이 된다(서울대학교 학부모정책연구센터, 2012). 특히 영·유아기는 신체적으로 발달이 급격하게 일어나는 시기이기 때문에 균형 잡힌 영양 공급은 성장 발달을 위해 중요하며 영·유아기에 형성된 올바른 식습관은 일생을 통해 쉽게 바뀌지 않으므로 식품과 영양에 대한 올바른 이해와 식생활 태도가 필요하다.

최근 스마트 폰 사용이 길어짐에 따라 식사를 거르게 되고, 불규칙적인 식사 습관이 증가하는 문제가 대두되고 있다. 식사 시간에 스마트 폰을 사용하면 식사에 집중하지 못하기 때문에 얼마나 먹는지를 파악하지 못하는 단점이 있다. 미국 오하이오주립대 연구에 따르면 스마트 폰은 TV 보다 터치 등 조작이 더 필요하기 때문에 집중이 분산되어 음식 섭취량이 실제 10% 증가한다는 연구 결과를 보고하였다(이보람, 2018).

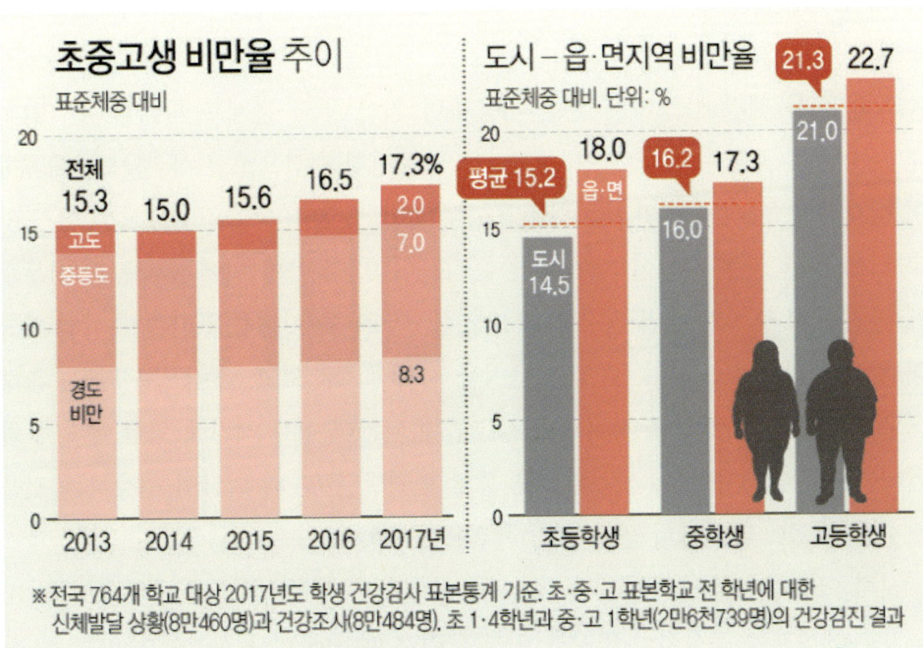


〈그림 4-3〉 소아청소년 비만율

출처: 경향신문 〉 초중고생 갈수록 뚱뚱해진다...고도비만 첫 2%, 농어촌 비만율 높아(https://bit.ly/3HXJxHA)

교육부의 '2019년도 학생 건강검사 표본통계'에 따르면 초·중·고 학생 중 과체중 이상의 비율이 25.8%로 학생 4명 중 1명은 정상 범위를 벗어난 것으로 나타났으며, 비만율도 2017년 13.6%에서 2019년 15.1%로 증가하였다(이수용, 2021). 또한 보건복지부 '2018년 아동실태 조사'에 따르면 국내 아동 비만율은 2008년 11.2%에서 2017년 17.3%로 증가한 추세이며 10명 중 2명이 비만에 해당한다고 보고하였다(손인규, 2019).

성장기 비만의 경우 체중을 감소하여도 세포 수가 증가했기 때문에 지방 세포 크기는 감소해도 세포의 수는 줄지 않아 성인 비만으로 이어질 가능성이 높으며, 심장질환, 고혈압, 대사증후군과 같은 질환 이환율이 증가하게 된다(Knittle, 1970; Hirsch & Knittle, 1970; 남현정, 2014 재인용). 소아 비만은 복합적인 원인이 있지만 소아·청소년 과체중군과 정산 군을 비교했을 때 기름진 음식 선호도, 폭식 습관, 배부를 때까지 먹는 습관, 식욕, 좌식생활(TV, 스마트 폰/패드 등 미디어 기기 이용)이 비만을 초래하는 중요 원인으로 나타났으며 미디어 기기를 2시간 이상 사용했을 때 비만 위험도가 높았다는 결과를 나타냈다(Seo et al., 2008; 남현정, 2014 재인용).

또한 식사 시간에 스마트 폰을 사용하면 치아 우식 문제도 나타날 수 있다. 영·유아에게 스마트 폰을 보여 줄 경우, 영상 시청 시간으로 식사 시간을 대체하여 생각하고, 음식의 본연 맛보다는 시청각적인 자극에 매료되어 음식을 씹지 않고 입에 넣고 있는 시간이 지연된다. 음식물이 영·유아의 입에 오랫동안 머무르게 되면 조기 충치가 생겨 건강에 좋지 않다. 영·유아는 식사를 하며 음식의 본연의 맛을 미각으로 느끼며, 다양한 음식을 시각적으로 보고, 후각으로 맡고, 촉각으로 느끼며 오감 발달을 자극하며 성장하게 되는데 식사 시간에 영상 매체에 몰입하는 것은 영·유아의 오감 발달을 통한 인지발달 및 뇌 발달이 성장하는 것을 저지할 수 있어서 자제할 필요가 있다(김용민, 2020).

시력 이상, 아토피, 알레르기 질환 등 스마트 폰 사용으로 불균형한 식사가 지속될수록 신체에 부정적인 영향을 미치게 되기 때문에 식사 시간에 스마트 폰 사용보다는 가족과의 대화 시간을 가지는 것이 중요하다.

식사 시간에 가족 대화를 이끄는 밥상머리 교육 효과는 다양한 연구 결과를 통해 입증되었다. 하버드대 연구에 따르면 만 3세 유아는 독서를 통해 140개의 단어를 익힐 수 있지만, 가족 식사를 통해서는 1,000개를 익힐 수 있는 것으로 나타났으며, 미네소타대 연구에 따르면 가족 식사를 많이 한 학생일수록 과도한 다이어트 비율이나 폭식 습관이 줄고, 칼슘·섬유소가 풍부한 음식 등 성장에 필요한 주요 영양소를 섭취할 비율이 큰 것으로 나타나고 있다(김기환, 신진호, 2014).

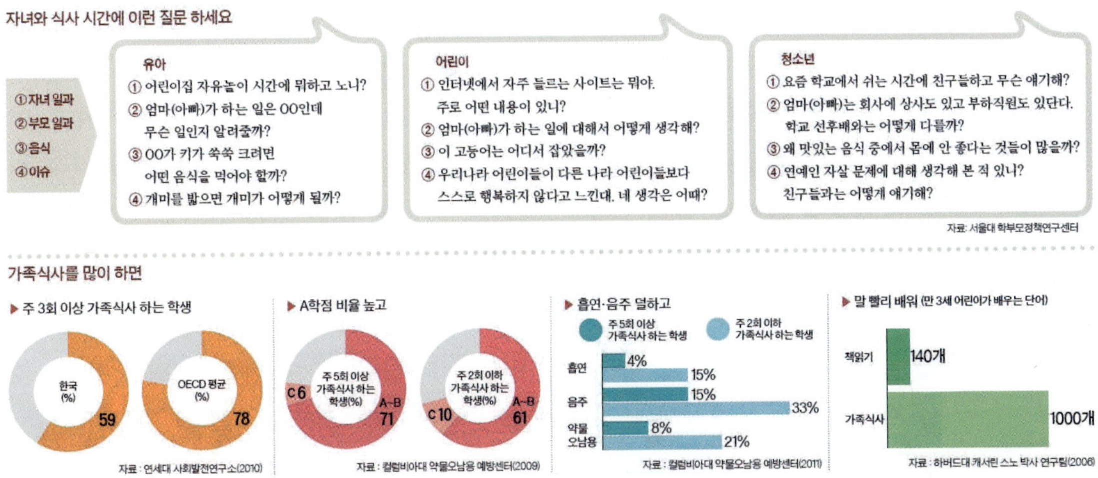


〈그림 4-4〉 가족 식사에 대한 조사결과

출처: 가족식사를 많이 하면 (https://bit.ly/3QeKTBt)

## 2) 권리 규칙편

### (1) 인터넷 정보 검색 기능

우리는 미디어의 다양한 정보를 처리하는 데 있어서 세 가지 정보 처리 업무 수행을 통해 정보를 받아들이고 있다. 미디어 속 정보를 접하고, 정보를 필터링하여 필요한 정보와 필요 없는 정보가 무엇인지를 파악하고 받아들일 최종 정보를 결정하게 된다(James, 2020).

정보에 대한 경험치가 낮은 사람들은 정보 신뢰성 및 출처 파악, 메시지 이해 등에 있어 어려움을 겪는다. 영·유아들은 삶에서 일어나는 일이나 경험을 지식 구조로 발전시키기 위한 시간적 투자가 어른보다 적기 때문에 정확한 정보를 받아들이고, 세상을 바라보는 관점이 체계화되어있지 않다. 도르(Dorr, 1986)는 더 지식이 많은 시청자들이 정확한 정보가 아니라고 생각하는 프로그램 내용도 아이들은 정확한 '정보'로 받아들일 수 있다고 하였는데, 이는 영·유아들이 정보에 대한 많은 경험을 통해 수행능력을 기르고 미디어에 대한 지식 구조를 개발할 필요성을 시사한다.

이야기 스키마가 발달된 유아는 그렇지 않은 유아보다 교육 내용과 정보 파악을 이야기 속에서 잘 파악한다는 연구 결과(Piotrowski, 2014)처럼 미디어 메시지와 정보에 대한 노출의 빈도를 증가시킬수록 미디어에서 필요한 정보를 필터링할 수 있고, 미디어를 이해하는 데 필요한 구조와 스키마를 발달시킬 수 있다(Poter, 2020).

미디어를 이해하고, 다양한 정보 필터링을 기르기 위해서 미디어에 대한 경험을 제공해야 한다. 첫 단계는 유아들의 호기심을 해결하기 위해 미디어를 활용하여 검색을 할 수 있다는 것을 알려주는 것이다. 디지털 환경 속에 살아가는 유아들에게 검색방법, 원하는 정보를 정확하게 얻을 수 있는 방법, 찾은 정보 중에서 적절한 정보를 선택하는 방법, 관련 검색어를 색출하는 방법 등 정보 처리 관련 교육이 필요하다. 한글에 익숙하지 않은 영·유아들은 음성 검색 기능을 활용하는 것도 좋은 방법이다.

유아가 자신에게 필요한 정보를 검색해 보는 활동을 통해 정보를 선별하는 경험을 제공하기 위한 활동을 제시하면 〈표 4-9〉과 같다. 이러한 활동을 통해 유아는 올바른 정보를 선별해 내는 역량을 함양시킬 수 있다. 미디어를 무조건 막기보다는 유아들과 안전하게 사용할 수 있는 방법이 무엇일지 함께 생각해 보자.

〈표 4-9〉 안전 교육 활동 계획안

<table>
<tr><th colspan="4">검색기능 활용해서 올바른 정보 찾기</th></tr>
<tr><td>활동유형</td><td>자유선택활동</td><td>대상연령</td><td>만 5세</td></tr>
<tr><td>활동목표</td><td colspan="3">• 인터넷을 통해 다양한 정보를 찾을 수 있음을 안다.<br>• 검색창에서 검색어를 검색할 수 있다.<br>• 나에게 알맞은 올바른 정보를 찾고 친구들에게 소개하는 것을 즐긴다.</td></tr>
<tr><td>유아의 경험과 배움</td><td colspan="3">• 의사소통<br>듣기와 말하기 - 상황에 적절한 단어를 사용하여 말한다.<br>• 자연탐구<br>생활 속에서 탐구하기 - 도구와 기계에 대해 관심을 가진다.<br>탐구 과정 즐기기 - 궁금한 것을 탐구하는 과정에 즐겁게 참여한다.<br>• 신체운동건강<br>안전하게 생활하기 - TV, 컴퓨터, 스마트 폰 등을 바르게 사용한다.</td></tr>
<tr><td>활동자료</td><td colspan="3">컴퓨터 인터넷 검색창, TV 화면</td></tr>
<tr><th colspan="4">활동내용</th></tr>
<tr><td colspan="4">1) 정보를 알아보기 위한 방법에 대해 이야기 나눈다.<br>- 등원할 때 날씨가 어땠니?<br>- 바깥 놀이터를 나갈 때 날씨를 알아보려면 어떻게 해야 할까?<br>- 어디에서 정보를 찾을 수 있을까?<br>- 정보를 얻을 수 있는 미디어 기기는 무엇이 있을까?<br>(TV, 라디오, 검색 포털, 정보책 등 다양한 방법을 활용하여 정보를 찾을 수 있음을 안내한다.)<br>- 인터넷에서 뉴스 정보를 검색하는 곳은 어디일까?<br><br>2) 검색 포털을 통한 키워드 입력 방법을 알아본다.<br>- 검색 포털을 이용하여 정보를 검색해 본 적이 있니?<br>- 어떻게 하는 지 친구에게 소개해줄 수 있을까?<br>- 검색포털(구글, 네이버, 다음 등)에 어떻게 들어갈 수 있을까?<br>- 검색포털에 들어가면 어디에 검색을 하면 될까?<br>- 검색창에 어떤 검색어를 적으면 될까?</td></tr>
</table>

3) 검색창에 검색어를 적는 시간을 가진다.
- 검색창에 직접 검색어를 적어보렴.
- 어려운 친구들은 음성 검색 기능을 활용해서 검색해보자.

4) 많은 검색 결과 중 자신에게 맞는 정보를 찾는 연습을 한다.
- 검색어를 치니까 정보들이 나왔니?
- 여러 개의 정보 중에서 어떤 정보를 선택하고 싶니?
- 왜 그 정보를 선택해야 한다고 생각했니?
- 검색어를 잘못 치면 어떻게 될까?

5) 내가 찾은 정보를 친구들에게 소개하는 시간을 가진다.
- 친구들에게 알려주고 싶은 정보가 있니?
- 내가 찾을 정보를 소개해주자.

교사는 검색포털에 익숙하지 않은 유아들을 위해 자유 놀이 시간을 이용하여 검색 방법에 익숙해 질 수 있도록 지원해야 한다. 사용하지 않는 컴퓨터 자판기를 언어 영역에 두어 타자 연습기회를 주거나, 검색하고 싶은 정보의 단어를 적어보는 활동지 제시를 통해 검색포털에 익숙해 질 수 있는 시간을 충분히 주는 것이 좋다.

### (2) 언론의 자유, 디지털 시민으로 지켜야 하는 책임감

> "모든 사람은 의견과 표현의 자유에 관한 권리를 가진다. 이 권리는 간섭받지 않고 의견을 가질 자유와 모든 매체를 통하여 국경에 관계 없이 정보와 사상을 구하고, 받고, 전달하는 자유를 포함 한다."
>
> - 1948년 세계인권선언 제 19조(위키디피아, 2022) -

이전에는 국가와 사회가 경제적 성장, 재화의 확대를 목적으로 하는 행정 체계를 바탕으로 발달된 반면 오늘날의 시민 사회는 다양성을 존중하고, 시장 개혁, 환경, 인권 등 다양한 의견이나 판단을 존중하여 공동체 사회를 만드는 것을 목적으로 하고 있다(이서윤, 2020). 이는 개방적이고 자발적인 참여와 그에 따른 책임성을 지닌 시민 역량을 강조하는 시민–시장–국가의 모델인 '헤테라키 민주주의(Heterarchy democracy)'(임현백, 송경재, 장우영, 2017; 이서윤, 2020 재인용)의 가능성을 보여주는데, 헤타라키 민주주의는 ICT를 소통 수단으로 활용하여 시민–시장–국가 간의 소통을 활발히 하고, 시민들의 참여를 확장하는 차세대 민주주의이다.

디지털 시대에 빅데이터 정보를 기반 한 네트워크를 통한 소통은 일상적이고, 디지털 시민으로서 소통하는 방법에 책임질 수 있어야 한다. 디지털 시민성은 디지털 환경에서 적응하고 다른 사람과 소통할 수 있으며, 그에 따른 책임감을 가지는 것을 의미하며(임영식, 정경은, 2019) 디지털 환경에서 자신을 나타내는 행위에 대한 책임감까지 포함한다. 디지털 환경에서 자신의 생각이나 감정을 자유롭게 표현하는 것은 디지털 시민으로 가져야 하는 역량 중 하나이며 이는 언론의 자유이기도 하다(Ben, 2019).

디지털 시민으로 성장할 영·유아들을 원어민처럼 디지털 기기를 자유롭게 사용하는 세대로써 디지털 네이티브(Digital Native)로 명명하였다(Marc, 2001). 디지털 네이티브 세대인 영·유아의 특징을 박기범(2009)은 다음과 같이 3가지로 정의하였다. 첫째, 디지털 네이티브 세대는 평등성을 중요하게 생각한다. 둘째, 강한 호기심을 바탕으로 자신이 알고자 하는 정보를 파악하고, 지식에 접근하는 것을 두려워하지 않는다. 셋째, 자신의 주장을 디지털 환경 속에서 표출하는 것을 즐긴다. 그로 인해 사회적 영향력을 미치는 것을 당연하게 여긴다.

디지털 이민자 세대인 부모 및 교사는 디지털 네이티브 세대인 영·유아들의 특징을 이해해야 한다. 그래서 영·유아들이 디지털 시민으로 성장할 수 있도록 디지털 공간에서 자신의 생각이나 감정을 자유롭게 표현하는 것을 즐기고, 그에 따른 책임감을 가질 수 있도록 도와야 한다. 또한 검색 포털, SNS, 유튜브 등 인터넷 공간에서 자유롭게 검색할 수 있고, 블로그에 자신의 생각을 쓰고, SNS를 통해서 친구에게 메시지를 보내는 등의 활동이 언론의 자유에 포함된다는 것을 알게 해야 한다. 아래에 제시된 〈표 4-10〉은 안전 교육 활동 계획안을 통해 유아는 자유롭게 자신의 의견을 말하고, 정보 검색을 통해 알 권리가 중요하다는 것을 알며 자신의 생각이 중요한 만큼 타인의 생각도 존중하는 자세를 길러 나갈 수 있다.

〈표 4-10〉 안전 교육 활동 계획안

<table>
<tr><th colspan="4">상대방을 존중하며 나의 생각을 자유롭게 표현해요.</th></tr>
<tr><td>활동유형</td><td>대집단 활동(이야기 나누기)</td><td>대상연령</td><td>만 5세</td></tr>
<tr><td>활동목표</td><td colspan="3">• 언론의 자유로 인터넷 공간에 내 생각과 감정을 표현하는 것을 즐긴다.<br>• 인터넷 공간에서 지켜야 하는 예절에 대해 안다.<br>• 네티켓을 실천하는 자세를 기른다.</td></tr>
<tr><td>유아의 경험과 배움</td><td colspan="2">• 의사소통<br>듣기와 말하기 – 상황에 적절한 단어를 사용하여 말한다.<br>– 자신의 경험, 느낌, 생각을 말한다.<br>• 사회관계<br>더불어 생활하기 – 서로 다른 감정, 생각, 행동을 존중한다.<br>– 약속과 규칙의 필요성을 알고 지킨다.</td><td>※ 자료 다운로드 QR코드</td></tr>
<tr><th colspan="4">활동내용</th></tr>
<tr><td colspan="4">1) 유튜브에 좋아요와 댓글을 다는 방법에 관해 이야기 나눈다.<br>- 우리반이 만든 영상을 유튜브에 올렸는데 기분이 어떠니?<br>- 우리반이 올린 영상이 유튜브에서 잘 나오는지 살펴볼까?<br>- 유튜브 영상 밑에 손가락 표시는 무엇이니?<br>- 좋아요를 받으면 기분이 어떨 것 같니?<br><br>2) 우리반이 만든 영상 유튜브에 어떤 글을 쓰고 싶은지 이야기 나눈다.<br>- 우리반이 만든 영상 유튜브에 어떤 댓글을 쓰고 싶니?<br>- 다른 사람이 영상을 본다면 어떤 댓글을 달아주었으면 하니?<br>- 유튜브에 우리가 하고 싶은 말을 쓰고, 인터넷 공간에 내 생각을 적는 것은 우리의 자유야. 하지만 내 생각이 중요한 만큼 다른 사람의 생각도 중요하단다.<br><br>3) 악성 댓글에 대한 영상을 살펴본다.<br>- 광고를 살펴볼 건데 어떤 생각이 드는지 말해줄 수 있겠니?<br>- 악성 댓글로 인해 피해를 본 사람들과 관련한 광고를 찾아 보여준다.<br>(출처: 유튜브 〉 악성댓글 근절 공익광고 〉 https://bit.ly/3Shc2F8)<br>- 영상에서 어떤 것을 보았니?</td></tr>
</table>

4) 악성 댓글을 받는다면 어떤 느낌이 들지 이야기 나눈다.
- 만약 우리가 악성 댓글을 받는다면 어떤 느낌이 들 것 같니?
- 우리 마음이 어떨까?
- 어떤 것이 악성 댓글에 속할까?
- 악성 댓글을 다는 사람들은 왜 그럴까?

5) 인터넷 공간에서 실천할 수 있는 예절을 정리한다.
- 인터넷 공간에서 어떤 약속이 필요할까?
- 내 생각을 표현할 때 주의해야 할 점이 무엇일까?
- 다른 사람의 생각을 존중하기 위해서 어떤 예절이 필요할까?

### (3) 개인정보 보호

"어느 누구도 자신의 사생활 가정 주거 또는 통신에 대하여 자의적인 간섭을 받지 않으며, 자신의 명예와 신용에 대하여 공격을 받지 아니한다. 모든 사람은 그러한 간섭과 공격에 대하여 법률의 보호를 받을 권리를 가진다."

- 1948년 세계인권선언 제 12조(위키디피아, 2022) -

1960년대 후반부터 정보처리를 할 때 자동화 문서를 작성하기 시작하면서 국제연합(UN)은 개인정보 자동화 처리가 인권에 부정적인 영향을 미칠 수 있음을 판단하고, 1970년 후반부터 국제적으로 개인정보보호 및 개인 프라이버시 보호에 관심을 가지고 규율 지침을 준비하였다(유충호, 2011). 1990년 12월 UN총회에서 컴퓨터화된 개인정보파일 규율에 관한 지침을 채택하였지만, 이는 권고의 성격만 가지고 있을 뿐 구속 결정 부분은 회원국에 있는 국제법이다.

우리나라는 개인정보보호법에 대하여 다음과 같이 명명하였다. 「개인정보보호법」은 개인정보 보호에 관해 규정한 일반법으로 개인정보의 유출, 오용, 남용으로부터 사생활의 비밀 등을 보호함으로써 국민의 권리와 이익을 증진하고 개인의 존엄성과 가치를 존중하기 위한 것이다(개인정보보호포털, 2022). 개인정보보호는 컴퓨터, 정보통신 기술의 발전에 따라 쉽게 노출되는 정보화 사회의 역기능을 방지하기 위해 마련되었다.

각종 사이버 범죄로부터 자유와 권리를 보호받기 위해서 개인정보보호법이 무엇인지, 어떤 것에 해당하는지에 대해서 영·유아기부터 알아야 할 필요가 있다. 개인정보는 개인에 대한 정보임을 유아들에게 알려주고, 이름, 생년월일, 집주소, 학교, 주민등록번호, 휴대전화번호, 이메일 주소, 아이디, 비밀번호, 내가 올리는 글과 사진 등이 포함된다는 것을 알려줘야 한다. 대신 의견을 제시하거나 좋아하는 취미, 장래희망을 글로 나타내는 것은 가능하다는 교육이 필요하다(Ben, 2019).

아래의 〈표 4-11〉은 교육부 정보화과에서 개발한 개인정보보호 발달별 체계표이다. 체계표에서 보이는 것처럼 유아 단계에서는 개인정보의 소중함을 알며, 개인정보 침해 사례에 대해 이해하고, 개인정보 침해 시 대처방법에 대해서 아는 것이 중요하다.

〈표 4-11〉 학교안전정보센터에서 제시한 '개인정보보호' 내용 체계

| 중분류 | 소분류 | 유치원 | 초등학교 | 중학교 | 고등학교 |
|---|---|---|---|---|---|
| 개인 정보 보호 | 개인 정보 침해 예방 및 대처 방법 | 개인정보의 소중함 알기 (개인정보 송 부르기) | 자신과 타인의 개인 정보의 소중함 알기 | 개인정보의 개념과 종류 알기 | 개인정보의 개념과 종류 알기 |
| | | | 개인정보 동의 방법 알기(학부모 동의) | 개인정보 동의 방법 알기 | 개인정보 동의 방법 알기 |
| | | 개인정보 침해 사례 알기 | 개인정보 침해 사례 알기(학원, 학습지) | 개인정보 침해 사례 알기(SNS 등) | 개인정보 침해 사례 알기(해킹, 유출 사고 등) |
| | | 개인정보 침해 시 대처방법 알기<br>도움 요청 하기 | 개인정보 침해 시 대처방법 알기<br>도움 요청 하기<br>신고하기 | 개인정보 침해 예방법 및 대처방법 알기<br>도움 요청하기<br>신고하기 | 개인정보 침해 예방법 및 대처방법 알기<br>도움 요청 하기<br>신고하기 |
| | | | 개인정보 주간행사 참여하기 | 개인정보 주간행사 참여하기 | 개인정보 주간행사 참여하기 |

출처: 학교안전정보센터 〉 안전교육자료실 〉 교육부정보화과 '개인정보보호' 내용체계

〈표 4-12〉는 개인정보에 포함되는 항목이 무엇인지 관심을 가지고, 안전하게 보호하는 방법에 대해 알아보는 안전 교육 활동 계획안이다.

### 〈표 4-12〉 안전 교육 활동 계획안

<table>
<tr><th colspan="4">나를 지키는 힘, 개인정보를 지켜내자!</th></tr>
<tr><td>활동유형</td><td>대집단 활동(이야기 나누기)</td><td>대상연령</td><td>만 5세</td></tr>
<tr><td>활동목표</td><td colspan="3">• 개인정보에 포함되는 항목이 무엇인지 관심 가진다.<br>• 개인정보를 안전하게 보호하는 방법에 대해 안다.<br>• 개인정보 송을 부르며, 개인정보 보호를 실천해본다.</td></tr>
<tr><td>유아의 경험과 배움</td><td colspan="2">• 의사소통<br>듣기와 말하기 – 상황에 적절한 단어를 사용하여 말한다.<br>• 예술경험<br>창의적으로 표현하기 – 노래를 즐겨 부른다.<br>• 신체운동건강<br>안전하게 생활하기 – 안전사고, 화재, 재난, 학대, 유괴 등에 대처하는 방법을 경험한다.</td><td>※ 자료 다운로드 QR코드</td></tr>
<tr><td>활동자료</td><td colspan="3">컴퓨터 인터넷 검색창, TV 화면, 개인정보보호송 링크(출처: 유튜브 〉 개인정보보호송 〉 https://bit.ly/3lemx7p)</td></tr>
<tr><th colspan="4">활동내용</th></tr>
<tr><td colspan="4">1) 개인정보 보호에 대한 생각을 나눈다.<br>- 개인정보에 대해 들어본 친구가 있니?<br>- 개인정보란 무엇일까?<br>「개인정보 : 이름 / 유치원, 반 이름 / 집 주소 / 집 비밀번호 / 부모님 이름 / 내 생일 / 전화번호 / 나이/ 성별 등등<br>- 나를 나타내는 정보에는 어떤 것들이 포함될까?<br>- 왜 나를 나타내는 개인정보를 보호하는 것이 중요할까?<br>- 만약 다른 사람이 내 개인정보를 마음대로 이용하면 기분이 어떨까?<br>- 또 어떤 일이 벌어질 것 같니?<br><br>2) 개인정보 보호송을 들으며 개인정보보호의 중요성에 대해 알아본다.<br>- 개인정보 보호와 관련한 노래가 있는데 함께 들어볼까?<br>- 개인정보 보호송에서 기억나는 내용이 있니?<br>- 또 어떤 내용이 있었니?<br>- 함께 불러볼까?</td></tr>
</table>

<table>
<tr><td colspan="2">3) 개인정보를 위해 우리가 할 수 있는 일에 대해 이야기 나눈다.<br>- 개인정보에 어떤 것이 들어가는지 알아보았어. 이번에는 개인정보 보호를 위해 우리가 실천할 수 있는 일은 무엇이 있을까?<br>- 내 사진과 글을 보호하기 위해서는 어떻게 해야 할까?<br>- 모르는 사람이 내 전화번호를 궁금해 하면 어떻게 해야 할까?<br>- 내가 알려줄 수 있는 나에 대한 정보는 무엇일까?</td></tr>
<tr><td>활동사진</td><td></td></tr>
</table>

### (4) 초상권 보호

초상권이란 자신의 신체가 허락 없이 촬영되거나 공표되지 않을 권리는 의미하며 주로 뉴스, 인터넷 포털, 영상에 공표 시 문제가 된다. 본인의 동의를 사전에 구하지 않고 촬영, 사진 찍거나 개인을 나타내는 고유한 이미지를 사용하는 행위 모두가 초상권 침해에 포함된다(네이버 시사상식사전, 2022). 또한 SNS, 사이버 공간상에 부모가 자녀의 사진을 동의 없이 올리거나, 유아교육기관에서 초상권 동의를 받지 않고 올리는 경우도 초상권 침해에 해당한다.

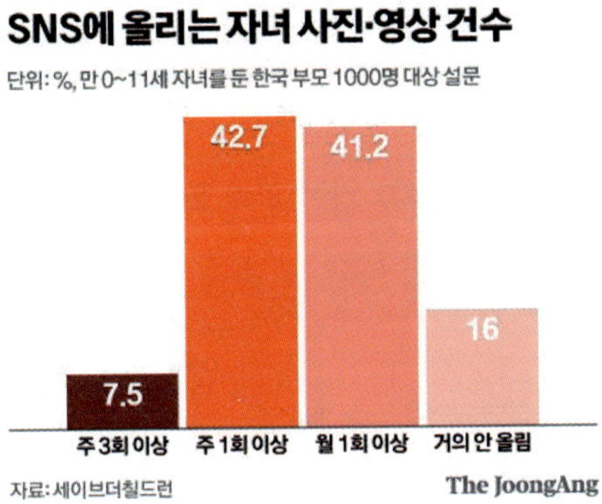


〈그림 4-5〉 한국 부모 1,000명 대상 설문 조사

출처: 중앙일보 〉 https://bit.ly/3YWvuZO

최근 부모가 자녀의 사진을 SNS 등의 사이버 공간상에 공유하는 것을 뜻하는 '셰어런팅'이 사회적 이슈로 대두되고 있다. 부모가 자녀의 동의 없이 사진을 올리는 것이 개인정보 자기결정권을 존중하지 못한 것이라 판단하고, 아동을 대상으로 한 범죄에 사용될 우려가 있기 때문에 셰어런팅을 제한하는 시범 사업이 진행되고 있다. 2017년 8월 오프콤(Ofcom)의 조사 결과에서 영국 부모 중 56%는 그들 자녀의 사진이나 영상을 SNS에 공유하지 않는다고 답변하고 있으며, 베트남에서는 부모가 자녀의 사진이나 영상 등의 개인정보를 본인 허락 없이 SNS에 공유할 경우 처벌할 수 있도록 하는 법 제정을 추진 중이며, 이 밖의 해외에서도 셰어런팅을 제한하고 있다(박순봉, 2019). 해외 사례처럼 우리나라도 부모 및 교사가 초상권 보호의 중요성을 알고 그에 따른 교육을 해야 한다.

부모와 교사는 유아들에게 동의를 구하지 않고 개인을 나타내는 사진이나 영상을 마음대로 공표할 경우 초상권 침해에 해당한다는 것을 알려주는 것이 필요하다. 유아들이 생활하다 보면 다양한 사진, 영상 속에 본인이 포함되는 경험을 많이 하게 된다. 초상권이 무엇인지 알아보고, 여러 사진들 속에서 본인도 모르게 찍힌 나의 모습, 친구의 모습을 찾아보면서 초상권이 무엇인지, 본인의 동의를 구하는 것이 왜 중요한지에 대해 생각해 보는 기회를 가져본다. 또한 나의 일상이 부모님의 SNS를 통해 공개되고 있다면 이에 대한 나의 권리와 가정에서 이야기를 나눠

볼 수 있는 기회를 가져 본다. 〈표 4-13〉은 초상권 보호에 대해 알고 개인정보 유출의 위험성에 관심 가지며 초상권 보호 실천과 관련된 안전 교육 활동이다.

〈표 4-13〉 안전 교육 활동 계획안

| 어? 내 사진 저기 있네! | | | |
|---|---|---|---|
| 활동유형 | 자유선택활동,<br>대집단 활동(이야기 나누기) | 대상연령 | 만 5세 |
| 활동목표 | • 초상권 보호에 대해 관심 가진다.<br>• 나도 모르게 나의 모습이 찍힌 사진과 개인정보가 유포될 수 있음을 안다.<br>• 초상권 보호를 실천하는 자세를 기른다. | | |
| 유아의 경험과 배움 | • 의사소통<br>듣기와 말하기 – 자신의 경험, 느낌, 생각을 말한다.<br>– 상대방이 하는 이야기를 듣고 관련해서 말한다.<br>• 사회관계<br>나를 알고 존중하기 – 나를 알고 소중히 여긴다.<br>• 신체운동 · 건강<br>안전하게 생활하기 – 안전사고, 화재, 재난, 학대, 유괴 등에 대처하는 방법을 경험한다. | | |
| 활동자료 | 유아교육기관 현장에서 찍은 다양한 활동 사진, TV, 인터넷 '초상권' 검색포털 | | |
| 활동내용 | | | |
| (사전활동)<br>유아가 찍고 싶은 사진을 찍는 시간을 충분히 제공한다.<br>자유놀이 시간, 실외놀이 시간, 유희실 등 다양한 공간에서 사진 찍을 수 있도록 환경적 마련을 지원한다.<br><br>1) 유아가 자유롭게 찍은 사진을 감상한다.<br>- 사진 속 공간은 어디인 것 같니?<br>- 어떤 것을 찍은 사진이니?<br>- 사진 찍은 친구가 사진 소개를 하면 어떨까?<br>- 누구를 찍으려고 한 사진일까?<br>- 또 어떤 친구들이 나오는지 찾아보자. | | | |

2) 나도 모르게 사진을 찍힌 사진이 있는지 찾아본다.
- 혹시 나도 모르게 찍힌 사진이 있니?
- 또 찾아볼까?
- 나도 모르게 사진이 찍혔을 때 어떤 기분이니?
- OO이는 선생님이 사진을 찍고 있었는지 알고 있었니?

3) 초상권에 대해 알아본다.
- '초상권'이란 말을 들어보았니?
- 인터넷 검색창에 초상권을 검색해 볼까?
→ 초상권(네이버검색/시사상식사전) : 자신의 초상이 허가 없이 촬영되거나 공표되지 않을 권리를 말한다.
- 초상권은 왜 중요할까?
- 인터넷 공간에서 초상권은 왜 중요할까?

4) 초상권을 보호하는 방법에 대해 알아본다.
- 초상권을 어떻게 보호할 수 있을까?
- 나의 신체에 대한 권리는 누구의 것일까?
- 마음대로 내 사진을 찍고 있는 어른이나 친구에게 어떻게 말하면 좋을까?

**알아두면 좋은 상식 : 셰어런팅과 잊힐 권리**

■ 셰어런팅 : Share + Parenting 부모가 소셜네트워크서비스에 자녀의 사진을 공유하는 행위
공유를 뜻하는 Share와 양육을 뜻하는 Parenting을 조합한 신조어이다(이소연, 2022). 자녀의 양육 과정을 담고 싶은 부모들이 과거에 사진첩으로 정리하였던 행위를 최근에는 SNS에 사진, 영상, 사건을 기록하는 것이 많아지고 있다. 그러나 이는 어린 자녀의 의사에 상관없이 동의받지 않고 초상을 공개하는 것이기 때문에 아동권리 측면에서 고려해야 한다는 우려의 목소리가 커지고 있다(강준구, 2022). 최근 정부에서는 자녀 동의 없이 사진을 올리는 것은 개인정보 자기결정권을 존중하지 못한 것이고, 아동을 상대로 한 범죄에 사용될 우려가 있으므로 셰어런팅 행위를 제한하기로 했다. 즉, '잊힐 권리' 시범 사업을 시작하기로 하였다. '잊힐 권리'란 아동 및 청소년에게 잊힐 권리를 보장하기 위해 부모 등의 제 3자에게 인터넷에 올린 개인정보 삭제를 요청할 수 있는 권리를 의미한다.

**상식 퀴즈**

■ 다음 중 '셰어런팅'에 해당하지 않는 것을 고르시오.

① 잼잼이 아빠는 잼잼이가 태어난 모습을 간직하기 위해 SNS에 태어난 날의 사진을 올렸다.

② 철수 엄마는 철수가 돌 잔치에서 필통을 잡은 영상을 카카오스토리에 공유하였다.

③ 영희 엄마는 영희가 성장하는 모습을 성인이 되어서 보여주기 위해 인화하여 사진첩으로 정리하고 있다.

④ 다솜이 아빠는 다솜이가 병에 걸렸다가 완쾌한 날을 기념하기 위해 병원 앞에서 사진 찍은 것을 SNS 스토리에 공유했다.

⑤ 짱구 할머니는 짱구가 식사하는 모습을 영상으로 찍어 단체 톡방에 공유하였다.

정답 : 3번/ 자녀가 성장하는 모습을 인화하는 것은 SNS나 디지털 공간에서 공유되는 것이 아니기 때문에 셰어런팅에 해당하지 않는다. 셰어런팅으로 문제가 되는 것은 자녀 동의 없이 SNS 공간에 사진을 게시한 부모의 행동으로 인해 자녀가 받게 될 정신적 · 신체적 피해의 우려 때문이다.

**알아두면 좋은 상식 : 셰어런팅 가이드라인**

① 자녀의 미래에 대해 한 번 더 신중하게 생각해 주세요.

② 자녀에게 충분히 설명하고, "싫다"고 말할 기회를 주세요.

③ SNS 기업이 개인정보를 어떻게 이용하는지 확인하세요.
: 게시물 공개범위를 설정할 수 있지만, 보안이 완벽하지 않다는 점을 염두해 두세요.

④ 자녀의 개인정보가 새고 있지 않은지 주기적으로 검색해 주세요.

⑤ 자녀의 이름이 드러나지 않게 해주세요.

⑥ 온라인 성범죄 위험으로부터 자녀를 보호해 주세요.
: 목욕 사진, 수영복 사진, 속옷 차림의 사진은 범죄자들의 표적이 될 수도 있으니 각별히 유의하세요.

⑦ 자녀가 자주 가는 곳이 드러나지 않도록 조심해 주세요.

⑧ 올린 게시물은 주기적으로 삭제하세요.
: 게시물 하나에 담긴 정보는 미미해도 모이면 상세한 정보가 될 수 있어요.

출처: 세이브더칠드런 가이드라인 〉 https://bit.ly/3i9XSb3

### (5) 저작권 보호

디지털 콘텐츠의 발전으로 인해 콘텐츠 이용자이자 동시에 생산자인 프로슈머 역할을 하는 '1인 미디어'가 등장하였다(이희수, 2013). 최근 1인 미디어 이용자들이 개인 SNS(페이스북, 인스타그램, 페이스북, 트위터 등), 블로그를 통하여 급속도로 증가하고 있고 이에 따라 이용자들은 다양한 정보의 선택이 가능하게 되었다. 디지털 콘텐츠는 '공유·개방·참여'의 웹2.0의 기본 특징에 영향을 받고 있으며 누구든지 데이터를 만들고, 수정하고, 공유하는 사용자 중심의 인터넷 환경에서 제작된다(두산백과, 2022). 1인 미디어 창작자들은 누구든지 될 수 있고, 누구든지 만들 수 있음을 의미한다. 유용한 정보를 개방된 인터넷 환경에서 쉽게 공유할 수 있음에 따라 저작권 침해 사례도 늘어나고 있다. 2020년 저작권 보호 10대 이슈 전망에 대한 분석 결과를 살펴보면 1인 미디어에서의 저작권 침해가 14.9% 비중에 차지하는 만큼 1인 미디어 콘텐츠 제작자들이 저작권에 대한 인식 부족으로 침해가 나타나고 있음을 알 수 있다. 디지털 네이티브인 영·유아 세대들은 자신을 표현함을 즐기고, 콘텐츠로 제작하는 것을 어려워하지 않기 때문에 영·유아기부터 저작권에 대한 교육이 필요하다.

〈표 4-14〉 2020년 저작권 보호 10대 이슈 전망 순위

| 순위 | 내용 | 비중(%) |
|---|---|---|
| 1 | 1인 미디어에서의 저작권 침해 | 14.9 |
| 2 | 해외 불법 사이트 및 다크웹 | 11.2 |
| 3 | 저작권료 정산 · 분배 | 11.1 |
| 4 | 인공지능(AI) 창작물의 보호 | 10.4 |
| 5 | 빅데이터의 저작권 연책 | 9.5 |
| 6 | 유튜브, OTT 및 IPTV 등 온라인 동영상 서비스 | 9.1 |
| 7 | 실감형콘텐츠(5G) | 7.1 |

| 8 | 해외 현지에서의 한류 저작권 침해 | 6.7 |
|---|---|---|
| 9 | SNS상 저작물 공유 | 4.9 |
| 10 | 신(新) EU 저작권 규정 | 4.2 |
| 기타 | 블록체인 기술을 통한 저작권 보호 등 6개 분야 | 10.9 |

출처: '2020 저작권 보호 10대 이슈 전망' 조사 결과 〉 https://bit.ly/3G6tLt4

「저작권」이란 저작물에 대해 저작자가 가지는 권리를 말하며, 「저작권 침해」란 저작자의 허락 없이 저작물 내용을 이용하고, 저작자 권리를 침해하는 행위를 일컫는다(네이버 표준국어대사전, 2022). 저작물은 생각이나 감정을 독창적으로 표현한 것을 말하기 때문에, 일반적인 사실이나 아이디어는 저작물로 인정되지 않으며, 저작권은 창작과 동시에 권리가 생긴다. 저작물의 형태에는 시, 소설, 글, 독후감, 창작글, 신문 기사, 저널 등의 어문 저작물, 오페라, 연극, 뮤지컬 등의 연극 저작물, 악보, 곡, 음악 등 음악 저작물, 미술, 도안, 작품 등 미술 저작물, 영상 저작물, 지표, 지도 등의 도형 저작물, 컴퓨터 프로그램 저작물 등이 있다(네이버 동영상백과, 2022).

사이버 공간에서 학습, SNS, 검색 포털 등의 사용이 증가하면서 저작권 보호가 중요해졌다. 사이버 공간에서 누구든지 창작자가 되어 자신의 생각이나 감정을 자유롭게 표현하는 것이 디지털 시민으로 누리는 언론의 자유이다. 그러나 사이버 공간에서 자신의 생각이나 자료(글, 사진 등)를 제시할 때, 타인의 이용 허락 없이 자료를 마음대로 쓰는 것은 법적 처벌을 받을 수 있기에 저작권과 저작권 침해에 해당하는 것이 무엇인지 알고, 실천할 수 있는 방법에 대한 미디어 교육을 〈표 4-15〉에 제시하고자 한다.

〈표 4-15〉 안전 교육 활동 계획안

<table>
<tr><th colspan="4">[저작권] 나만의 작품에 야채도장을 꾹!</th></tr>
<tr><td>활동유형</td><td>자유선택활동(미술놀이)</td><td>대상연령</td><td>만 5세</td></tr>
<tr><td>활동목표</td><td colspan="3">• 저작권 보호에 대해 관심 가진다.<br>• 나만의 작품에 저작권 표시를 하며 저작권의 중요성에 대해 안다.<br>• 저작권 보호를 실천하는 자세를 기른다.</td></tr>
<tr><td>유아의 경험과 배움</td><td colspan="3">• 의사소통<br>듣기와 말하기 – 자신의 경험, 느낌, 생각을 말한다.<br>– 상대방이 하는 이야기를 듣고 관련해서 말한다.<br>• 사회관계<br>더불어 생활하기 – 약속과 규칙의 필요성을 알고 지킨다.<br>• 예술경험<br>창의적으로 표현하기 – 다양한 미술 재료와 도구로 자신의 생각과 느낌을 표현한다.</td></tr>
<tr><td>활동자료</td><td colspan="3">내가 만든 작품, 미술작품(COA(Certificate of Authentication) 진품 보증서 표시된 것)검색 포털, 야채(연근, 당근, 감자, 청경채 등), 다양한 색의 물감, 붓, 파레트</td></tr>
<tr><th colspan="4">활동내용</th></tr>
<tr><td colspan="4">1) 친구에게 소개하고 싶은 나만의 작품이 무엇인지 이야기 나눈다.<br>- 친구에게 소개하고 싶은 나만의 작품이 있니?<br>- 내 작품인 것을 표시하였니?<br>- 다른 사람이 내 작품인 것을 알려면 어떻게 해야 할까?<br>- 만약 다른 사람이 내 작품을 함부로 자기가 만든 것이라고 말하면 기분이 어떨 것 같니?<br><br>2) 미술작품 COA를 살펴보며 이야기 나눈다.<br>- (미술작품을 보여주며) 미술작품에서 내 작품인 것을 나타내는 것이 무엇일까?<br>- 미술 작품에 사인이나 진품확인서가 없으면 화가의 작품인 것을 알 수 있을까?<br><br>3) '저작권'에 대해 알아본다.<br>- 저작권이란 말을 들어보았니?<br>- 인터넷 검색창에 저작권을 검색해볼까?<br>- 저작권에 해당하는 것은 무엇일까?<br>- 또 어떤 것이 있을까?<br>- 저작권은 왜 중요할까?</td></tr>
</table>

4) 저작권을 보호하는 방법에 대해 알아본다.
- 저작권을 보호하는 방법은 무엇일까?
- 또 어떤 방법이 있을까?
- 다른 사람의 작품, 사진, 글을 쓰고 싶을 때는 어떻게 하면 좋을까?
- 나만의 작품인 것을 나타내는 표시를 직접 만들어보면 어떨까?

5) 야채 도장 만드는 방법을 소개한다.
- 다양한 야채를 준비했어. 야채를 이용해서 나만의 도장을 만들어볼거야.
- 마음에 드는 야채를 골라서 만들어보자.
- 내 작품에 도장을 찍어보자.

6) 야채 도장을 찍어 내 작품을 표시한 경험을 나눈다.
- 야채 도장을 찍어 내 작품을 표시해보니 어떠니?
- 친구의 작품은 어떻게 소개하면 좋을까?

**알아두면 좋은 상식 : 워터마크 삽입, 저작자 보호방법**

워터마크란 문서, 사진 등에 원저작자임을 밝히기 위해 삽입된 흐릿한 이미지를 말한다(나무위키). 유아 교사들이 많이 활용하는 한글, PPT, MS워드에 워터마크를 삽입하는 방법을 안내하고자 한다.

**▫ 한글 문서 워터마크 삽입 방법**

**글자 워터마크**

① 인쇄창 화면을 열어, 워터마크 탭을 클릭한다.
[파일] → [인쇄]/ 단축기 Alt+P

② 워터마크 탭에서 글자 워터마크를 클릭하여 삽입한다.
· 글자 워터마크를 클릭한 후, 글자 입력란에 워터마크로 삽입할 문구를 적는다.
· 워터마크의 글꼴, 글자 크기, 글자 색, 워터마크 각도, 투명도를 설정할 수 있다.

③ 미리보기를 클릭하여 인쇄 전 워터마크가 잘 삽입되었는지 확인한다.

④ 제대로 생성이 되었으면 미리보기 종료 후 인쇄한다.

**그림 워터마크**

① 인쇄창 화면을 열어, 워터마크 탭을 클릭한다.
[파일] → [인쇄]/ 단축기 Alt+P

② 워터마크 탭에서 그림 워터마크를 클릭하여 삽입한다.
  · 그림 파일 옆에 있는 삽입 버튼을 클릭하여 원하는 이미지를 삽입한다.
  · 채우기 유형, 그림 밝기, 대비, 투명도를 설정할 수 있다.
③ 미리보기를 클릭하여 인쇄 전 워터마크가 잘 삽입되었는지 확인한다.
④ 제대로 생성이 되었으면 미리보기 종료 후 인쇄한다.

### ▫ PPT 문서 워터마크 삽입 방법

① [삽입] → 기본 정사각형 네모박스 → [도형서식]
② [채우기] → 그림 또는 질감 채우기 → 그림 원본 삽입
  · 워터마크의 투명도를 설정한다.
③ [선] → 선 없음
④ [슬라이드 마스터] → 만들어 놓은 워터마크 이미지를 복사하여 전체 페이지에 붙여넣기
⑤ 마스터 보기 닫기

### ▫ MS워드 워터마크 삽입 방법

① [디자인] → 워터마크 클릭
② [사용자 지정 워터마크] 클릭
③ 그림 워터마크 : 삽입할 그림을 파일에서 선택한다.
  · MS워드에서는 종이 가운데 위치로만 조정이 가능하며, 배율 및 색상의 투명 정도만 선택할 수 있다.
④ 텍스트 워터마크 : 입력하고자 하는 워터마크 글자를 텍스트란에 넣는다.
  · 글꼴, 크기, 색, 반투명을 지정할 수 있다.

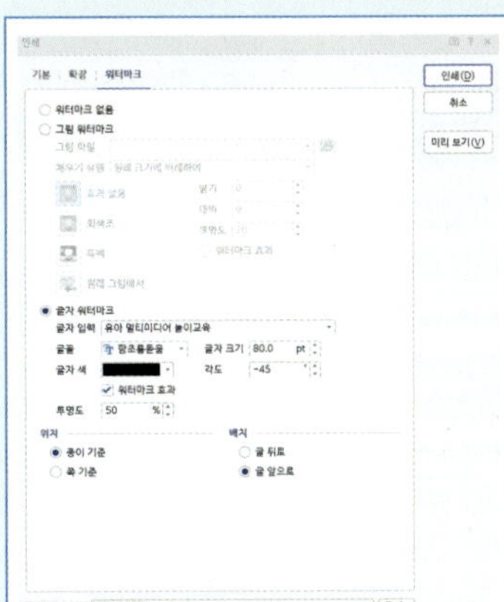

한글문서 워터마크 예시

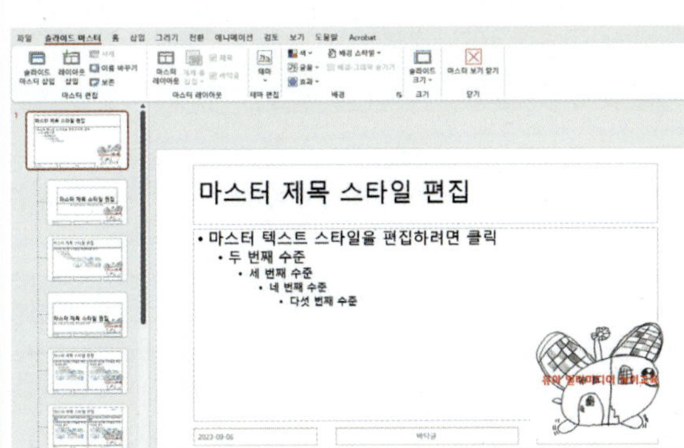


PPT 워터마크 예시

### (6) 미디어 사용 규칙

4차 산업혁명으로 다양한 기계와 기술의 발전이 빨라짐에 따라 영 · 유아의 약 60%는 만 3세 미만에 텔레비전을 접하고, 약 30%는 만 2세 미만에 스마트 폰을 접하는 이용 연령 하향화를 보이고 있다(한국언론진흥재단, 2020). 또한 2020년 스마트 폰 과의존 실태조사(과학기술통신부, 한국정보사회진흥원, 2020)에서도 2016년에 비해 2020년 스마트 폰 과의존 위험군이 3.3% 증가하고, 유 · 아동의 위험군 현황 역시 지속적으로 높아지는 것으로 나타났다. 통계자료에서 보여주듯 스마트 폰 및 미디어 기기 이용 연령은 해가 갈수록 낮아지고, 사용빈도는 높아지고 있는 현실에서 미디어 사용에 대한 부모님의 고민도 많아지고 있다.

미디어 사용에 대한 부모의 실제 고민을 담기 위해 'LG유플러스에서 미디어 안전 상담소'를 다음과 같이 진행하였다. 실제 고민 사례와 미디어 안전 전문가의 답변을 정리해 보았다.

출처: LG유플러스와 함께하는 미디어 안전 상담을 하고 있는 김창숙 교수(LG유플러스 아이들나라 자문위원), 김정석 교육장(전 동부교육청)

| 부모들의 고민 사례 | 미디어 전문가 답변 |
|---|---|
| Q) 스마트 폰 사용 규칙을 어떻게 정해야 할지 고민됩니다. (남/ 10세) | 규칙은 초등학교 발달과업인 '근면성'과 관련 있습니다. 자녀가 본인의 이름을 넣은 규칙을 만들고, 실천할 수 있도록 기회를 주세요. 규칙을 지켰을 때 보상을 꼭 하시고, 가족회의로 자신을 성찰할 기회를 주세요. |

| 부모들의 고민 사례 | 미디어 전문가 답변 |
|---|---|
| Q) 유튜브에서 나오는 비속어와 은어를 많이 쓰는 우리 아이 걱정돼요. (여/ 10세) | 자녀가 보는 유튜브 콘텐츠에 부모가 관심 가지세요. 혼내지 마시고 정서적 유대감을 유지한 채 자연스럽게 콘텐츠를 왜 시청하는지 물어보세요. 부정적 영향을 설명하고, 자녀 생각을 들어보세요. |
| Q) 키즈폰으로 SNS(카카오톡)를 하는 것이 염려스럽습니다. (남/9세) | 또래와 소통 도구로 활용되는 SNS를 제한하기보다, 부모가 함께 SNS 가입을 하며, '제한 연령, 예의, 채팅 대상' 등에 관해 이야기 나누세요. 자녀의 사생활을 존중하되, SNS에서 채팅 대상, 대화주제 등에 관심 가지세요. |
| Q) 성적인 콘텐츠에 부쩍 관심을 가지는 우리 아이, 부끄러워서 어떻게 교육을 해야 하는지 모르겠습니다. (여/10세) | 자녀에게 발달 단계에 따라 다르게 교육해야 하며, 초등학생 때는 의학적 용어로 성교육을 해야 합니다. 성교육 정보를 부모가 먼저 알려주시고 함께 미디어(유튜브, EBS 등)로 시청해주세요. 올바른 성 가치관을 확립해주세요. |
| Q) 유튜브 시청시간에 있어서 할머니와 허용 시간이 다른 것에 대한 고민이 있습니다.(여/5세) | 주 부모와 조부모는 양육 태도가 일치해야 합니다. 가족회의에서 자녀, 부모, 조부모님이 함께 미디어 사용 약속을 정해보세요. 자녀에게 약속 실천 기회를 지속적으로 주시고, 함께 정한 약속에 대해 양육 태도를 일치시켜주세요. |
| Q) 학교에서 다녀오면 바로 게임을 하고, 학교 다니는 것의 보상심리로 게임을 해달라고 하는 것이 스트레스입니다. (남/8세) | 자녀가 좋아하는 게임을 존중해주세요. 자녀가 약속을 정하고 지키는 기회를 주세요. 덧붙여 게임은 보상심리로 하는 것이 아님을 이야기해야 합니다. 시간표를 함께 정해 보시고, 잘 지켰을 때는 긍정 피드백을 꼭 주세요. |
| Q) 똑같은 애니메이션만 보는 우리 딸, 괜찮을까요? (여/5세) | 발달적으로 자연스러운 현상이지만, 같은 영상을 길게 반복해서 보면, 비슷한 장르 영상과 함께 아이들나라 콘텐츠(생생체험학습, 생생댄스)를 추천해 보세요. 부모가 좋은 콘텐츠를 선별하고 추천하려면 유아에게 적합한 영상을 많이 알아야 해요. |
| Q) SNS에 관심을 가지고 자녀가 글이나 사진을 올리고 싶어 하는 데 괜찮을까요?(남/6세) | 유아기에 SNS를 혼자 하도록 하는 것은 바람직하지 않아요. SNS 가입 제한 연령을 알아보고, 어떤 콘텐츠를 올려야 하는지 부모와 자녀가 함께 해야 합니다. 사진을 올릴 때 개인정보 노출 우려가 있는 것을 함께 이야기하고 어떤 것을 조심해야 하는지 알려주어야 해요. |

| 부모들의 고민 사례 | 미디어 전문가 답변 |
|---|---|
| Q) 종이 학습지만 하고 있는데, 미디어 학습은 최대한 늦게 노출하고 싶은데 괜찮을까요?(남/9세) | 종이학습과 미디어 학습은 장단점이 있어요. 미디어 학습은 자기주도적 프로그램이 설계되어 있어 습관을 장착하기 좋고, 종이학습은 종이 내의 세부 내용을 인지하여 이해력과 암기력을 증진하는 데 도움을 주어요. 유아기의 경우 최대한 종이학습을 하는 것이 유아의 발달상 적합해요. 그러나 초등학교의 경우 미디어 학습이 초등학교 교육과정에서도 적극적으로 도입되고 있기 때문에 아예 배제하는 것은 옳지 않아요. 미디어 학습을 통해 배운 것을 종이학습으로 병행하는 방법을 추천해요. |

미디어 기기는 생활에 편리함을 주기도 하지만 신중하게 활용해야 함을 유아 스스로 느끼게 하는 것이 중요하다. 그러나 포노사피엔스이자, 디지털 네이티브 세대인 영·유아들에게 ICT 기기 사용을 무조건 제한하는 것은 바람직하지 않다. 기계와 함께 살아가는 세대인 영·유아들이 디지털 기기를 활용해서 자신들이 원하는 것을 알고, 탐색해 나가며 교육 매체로 활용하도록 안내해야 한다(김용민, 2020). 미국 소아학회에서는 스마트 폰 제공 시기를 2살 이후로 권고하였지만, 최근 연구 결과에 따르면 18개월 이후부터 가능하고 하향 조정되었다. 부모 및 교사는 영·유아에게 미디어를 교육 매체로 활용할 수 있도록 안내하고, 영·유아들이 미디어 기기를 탐색해 나갈 수 있는 시간을 제공해야 한다. 즉, 미디어 기기를 제한하기보다는 안전하고, 적절한 사용처에 사용할 수 있는 역량을 키워주는 것이 필요하다. 다만, 미디어 영상에는 시청각적으로 자극적인 요소가 들어있어, 오랜 시간 동안 시청하거나 노출되면 중독의 우려가 있으므로 미디어 기기에 대한 자기조절력을 키우기 위해 영·유아시기부터 '미디어 사용 규칙'을 정하는 것이 좋다. 이 때 규칙을 어른이 정한 대로 따르기보다는 영·유아 스스로 정하는 것이 바람직하다.

| 미디어 어린이 안전 약속 | | 이렇게 해보세요! (교사 및 부모용 지도 방향)<br>“약속을 지킨 자녀에게 구체적으로 칭찬하여 주세요.” |
|---|---|---|
| 1 | ( )분 이상 스마트 폰을 쓰지 않아요. | 어린이 발달상 1회 사용 시간을 30~40분 이내로 선정하고 쉬는 시간을 가지는 것이 좋습니다. 1일 몇 회까지 구체적으로 약속하는 것이 좋습니다. 유아 사용 제한 애플리케이션을 활용하여 스스로 사용을 멈출 수 있도록 유도해야 합니다. |
| 2 | 몇 ( )시부터 몇 ( )시 까지 사용해요. | 핸드폰 이용 시간은 하루에 1~2시간 이내로 지도하는 것이 좋습니다. “수면 전 사용은 안 좋으니, 영상 2개를 보고 난 후 공부하는 것은 어떨까?”와 같은 구체적인 목표를 정하여 자녀 스스로 끌 수 있도록 지도해야 합니다. |
| 3 | 어린이 대상 애플리케이션을 사용해요. | 무료 유해정보 차단 서비스 및 스토어 연령 제한 모드를 활용하면 좋습니다. 유아와 함께 같은 애플리케이션을 사용하고 이야기를 나누며 소통하는 것을 추천합니다. |
| 4 | 바르게 앉아서 스마트 폰을 이용해요 | 거치대를 활용하거나, 바르게 앉아서 양손으로 핸드폰을 잡도록 도와주세요. 고개를 너무 아래로 숙이지 않고 배꼽을 내밀어 허리를 세울 수 있도록 틈틈이 자세를 교정해 주시면 좋습니다. |
| 5 | 밤 ( ) 시 이후, 식사 시간에는 사용하지 않아요. | 수면 생체리듬이 깨지지 않도록 9시 이후, 적어도 취침 한 시간 전에는 사용 제한을 두는 것이 좋습니다. 또한 식습관 형성을 위해 식사 시간 사용 제한 규칙을 정하는 것이 좋습니다. |
| 6 | 스마트 폰을 보면서 길을 건너지 않아요. | 이동 중에는 핸드폰을 가방이나 주머니에 넣고 다니는 습관을 지도해주시면 좋습니다. |
| 7 | 스마트 폰 사용 후 눈 건강 체조와 스트레칭을 해요. | 핸드폰 사용 후, 10분 정도 상하좌우 안구운동과 손과 목의 가벼운 체조를 자녀와 함께해주시는 것을 추천합니다. |
| 8 | 가족들과 신나게 뛰어 놀아요. | 다양한 신체 활동, 체험을 함께하면서 자녀와 친밀도를 높이면 좋습니다. 핸드폰을 사용한 시간과 가족 시간을 비교해 보세요. 화목한 가정을 위한 소통의 시간, 놀이 시간을 만들어 보기를 추천합니다. |
| 9 | 유료 결제를 하지 않아요. | 핸드폰 환경 설정을 통해 애플리케이션 결제를 사전에 제한시켜 주시면 좋습니다. 애플리케이션, 인터넷을 이용할 때 유료 결제를 하지 않고 부모님과 상의할 수 있도록 지도해야 합니다. |
| 10 | 인터넷 공간 속 정보를 모두 믿지 않아요. | 인터넷 공간 속 허위 정보에 대한 민감성을 기를 수 있도록 정보의 팩트 체크를 자녀와 함께 해보시면 좋습니다. 또한 댓글, 비추천과 같은 행동에 대한 네티켓에 대해 자녀와 이야기 나누어 보세요. |

## 3) 안전 보안편

### (1) 사이버 세상 속의 사람들

"어린이는 해로운 사회 환경과 위험으로부터 먼저 보호되어야 한다."
- 대한민국 어린이 헌장 -

사이버 공간은 다양한 사람들이 있고 익명으로 활동할 수 있는 공간이기 때문에 주의가 필요하다. SNS, 인터넷 카페 등은 나와 비슷한 관심사, 취미를 가진 사람들이 모임을 하기 쉬운 공간이다. 지역 · 시간 · 나라에 구애받지 않고 사이버 공간에서 관심사를 공유하며 친분을 쌓는 것은 장점이지만, 대화할 때 유의점이 필요하다. 사이버 공간은 자신뿐만 아니라 타인도 익명이 보장되는 공간이기 때문에 유아의 경우 성범죄, 개인정보 도용 등 범죄 대상이 될 우려가 높다.

영 · 유아 세대는 디지털 네이티브로 사이버 공간에서 디지털을 자주 경험하게 되는데 발달특성상 주변의 사물이나 환경에 대한 호기심이 강하고, 상황에 대한 자기 조절이나 인식 능력이 부족하여 범죄 상황에 노출되기 쉽다(Choi, 2002; Hyun, 2005; Kwak, 2000; 김영심, 2012 재인용). 또한 COVID-19로 인해 가정에 머무는 시간이 증가함에 따라 디지털 범죄에 노출되는 시간이 많아졌다. 디지털 문화에 익숙한 세대에게 사이버 공간 속의 사람들과의 소통을 단절하도록 요구하는 것 보다, 위험한 신호를 알아차릴 수 있는 미디어 교육이 필요하다. 〈표 4-16〉은 사이버 공간의 양면성을 알아보며 나에게 접근하는 낯선 사람을 알아채는 신호를 알아보는 안전 교육 활동안이다.

〈표 4-16〉 안전 교육 활동 계획안

<table>
<tr><th colspan="4">가면을 쓰고 있는 낯선 사람들</th></tr>
<tr><th>활동유형</th><td>대집단 활동(이야기 나누기)</td><th>대상연령</th><td>만 5세</td></tr>
<tr><th>활동목표</th><td colspan="3">• 사이버 공간의 긍정적인 면과 부정적인 면에 관심을 가진다.<br>• 사이버 공간에서 나에게 접근하는 낯선 사람을 알아채는 신호를 알아본다.<br>• 밝고 건전하게 사이버 생활을 실천하는 자세를 기른다.</td></tr>
<tr><th>유아의 경험과 배움</th><td colspan="3">• 의사소통<br>듣기와 말하기 – 자신의 경험, 느낌, 생각을 말한다.<br>• 신체운동 · 건강<br>안전하게 생활하기 – 안전사고, 화재, 재난, 학대, 유괴 등에 대처하는 방법을 경험한다.<br>• 사회관계<br>나를 알고 존중하기 – 나를 알고 소중히 여긴다.</td></tr>
<tr><th>활동자료</th><td colspan="3">위험한 사람들을 알아차리는 위험신호 PPT(출처: KCS교육문화컨설팅)</td></tr>
<tr><th colspan="4">활동내용</th></tr>
<tr><td colspan="4">1) 사이버 공간의 특징에 대해 이야기 나눈다.<br>컴퓨터, 스마트 패드 등 온라인에서 어떤 것을 할 수 있을까?</td></tr>
<tr><td>
</td><td colspan="2">- 개인정보에는 어떤 것이 있니?<br>- 개인정보를 물어보면, 어떻게 해야 할까?<br>- 알려달라고 계속 이야기하면 어떻게 행동해야 할까?</td><td>※ 자료 다운로드 QR코드</td></tr>
<tr><td>
</td><td colspan="3">- 나를 잘 알지 못하는 사람이 칭찬을 하면 어떤 기분이 들 것 같니?<br>- 왜 칭찬을 하는 사람이 위험한 사람일 것이라 생각 해야할까?</td></tr>
</table>

| | |
|---|---|
| 3. 위험한 사람을 구별하는 신호<br><br>3. 기프티콘이나 집으로 선물을 보내려 한다. | - 기프티콘을 주는 사람은 왜 위험한 사람일까?<br>- 집으로 선물을 보내려는 사람은 왜 위험한 사람일까? |
| 4. 위험한 사람을 구별하는 신호<br><br>4. 직접 만나자고 이야기 한다. | - 직접 만나자고 하면 어떻게 해야 할까?<br>- 직접 만나는 것이 왜 위험할까? |
| 5. 위험한 사람을 구별하는 신호<br>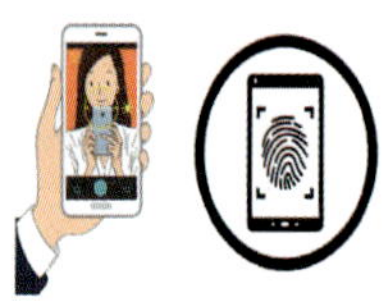<br>5. 내 사진이나 손을 찍은 사진을 달라고 한다. | - 왜 내 사진을 보내 주면 안 될까?<br>- 손 사진은 왜 안 될까?<br>- 손에는 어떤 정보가 포함되어 있을까?<br>- 사진에는 어떤 정보가 포함되어 있을까? |
| 6. 위험한 사람을 구별하는 신호<br><br>6. 비밀을 만들고, 공유하려 한다. | - 부모님에게 말하지 못하는 것을 남에게 말해도 될까?<br>- 왜 비밀을 공유하려 하는 걸까? |

- 인터넷이 없다면 어떤 일이 벌어질까?

2) 사이버 공간의 긍정적인 면과 부정적인 면에 대해 알아본다.
- SNS나 글 올리는 공간이 있어서 우리에게 좋은 점은 무엇일까?
- 인터넷을 하면서 조심해야 하는 것은 무엇일까?

3) 사이버 공간의 낯선 사람들에 대해 이야기 나눈다.
- 인터넷 공간에는 다양한 사람들이 있어. 낯선 사람과 대화할 때 어떤 것을 조심해야 할까?
- 낯선 사람들이 나에게 접근하면 알아차릴 수 있는 방법은 무엇이 있을까?
- 낯선 사람이 위험한 사람인지를 나타내는 신호가 있대. 위험 신호가 무엇인지 함께 살펴볼까?

4) 낯선 사람이 위험한 사람인지 판단할 수 있는 위험신호를 함께 살펴본다.

5) 낯선 사람을 알아보는 위험신호를 되새기며 마무리한다.
- 낯선 사람이 위험한 사람인지 알아차릴 수 있는 위험신호 중 기억 남는 것이 있니?
- 왜 기억에 남았니?
- 또 어떤 위험신호가 있을까?

### (2) 미디어 기기 비밀번호의 중요성

인공지능과 사물인터넷의 발달로 인해 PC, 스마트 폰의 연동은 물론 가정과 기관의 가전, 자동차까지 연동되고 있다. 사물인터넷의 발달은 사용자의 편의성은 높아졌으나, 보안 안전 측면은 위협적이다(이종현, 2020). 그러므로 보안 안전 측면에서 개인은 비밀번호 관리에 세심해야 한다.

미디어 기기의 사용이 빈번해지면서 인터넷, SNS, 사이버 금융 등에 비밀번호와 ID 입력을 하여 접속하게 된다. 「비밀번호」는 사용자가 컴퓨터 시스템, 통신망에 접속할 때 사용자 ID와 함께 입력하여 본인이라는 것을 식별할 수 있도록 컴퓨터 시스템, 통신망에 전달하는 고유의 문자열을 의미한다. 온라인 데이터베이스나 PC 통신 등 온라인 정보 서비스는 비밀번호를 입력하지 않으면 이용할 수 없다(네이버 IT 용어 사전, 2022). 비밀번호가 타인에게 알려지게 되면 개인정보를 포함하고 있는 온라인 데이터베이스에 타인이 접근하게 되어 불법으로 사용될 우려가 있으므로 주의해서 관리하고 비밀번호를 만들어야 한다.

유아는 SNS, 인터넷, 통신망에 가입하는 것이 연령이 제한되어 있기 때문에 부모의 동의하에 가입해야 한다. 하지만 비밀번호는 개인정보와 보안과 직결되기 때문에 '비밀번호 중요성'을 미디어 안전 교육을 통해 유아기부터 배우는 것이 필요하다. 부모와 함께 SNS 가입을 해보며 비밀번호와 ID가 어디서 입력이 되어야 하는지 알고, 타인이 알지 못하게 비밀번호를 강력하게 만들며 개인정보를 지켜 나가는 중요성을 스스로 알게 하는 것이 중요하다.

### (3) 사이버 폭력

사이버 폭력은 인터넷과 같은 통신으로 연결된 사이버 공간을 이용하여 불특정 다수에게 악영향을 미치며(네이버 두산백과, 2022), 사이버 공간에서 다양한 형태로 타인에게 피해를 끼치는 폭력을 의미한다. 대면으로 악영향을 미치는 신체적 폭력과는 달리 다양한 형태로 나타날 수 있다.

인터넷, 휴대전화 문자 등을 통해 언어, 인신 공격적 발언을 하는 '사이버 언어 폭력', 사실 여부와 관계없이 다른 사람, 기관을 명예 훼손하는 글을 인터넷, SNS에 올려 불특정 다수가 볼 수 있게 하는 '사이버 명예훼손', 특정인이 원하지 않지만 반복적으로 문자, 이메일, SNS에 댓글을 남기는 '사이버 스토킹', 특정인을 대상으로 성적 비하 발언 등 성적 불쾌감을 느낄 수 있는 내용을 사이버 공간상에 게시하고 퍼트리는 '사이버 성폭력', 개인의 사생활, 개인정보(이름, 전화번호, 주소, 학교, 주민등록번호) 등을 유포하는 '신상정보 유출', 인터넷 채팅방, 메신저 애플리케이션 등에서 특정인을 따돌리는 '사이버 따돌림', 인터넷에서 게임 머니, 스마트 폰 데이터 등을 빼앗는 '사이버 갈취', 인터넷이나 휴대전화를 통해 특정인이 원하지 않은 말과 행동을  강요하거나 심부름시키는 '사이버 강요' 등이 있다(한국지능정보사회진흥원, 2020). 다양한 사이버 폭력의 유형을 이해하고, 그에 따른 대처방안이 필요하다. 하지만 사이버 공간이라는 특성 때문에 범죄 대상을 특정하기 어렵고, 전자 정보 수정 및 인멸로 인해 범죄 수사의 어려움이 많다.

2020년 사이버폭력 실태조사 보고서에 따르면 초중고 학생 중 초등학생이 가해 및 피해 경험이 상대적으로 높다고 보고 되어있다(한국지능정보사회진흥원, 2020). '사이버 폭력을 당해봤다'라고 응답한 초등학생 비율은 2019년 18.8%에서 2020년 25.8%로 증가하였으며 저학년일수록 사이버 폭력 발생 빈도가 높았다. 학년이 높아질수록 사이버 폭력을 경험한 비율이 낮아지는 결과를 통해 아동기에 사이버 폭력과 관련한 미디어 안전 교육이 필요함을 알 수 있다.

특히 아동기에 해당하는 초등학생의 경우 친구들과의 일상적 상호작용을 통해 배우며, 또래 집단에서 사회화 기능을 하며 태도나 가치관을 형성해 나간다. 부모의 강력한 영향권에서 벗어나 친구들과의 접촉이나 또래들의 인정에 더 민감해지는 시기이기 때문에 친구와의 SNS 등 사이버 공간에서 교류를 막을 수는 없다. 사이버 공간의 활동을 무조건적으로 막을 수 없다면 바르게 사용할 수 있도록 안내가 필요하다. 이러한 안내는 자아개념과 도덕성을 발달해야 하는 유아기부터 체계적으로 사이버 공간에서 지켜야 하는 윤리, 사이버 폭력 등 미디어 안전 교육이 이루어져야 한다.

**알아두면 좋은 상식 TIP**

**사이버 불링**

불링(bullying)은 올웨우스(Olweus, 1993)에 의해 제시된 개념으로 불법 행위는 아니지만 따돌림, 협박 모욕, 비방 등과 같이 사소하지만 특정인을 대상으로 반복적이고 의도를 가지고 가해지는 행위로 정하고 있다. 불링의 특징은 가해자와 피해자가 서로 아는 사이에서 발생한다는 것이며, 불특정 다수를 대상으로 가해지는 것과 다르게 상급자가 하급자에게 행해지는 폭력이 많다.

사이버 불링이란 인터넷 공간에서 모르는 사람들 간에 나타나는 사이버 폭력과 다르게, 사이버 공간에서 직장, 학교, 군대 등의 집단 생활하는 동료들 간에 가해지는 폭력 및 괴롭힘이라 할 수 있다. 사이버 불링은 사이버 폭력의 한 유형에 포함된다.

**가족의 안전한 사이버 생활**

① 컴퓨터를 개방된 공간에 두고, 가족들이 공유할 수 있도록 한다.

② 자녀가 가입한 사이트, 카페 및 자녀의 ID가 무엇인지 알아둔다.

③ 자녀가 사이버상에서 하는 활동에 대해 항상 대화한다.

④ 온라인 게임은 규칙을 정해서 이용하도록 하고, 아이템이나 거래 등에 대해 알아둔다.

⑤ 부모의 주민등록번호, 신용카드번호 및 기타 비밀번호를 공개하지 않는다.

⑥ 자녀에게 다음의 인터넷 수칙을 알려준다.

- 인터넷 채팅의 익명성을 알려주고 이름, 주소, 학교 등 신상 정보를 알려주지 않도록 한다.
- 부모의 허락 없이 인터넷을 통해 직접 사람을 만나지 않도록 한다.
- 인터넷 게시판에 글을 쓸 때는 에티켓을 갖추어야 한다.
- 저작자의 허락 없이 저작물을 인터넷에 올려 저작권을 침해하지 않도록 한다.

출처: 경찰청 사이버 수사국 〉 사이버 범죄 예방수칙

### (4) 미디어 기기 안전

4차 산업혁명과 정보화가 가속됨에 따라 미디어 기기의 발전이 될수록 웜, 트로이 목마, 랜섬웨어 등 악성 바이러스가 많아지고 있다. 컴퓨터 바이러스는 컴퓨터의 정상적인 동작에 나쁜 영향을 미치거나 저장된 데이터, 프로그램을 파괴하는 것으로 생물학에서 다루는 바이러스처럼 자기 자신을 복제하여 다른 컴퓨터를 전염시키는 특성이 있다(네이버 표준국어대사전, 2022). 악성 바이러스로 인한 경제·정신적 피해 규모가 커지면서 컴퓨터 사용자들은 바이러스 예방을 염두해 두어야 한다. 미디어 기기를 안전하게 지키는 방법은 타인에게 받은 링크, 이메일, 첨부 파일을 클릭하지 않는 것이다. 백신 프로그램을 지속적으로 업데이트해서 바이러스를 방어할 수 있다.

유아에게 컴퓨터 바이러스, 방화벽 등을 직접적으로 알려주는 것은 어려울 수 있다. 교육 활동으로 알려주기보다는 유아들에게 실생활에서 함께 해 보며 익숙해지도록 하면 좋다. 컴퓨터 영역에 방화벽 역할을 하는 백신 프로그램을 함께 설치해보거나 바이러스에 감염되어 컴퓨터가 제대로 작동되지 않을 수 있다는 사실을 이야기로 들려주는 것을 추천한다.

**바이러스 예방법 TIP**

① 인터넷을 통해 프로그램을 다운로드 할 때는 신뢰할 수 있는 사이트에서 받는다.
② 발송자가 분명하지 않은 이메일은 열지 않고, 첨부파일을 다운로드 하지 않는다.
③ 정품 소프트웨어 사용을 생활화한다.
④ 사용하는 응용 프로그램에 대한 최신 보안 패치 파일을 항상 적용한다.
⑤ 컴퓨터의 드라이브를 모두 공유하지 않는다.
⑥ 백신 프로그램을 설치한 후 최신 버전으로 업그레이드를 자주 한다.
⑦ 컴퓨터 데이터 손실을 최소화하기 위해 데이터를 백업하고 복구 솔루션을 준비한다.

### 4) SNS 커뮤니티

#### (1) 소셜 네트워크 커뮤니티

SNS는 소셜 네트워크의 줄임말로 '관심, 취미 활동을 공유하는 사람들 사이의 관계망이나 관계를 구축해 주고 보여주는 온라인 플랫폼'을 의미한다(Wikipedia, 2012). SNS를 통해 이용자들은 자신의 생각이나 감정, 정보 등을 담은 글, 이미지를 게시할 수 있고, 관계를 맺은 타인과 공유할 수 있다. 스마트 폰을 포함한 미디어 기기와 정보의 발전은 지역, 시·공간적 제한 없이 소식과 정보를 SNS에서 빠르게 주고 받을 수 있게 하였다. 온라인에서 개인의 생활을 친구나 관계를 맺고 있는 타인에게 공유하는 것은 건강한 온라인 활동이라 할 수 있다. SNS상에서 적절한 정보 노출과 상호작용은 많은 기회를 제공하기 때문이다. 그러나 타인과의 정보 공유에 있어서 모르는 사람, 내 개인정보를 활용하려는 사람들로 인해 초래될 위험에 대해서도 신중한 태도를 가질 수 있도록 미디어 안전 지도가 필요하다.

SNS의 가입 연령이 아동기까지 제한되어 있지만, 가입을 함께 해보며 위험한 상황에 대비하는 방법을 알아두는 것을 추천한다. SNS 설정에서 글, 이미지, 영상을 노출하는 범위를 어디까지 할 것인지 설정하고, 규칙적으로 설정에 들어가 '나만 보기', '전체에게 공개', '친구에게만 공개' 등 내가 설정한 것이 잘 되어있는지 확인해야 한다. 또한 SNS 게시물에 올리는 것은 신중한 자세가 필요하다는 것도 지도가 필요하다. 삭제를 눌렀다 하더라도 디지털 포렌식으로 인해 데이터 흔적이 남기 때문에 다른 사람이 기분 나빠할 글, 나의 개인적인 정보를 담은 것 등을 올리기 전에 신중하게 생각하고 게시해야 한다.

#### (2) 게임 커뮤니티

인터넷 게임이 다양해지면서 게임 커뮤니티도 활성화되고 있다. 게임을 좋아하는 사람들이 모여 게임 방법, 아이템 등에 대해서 정보를 공유하는 공간이다. 그러나 게임 커뮤니티에 참여하는 사람들은 닉네임만 존재하기 때문에 상대가 누군지 모른다는 단점이 있다.

게임을 하는 동안 안전하게 보호받는 일에 대해서 미디어 안전 교육이 필요하다. 최근 인기 게임 커뮤니티 공간에서 아동기 학생들에게 신체 일부 사진이나 영상을 주면 게임 아이템을 주겠다거나, 집 주소를 알려주면 승급 방법을 알려준다고 접근하여 협박한 뉴스 기사가 많이 나오고 있다. 또한 구하기 힘든 게임 아이템을 준다는 명목하에 현금을 요구한 사례도 나오고 있다. 주로 초등학생들의 피해가 큰 것을 통해 유아기부터 게임 커뮤니티 공간에서 자신을 보호하는 미디어 안전 교육이 필요함을 시사한다. 게임에서 사용하는 닉네임을 정할 때도 개인정보가 드러나지 않게 정하는 것이 좋으며, 개인정보를 알려달라고 할 경우 차단하거나 부모님에게 상의할 수 있도록 지도가 필요하다. 공짜 아이템을 주면서 실제로 만나자고 요구하는 경우에는 부모님이나 교사에게 반드시 상담을 할 수 있도록 허용적인 분위기를 조성하는 것이 중요하다.

또한 게임 커뮤니티 공간에서도 왕따, 사이버 불링 사례도 일어난다. 채팅을 통하여 상대에게 협박하거나, 타겟을 정해 한 명만 공격하거나, 보복성 공격을 하는 것이 이에 속한다. 사이버 불링을 당했을 경우, 유아나 아동 스스로 대처하는 것이 아니라 어른들의 도움을 받을 수 있도록 사전에 지도하고 위험한 일을 당했을 때 어른에게 고민을 쉽게 이야기할 수 있는 분위기 조성이 필요하다.

### 게임 중독이란?

게임중독(게임 과몰입)의 원인은 밝혀진 바 없다. 게임 중독자들에게 불안, 주의력 결핍, 공격성, 우울증 등이 자주 나타나지만 이러한 문제들이 게임 중독의 직접적인 원인이라고 보기 어렵다(네이버 지식백과, 2022). 인터넷 게임 중독에 빠지면 시간 개념이 없어진다. 낮과 밤이 뒤바뀐 채 게임을 하다보면 일의 능률과 학업 성취도가 떨어지게 된다. 성적 부진, 대인관계 형성의 어려움 등으로 학교 부적응이 생기는 일상생활의 장애가 나타나며, 가상공간과 현실 세계를 구별하지 못하는 어려움을 겪어 일탈 행동이 나타난다. 또한 게임 시간에 대한 내성이 생겨 게임을 중단했을 때 초조해지고, 게임을 하지 못할 때는 강박적으로 게임을 하고 싶어 하며 심한 경우에는 공격성까지 보인다.

### 게임중독 예방 수칙

**어린이 게임중독, 부모를 위한 십계명**

1. 게임은 매일 30분보다 일주일에 1번 90분이 낫다. (게임 허용 요일은 잔상을 없앨 시간이 많은 금요일을 택하는 게 좋다.)
2. 컴퓨터는 거실 등 부모 눈이 미치는 곳에 둬라.
3. 자녀가 어떤 게임을 하는지 부모가 직접 확인하라. (주민등록번호 도용 및 게임 확인은 게임문화재단의 '게임이용확인' 을 활용하면 된다.)
4. 유료 아이템 등 결제는 단호히 막아라.
5. 게임을 한 후에는 다른 활동을 통해 잔상을 없애 줘라.
6. 아이와 친한 또래집단 부모들과 함께 제재할 계획을 세워야 효과적이다.
7. 아이와 함께 게임이용에 대한 약속을 정하고, 약속을 지키면 반드시 칭찬하라.
8. 화내지 말라. 심하게 야단치고 무조건 못하게 하면 아이는 더 집착한다.
9. '혹시 중독인가?' 늘 확인하라.
10. 상담센터나 병원 방문을 두려워 말라.

출처: 전북 미래병원 〉 질병정보(https://bit.ly/3Z7q1jA)

### (3) 미디어 속에서 정확한 정보 찾아내기

쉴 새 없이 쏟아지는 미디어 정보 세상에서 미디어를 읽는 힘이 필요하다. 미디어 리터러시란 읽고 쓰는 능력을 의미하며 다양한 미디어에서 나오는 이미지, 음성, 문자 등이 서로 연결된 복합적인 텍스트를 이해하고, 비판적으로 탐구하는 능력을 말한다(시청자미디어재단, 육아정책연구소, 2021). 미디어 리터러시는 미디어를 이해하고, 지식을 전달하고, 미디어가 주는 메시지를 있는 그대로 받아들이는 것이 아니라 나에게 적합한지를 질문하고 비판적으로 탐구하는 능력을 포함한다. 즉 모든 미디어는 목적에 따라 만들어지며, 내용을 효과적으로 전달하기 위해 미디어를 사용하며, 동일 내용도 받아들이는 사람들에 따라서 다르게 수용될 수 있음을 이해해야 한다.

유아도 일상생활에서 미디어, 뉴스, 광고 등을 통해 다양한 정보를 접하고 있다. 일상생활에서 접하는 다양한 미디어는 목적에 따라 만들어지며, 그 속에 담겨진 정보를 받아들일 때 무조건적인 수용이 아닌 비판할 수 있는 자세를 기르는 경험을 주는 것이 필요하다. 〈표 4-17〉에 관련 안전 교육 활동안이 제시되어 있다.

**미국의 Factcheck에서 제안한 '가짜 뉴스 사실 확인' 필요성 기준**

① 뉴스 출처가 어디인지 확인한다.
- 실제 언론사에서 작성한 뉴스가 맞는지, 해당 홈페이지에서 확인한다.

② 글은 끝까지 읽어본다.
- 제목은 클릭 수를 높이기 위해 자극적으로 달고, 내용과 맞지 않은 경우가 있다. 제목과 글의 내용이 다른 이야기를 하고 있진 않은지 끝까지 읽어야 한다.

③ 작성자를 확인해야 한다.
- 글쓴이가 신뢰할 사람인지, 그 사람이 쓴 글인지, 글쓴이가 존재하는지를 확인한다.

④ 근거 자료를 확인한다.
- 해당 뉴스 정보를 뒷받침하지 못하는 근거 자료를 링크로 걸어두는 경우가 많기 때문에 확인한다.

⑤ 날짜를 확인한다.
- 현재가 아닌 과거의 뉴스가 나오기도 한다. 과거의 뉴스가 사실이었다 해도 현재 상황과는 다른 왜곡된 정보일 수 있다.

⑥ 농담일 수 있다.
- 풍자를 진지하게 쓴 것일 수 있다.

⑦ 내 생각이 한 쪽으로 치우치지 않았는지 확인한다.

출처: 법무부 공식 블로그 〉 가짜뉴스와 진짜 뉴스, 어떻게 구별하나요?

## 〈표 4-17〉 안전 교육 활동 계획안

<table>
<tr><th colspan="4">늑대는 거짓말을 하는 걸까? 사실을 말하는 걸까?</th></tr>
<tr><td>활동유형</td><td>대집단 활동(토의 및 토론)</td><td>대상연령</td><td>만 5세</td></tr>
<tr><td>활동목표</td><td colspan="3">• 미디어에서 주는 정보가 항상 올바른 정보가 아님을 안다.<br>• 진짜 정보를 판단하는 힘을 기른다.<br>• 미디어를 정확하게 바라보는 미디어 리터러시 역량에 관심 가진다.</td></tr>
<tr><td>유아의 경험과 배움</td><td colspan="3">• 의사소통<br>듣기와 말하기 – 상대방이 하는 이야기를 듣고 관련해서 말한다.<br>– 자신의 경험, 느낌, 생각을 말한다.<br>• 사회관계<br>더불어 생활하기 – 서로 다른 감정, 생각, 행동을 존중한다.</td></tr>
<tr><td rowspan="3">활동자료</td><td>입장 카드(출처: KCS교육문화컨설팅), 스티커, 동화책(「늑대가 들려주는 아기돼지 삼형제 이야기」 보림, 존셰스카 글/ 레인 스미스 그림, 「아기 돼지 삼형제」 푸른숲 글방, 조셉 제이콥스(원작)/ 이새미 그림)</td><td colspan="2">※ 자료 다운로드 QR 코드</td></tr>
<tr><td>입장1<br>
</td><td colspan="2">입장2<br>
</td></tr>
<tr><td>입장3<br>
</td><td colspan="2">입장4<br>
</td></tr>
</table>

| 활동내용 |
| --- |
| 1) 아기돼지 삼형제에 대해 이야기 나눈다.<br>- 아기돼지 삼형제 이야기를 알고 있니?<br>- 줄거리를 친구들에게 설명해 줄 수 있는 친구가 있니?<br><br>2) 「늑대가 들려주는 아기돼지 삼형제 이야기」동화책을 소개한다.<br>- 선생님이 책 한 권을 들고 왔는데, 책 속의 주인공인 늑대가 친구들에게 하고 싶은 이야기가 있대. 함께 들어줄 수 있겠니?<br>- (동화책을 듣는다.)<br>- 늑대의 이야기를 잘 들었니?<br>- 늑대가 주장하는 것을 기억하는 친구가 있니?<br>- 또 어떤 것이 있었니?<br>- 늑대가 거짓말을 하는지, 사실을 이야기하는지 어떻게 알 수 있을까?<br><br>3) 입장카드를 소개한다.<br>- 누가 사실을 이야기하는지 동물 4마리 친구들의 입장을 들어보고 생각해보도록 하자.<br>- 4마리 친구들의 입장을 잘 들었니?<br>- 늑대가 거짓말이라고 주장하는 동물 친구들은 누구였니?<br>- 늑대가 사실이라고 주장하는 동물 친구들은 누구였니?<br><br>4) 진짜 정보를 말하는 동물에게 투표한다.<br>- 진짜 정보를 말하는 동물 친구들은 누굴까?<br>- 내가 생각한 동물 친구들에게 스티커를 붙여주자.<br><br>5) 정확한 정보를 찾는 방법에 관해 이야기 나눈다.<br>- 진짜 정보를 말한 동물은 누구였니?<br>- 왜 진짜 정보를 말했다고 생각했니?<br>- 어떤 것이 진짜 정보를 나타내는 것 같니?<br>- 가짜 정보를 말했던 토끼는 왜 사실이 아닐까?<br>- 수달은 왜 사실이 아닐까?<br>- 까마귀는 왜 사실이 아닐까?<br>- 가짜 정보를 찾는 방법은 무엇일까?<br>- 가짜 정보의 힌트가 있을까?<br>- 정확한 정보를 찾는 방법은 무엇일까?<br>- 정보를 말할 때는 어떻게 전달해야 할까? |

# 4. 교사 미디어 리터러시 역량 강화

## 1) 교사 미디어 리터러시 역량 강화를 위한 셀프 점검

### (1) 미디어 콘텐츠의 유아교육적 활용 적합성 분류 준거

COVID-19는 '팬데믹'을 초래하며 라이프 스타일, 사회 환경, 소비문화, 경제, 교육 등 일상 곳곳에 크고 작은 영향을 미치게 되었으며, 교육 현장에도 교사와 학생의 접촉을 최소화하는 언택트 시대(김기봉, 2020)에 맞춰 원격 수업 시대가 도래하였다. 유아의 발달 특성을 고려하여 정부에서는 교육부 '누리포털', 시도교육청 자체 콘텐츠(김효진, 2021) 등을 통해 원격 수업을 지원하기 이르렀다. 2020·2021년 격변의 원격 수업 과정을 통해 스마트 기기를 포함한 멀티미디어에 대해 비판적 견해가 많았던 유아교육 현장에서도 교사 및 학부모들이 교육 패러다임이 변화함을 인식하고 원격 수업 및 스마트 미디어 활용의 필요성에 대한 인식이 높아졌다. 이에 따라 미디어 콘텐츠를 교육에 활용하는 범위가 넓어졌고, 미디어 콘텐츠의 제작 및 공유 채널이 다양해졌다.

유아 및 어린이를 위한 미디어 콘텐츠는 시중에 많이 출시되어 있다. IPTV, 유튜브(Youtube) 등 영·유아를 위한 콘텐츠는 다양하지만 영·유아에게 적합한 콘텐츠를 활용하기 위해서는 명확한 준거를 바탕으로 선택해야 한다.

영·유아에게 적합한 미디어 콘텐츠를 선택하기 위한 준거는 다음과 같다. 6개 항목으로 이루어졌으며 6번 항목은 역 채점 항목이다. 각 항목은 4개의 세부 준거로 되어있으며 각 세부 기준은 0.25점에 해당한다. 현장 활용도가 떨어지거나, 제외인 경우에는 0점을 부여하고, 현장 활용도에 적합하지 않을 경우 1점, 조금 적합한 경우 2점, 보통일 경우 3점, 현장에 적합한 경우 4점, 매우 적합할 경우 5점을 부여한다. 세부적인 미디어 콘텐츠의 유아 교육적 활용준거는 〈표 4-18〉과 같다.

〈표 4-18〉 미디어 콘텐츠의 유아교육적 활용 준거

| 항목 | | 세부기준 | 점수 | |
|---|---|---|---|---|
| 1 | 교육목적 | 유아의 상상력과 호기심을 자극하는가? | 0.25 | 1점 |
| | | 내용이 유용하고 정확하며 최신의 것인가? | 0.25 | |
| | | 유아가 모방하기에 적절한 언어적 롤모델을 포함하는가? | 0.25 | |
| | | 고정관념 및 편견을 띠고 있지 않은가? | 0.25 | |
| 2 | 놀이주제 적합성 | 생활주제의 내용을 담고 있는가? | 0.25 | 1점 |
| | | 교육영역으로 구분할 수 있는가? | 0.25 | |
| | | 프로젝트에 활용할 수 있는가? | 0.25 | |
| | | 유아들이 흥미 및 관심을 가지는 주제를 포함하고 있는가? | 0.25 | |
| 3 | 인지도 | 브랜드 캐릭터가 활용되었는가? | 0.25 | 1점 |
| | | 캐릭터가 교육적 성향을 띄고 있는가? | 0.25 | |
| | | 학부모에게 인지도가 높은 영상인가? | 0.25 | |
| | | 기관에서 활용 여부(안전교육, 기본생활 교육 등)가 있는가? | 0.25 | |
| 4 | 시청지도 필요성 | 성인의 지도 없이, 유아 스스로 시청할 때 교육적인가? | 0.25 | 1점 |
| | | 폭력성을 띄고 있지 않은가? | 0.25 | |
| | | 시청시간이 길지 않는가? (유아 집중력 고려 최대 20분) | 0.25 | |
| | | 유아가 최소한 75% 이상을 이해할 수 있는 내용인가? | 0.25 | |
| 5 | 영상 우수성 | 심미감을 주는 영상인가? | 0.25 | 1점 |
| | | 그림의 완성도가 있는가? | 0.25 | |
| | | 배경음악은 아름다운가? | 0.25 | |
| | | 실사 반영을 하는가? | 0.25 | |
| 6** | 부적합 요소 | 시리즈 영상 콘텐츠인가? | 1점 | |
| | | 애니메이션 콘텐츠인가? | 1점 | |
| 합계 | | *최대 5점 (항목별 1점, 문항당 0.25점) **6번 항목은 역채점 | | |

### (2) 성인 관찰자용 스마트 폰 과의존 척도

스마트 폰 과의존이란 스마트 폰을 과도하게 사용하여 일상 속에서 스마트 폰을 이용하려는 패턴이 다른 것보다 우선시하는 '현저성'이 증가하고, 스마트 폰을 이용 시간 및 주관적 목표에 대한 자율조절능력이 떨어지는 '이용 조절력'이 감소하고, 신체·정신·사회적으로 부정적인 영향을 미치는 것을 알지만 스마트 폰을 이용하려는 행태가 증가하는 '문제적 결과'를 경험하는 상태를 말한다(과학기술통신부, 한국정보사회진흥원, 2020). 유아교육기관에 미디어 기기 보급이 증가하고 있으므로 미디어 기기 및 스마트 폰 사용에 대한 교사 또는 부모를 포함한 양육자의 세심한 관찰이 필요하다. 관찰 결과를 종합하여 개별적인 스마트 폰 사용 지도를 위한 기초자료로 활용할 수 있다. 〈표 4-19〉는 성인 관찰자용 스마트폰 과의존 관찰 척도이다.

〈표 4-19〉 성인 관찰자용 스마트 폰 과의존 척도

| 번호 | 요인 | 항목 | 전혀 그렇지 않다 | 그렇지 않다 | 그렇다 | 매우 그렇다 |
|---|---|---|---|---|---|---|
| 1 | 조절 실패 (역문항) | 스마트 폰 이용에 대한 보호자의 지도를 잘 따른다. | | | | |
| 2 | | 정해진 이용 시간에 맞춰 스마트 폰 이용을 잘 마무리한다. | | | | |
| 3 | | 이용 중인 스마트 폰을 빼앗지 않아도 스스로 그만둔다. | | | | |
| 4 | 현저성 | 항상 스마트 폰을 가지고 놀고 싶어 한다. | | | | |
| 5 | | 다른 어떤 것보다 스마트 폰을 갖고 노는 것을 좋아한다. | | | | |
| 6 | | 하루에도 수시로 스마트 폰을 이용 하려 한다. | | | | |
| 7 | 문제적 결과 | 스마트 폰 이용 때문에 아이와 자주 싸운다. | | | | |
| 8 | | 스마트 폰을 하느라 다른 놀이나 학습에 지장이 있다. | | | | |
| 9 | | 스마트 폰 이용으로 인해 시력이나 자세가 안 좋아진다. | | | | |

출처: 한국정보화진흥원 스마트쉼센터 〉 https://www.iapc.or.kr

진단 결과에 따라 일반 사용자군, 잠재적 위험 사용자군, 고위험 사용자군으로 분류된다. 잠재적 위험 사용자군과 고위험 사용자군은 과의존 위험군으로 볼 수 있으므로 이에 따른 지도 방법은 〈표 4-20〉과 같다.

〈표 4-20〉 스마트 폰 과의존 척도 점수 준거

| | 진단결과 | 지도 및 조치방법 |
|---|---|---|
| 일반 사용자 (23점 이하) | 부모의 통제에 따라 스마트 폰 사용시간이 조절되고 있으며, 갈등을 일으키지 않고 일상생활에 있어 스마트 폰의 영향이 적은 상태이다. | 자기 관리 및 예방 요망<br>부모의 통제에 따라 스마트 폰을 적절하게 사용하고 있지만, 스마트 폰을 건전하게 활용하기 위해 자가점검을 지속적으로 해야 한다. |
| 잠재적 위험 사용자 (24~27점 이하) | 스마트 폰을 사용할 때 부모의 통제를 따르지 않는 경우가 종종 발생하며, 갈등이 발생하고 일상생활에서 스마트 폰이 차지하는 비율이 높아지고 있어 놀이/학습에 문제가 조금씩 발생하기 시작한 상태이다. | 상담 개입 요망<br>스마트 폰 사용에 대한 조절력이 약화된 상태로 대인 관계 갈등이나 일상의 역할에 문제가 발생하기 시작한 단계이다. 스마트 폰 과의존에 대한 주의가 필요하다. |
| 고위험 사용자 (28점 이상) | 스마트 폰을 사용할 때 부모와 갈등이 많이 일어나며, 일상생활에서 스마트 폰으로 인한 문제점이 심각하게 발생하여 신체, 정신, 사회적으로 문제가 일어나고 있는 상태이다. | 집중 치료 요망<br>스마트 폰 사용에 대한 통제력을 상실한 상태로 대인관계 갈등이나 일상의 역할 문제, 건강문제 등이 심각하게 발생한 상태이다.<br>관련 기관의 전문적인 지원과 도움이 필요하다. |
| 기준 점수 | • 전혀 그렇지 않다 : 4점/ 그렇지 않다 : 3점/ 그렇다 : 2점/ 매우 그렇다 : 1점<br>• 조절실패 요인(1~3번 문항) 역채점<br>• 최고점 : 36점 | |

출처: 한국정보화진흥원 스마트쉼센터 〉 https://www.iapc.or.kr

## 2) 미디어 교육 관련 사이트

### (1) 유아들과 함께 활용할 수 있는 사이트

※ 사이트를 활용하여 유아들과 함께 풀어나갈 수 있는 프로젝트의 예시

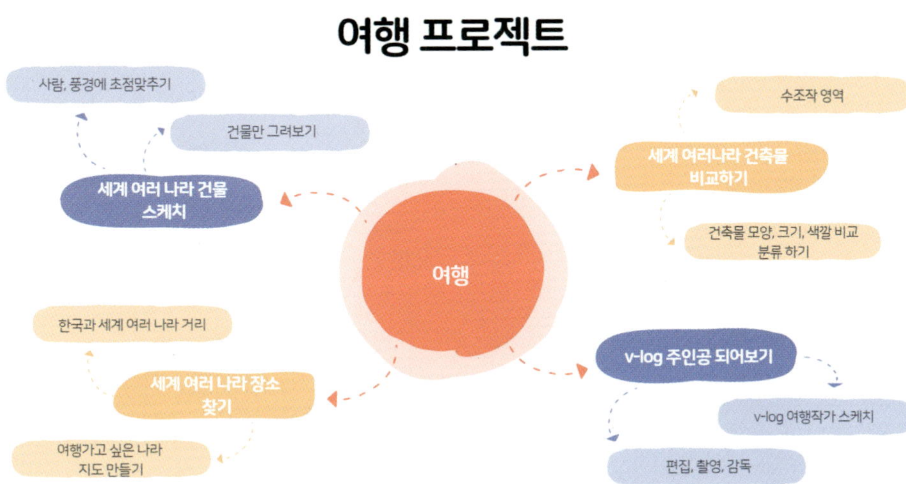


**▪ 시티워크라이브**

- 세계 유명 여행지를 도보 여행으로 하는 것 같은 느낌이 들게 하는 웹사이트이다. 우측 메뉴에서 낮과 밤 설정이 가능하며, 소음 ON/OFF가 가능 하다.

**▪ 윈도우스왑**

- 10분 내외의 영상으로 전 세계 창밖 풍경을 영상으로 공유하는 플랫폼이다. 각 나라의 바람, 동물 울음소리, 골목길을 지나는 사람들의 대화 등 자연스러운 소리를 들을 수 있는 장점이 있다.
- 장소의 소리 담기 활동
- 폴리아티스트가 되어 영화 소리 만들기 활동

■ 구글어스

※ 사이트를 활용하여 유아들과 함께 풀어나갈 수 있는 프로젝트의 예시

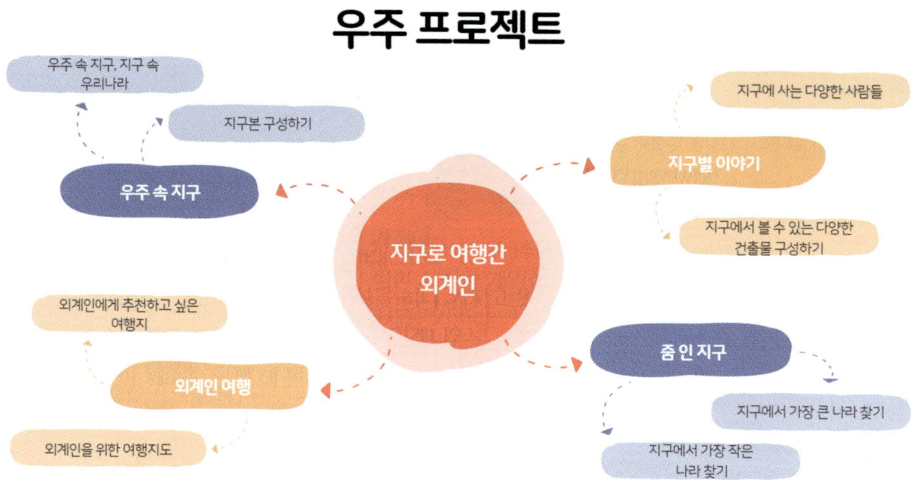


구글어스는 구글에서 제공하는 3D 위성 지도 서비스이며, 위성이미지, 지도, 지형, 건물 등의 전 세계의 지역 정보를 제공하는 서비스이다. 돋보기 모양을 클릭하면 자신이 가고 싶은 나라와 도시를 검색할 수 있으며, Voyager 항목은 주제와 관련한 다른 여행지를 추천해주는 기능이다.

I'm feeling lucky 를 선택하면 클릭할 때마다 무작위로 다른 장소를 보여준다. 지도 스타일을 선택할 수 있는데 정보표시 안 함을 선택하면 지도만 보여주며 일부 정보 표시를 선정하면 경계선, 라벨, 도로 등의 다양한 정보 중 일부만 보여지고, 모든 정보 표시를 선택하면 구글에서 보여주고자 하는 모든 정보를 보여주는 기능이다. 자신이 원하는 정보를 체크박스에 표시하면 보여주는 맞춤 설정도 가능하다.

또한 거리 및 면적을 측정할 수 있다. 마우스 좌측 버튼을 클릭하면 지도가 움직여지는데 마우스 힐을 통해 지도를 확대하거나 축소할 수 있다. 오른쪽 하단에 있는 아이콘을 설명하면, 가운데 점이 있는 햇살 아이콘이 현재 내 위치를 보여주는 아이콘이다. 사람 모양은 스트리트 뷰를 보여주는 아이콘으로 실제 거리가 나타난다. 파란색 선은 거리이고 파란색 점은 실제 건물의 안팎을 보여주는 파노라마이다. 자신이 가고자 하는 장소에 사람 모양을 드래그해서 올려놓으면 그 장소로 이동된다. 3D로 누르면 입체적으로 전환되며 나침판 표시는 방위를 나타낸다.

■ 구글 아트 앤드 컬쳐

※ 사이트를 활용하여 유아들과 함께 풀어나갈 수 있는 프로젝트의 예시

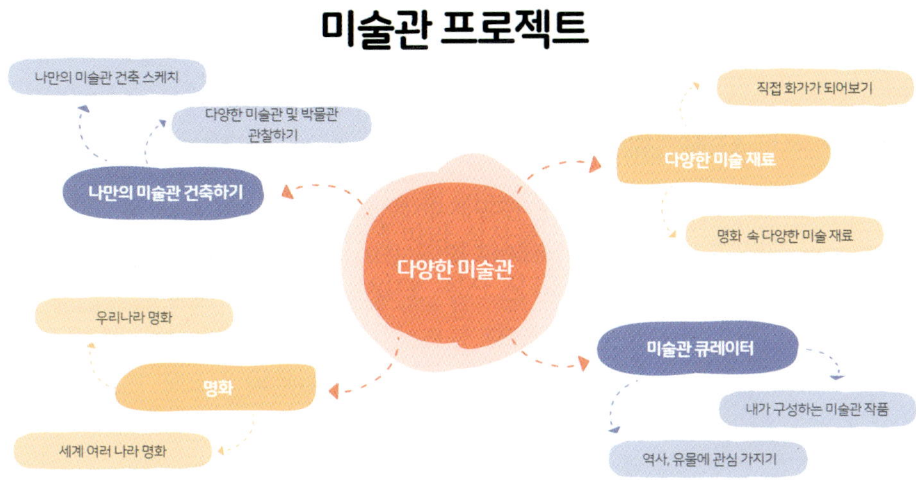


구글과 파트너를 맺고 있는 미술 소유 작품을 온라인 공간에서 감상할 수 있는 문화 · 예술 프로젝트이다(위키피디아, 2022). 2012년을 기준으로 할 때, 40개국에서 총 151개 미술관이 참여하여 작품을 등록하고 현재 3만 점 이상이다. 범주는 3개로 되어 있으며, 테마(색상, 작가, 재료, 장소, 연대 등), 검색, 컬렉션(미술관, 박물관 등)으로 나누어져 있다. 찾아보기 메뉴를 통해 사건별, 인물별, 재료별, 아티스트별 검색이 가능하며 색상과 시간적 연대에 따라 검색이 가능하다.

구글 나노 카메라 기술을 도입하여 작품을 나누어 촬영하였기 때문에 줌(zoom) 기능을 활용하면 고해상도로 확대가 가능하여 작품에서 미처 발견하지 못한 부분까지 세세하게 볼 수 있다는 장점을 가지고 있다. 코리안 헤리티지 프로젝트를 통해 한국의 문화, 예술 및 역사를 한눈에 볼 수 있는 프로젝트가 진행되었다. 국립고궁박물관, 국립민속박물관, 국립중앙박물관과 연계한 이 프로젝트를 통해 신라부터 대한제국에 이르는 유물과 미술품 전시를 관람할 수 있는 기회가 생겼다.

- 확대/ 축소 : 미술작품 터치하면, 확대, 축소하여 세밀하게 관찰할 수 있는 기능
- 주변 : 주변에 있는 박물관 및 미술관의 이벤트를 검색할 수 있는 기능
- 전시 : 전문가가 선별한 가이드 정보를 받을 수 있음
- 예술작품 인식 : 기기의 카메라를 작품에 가져가면, 작품에 관한 정보를 알 수 있는 기능 (모든 박물관에서 지원하는 것은 아님)
- 번역 : 구글 번역을 활용하여 우리나라 번역이 가능하여 유아들과 사용 가능함
- 가상투어 : 세계 여러 나라의 박물관에 가상으로 방문할 수 있는 기능
- 가상현실 : 구글 키보드 뷰어를 통해 가상현실을 체험할 수 있는 기능

■ 우리나라 디지털 지도

우리나라에서 제공하는 지도로 우리나라 사용자들에게 최적화되어 있다. 디지털 지도는 미디어 기기(스마트 폰/패드, 컴퓨터 등)에서 이용할 수 있도록 각종 지리 및 지도 정보를 디지털화한 지도를 의미한다(네이버 국어사전, 2011). 인공위성 사진을 지도 형식으로 바꾸었기 때문에 우리나라 내 다양한 위치와 현재 내가 있는 장소에 대해 쉽게 파악할 수 있으며, 우리 동네에 관심을 가지고 정확하게 볼 수 있는 이점이 있다.

유아교육기관 현장에서 디지털 지도를 활용하는 플랫폼으로는 국토지리정보원, 네이버 지도, 다음 지도 등이 있다. 검색창에 가고 싶은 장소를 입력하여 지도에서 위치를 찾거나, 확대 기능으로 가고 싶은 장소를 자세히 살펴볼 수 있고, 축소 기능으로 거시적 관점에서 지구 속 우리나라, 우리 동네가 포함되어 있음을 이해할 수 있다. 마우스를 누른 채 움직이며 지도 안에서 이동이 가능하기 때문에 온라인 공간상에서 장소 및 시간 제약 없이 자유롭게 이동이 가능하다는 것을 이해할 수 있다. 유아교육기관에서도 위치 찾기 기능을 활용하여 우리 동네를 찾아보거나, 우리 동네 전체 모습과 비슷한 모양을 찾거나, 맵을 활용하여 지도를 그려 직접 찾아올 수 있도록 하는 프로젝트가 가능하다. 〈표 4-21〉은 동대문구 그림유치원의 영상 지도를 활용한 수업 사례이다.

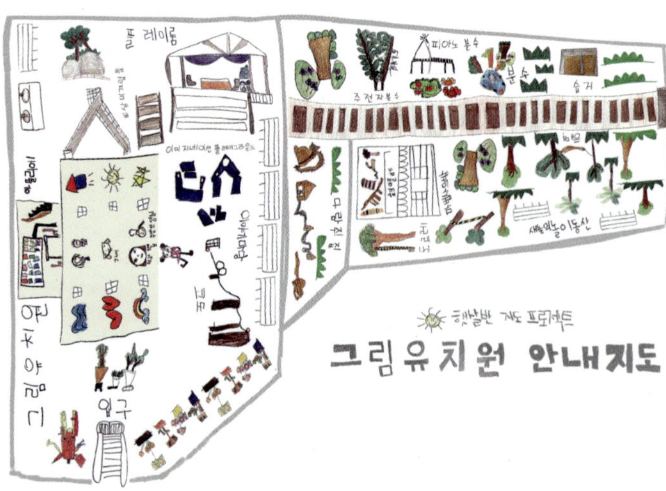

〈표 4-21〉 교육 활동 계획안

| 보물지도 그리기 | | | |
|---|---|---|---|
| 활동유형 | 자유선택활동 | 대상연령 | 만 5세 |
| 활동목표 | • 지도애플리케이션의 기능에 관심 가진다.<br>• 지도애플리케이션과 실제 지형을 비교해본다.<br>• 지도애플리케이션의 기능을 활용하여 길을 찾을 수 있다. | | |
| 유아의 경험과 배움 | • 신체운동건강<br>안전하게 생활하기 – 안전사고, 화재, 재난, 학대, 유괴 등에 대처하는 방법을 경험한다.<br>• 의사소통<br>듣기와 말하기 – 바른 태도로 듣고 말한다.<br>– 자신의 경험, 느낌, 생각을 말한다.<br>• 사회관계<br>더불어 생활하기– 서로 다른 감정, 생각, 행동을 존중한다.<br>• 자연탐구<br>생활 속에서 탐구하기 – 도구와 기계에 대해 관심을 가진다. | | |
| 놀이흐름 | 날씨 애플리케이션을 살펴보다가 지역별로 비 소식이 다름을 보고 지역의 위치와 지형에 관심이 확장되어 지도 애플리케이션을 소개하였다. 지도애플리케이션의 기능을 간단하게 설명해주자, 유아들이 직접 유치원, 사는 곳 등의 우리 동네에 어떤 지형지물이 있는지 축소/확대, 위성뷰, 로드뷰 등 다양한 기능을 탐색하고 집중하였다. 가정과 연계하여 우리 집 주변을 직접 지도로 그려오고 지도와 지도애플리케이션을 비교하며 소개하는 시간을 가졌다. 이를 통해 유아가 우리 동네, 지역 등 내가 살고 있는 곳에 관해 관심을 가지고 방향, 기호, 색 등의 지도가 가지는 상징적인 요소를 자연스럽게 표상으로 표현됨을 확인할 수 있다. | | |
| 활동자료 | 지도 애플리케이션, 스마트 패드, 지면지도, 지도기호, 큰 도화지, 필기도구<br>  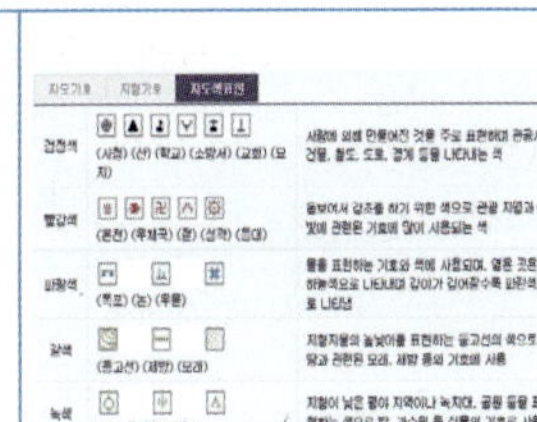<br>출처: 네이버검색 〉 지도기호 〉 대전광역시 지적공간서비스포털 | | |

| 활동내용 |
| --- |
| 1) 날씨 애플리케이션을 보며 지역마다 다른 호우상태를 나타냄에 대해 이야기 나눈다.<br>- 우리 동네에서는 비가 안 오는데 부산의 날씨는 어떨까?<br>- 대구 날씨도 찾아볼까?<br>- 지역마다 날씨가 다르구나. 지역의 모양도 다를까?<br><br>2) 실제 지도를 보며 우리 동네의 위치, 다양한 기호, 상징물을 살펴본다.<br>- 우리 유치원이 있는 지역의 지도를 가져왔어.<br>- 지도에 무엇이 보이니?<br>- 지도에 표시된 기호는 어떤 것을 뜻하는 것일까?<br>- 색은 왜 다르게 표시했을까?<br>- 우리 유치원은 어디에 있을까?<br>- 경찰서는 어디에 있을까?<br>- 지하철은 어떻게 표시되어 있니?<br><br>3) 스마트 패드를 제공한다.<br>- 지도애플리케이션에서 우리 유치원을 찾아볼까?<br>- 아까 찾았던 경찰서는 어디에 있니?<br>- 종이로 된 지도와 지도 애플리케이션을 비교해보니 어떠니?<br>- 어떤 점이 똑같을까?<br>- 어떤 점이 다른 것 같니?<br><br>4) 지도애플리케이션의 기능을 탐색한다.<br>- (+) 표시를 누르면 어떻게 되니?<br>- (−) 표시를 누르면 어떻게 되니?<br>- 위성지도는 무엇일까?<br>- 로드뷰 기능은 무엇일까?<br>- 위성뷰, 로드뷰를 비교해보자. |

5) (가정과 연계) 우리집 주변의 지도를 그려온다.

6) 그려온 지도와 지도애플리케이션을 비교하며 친구들에게 소개한다.
- 부모님과 함께 우리집 주변의 위치를 지도로 그려보았니?
- 지도애플리케이션과 지도를 비교해볼까?
- 친구들에게 소개하고 싶은 친구가 있니?
- 또 다른 친구가 있니?

| 활동사진 |  | 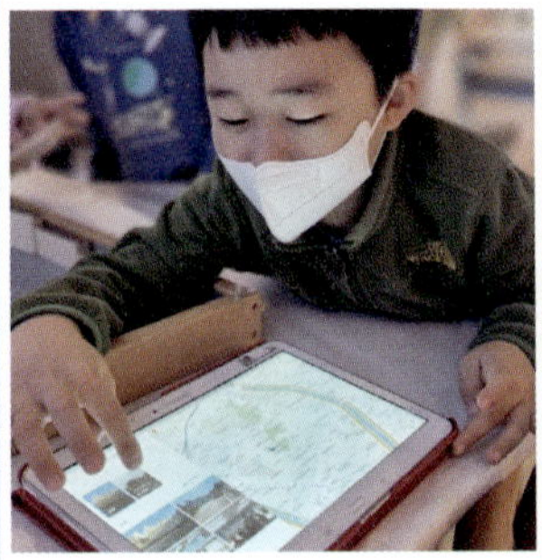 | 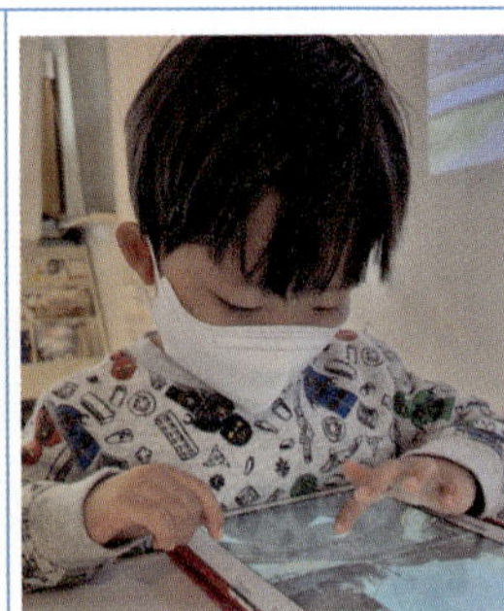 |
|---|---|---|---|

■ 국립중앙과학관 온라인 전시관

국립중앙과학관에서는 5대 국립 과학관의 기획 특별 전시를 온라인 가상현실 전시관으로 구축하였다. 집에서도 PC, 스마트 폰, 가상현실 기기 등을 통해 과학관의 특별전시를 감상할 수 있다. 16개의 테마관으로 되어있으며 유아가 관심 있는 주제를 선택해서 들어가면 된다.

### (2) 미디어 교육용 자료 사이트

■ 시청자미디어재단

시청자미디어재단은 미디어 역량 강화를 위해 영·유아부터 고교까지의 미디어 교육 수업지도안을 제공하는 사이트이다. 미디어 취약계층을 대상으로 미디어 교육을 실시하였으며, 미디어 이해와 역기능 대응 교육을 실시하여 평생 미디어 교육 체계 구축 및 지원을 담당하고 있다. 미디어 이용 시기가 영아기부터 시작하고 있는 것을 고려할 때 가정뿐만 아니라 유아교육기관에서 미디어 교육이 체계적으로 이루어지지 않고 있어 대책이 필요한 상황이다(시청자미디어재단, 육아정책연구소, 2021).

이에 시청자미디어재단은 유아 대상 미디어 교육을 실시할 수 있도록 씨앗별 미디어 강사를 양성하고 관련 사례들을 수집하는 등 유아 대상 미디어 교육을 중점적으로 연구하고 있으며, 미디어 취약 계층인 유아 및 교사의 미디어 역량 강화를 위한 교육 자료도 제공하고 있다.

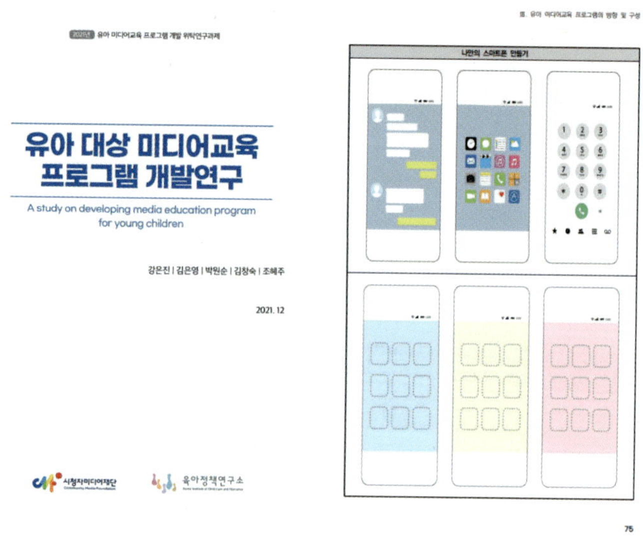


출처: 시청자미디어재단 〉 미디어 리터러시 〉 미디어 교육 자료 〉 유아 미디어 교육 프로그램

### ■ I-누리포털

교육부에서 유아·놀이 중심 「2019 개정 누리과정」의 현장 지원을 위해 유치원, 어린이집 기관 교사, 학부모를 위한 특화된 포털 사이트를 개설하였다. 만 3~5세 유아를 위한 아이 중심 누리과정 정보 공유를 위해 놀이의 진정한 의미를 알고, 유아가 주체성을 가질 수 있도록 교사와 학부모를 지원하고 있다.

① 배움누리 메뉴에서는 「2019 개정 누리과정」과 관련하여 누리과정 고시문, 현

장지원자료(해설서, 놀이이해, 놀이실행, 놀이운영사례집 등), 연수자료, 홍보자료, 현장 이야기 등을 통해 사용자들이 누리과정의 개정 방향과 목표 및 취지를 이해할 수 있도록 지원하고 있다.

② 도움누리에서는 개정 누리과정과 관련하여 궁금한 사항을 멘토에게 물어보고 답변을 받을 수 있는 공간이다. 전문가 자문이 필요할 때 사용할 수 있는 공간이다.

③ 나눔누리는 개정누리과정의 적용 및 실행을 위해 활용 가능한 콘텐츠, 자료, 문서가 게시된 공간이다. 17개 시·도 교육청, 유아교육진흥원, 육아정책연구소와 협력하여 원격수업 지원 자료를 지속적으로 개발하고 있는 것이 특징이다. 원격수업자료에서 사용할 수 있는 콘텐츠 영상, 메타버스, 유아놀이 등이 풍부하게 게시되어 있다.

④ 소통누리는 공동체로 교사들이 현장에서 발생하는 어려움을 토의하고 해결방안을 얻는 곳이며, 설문조사, 누리과정 포털 서포터즈를 위한 공간도 마련되어 있다. 학부모 코너는 개정누리과정의 추지를 설명함과 동시에 유아에게 놀이가 왜 필요한지, 놀이가 미치는 긍정적인 영향 등 학부모의 입장에서 궁금한 사항에 대한 많은 자료가 게시된 공간이다. 가정보육 때 활용할 수 있는 다양한 자료들이 게시되어 있다.

■ 교육부 학교안전정보센터

학교 현장의 다양한 안전 교육 수요 충족을 위해 양질의 안전 교육 콘텐츠 제공을 통한 안전사고를 예방하기 위해 개발된 교육 정보 시스템이다(학교안전정보센터, 2021). 유아부터 고교까지 학생의 발달단계 및 수준에 맞춰 안전 교육을 제공하고자 교육부 안전 교육 7대 표준안 및 영상, 교사용 지도안, 수업자료 등이 탑재되어 있다.

### (3) 교사가 활용하기 좋은 미디어 tool(도구)

■ 미러링, AnyDesk

미러링이란 스마트패드/폰 화면을 PC와 TV에 그대로 보여주는 것을 의미하며 미러링을 사용할 경우 미디어 매체의 호환이 자유롭게 때문에 다양한 놀이 지원이 가능하다. AnyDesk는 원격으로 PC와 스마트패드/폰을 제어할 수 있는 프로그램으로 홈페이지에서 무료 다운로드를 클릭하여 설치하면 무선으로 간편하게 연결된 미디어 매체를 제어하거나 화면 송출을 할 수 있다. 첫 번째 단계로 연결하고자 하는 PC에서 AnyDesk 프로그램을 실행하고, 스마트기기의 AnyDesk 어플리케이션을 실행해야 한다. 먼저 PC에서 실행 버튼을 누르면 스마트기기로 PC에 접속할 수 있는 주소가 표시되는 것을 볼 수 있다. 스마트패드/폰의 어플리케이션에서도 실행하면 주소가 표시된다. 어떤 기기의 화면을 미러링할 것인지 결정하여 기기에 주소를 입력하면 된다. 두 번째로 스마트기기 화면을 미러링 하겠다고 결정하게 되면, PC에서 스마트기기의 접속 주소를 입력하고 화살표 표시를 클릭하여 원격접속을 요청해야하고 해당 스마트기기에서 원격접속을 수락하는 버튼을 누르면 된다. 수락 시 스마트기기 화면이 PC에 표시되며 원격제어 및 화면 송출이 가능하다. 교실에서 유아가 진행한 스마트패드/폰 활동 화면을 공유하거나, 교사가 찍은 유아 사진, 프로젝트 진행 사진, 친구들과 공유하고 싶은 영상 등을 미러링 하고 싶을 때 자유롭게 활용하여 놀이 지원을 풍부하게 지속할 수 있다.

프로그램 사용 외에도 스마트패드/폰(갤럭시 smart view, 애플 화면 미러링)과 smart TV 기능으로 미러링이 가능하다. 기능을 사용하고자 하는 장소의 디지털 환경을 확인하여 TV 기능을 파악하고 smart TV인 경우 스마트패드/폰의 기능만을 활용하여 미러링을 하면 편리하게 이용할 수 있다.

|   |   | 〈Any Desk QR코드〉 |
|---|---|---|
| 출처: google playstore | 출처: https://anydesk.com/ko | |

■ 패들렛

유아교육기관의 다양한 기록을 체계적으로 정리하고, 공유하여 필요한 순간에 활용하기 위해 가상 게시판에 콘텐츠를 업로드할 수 있는 무료 사이트이다. Google, Microsoft, Apple 계정으로 로그인이 가능하며 그 외의 이메일 주소로도 가입이 가능하다. 스마트패드/폰에서 어플리케이션을 다운로드 받으면 PC상의 패들렛 사이트와도 동기화가 가능하다. 교사의 경우 무료로 5개의 게시판을 만들 수 있다. 좌측 상단의 '설정–교사' 부분에 '체크–업데이크'를 클릭하면 된다. 패들렛의 게시판 종류는 7가지가 있는데 필요한 게시판의 형태에 따라 선택하면 된다. 〈스트림〉의 경우 위에서 아래의 흐름으로 콘텐츠를 배치하는 형태이며, 〈담벼락〉은 포스트를 가로로 줄지어 배열하고, 내용에 따라 각 포스트 내용이 길어질 수 있다. 〈그리드〉는 가로로 4개의 포스트가 단위가 되어 콘텐츠를 배치할 수 있는데 많은 내용의 포스트를 크기에 맞추어 배열이 되는 게시판이다. 〈셸프〉의 경우 각 구역별로 콘텐츠를 담을 수 있는데, 날짜별 또는 개별 유아로 분류할 때 사용할 수 있으며 이미지, 영상, 문서, 메모가 가능하기 때문에 유용하게 활용할 수 있다. 〈지도〉는 세계 지도 상에 위치를 포스트 할 수 있어 유아와 함께 세계여러나라, 우리나라 프로젝트 진행 시 사용할 수 있으며 지도상에 직접 클릭 또는 위치나 주소를 검색하여 포스트 하기 용이하다. 〈캔버스〉는 콘텐츠 위치를 놓고 선을 연결하여 관계성을 보여줄 수 있는 게시판으로 선이나 콘텐츠에 추가 설명을 할 수 있다. 〈타임라인〉은 시간의 흐름에 따라 게시할 수 있는 형태로 하루일과 놀이 사진, 영상 등 놀이의 흐름을 한 눈에 살펴보기 유용하다.

출처: 그림유치원 바다반 경제 프로젝트

〈패들렛 QR코드〉

특히 패들렛은 개별 유아를 기록하기에 적합한데, 유아의 이름을 각 섹션별로 입력하고 섹션 추가를 클릭하면 개체수가 늘어난다. 각 유아에 대한 기록을 유아 이름 아래에 있는 플러스 버튼을 클릭하여 추가할 수 있으며 텍스트 뿐만 아니라 링크, 사진, 영상, 이미지까지 삽입 가능하다. 상단의 패들렛 활용 예시 사진처럼 유아교육기관에서 날짜별로 프로젝트 놀이의 흐름을 기록할 때 활용하면 좋다. 실제 초등학교에서는 초등학생들이 서로에게 용기를 주는 편지를 쓰거나, 챌린지에 참여하는 등의 상호작용 목적으로 활용이 되기도 한다. 유아교육기관에서는 유아가 직접 패들렛에 글을 작성하는 것이 어렵다면, 교사와 학부모의 소통 공간으로 활용할 수 있다. 교사는 공지사항으로 학부모들에게 프로젝트 놀이 상황, 준비물 등을 알릴 수 있고, 가정과 연계하여 부모들이 프로젝트 활동에 참여하는 형태로 패들렛을 사용하기 용이하다. 프로젝트가 끝나면 학기별로 패들렛 내용을 링크 복사 또는 QR코드를 생성하여 공유할 수 있으며 내용을 이미지, PDF, CSV, 엑셀 형태로 저장하여 공유가 가능하다.

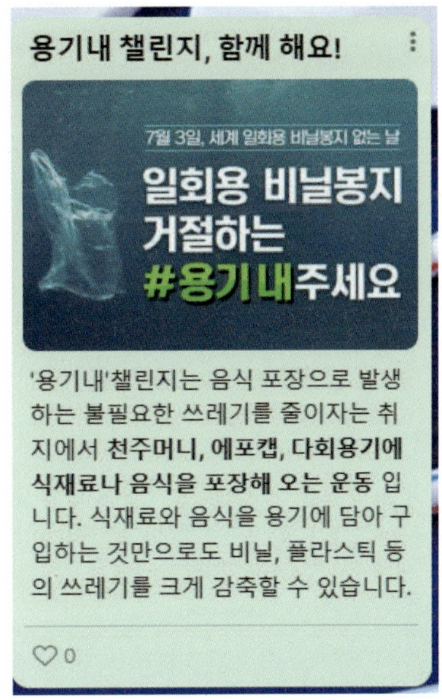


출처: 서울장평초 용기내기 프로젝트_이하준 어린이

■ 저작권 걱정 없는 무료 디자인 툴, Canva(캔바)

유아교육기관에서는 행사, 교육용 및 기관장 보고 자료 등 다양한 공간에서 프레젠테이션이 필요한 경우가 많다. 특히 부모 및 유아를 위한 프레젠테이션 자료를 구성할 때 이해하기 쉽고, 관심을 끌 수 있는 이미지나 영상을 효과적으로 사용하는 것이 좋은 자료라 할 수 있다. 교사는 프레젠테이션 준비 외에도 서류 작업이 많기 때문에 매력적인 영상, 픽토그램, 이미지 자료를 각 사이트에서 찾아 자료를 만드는 것은 현실적으로 힘든 상황이다. 교사의 바쁜 일정을 감안하여 효율성을 극대화하기 위해 필수적인 디자인 툴이 캔바라 할 수 있다. 프레젠테이션 뿐만 아니라 로고, 포스터, 명함, 전단지, 이력서, 인포그래픽 등의 다양한 자료를 만들 수 있기 때문에 교사가 무료 가입을 하고 컴퓨터 영역에 사이트를 제시해 주면 유아도 자유놀이 시간에 사이트를 이용할 수 있다. 또한 캔바는 교사의 경우 '재직증명서'를 제출하면 무료로 이용이 가능하기 때문에 원에서 활용할 때에 교직원 인증을 받고 활용하는 것을 추천한다.

캔바에서 프레젠테이션을 만들 때 업종과 주제에 맞는 디자인을 선택하여 고를 수 있다. '모던, 전문적인, 창의적인' 등 스타일별로 템플릿을 고를 수 있으며 색상별로 분류된 자료를 보고 선택하면 된다. 캔바에서 프레젠테이션을 제작할 때에는 무료 템플릿을 사용하기 전에 미리보기 옵션이 포함되어 있어 구성 확인이 가능하다. 캔바는 웹 기반 디자인 플랫폼이기 때문에 별도의 프로그램 없이 편집 및 다운로드가 가능하다는 것이 장점이며, 모바일 어플리케이션으로도 작업이 가능하다. 또한 발표자 보기 형태를 따로 설정할 수 있어 화면, 타이머, 다음 슬라이드 미리보기 옵션 기능을 활용하면 행사 및 교육 자료 발표 시에도 교사가 도움을 받을 수 있다.

출처: https://www.canva.com/

〈캔바(Canva) QR코드〉

■ 사진 및 이미지 텍스트 추출하기, 구글 드라이브 & 스마트폰 기능 활용하기

사진에서 텍스트를 추출하는 방법은 스마트폰(갤럭시, 애플) 기능을 활용하거나 Google 드라이브 창을 활용하는 방법이 있다. 먼저 갤럭시에서는 사진을 찍은 후 우측 하단의 [T] 아이콘을 클릭하면 텍스트 부분만 음영이 들어가게 되고, 음영 부분이 들어간 텍스트를 누른 후 '모두 선택'을 클릭하면 텍스트를 추출할 수 있다. 애플의 경우 라이브 텍스트(Live Text) 기능을 사용하여 이미지 텍스트를 추출할 수 있다. 라이브 텍스트는 ios15 이상부터 지원하기 때문에 소프트웨어를 먼저 업그레이드 해야 한다. 사진을 찍은 후 우측 하단에 라이브 텍스트 아이콘을

누르고 사진 속 텍스트 부분을 누른다. 텍스트가 제대로 인식되었다면 선택한 텍스트 부분이 영역으로 지정이 되고 추출하고 싶은 부분만큼 드래그를 한 후 복사, 붙여넣기가 가능하며 검색, 번역까지 할 수 있는 기능이다.

갤럭시 스마트폰 기능을 활용하는 방법은 2가지가 있는데 먼저 사진에 찍힌 언어를 추출하고 번역하기가 가능하다. 촬영한 사진에서 우측 하단에 [T] 마크가 나타나는데 아이콘을 누르면 텍스트 영역이 선택되고 해당 영역을 지정하면 된다. 영역 지정 후 팝업창이 뜨면서 옵션에서 Google 번역을 누르면 번역할 수 있다. 두 번째는 문서 및 인쇄된 텍스트의 내용을 추출하기 기능이다. 사진을 찍은 후 [T] 마크를 누르고, 이미지로 된 텍스트를 추출하여 문서로 붙여넣기를 하면 된다.

사진에서 텍스트를 추출하는 또 다른 방법은 Google 드라이브를 활용하는 것이다. 웹사이트에서 Google로 로그인을 하고, Google 드라이브를 선택한 후 드라이브 메인 창에 텍스트가 포함된 사진을 드래그 앤 드롭해서 옮긴다. 옮긴 사진을 마우스 우 클릭하고 상단에 있는 연결 앱에서 Google 문서를 선택한다. Google 문서에서 사진이 열리고 하단으로 내려가면 사진의 텍스트가 추출된 것을 볼 수 있다. 주의할 점은 스마트폰으로 촬영한 HEIC 포맷 형식은 텍스트 추출되지 않기 때문에 JPG 또는 PNG 파일로 업로드 해야 한다.

출처: https://drive.google.com/drive/my-drive

■ URL 짧은 주소 번역 플랫폼, 아사달 a.to

길고 복잡한 URL을 짧은 주소로 변환해서 사용 가능한 플랫폼이다. 가입절차가 없기 때문에 누구나 사용가능하며 긴 주소를 복사하여 변환하기 버튼을 누르면 짧은 주소로 변환이 된다. 단축 URL을 제공하는 플랫폼은 구글 쇼토(goo.gl), 네이버(me2.do), 다음(durl.me), 비틀리(bit.ly)가 있는데, 아사달의 경우 긴 주소도 19바이트 이내로 줄일 수 있다는 장점을 가지고 있다. 짧은 주소로 변환하면 자동으로 QR코드가 생성되어 다운로드 및 인쇄할 수 있다.

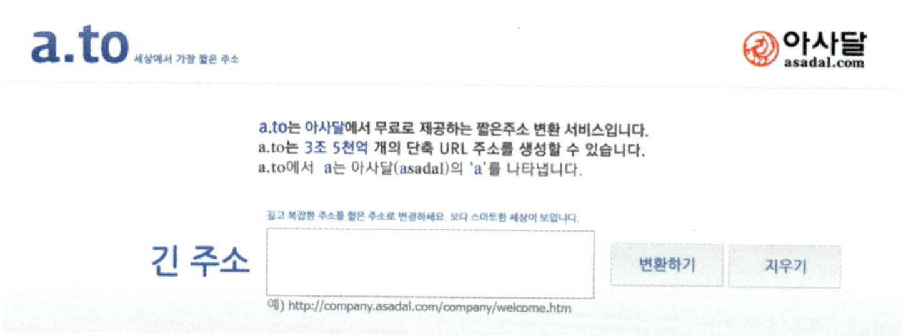


출처: http://a.to/

〈아사달 a.to QR코드〉

■ QR 코드 생성, Hovercode & 네이버 QR

유아교육기관에서 QR코드의 활용이 빈번해지면서 QR코드 생성을 하는 것은 필수적 요건이 되었다. QR코드란 Quick Response의 약자로 빠르게 인식해서 처리할 수 있는 코드를 일컫는다(나무위키). 2차원 매트릭스 형태의 바코드로 되어 있으며 문자는 최대 4,296자, 숫자는 최대 7,089자로 많은 정보를 저장할 수 있다. 또한 QR코드는 URL, 이미지, 문서, 영상, 지도좌표, 이메일, 전화번호, Wifi 암호, 명함, 일정, 텍스트 등 다양한 정보를 빠르게 전달할 수 있다는 장점을 가지고 있다. 관리의 목적이 아닌 1회성의 QR코드 생성을 빠르게 하고 싶을 때는 Hovercode 사이트를 이용하여 코드 생성하는 것이 좋다. 그러나 기관에서 QR코드를 지속적으로 활용하고, 추후에 관리할 목적이 있다면 포털 사이트 네이버를 활용하여 QR코드를 생성하는 것을 추천한다. 코드 관리를 위해 제목을 부여하고 다음 페이지를 누른 후 원하는 정보를 담은 다음 작성 완료를 선택하면 QR코드가 생성된다. JPG, GIF, TIF, EPS 등 다양한 형식으로 저장하여 다운로드 받거나 인쇄할 수 있다. 내가 만든 OR코드 목록을 보면 총 조회수 및 방문자 수가 통계 자료로 제시되어 있어 관리할 수 있는 것도 장점이다. 프로젝트 별로 이루어졌던 유아의 놀이 모습, 현장체험학습 등의 내용을 영상이나 사진으로 만들었다면 QR코드로 공유하여 간단하게 학부모와 소통하는 도구로 활용할 수 있다.

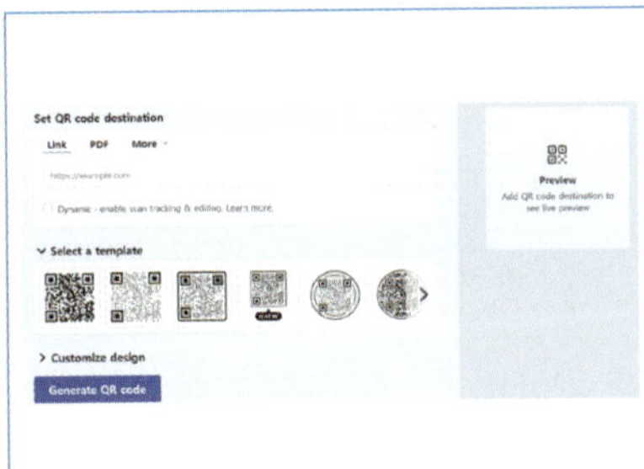

출처: https://hovercode.com/

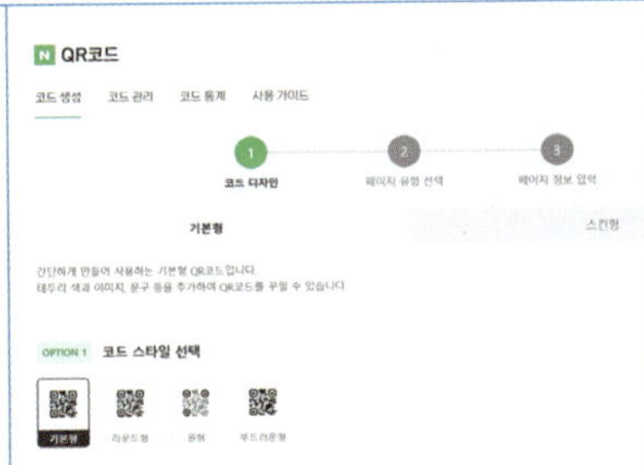

출처: https://qr.naver.com/create

〈네이버 QR코드〉

■ 구글 드라이브

교육 자료 및 파일을 업로드하여 클라우드 서비스로 활용할 수 있다. 시공간에 제한없이 유아교육기관 내 교사들과 공동 문서 작업을 할 때, 구글 문서, 스프레드시트, 프레젠테이션을 활용할 수 있다. 공동 문서 작업이 필요할 경우 링크만 공유되면 실시간으로 양식 및 내용을 채울 수 있으며 자동 저장되기 때문에 업무 파악에 있어 용이하다. 문서 링크에서 우측 상단의 [공유]를 할 때 설정 시 일반 엑세스에 제한됨이 아니라 '링크가 있는 모든 사용자'를 선택해야 공동 문서 작업이 가능하다. 역할은 뷰어, 댓글 작성자가 아닌 '편집자'로 선택을 해야 한다. 공동 문서 작업을 할 경우 별도의 저장 메뉴를 거치지 않고 작성 즉시 저장이 되기 때문에 파일 삭제를 대비할 수 있는 것도 장점이다.

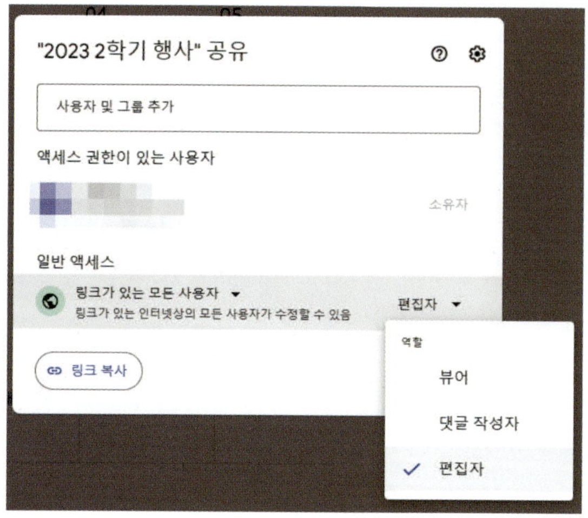


출처: 그림유치원_2023년 2학기 행사 공유

■ 인물 사진 배경 지우기, Remove.bg

이미지 배경만을 깔끔하게 제거하고 싶을 때 활용하면 좋은 사이트이다. 스마트폰 어플리케이션에서도 활용할 수 있다. 먼저 Remove.bg 사이트에 들어가 이미지 배경 제거를 위한 파일 업로드하는 공간에 사진을 드래그&드롭만 하면 몇 초만에 배경 제거(누끼따기)가 완료된다. 배경 지우는 단계가 끝나면 이미지에서 배경만 제거한 주요 인물 및 피사체가 남겨지게 되는데, 완료된 이미지를 다운로드하면 된다. 피사체의 가장자리가 깔끔하게 정리되지 않을 경우 우측 상단의 '편집-삭제 브러시' 기능을 활용하여 가장자리 삭제와 복구를 할 수 있다. 또한 피사체만 남은 이미지에 다양한 배경을 합성할 수 있다. 무료 이용자는 하루 1회 이용할 수 있으며 작업 후 다운로드 받을 수 있는 해상도가 최대 0.25메가 픽셀(625x400)이라는 제한점이 있지만 유용하게 쓰일 수 있다. 유아교육기관에서 유아 개인 사진, 작품 사진 등 배경을 지워서 활용해야 하는 경우가 종종 있다. 최신 기종의 갤럭시/애플에서도 배경 지우기가 가능하나, 훨씬 더 정교한 작업이 필요할 때 유용하게 활용할 수 있는 사이트이므로 추천한다.

| | | |
|---|---|---|
| 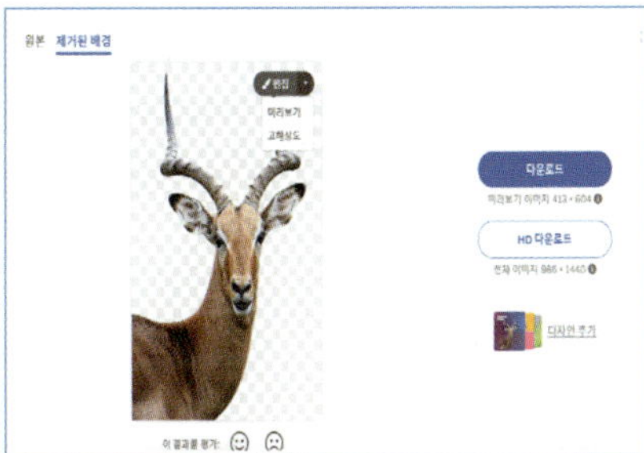 | 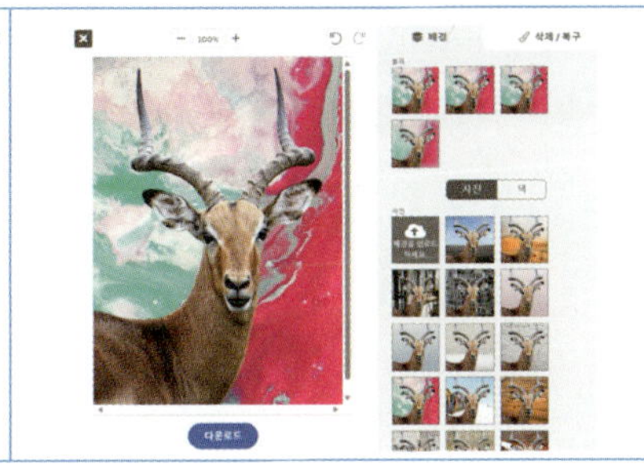 | 〈Remove.bg QR코드〉 |
| 출처: https://www.remove.bg/ko/g/individuals | | |

■ 동영상 배경 지우기, unscreen

인공지능을 이용하여 동영상의 배경을 지워주는 사이트로 무료 버전에서는 영상의 배경을 제거한 후 GIF 형식으로만 저장이 가능하다. 배경을 제거한 영상을 MP4 파일 형식으로 저장하고 싶다면 유료 결제 후 이용이 가능하다. 사이트에 들어가면 'Upload Clip' 버튼을 클릭하고, 열기 창이 열리면 배경 제거가 필요한 동영상 파일을 선택한다. 비디오 파일이 업로드되면 인공지능에 의해 자동으로 배경이 제거된다. 영상의 배경을 제거한 후에는 다운로드를 클릭한 후 GIF를 선택하여 저장할 수 있다. 투명하게 배경을 삭제한 채 사용할 수도 있고, 다양한 배경 소스를 이용하여 영상 배경을 변경할 수 있다. 인공지능의 기능을 활용한 동영상 배경 지우기이기 때문에 여러 명의 인물이 있거나, 배경이 복잡한 경우에는 완벽하게 동영상 배경을 지우는 것은 한계점이 있으나 유아들과 함께 영상 촬영을 할 때나, 교육용 자료를 만들 때 불필요한 배경을 지우고 싶다면 활용할 수 있기에 추천한다.

| | | |
|---|---|---|
| 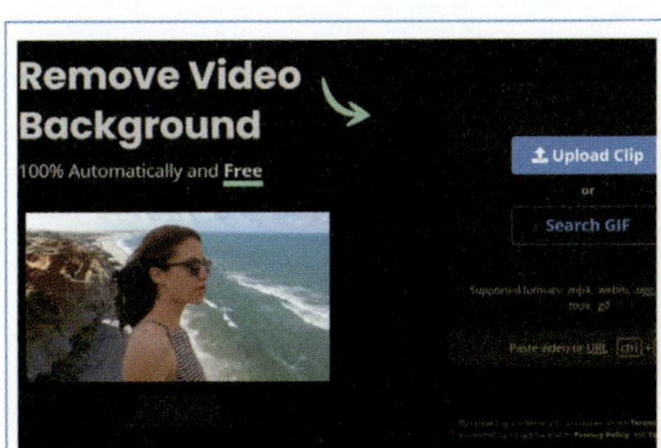 | 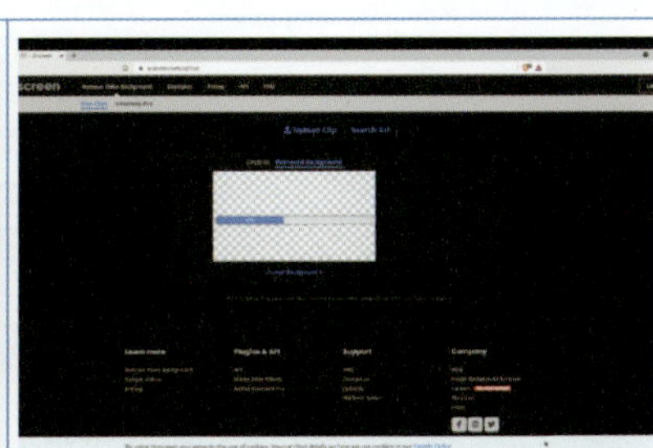 | 〈unscreen QR코드〉 |
| 출처: https://www.unscreen.com/ | | |

■ 성우 음성 콘텐츠, 타입캐스트

인공지능 기술의 발전으로 TTS(Text to Speech)와 가상인간을 활용하여 성우 녹음 및 콘텐츠 제작을 한 번에 할 수 있는 사이트이다. TTS란 문자를 적으면 음성으로 변환시켜주는 서비스를 의미하며(나무위키), 타입캐스트는 텍스트를 입력하면 음성으로 변환할 뿐만 아니라 다양한 감정, 말 빠르기, 배경 이미지 변경, 콘텐츠에 맞는 캐릭터를 선택하여 자연스러운 성우 음성 콘텐츠를 제작할 수 있다. 타입캐스트 홈페이지에 로그인을 하여 '새로 만들기' 버튼을 클릭하면 프로젝트를 생성할 수 있다. 목소리로 바꾸고 싶은 텍스트를 입력하고 콘텐츠에 맞는 200여 명의 캐릭터 중 하나를 고른다. 텍스트의 상황에 맞는 음성의 감정을 선택하여 자연스러운 성우 음성 콘텐츠를 제작할 수 있다. 유아들과 함께 동화를 제작하거나 연극 프로젝트를 진행할 때 활용하면 좋으며 우리 반 영상 콘텐츠를 제작하여 유튜브로 올리는 활동을 할 때 자막에 맞는 성우 음성을 고르는 데 활용할 수 있다. 이 밖에 컴퓨터 영역에서 사이트를 제시하고, 텍스트가 감정에 따라 음성이 어떻게 변화하는지를 경험하는 자유놀이 활동도 가능하다.

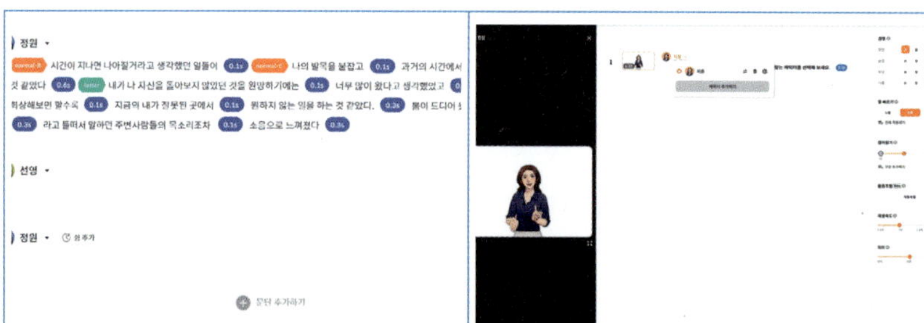

출처: https://typecast.ai/kr

〈타입캐스트 QR코드〉

■ 사진 용량 줄이기

공문을 보내거나 홈페이지에 사진을 올릴 때 사진 용량을 줄여서 업로드 해야 하는 경우가 종종 있다. 사진 용량을 줄이는 방법 3가지를 소개하고자 한다. 먼저 윈도우의 기본 기능을 활용하여 사진 용량 줄이기가 가능하다. 파일이 적을 때 사용하는 방법으로 크기를 조정할 사진을 선택한 후 마우스 오른쪽 버튼을 눌러 사진 앱을 실행한다. 사진에서 마우스 오른쪽 버튼을 클릭한 뒤 '이미지 크기 조정'을 선택한다. 사용자 크기 정의, 4가지 프로필 사진 및 미리보기용, 이메일 및 메시지용 등으로 선택이 가능하며 사진 크기를 조정하면 해상도도 떨어지게 때문에 적절한 옵션을 선택하고 저장하면 된다.

두 번째로는 TinyPNG 사이트로 PNG 또는 JPG 이미지의 용량을 줄이는 웹 사이트이다. 이미지 품질을 최소화하여 이미지 파일을 최대 80% 크기까지 줄일 수 있다. 웹 사이트에 이미지를 드래그 앱 드롭하거나 파일 업로드를 사용하여 압축할 이미지를 선택한다. 사이트에서 이미지 크기를 압축한 후 다운로드하여 사용할 수 있다. 무료 버전은 최대 20개까지 압축할 수 있는데 파일 크기가 최대 5MB 까지 지원이 가능하기 때문에 파일 크기를 더 늘려서 이미지 압축하고 싶을 때에는 유료로 이용해야 한다.

세 번째로는 개인·회사·단체·교육기관 등에서 사용할 수 있는 무료 프로그램으로 이미지 변환 익스프레스 프로그램이다. 많은 이미지를 한꺼번에 변환할 때 유용하며 메모리 최적화 성능을 가진 전용 변환 엔진이 고속으로 변환해 주기 때문에 편리하다. 또한 큰 이미지 파일도 안정적으로 처리한다는 장점이 있다. 사용하기 위해서는 PC에서 프로그램을 다운로드 받아야 한다. 이미지를 압축하고 싶을 때는 저장 폴더를 지정하고 파일 또는 폴더 이미지를 추가한 후 출력 파일 포맷형식, 크기 비율, 이미지 회전 등을 선택하여 변환을 하면 압축이 고속으로 진행된다.

<table>
<tr>
<td>
</td>
<td>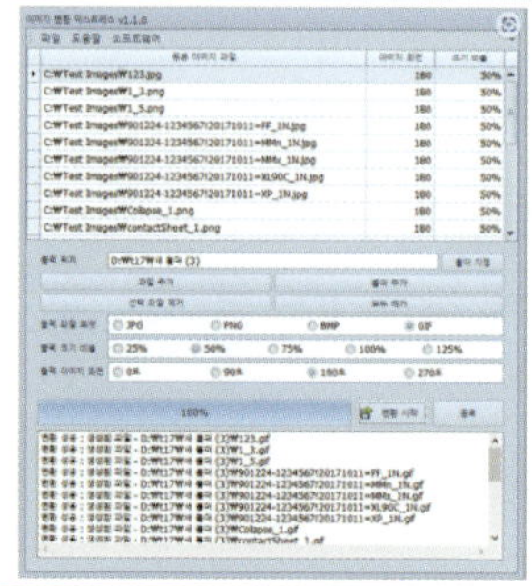</td>
<td>〈TinyPNG QR코드〉</td>
</tr>
<tr>
<td>출처: https://tinypng.com</td>
<td>출처: https://kinfolksoft.com/</td>
<td>〈이미지 변환 익스프레스 QR코드〉</td>
</tr>
</table>

■ 고화질 사진 변환 사이트, Waifu2x

유아교육기관에서 교사들이 찍은 사진은 행사, 홈페이지, 교육용 자료, 안내문 등 다양한 곳에서 사용된다. 사진 관리를 하다 보면 해상도를 낮게 촬영했거나 선명도가 아쉬운 순간이 생기게 된다. 특히 부모나 공식적인 행사에 사용되는 사진이라면 고해상도로 후처리 보정을 해야 할 때 활용하면 좋은 플랫폼을 소개하고자 한다. 포털 사이트 검색창에 Waifu2x라고 검색하고 맨 윗 상단에 제시된 링크를 클릭하면 된다. 고화질로 변경하고자 하는 이미지 및 사진 파일을 파일선택에서 클릭 또는 드래그 하거나, URL을 입력한다. 이미지 및 사진 해상도는 3000x 3000px(노이즈 감소용), 1500x1500px(이미지 확대용), 크기는 최대 5MB 조건을 만족시켜야 한다. 노이즈만 감소한다면 이미지 확대는 없음으로 하면 되고, 원하는 배율만큼 업스케일링 하면 고화질로 변경된다.

■ GIF 생성/ 추출기, Wepplication.github

원하는 이미지를 적용하여 GIF를 추출하는 플랫폼이다. GIF는 그림파일 형식의 하나로 Graphics Interchange Format의 약자로 네트워크 상에서 그래픽을 압축하여 빠르게 전송하는 목적으로 개발된 형식으로 압축률을 우선적으로 고려한 포맷을 의미한다(나무위키, 2023). GIF 간격, 반복 여부, 배경 색을 설정한 후 원하는 이미지를 추가하면 GIF 파일이 생성된다. 또는 생성된 GIF에서 이미지를 분리할 수도 있다. 이미지로 추출하고자 하는 GIF 파일을 선택하고 불투명, 투명의 배경 설정만 하면 간편하게 이미지 추출이 가능하다.

| 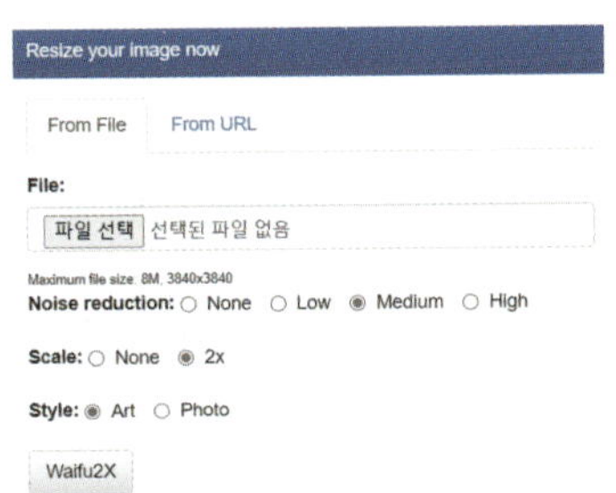 |  | ⟨Waifu2x QR코드⟩ |
|---|---|---|
| 출처: https://waifu2x.booru.pics/ | 출처: http://a.to/22OMKXG | ⟨Wepplication.github QR코드⟩ |

### (4) 미디어 아트 공간

■ 서울메트로미술관, 몰입형 미디어 아트전시 K-컬처 뮤지엄

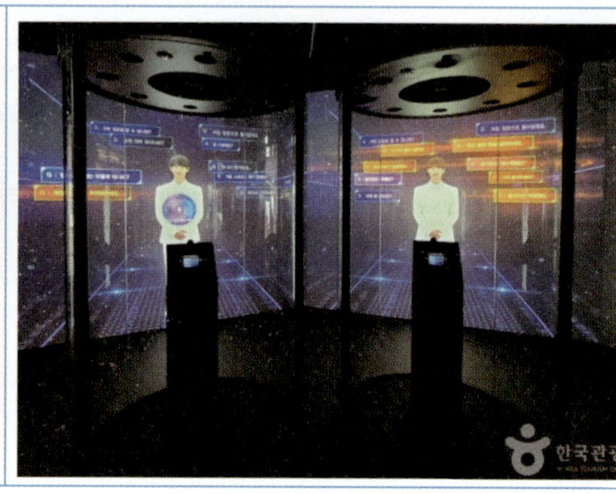

출처 : 한국관광공사(https://url.kr/u67noh)

- 위　　치 : 서울특별시 종로구 사직로 130 3호선 경복궁역
- 관람시간 : 10:00 ~ 21:00
- 미 술 관 : 2관
- 입 장 료 : 무료
- 전시일정 : 2022.1.14. ~ 2023.12.31.
- 문화체육관광부와 한국콘텐츠진흥원에서 미디어 정원 '광화원'을 서울메트로미술관에 개관하였다. 도심 속 힐링과 명상을 주제로 한 미디어 아트는 상설전시로 첨단 기술 기반 실감형 미디어 아트를 체험하는 공간이다.

출처: http://a.to/23eA9jK

■ 용산 어린이정원 '온화'

출처: http://a.to/23p3XJb

- 위　　치 : 서울특별시 용산구 한강대로 38길 21
- 관람시간 : (화~토) 09:00~18:00/ 입장마감 시간 17:00
- 미 술 관 : 온화 미술관
- 입 장 료 : 무료
- 사전 예약 후 방문 가능 : 용산 어린이정원 홈페이지
- 온화 미술관은 전통 창호 모형의 라이팅을 통해 '집'의 따뜻한 공간의 온기를 재해석한 어린이 전시이다.

■ 국립중앙박물관

**출처: 디지털 실감 영상관 안내지**

- 위　　치 : 서울시 용산구 서빙고로 147(용산동 6가)
- 관람시간 : (수 · 토요일) 10:00~21:00/ 10:00~18:00
- 입 장 료 : 무료
- 디지털 실감 영상관 안내

| | |
|---|---|
| 실감 1관 | 폭 60m, 높이 5m의 파노라마 스크린에서 펼쳐지는 실감 나는 미디어 아트 공간 |
| 실감 2관 | 가상현실, 증강현실 기술을 활용하여 원작의 감동이 느껴지는 공간 |
| 실감 3관 | 정면, 측면, 천장의 4면을 아우르는 입체 영상을 통해 고구려 벽화무덤을 영상으로 재현한 공간 |
| 경천사 십층석탑 | 매주 수 · 토요일(10~2월) 19:00/ (3~9월) 20:00<br>증강현실로 경천사탑 들여다보는 공간 |
| 명품 실감 | 국립중앙박물관 소장품 중 문화유산을 선정하여 초고해상도 디스플레이로 관찰할 수 있는 공간. 3D 입체영상을 확대하여 진열장 너머로 볼 수 없었던 전시품의 세세한 면모를 살펴볼 수 있는 공간 |
| 열린마당 실감 전광판 | 열린마당 공간에 상호작용과 감성 소통이 이루어지는 실감 콘텐츠 공간이 제공되어 있음 |
| 온라인 실감 콘텐츠 | 360도로 구현한 가상공간 안에서 실감 콘텐츠를 감상할 수 있는 공간 |
| 메타버스 박물관 힐링동산 | 국보 금동반가사유상이 함께하는 힐링과 소통의 가상세계. 제페토에 국립중앙박물관 월드맵을 구축하여 새로운 콘텐츠를 선보이고 있음. 제페토 힐링동산에서 유저는 맵을 돌아다니며 명상의 시간, 셀피 촬영을 하는 공간이 마련되어 있음 |

1F

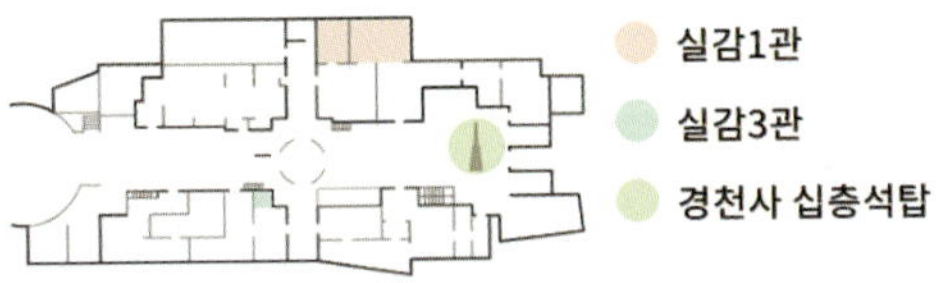
실감1관
실감3관
경천사 십층석탑

2F

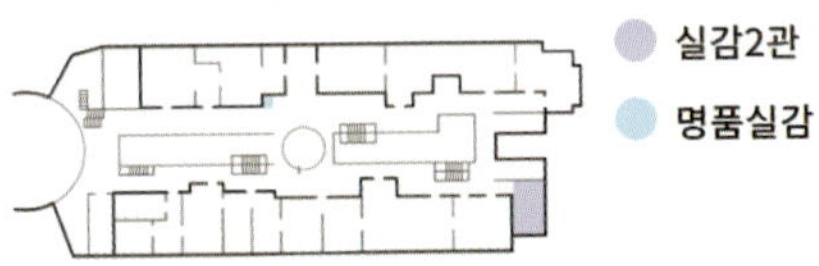
실감2관
명품실감

명품 실감

온라인 실감콘텐츠

메타버스 박물관
'힐링 동산'

경천사 십층석탑

■ 경기문화재단 경기도어린이박물관 '두 개의 DMZ'

출처: http://a.to/23JObej

- 위 치 : 경기 용인시 기흥구 상갈로 6
- 관람시간 : (1회차) 10:00~13:00/ (2회차) 14:00~18:00
- 입 장 료 : 12개월 미만 무료/ 개인 4,000원
- 비무장지대는 아픈 분단의 역사를 보여주는 장소이자, 생태학적 가치가 높은 공간이다. 어린이들이 실감 기술을 통해 DMZ로 모험을 떠날 수 있도록 마련되어 있다. 가상의 DMZ로 떠나는 모험 버스에 탑승하고, 실감 영상을 통해 DMZ에서 생태학적 가치가 높은 장소를 찾아 모험을 떠나는 컨셉이다. 어린이들의 모험을 안내하는 세 동식물(고라니, 두루미, 금강초롱꽃) 태블릿 PC를 각 선택하면 어떤 체험이 가능한지 알려주고 자세한 정보를 실감 나게 알려주는 길잡이 역할을 하며 함께 모험을 떠난다.

■ 경기문화재단 경기도어린이박물관 '컬러풀 정글'

출처: http://a.to/23lOy4a

- 위　　치 : 경기 용인시 기흥구 상갈로 6
- 관람시간 : (1회차) 10:00~13:00/ (2회차) 14:00~18:00
- 입 장 료 : 12개월 미만 무료/ 개인 4,000원
- 멸종위기 동물들을 미디어적 상상력을 통해 오색찬란하게 되살리는 생동감 넘치는 전시 공간이다. 어린이들은 미디어 정글숲 작품을 스크린으로 감상하고 직접 그려 스캔할 수 있다. 자신이 그린 동물이 되살아가는 과정을 통해 미디어 아트와 소통하는 경험을 하게 된다. 화면 속 걸어다니는 동물들을 만지며 정보를 얻고, 환경보호 미션 퀘스트를 진행하는 체험이 마련되어 있다.

■ 백남준아트센터 특별전 '트랜스미션 : 너에게 닿기를'

출처: https://njp.ggcf.kr/

- 위　　치 : 경기 용인시 기흥구 백남준로 10
- 관람시간 : 10:00~18:00/ 매주 월요일 정기휴무
- 아트전시장 : 야외 · 제2전시실 무료전시
- 일　　정 : 2023.8.31. ~ 2023.12.3.
- 백남준의 '트랜스미션'은 2002년 뉴욕 록펠러 센터 광장과 2004년 시드니 오페라 하우스에 전시되었던 대형 레이저 설치 작품으로 다양한 대형 레이저는 빛을 통한 21세기 정보시대를 상징한 작품이다. 이번 전시는 백남준을 오마주하여 윤제호 작가가 디지털 미디어로 재가공하여 공간과 시간, 기술과 정보의 균형을 이루는 미디어 환경을 제시한다. 인간과 기술이 균형을 이루는 긍정적인 미디어 환경과 미디어와 공존하는 방법에 대해 생각해볼 수 있는 전시이다.

■ 답십리 영화미디어아트센터, 이야기로 그리는 답십리

출처: 그림유치원

- 위　　치 : 서울특별시 동대문구 답십리로 210-9
- 관람시간 : 10:00~17:00
- 아트전시장 : 답십리 영화미디어아트센터 1층 기획 전시실
- 일　　정 : 2023.7.9. ~ 2023.12.31.
- 참여방법　사전 온라인예약 (*서울시공공서비스포털/ https://han.gl/pRWZnL )
- 관람객 체험전시로 우리 동네의 이야기를 직접 전시 공간에 채우는 문화예술 체험이 가능한 공간이다. 체험공간 이외에 답십리 영화 촬영소에서는 과거 영화 만드는데 필요한 조이트로프와 회전그림판을 직접 경험할 수 있으며, 영사기기 등의 미디어 기기 탐색이 가능하다. 2층 촬영 세트장에서는 우주선, 조선시대 궁, 수술실, 기생충 세트장 등 다양한 의상을 입고 체험하는 공간으로 매주 토 · 일 초등학생을 대상으로 1인 20,000원의 비용이 있다. 답십리 키즈무비월드라는 배우 체험 프로그램이 있으나 초등학생을 대상으로 하기에 유아가 참여하기에는 다소 어려운 점이 있다.

출처: https://www.dsnfilmart.or.kr/

# Chapter 5

## 디지털 놀이 프로젝트 실제

글·그림·사진 출처: 동대문구 그림유치원

## 1. www.바다반.com

| 디지털 놀이 주인공 | 그림유치원 바다반 친구들 (만 5세) |
|---|---|
| 프로젝트 담당 교사명 | 김찬혁 교사 |
| 프로젝트 기간 | 2022. 4 ~ 10 |
| 디지털 매체 활용 | 컴퓨터, 스마트 패드, IPTV |

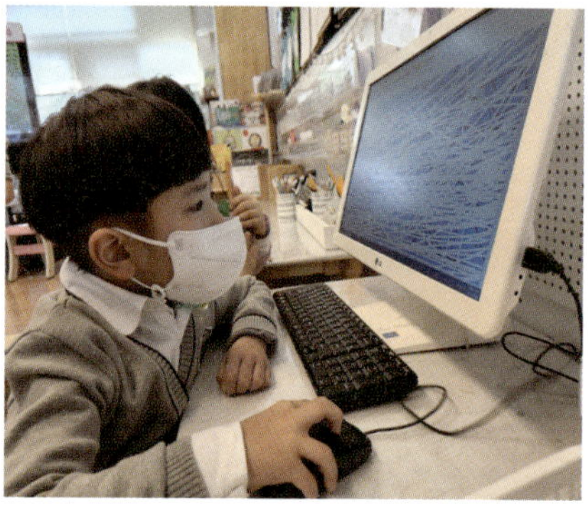

학기 초에 바다반 유아들이 컴퓨터로 많이 했던 놀이는 사진을 찍고, 찍은 사진에 스티커를 붙이면서 꾸미는 것이었다. 또는, 그림판에 들어가서 그림을 그리는 것을 즐겨 했다. 유아들이 그림판에서 도형을 쓰거나, 색칠하거나 하는 경우는 많지 않았고, 대부분 드래그 기능만을 사용해서 그림을 그렸다.

이때 컴퓨터 영역에는 컴퓨터 사용 설명서가 제시되어 있었고, 이 외에 컴퓨터를 사용하는 방법에 대한 설명을 따로 유아들에게 전달하거나 알려준 적은 없었다. 유아들이 스스로 키보드와 마우스를 탐색하고 사용하는 모습이었다.

컴퓨터 영역에는 1대의 컴퓨터가 준비되어 있었고, 대부분의 유아들이 처음에는 혼자서 컴퓨터를 사용하여 놀이하였다. 그림판을 그릴 때도 혼자, 사진을 찍고 사진을 꾸밀 때도 혼자 작업하곤 했다.

그러던 어느 날 컴퓨터로 사진을 찍는데 혼자가 아니라 여럿이 함께 사진을 찍는 모습이 관찰되기 시작하였고 이후부터는 혼자 사진을 찍는 것보다 친구들과 함께 사진을 찍는 유아들이 더 많아지면서 컴퓨터 1대로 여러 명의 유아들이 함께 놀이하는 경우도

많아졌다.

컴퓨터로 사진을 찍는 놀이가 인기를 끌다 보니, 컴퓨터가 아니라 다른 영역에 제공하였던 휴대폰을 사용해 사진을 찍는 유아들도 생겼다. 휴대폰을 가지고 돌아다니면서 여러 영역의 사진을 찍기도 하고, 친구들의 놀이 모습을 찍기도 하였다. 이렇듯 컴퓨터가 아닌 다른 디지털 기기에도 관심이 확장되었다.

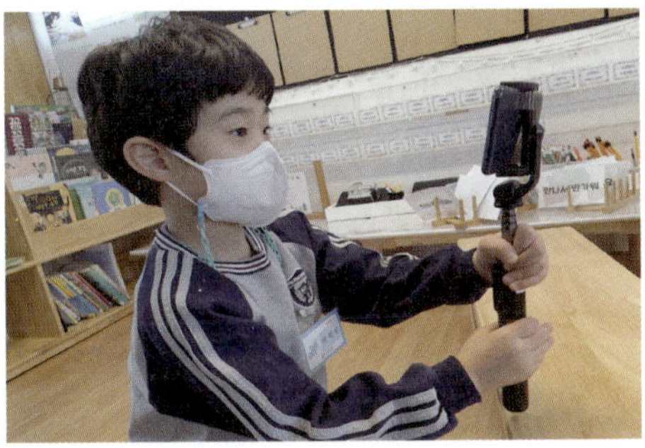

"친구들이 놀이하는 모습이 다 보여요!"

"올챙이들도 사진 찍어줘야지~"

아래의 사진들은 컴퓨터에 저장된 유아들의 사진이다. 혼자 찍은 사진도 있고, 친구들과 함께 찍은 사진들도 보인다. 유아들은 사진을 찍은 후 토끼 귀, 왕관 등 다양한 스티커들을 사용하여 사진을 꾸밀 수 있다.

물론 찍은 사진을 불러오는 것은 언제든지 가능하기 때문에 사진을 찍은 유아와 사진을 꾸민 유아가 다를 때도 있다. 그래서 사진을 찍지 않았더라도 다른 유아들도 언제든지 이미 찍혀 있는 친구의 사진을 꾸미는 놀이를 할 수 있다.

"귀엽게 토끼귀 어때?"

"좋아! 난 여기 핀 꽂은거처럼 이것도 꾸밀래."

"왕처럼 꾸미고.. 똑똑해 보여야 하니까..

이거다! 생각 반짝하는거!"

### ➔ www.바다반.com/컴퓨터를 사용해요

컴퓨터를 사용하기 위해서 가장 기본적으로 다루어야 할 것이 마우스와 키보드이다. 컴퓨터 놀이를 즐겨하는 유아들에게 마우스와 키보드를 어느 정도 다룰 수 있는지 이야기를 나누어 보았다. 이는 가정에서의 사전 경험과 손위 형제자매가 있는 경우에 따라서 결과치가 달랐다. 하지만 생각보다 유아들은 가정에서 패드, 스마트 폰에 대한 경험이 더 많았으며 컴퓨터는 아직 어른들이 사용하는 도구라는 인식이 강했다.

마우스의 경우에는 마우스 포인터를 원하는 곳으로 가져다 놓을 수 있는 조절능력과 클릭 혹은 더블클릭. 우클릭의 기능 등을 활용할 수 있는지 물어보았다. 유아들이 직접 손을 들어주거나 경험을 이야기해 준 것을 토대로 나누어 보면 대부분 유아들은 '조금 다룰 줄 알아요'라고 답해 주었고, '다룰 수 있어요'라고 답한 친구는 1명이었다.

마찬가지로, 키보드도 유아들의 답변을 가지고 세 가지로 나누었을 때 '나는 키보드를 잘 다룰 수 있어요'하는 유아는 한 명, '조금 다룰 줄 알아요' 유아가 세명, 잘 못 다루거나 간단한 정도만 할 수 있는 유아가 세 명이라고 답해주었다. 여기서 키보드를 잘 다룬다는 것의 기준은 키보드로 원하는 내용의 문장을 얼마나 잘 쓰는지, 지우기나 한/영키 등 키보드의 기능을 어느 정도 아는지로 나누었다. 아무래도 키보드를 다루기 위해서는 키보드에 적혀 있는 한글 자 · 모음을 알아야 하기 때문에 한글능력과 관련성이 높았다. 유아들이 키보드로 단어들을 입력하는 모습을 보았을 때, 다룰 수 있는 정도에 따라 혼자서도 내 이름, 친구 이름뿐아니라 다양한 단어들을 쓸 수 있는 유아도 있었고, 내 이름이나 친구 이름 정도는 쓸 수 있는데 쓰는 속도가 느린 친구도 있었고, 아니면 내 이름정도만 쓸 수 있는 유아도 있었다.

이후, 유아들의 기초 능력에 맞추어 컴퓨터 도구 사용 방법을 익힐 수 있는 놀이를 알려 주었고, 유아들은 미션을 해내듯 한 단계씩 익히는 모습을 볼 수 있었다.

컴퓨터에 대한 기능을 쉽게 이해하기 위해 LG유플러스 TV 아이들나라 책 읽어주는 TV에서 '컴퓨터는 못 하는 게 없어요'라는 동화를 함께 보았다. 동화 내용에는 인터넷 검색, 이메일 전송, 화상 통화 등 컴퓨터로 할 수 있는 것들을 알려주고 방법에 대해 알 수 있었다. 컴퓨터 프로젝트 유아들은 동화를 보면서 인터넷 검색을 해보았다고 이야기하거나, 화상 통화 이야기가 나올 때는 ZOOM이랑 비슷한 것 같다고 하였다.

출처: 교보문고 오디오 북 이미지

"컴퓨터로 검색도 할 수 있대!"

"나 인터넷 검색 해봤어!"

"편지도 쓸 수 있어!"

"우와! 나도 편지 써보고 싶다!"

"얼굴 보고 얘기도 할 수 있네!"

"우리도 얼굴 보면서수업 해봤잖아!"

데스크탑, 노트북, 탭형 등 다양한 컴퓨터의 형태에 대해서는 익숙하게 받아들였는데 이는 실제로 교실내에 용도와 상황에 따라 다양한 컴퓨터를 사용하고 있음을 경험해서 일 것이다.

시간이 지나면서 사진 찍기 활동의 유행은 지나고 그림판으로 그림을 그리는 것과 인터넷 검색으로 사진이나 그림을 찾으면서 놀이하는 모습이 자주 보였다. 그래서 컴퓨터 프로젝트 유아들과 모여 그림판을 사용하는 방법, 인터넷 검색을 하는 방법을 알아보고 직접 연습해보는 시간을 가져보았다.

유아들은 그림판으로 그림을 그리고, 도형을 넣고, 색칠하고, 또 이렇게 완성된 작품을 저장하는 방법까지 익혀 보았다. 또, 인터넷 검색을 하는 방법을 알아보면서 키보드를 사용할 줄 아는 경우에는 키보드로 원하는 단어를 입력할 수 있고, 나는 글자를 잘 몰라요. 혹은 키보드 잘 모르겠어요. 하는 유아들은 마이크 모양을 누른후에 원하는 단어를 말하면 그대로 검색할 수 있다는 것을 알게 되었다.

이렇게 모여서 그림판을 사용하는 방법, 인터넷 검색을 하는 방법에 대해 배운 후에는 그림판으로 그림을 그리면서 마우스 다루는 것을 익히는 시간을 가져 보았다.

"내가 원하는 색을 고를 거야."

"난 도형을 넣을 거야."

"라이츄라고 검색할래.

"뭐라고 저장하지?"

"도형들의 나라를 만들어야지."

"연필 툴로 그림을 그려봐야지."

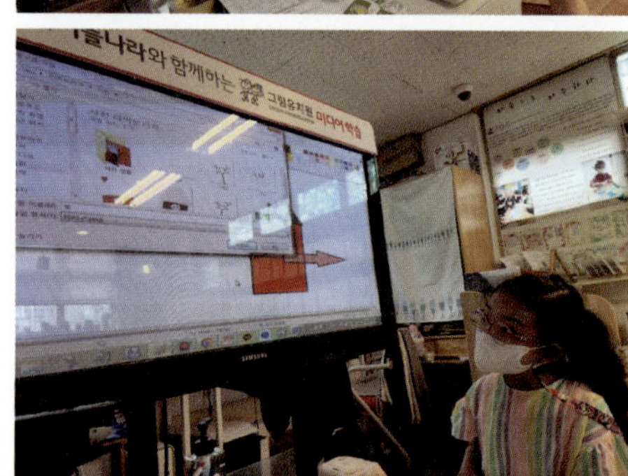

➔ www.바다반.com/컴퓨터를 사용해요/마우스

이 후 자유놀이 시간에도 유아들은 배운 대로 도형도 쓰고, 색칠도 하면서 여러 가지 기능을 사용해 자유롭게 그림판 활동을 하는 모습을 볼 수 있었다.

유아1은 다양한 도형들을 사용하였는데, 배우고 난 후에는 색도 칠해 보고 조금 더 그림판의 여러 기능을 사용한 모습이다.

유아2는 배우고 난 후에 더 많은 별모양을 표현하기도 하였다. 그러면서 제목도 별에서 밤하늘로 더 넓어졌다.

유아3은 처음부터 도형도 사용하고 색칠도 하긴 했는데, 오른쪽 그림을 보면 조금 더 크기도 커지고 도형뿐아니라 연필툴도 사용하면서 다양한 방법으로 그림을 그렸다.

유아4는 처음에는 연필툴로 낙서와 같은 탐색을 하였고, 오른쪽 그림을 보면 도형도 많이 넣고, 색칠도 한 모습을 볼 수 있다.

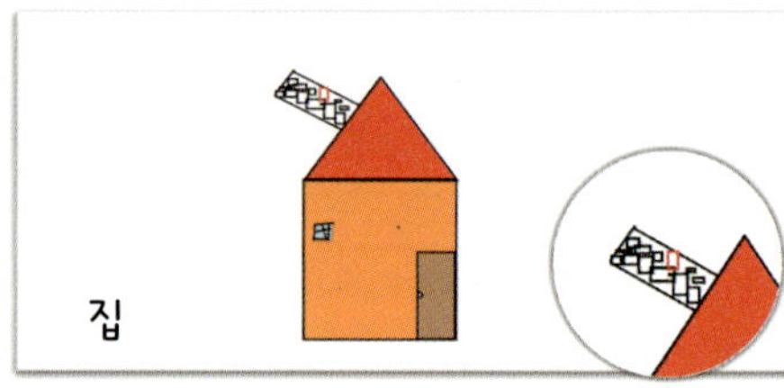


유아5은 같은 경우는 두 그림 다 간단하게 그리긴 했지만, 자세히 보면 왼쪽보다 오른쪽 그림이 더 정교한 느낌이다.

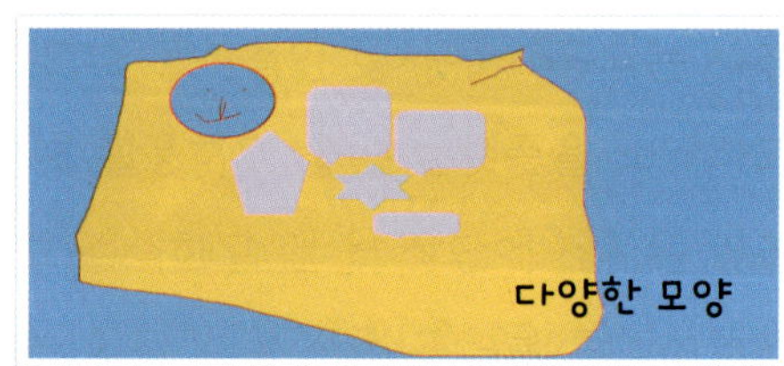


유아6은 색칠은 했지만 도형 넣는 것을 어려워했었는데, 배우고 난 후에는 도형 넣고 그림을 그리는 것도 조금 능숙해진 모습이다.

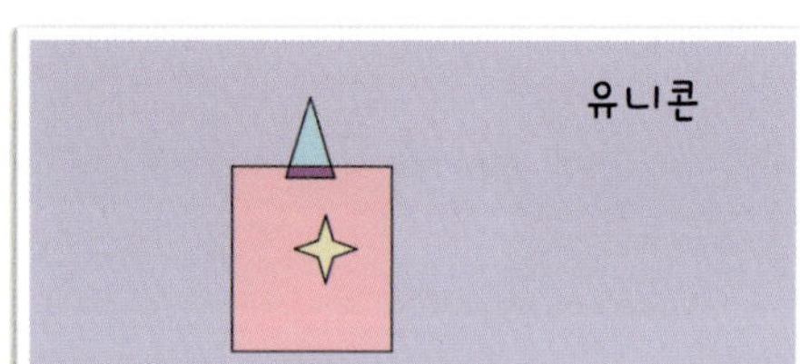


유아7는 왼쪽 그림이 오히려 오른쪽 그림보다 더 많은 도형도 쓴 모습이지만 왼쪽 그림의 경우에는 여러 도형과 색으로 실험에 가까운 듯한 그림을 그린 것이고, 오른쪽 그림의 경우에는 쓸 도형만 딱 정해서 어떤 작품을 만들어야겠다라고 생각을 하고 만든 작품이다.

이렇게 유아들의 작품을 보면 알 수 있듯이 그림판을 사용하는 방법을 배우고 난 후에 유아들이 조금 더 마우스를 다루는 능력이 좋아지고 정교해졌다는 것을 알 수 있다.

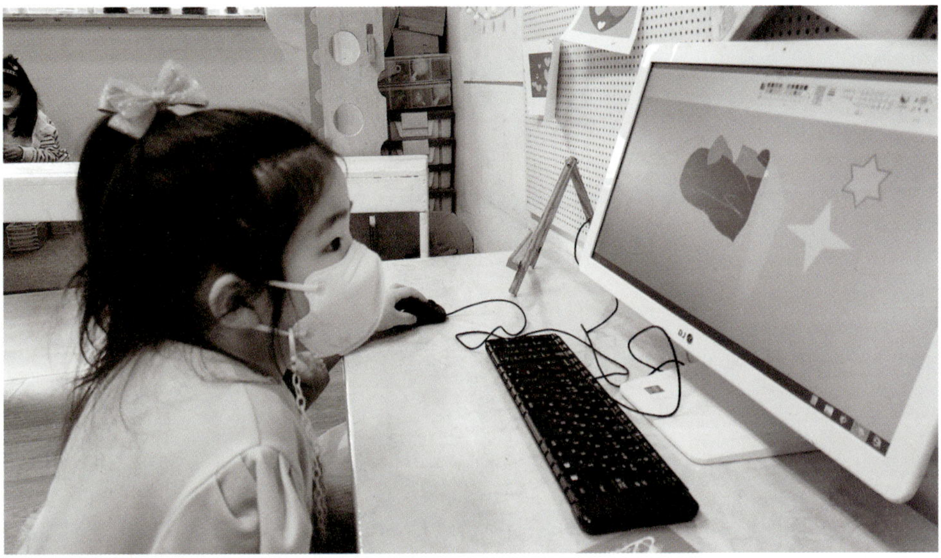

➔ www.바다반.com/컴퓨터를 사용해요/키보드

유아들이 재미있어하는 것 중 하나는 키보드를 누르는 것이다. 피아노를 치듯 자유롭게 자판을 두드리며 놀이하는 모습을 많이 보게 되는데 만 5세 유아들은 한글 능력이 발달되면서 스스로 의도를 가지고 의미를 담아 글자를 만들고 문장을 쓰는 유아들이 관찰된다. 마우스에 이어 키보드를 다루는 연습을 해보았다.

유아들은 스마트 패드/폰에서 인터넷 (음성)검색에 많은 관심을 갖고 있다. 그런데 컴퓨터 앞에서 정작 키보드를 눌러 본인이 검색하는 것은 어려워해 주변에 잘하는 친구나 교사에게 물어보는 경우가 더 많았다. 조금더 자신감을 길러주고자 유아들이 키보드에 익숙해질 수 있도록 '한컴타자연습'을 소개시켜 주었다. 한컴타자연습에는 어떻게 들어갈 수 있고, '단문연습', '장문연습', '낱말연습', '자리연습'이 무엇인지 메뉴별로 하나하나 보면서 알아보았다. 키보드를 연습하면 좋은 점 중에 하나는 한글이 자음+모음원리로 이루어져 있다는 것은 자연스럽게 익힐 수 있는 것이다.

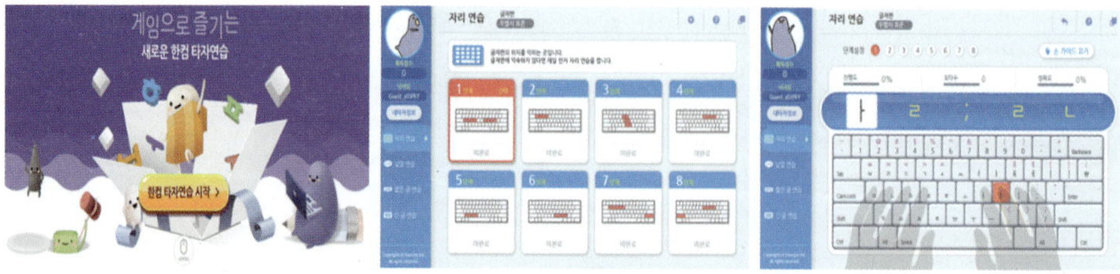

출처: 한컴타자연습.

➔ www.바다반.com/컴퓨터를 사용해요/메신저

유아들이 자유놀이 시간에 컴퓨터 영역에서 한컴타자연습을 하는 경우가 많아졌고, 컴퓨터 프로젝트 유아들이 한컴타자연습을 하면서 놀이를 하니 다른 친구들도 자연스럽게 관심을 갖고 키보드 다루는 연습을 하는 모습이었다. 이렇게 한컴타자연습을 통해서 조금이나마 키보드 다루는 방법을 익힌 유아들은 메모장에 친구와 자신의 이름을 써보거나, 짧은 단어와 같이 자신이 이미 알고 있는 글자들을 쓰며 자판을 익히는 모습이었다. 그러면서 점차 이전보다 더 인터넷 검색을 하며 놀이하는 경우가 많아졌다.

이후, 컴퓨터가 2대로 확장된 환경을 제공해 주면서 이를 활용하기에 무엇이 좋을지 생각해 보다 키보드를 사용한 놀이가 계속되는 모습에 키보드를 사용할 수 있는 메신저앱을 설치해서 유아들이 양쪽 컴퓨터에서 서로 메신저로 소통할 수 있도록 지원하였다.

유아들은 처음 보는 메신저에 관심을 가지고 다가와 메시지를 주고받으며 놀이하였다. 한쪽 컴퓨터에서 메시지를 입력하면, 옆에 있는 다른 컴퓨터에 내가 입력한 메시지가 표시되는 상황에 굉장한 흥미를 느끼고 계속해서 메시지를 주고받는 모습이었다.

물론 한컴타자연습을 했다고 해서 완벽히 키보드를 잘 다룰 수 있던 것은 아니라, 단어를 입력하기도 하지만 아무 키나 누르는 식으로 메신저 앱을 사용하기도 했다.

그러던 중 한 유아가 이것저것 눌러보다가 이모티콘을 발견하였다. 이모티콘을 전달받은 유아는 그야말로 흥분상태였다. 부모님의 핸드폰을 통해 메신저를 이미 많이 접해본 경험이 있기에 그 안에 이모티콘을 좋아하는 친구들이 많기 때문이다. 점차 다른 유아들도 이모티콘에 관심을 가지며 키보드로 단어를 입력하는 것보다 이모티콘의 사용 빈도가 더 높아지게 되었고, 나중에는 대부분 이모티콘을 사용하여 메신저 앱을 이용하는 모습이었다.

단어→아무 글자→이모티콘으로의 메신저 사용 방식이 변하는 것을 보니 마치 온라인 메신저 사용 문화의 변천사를 보는 듯했다. 이렇게 계속되다 보면 아마도 줄임말이라던가, 그 외 아이들만의 메신저 용어가 생기지 않을까 생각한다.

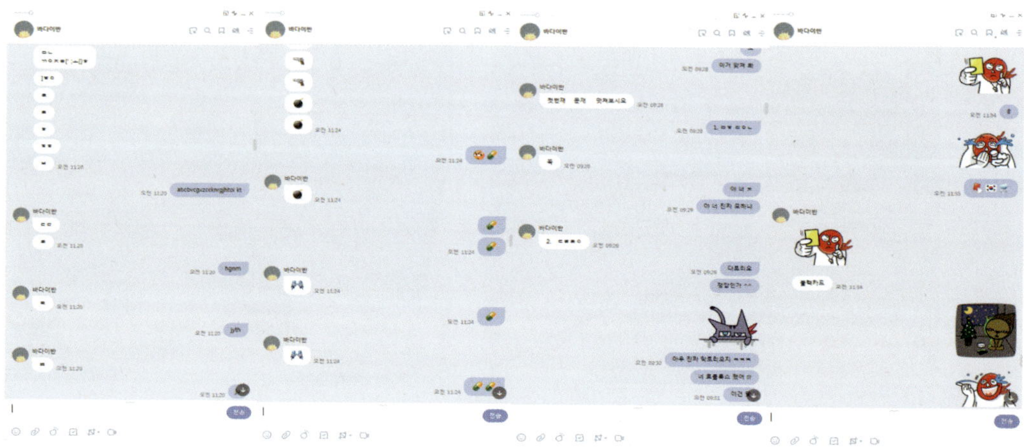

➔ www.바다반.com/컴퓨터를 사용해요/프린터

컴퓨터를 다루는 도구들에 익숙해지면서 자연스럽게 다양한 기능도 사용하는 경험이 쌓이게 되었다. 이후 인터넷 검색을 하고 이미지를 구경만 하는 것이 아니라, 이미지를 클릭한 후 색종이를 가지고 와서 모니터 위에 대고 컴퓨터를 라이트 박스처럼 활용해서 색종이에 비치는 이미지 모습을 따라 그리거나, 이미지를 복사해서 그림판에 붙여 넣어 추가적으로 그림을 그리고, 색칠이 되지 않은 그림들을 그림판에 복사한 후 색칠을 하며 놀이하는 등 한 가지가 아니라 인터넷 검색+그림판과 같이 두 가지 이상이 혼합된 놀이가 이루어지기도 하였다.

그림 1

그림 2

그림 3

그림 4

그림 5

그림 1, 2는 인터넷으로 검색한 이미지 그대로 복사-붙여넣기 후 저장한 그림이고, 그림 4, 5, 6은 색칠되지 않은 이미지를 그림판에 복사-붙여넣기 후 유아들이 직접 색칠한 그림이다. 이런 식으로 그림을 복사해서 작품을 만들거나, 그림판을 사용해서 색칠공부를 하기도 하고, 색종이에 따라 그리기도 하는 등의 놀이가 이루어지고 있다.

또, 컴퓨터와 프린터를 연결 후 사용 방법을 알려주었더니 포켓몬이나 그 외 다양한 그림, 사진들을 출력하려는 유아들이 많아졌다. 유아들은 출력한 종이를 잘라서 카드를 만들기도 하고, 포켓몬 모양대로 자른 후에 포켓몬 역할놀이를 할 때 사용하기도 하는 모습이다. 본인의 표상물(그림, 글자 등)을 프린트해서 보관하기도 하며 프린트물은 그야말로 폭발적인 인기를 끌어 한 사람당 하나씩 출력할 수 있도록 제한이 필요하기도 했다. 그러자 유아들은 본인의 프린트 기회를 친한 친구에게 양도하거나 서로 출력하고 싶은 이미지를 모아 한 장에 여러 이미지를 뽑아 가며 출력 횟수를 아껴서 사용하는 모습이 보이기도 한다. 프린트 기회를 다 사용한 유아들은 학기 초처럼 모니터를 라이트 박스 삼아 화면에 종이를 대고 따라 그리기도 하였다.

"이걸로 포켓몬 놀이 할거야. 복사하기하고 붙이기. 안되는데?"

"안되면 저장하기 찾아봐. 작게 나와."

"이제 (포켓몬)카드 안사도 되겠다~"

"나 다음에 네 차례야. 나랑 같이 뽑을래? 그럼 종이 아껴서 많이 뽑을 수 있어."

"프..린..트 하기..가 어딨지?"

"이거. 이 그림이 프린트야."

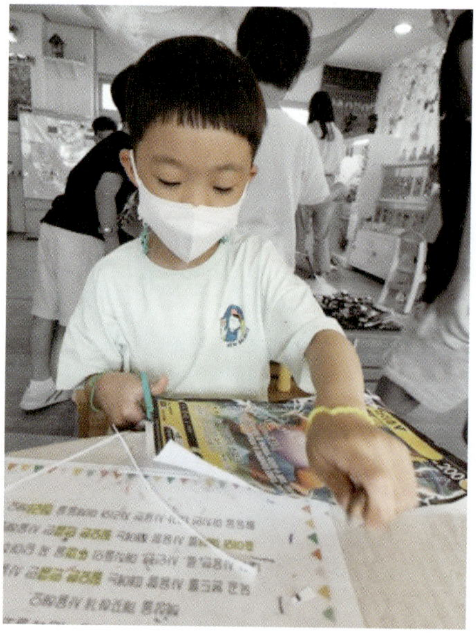

### ➔ www.바다반.com/컴퓨터를 사용해요/코딩

방학을 보내고 돌아온 유아들은 2학기 들어서 유치원에 있는 IPTV와 전자칠판을 사용한 양방향 멀티 프로그램인 키즈콕 내의 코딩 프로그램을 접하면서 코딩에 관심을 가지기 시작했다. 가정에서도 코딩학원을 수강하는 유아들이 생기면서 자유놀이 시간에 교실내에서 코딩 프로그램 사이트에 들어가 코딩을 하는 모습이 관찰되었다. 친구의 활동 모습을 보며 코딩에 관심을 보이는 유아들이 많아 유아들과 모여서 코딩에 관해 이야기를 나누는 시간을 가졌다. 코딩은 무엇인지, 어떻게 하는 것인지 간단하게 알아본 후, '엔트리'라는 코딩학습을 할 수 있는 사이트를 소개해 주었다.

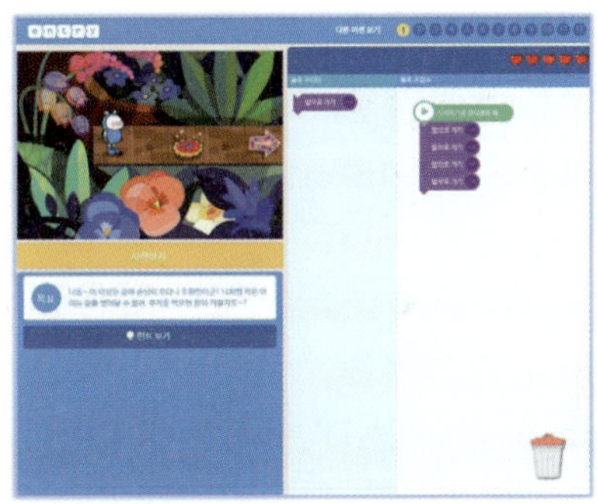

출처: 엔트리.

유아들은 수수께끼를 풀 듯 여러 번의 시행착오를 거치며 단계별 미션을 수행하며 놀이를 즐기는 모습이다. 방향 조절 명령어 외에도 점프하기, 장애물 조종하기 등 여러 가지 행동 미션을 주어 유아들이 사고하도록 유도하고 해당 그래픽(캐릭터, 색감 등)도 유아들의 취향을 잘 살렸는지 해당 캐릭터를 따라 그리는 모습도 관찰되었다.

## www.바다반.com/컴퓨터를 사용해요/E-mail

'컴퓨터는 못 하는 게 없어요' 동화를 통해 E-mail이 무엇인지 알게 된 유아들은 늘 사용하던 컴퓨터지만 어떻게 종이와 돈(우표) 없이 편지가 전달되는지 궁금해하였다. 편지와 비교하여 보내는 사람과 받는 사람의 주소가 있어야 하는 점이 같다는 것을 찾고 온라인상에서 사용하는 주소는 어떤 것인지 알아보며 'ID'가 무엇인지 알게 되었다. ID를 이용한 E-mail을 만들기 전에 개인정보에 대해 이야기를 나누고 개인정보를 보호해야 하는 이유와 방법에 대해 알아보았다.

개인정보가 무엇인지, 왜 보호해야 하는지, 어떻게 하면 보호할 수 있는지 등에 대해 개인정보보호교육 영상을 보면서 함께 알아보았다. 영상을 본 후 유아들은 이름, 주소, 생일, 전화번호 등 기본적인 것과 '나=개인'의 정보를 유추할 수 있는 모든 정보가 개인정보라는 것을 알게 되었다. 또한 소중한 개인정보를 함부로 알려주지 않아야 한다는 것 또한 알게 되었다.

개인정보란?
살아 있는 개인에 관한 정보로서 성명, 주민등록번호 및 영상 등을 통하여 개인을 알아볼 수 있는 정보(해당 정보만으로는 특정 개인을 알아볼 수 없더라도 다른 정보와 쉽게 결합하여 알아볼 수 있는 것을 포함)

"생일도 개인 정보래."

"친구들의 개인 정보도 소중해."

"나에 대한건 다~ 개인정보야."

참고자료: 유튜브 검색 '2020 내정보 지킴이 캠페인'

가정의 협조를 통해 부모님의 E-mail 주소를 분석해보는 시간을 가졌다. 부모님의 E-mail 주소를 보면서 개인정보가 들어가 있는지, 들어가있지 않은지 분석해보며 우리 엄마, 아빠 외에도 가족과 관련된 정보들이 들어 있음을 발견하였다. 그리고 E-mail 같이 공개적인 곳에 개인정보를 유추할 수 있는 내용이 들어가면 안된다는 것을 알게 되었다.

| 구성원 | E-mail 주소 | 구성원 | E-mail 주소 | 구성원 | E-mail 주소 |
|---|---|---|---|---|---|
| 아 빠 | d*n*6*0*@naver.com | 아 빠 | l*m*3*8*@naver.com | 아 빠 | j*n*n*l*@naver.com |
| 엄 마 | r*s*0*1*@naver.com | 엄 마 | l*l*e_*e*@naver.com | 엄 마 | g*y*n*0@nate.com |

"어! 이거 우리 엄마 생일인데!!"

"이건 전화번호 같다. 너 아빠 전화번호 뭐야?"

"이건 뭐라고 읽어? 엥? 우리 엄마 이름인데?"

"뭐야. 왜 내 생일이 들어 있지? 이상한데?"

"다른 사람이 내 정보를 함부로 써도 안되는 거 아닌가?"

"엄마 아빠도 다른 사람이야? 아닐껄"

E-mail 분석을 한 후 E-mail을 만들기 위해 포털 사이트에 들어가 회원가입 약관을 함께 살펴 보면서 회원가입을 할 때 어떤 개인정보가 필요한지에 대해 알아보고, 회원가입 시 만 14세 미만의 어린이는 보호자의 동의가 필요하다는 문구를 발견하고 그 이유를 생각해 보았다.

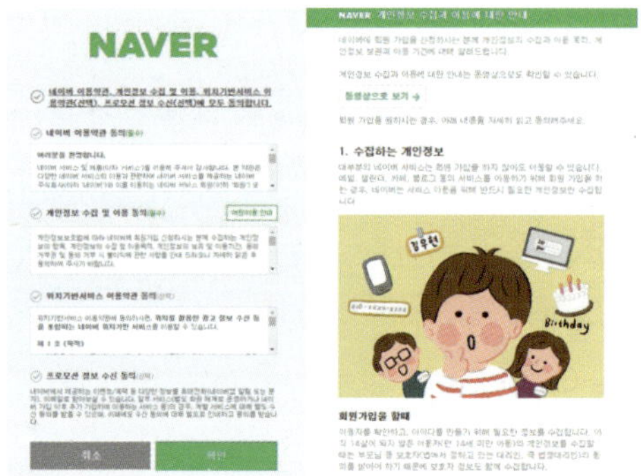


**회원가입을 할때**

이용자를 확인하고, 아이디를 만들기 위해 필요한 정보를 수집합니다. 아직 14살이 되지 않은 이용자(만 14세 미만 아동)의 개인정보를 수집할 때는 부모님 등 보호자(법에서 정하고 있는 대리인, 즉 법정대리인)의 동의를 받아야 하기 때문에 보호자 정보도 함께 수집합니다.

- 수집하는 개인정보

[필수] 아이디, 비밀번호, 이름, 생년월일, 성별, 휴대전화 번호, [선택] 이메일 주소, 프로필 정보

- 아직 14살이 되지 않은 이용자로부터 수집하는 보호자(법정대리인) 정보

보호자의 이름, 생년월일, 성별, 보호자 본인 확인에 이용되는 정보(DI), 휴대전화 번호

- 단체 아이디로 회원 가입 시

단체 아이디, 비밀번호, 단체 이름, 이메일 주소, 휴대전화 번호, [선택] 단체 대표자 이름

출처: 네이버.

회원가입을 위해 필요한 것들을 살펴보면서 생년월일을 발견하였다. 출생 연도를 2016년으로 작성하니 '만 14세 미만의 어린이는 보호자 동의가 필요합니다.'라는 문구가 나타났다. 이에 유아들과 그 이유에 대해서 알아보고, 보호자의 어떤 개인정보가 필요한지도 알아보았다.

"엄마, 아빠가 우릴 보호하나봐."

"꼭 전화번호를 묻더라?"

"우리가 다치거나 하면 연락해야 하잖아."

"우리 엄만 비밀번호 까먹으면 핸드폰으로 알려주던데."

약관을 다 살펴본 후에는 유아 개개인 메일을 만들기보다는 우리 반을 대표하는 E-mail ID를 만들기로 하고 개인정보를 포함하지 않은 바다반의 안전한 E-mail ID와 비밀번호를 만들기 위해 이야기를 나누고 직접 만들어 보았다. 바다반의 E-mail을 만든 후에는 직접 E-mail을 작성해보았다. 부모님께 하고 싶은 말, 전하고 싶은 말을 생각해보고 메일에 쓰기 전에 편지지에 연필로 먼저 써 보았다. 작성한 편지지를 보며 로그인 후 편지 내용을 키보드로 입력해 보내기 버튼을 눌러 부모님께 전송하였다. 유아들은 메일이 중간에 없어지지 않고 잘 도착하길 바라며 답장을 기다려 보기로 했다.

"아~ 떨려. 중간에 잃어 버리면 어떡해?"

"집에 가서 메일 받았나 확인해 봐야지."

"우리가 쓴지 엄마 아빠가 알 수 있겠지."

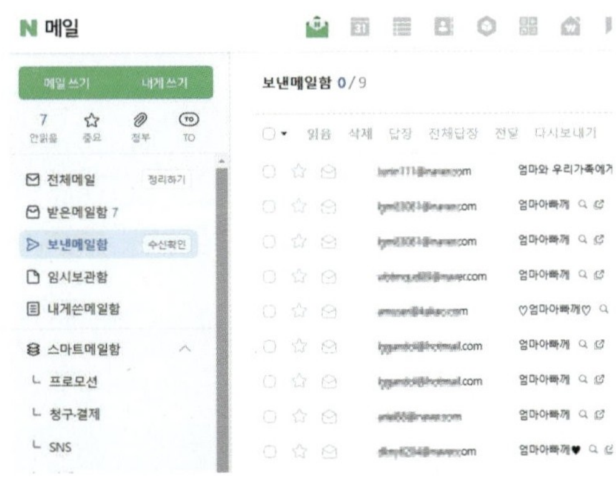


부모님께 온 답장을 함께 읽어보며 유아들은 졸업 후에도 바다반 메일 주소를 통해 서로 연락을 주고받자는 이야기를 나누었다.

이후 컴퓨터의 사용은 유아들의 놀이에 많은 영향을 주었다. 아이스크림 가게 놀이를 하면서 메뉴판을 요구하자 시중의 베**라** 가게명을 검색한 뒤 이미지에 들어가 메뉴를 한 장으로 출력하여 놀이하였고, 포*몬** 아이스크림 또한 띠부씰을 검색해 다양한 캐릭터를 출력해 아이스크림을 만드는 등 일상생활 및 놀이에서 컴퓨터를 활용하는 모습이 많이 관찰되었다.

유아들은 컴퓨터를 단순히 오락도구로만 생각하는 것에서 벗어나 그동안 경험했던 '인터넷 검색', '메신저', '코딩활동' 등 다양한 활동을 할 수 있는 도구로 인식이 변화됨을 느낄 수 있었다.

이제 유아의 디지털 미디어 기기 사용에 대한 걱정보다는 디지털 미디어 기기를 올바르게 사용할 수 있도록 교육 방법을 연구-지도해야 하며 디지털 미디어 기기는 유아들 놀이와 학습에 도움 되는 능력이 충분함을 인정해야 한다. 교사는 이런 기기들의 교육적 활용 방법을 연구하고, 공유할 기회가 많아져야 한다. 유아들은 디지털 미디어 기기와 함께 올바르게 성장해나갈 수 있도록 교육기관에 기기들이 보급되어 많은 놀이 사례가 나오길 기대한다.

## 2. 야! 너두 유튜버 될 수 있어!

| 디지털 놀이 주인공 | 그림유치원 미래반 친구들 (만 5세) |
|---|---|
| 프로젝트 담당 교사명 | 김소정 교사 |
| 프로젝트 기간 | 2021. 4 ~ 9 |
| 디지털 매체 활용 | 스마트 폰, 스마트 패드, IPTV, 컴퓨터, |

현대 사회는 매일매일 엄청난 양의 많은 디지털 미디어 정보와 기기가 쏟아져 나오고 있는데 미디어는 보는 이로 하여금 눈과 귀를 동시에 자극하여 몰입감을 높인다. 교실 속으로 들어온 디지털 미디어 기기들은 유아 스스로 리모컨, 마우스 등 기계를 조작하여 스스로 학습을 이끌어나가는 등 자발적인 흥미와 요구에 따라 사용되며, 놀이가 진행되면서 미디어의 긍정적이고 교육적인 활용 방안을 놀이 속에서 찾아간다. 만 5세 미래반에는 다양한 디지털 미디어 기기-스마트 패드, 컴퓨터, 전자 현미경, 스마트 폰 등이 놀이 영역 속에 준비되어 있다. LG유플러스 생생체험학습 AR활동, 컴퓨터 사진찍기, 스마트 폰 영상찍기, 유튜브에서 그림 찾아 그리기, 키보드 한글 연습하기 등의 놀이가 이루어진다. 또 인터넷 검색을 통해 알고 싶은 내용을 찾아보고 그림판을 이용해서 그림을 그려 프린트하거나 컴퓨터 메모장을 활용하여 글쓰기나 동시 짓기 활동을 즐기기도 한다. 놀이를 통해 자연스럽게 여러 기기의 특성을 알고 미디어와 친숙해지며 오락 외 다양한 활용 방법에 눈을 뜨게 하는 것이 목적이다.

그중 가장 인기가 많은 디지털 미디어 놀이는 단연 스마트 패드를 활용한 놀이인데, 스마트 패드 유튜브에 검색 기능을 활용하여 내가 접고 싶은 종이접기를 검색하고 영상을 멈췄다가 재생하기를 반복하며 종이를 접는다. 또 다양한 그리기 콘텐츠를 활용하여 그림 그리는 기술을 익히고 따라 그리기를 즐긴다. 점점 유튜브를 활용해 활동하는 유아들이 늘고 사용 시간이 길어지면서 함께 모여 우리가 가장 좋아하는 영상 콘텐츠는 무엇인지 이야기를 나누어 보았다.

"나는 어몽어스그리기 영상이 제일 좋아. 영상이 엄청 많아서 그중에서 골라서 그릴 수 있거든!"

"나는 네모아저씨 영상을 좋아해!!

다른 영상은 엄마가 못 보게 하는 것도 있는데 네모아저씨 영상은 볼 수 있어!"

"나는 호랑이 그리기 영상이 좋아. 진짜 호랑이처럼 그리는 영상을 보고

똑같이 연습할 수 있거든."

"나는 깜찍한 거 그리기 연습하는 게 좋아. 깜찍한 거 그리기! 라고 검색하면 나와!"

"만화 보는게 더 좋긴한데 그건 유치원에서 못 보니까~ 종이접기가 재미있어."

유튜브는 당신-YOU(유)와 브라운관-TUBE(튜브)의 합성어로 전세계 네티즌들이 올리는 동영상 콘텐츠를 공유하는 웹사이트이다. 동영상 시청 채널 전체 이용자의 분포자를 보면 유튜브가 압도적으로 많은 것을 여러 자료 조사에서 쉽게 찾아볼 수 있고, 검색 기능 역시 기존에 많이 쓰던 포털 사이트가 아닌 유튜브를 활용한다는 기사를 접할 수 있다. 이러한 사실을 통해 시대문화적으로도 점차 문서화 된 정보자료에서 영상 정보로 넘어가고 있음을 확인할 수 있다.

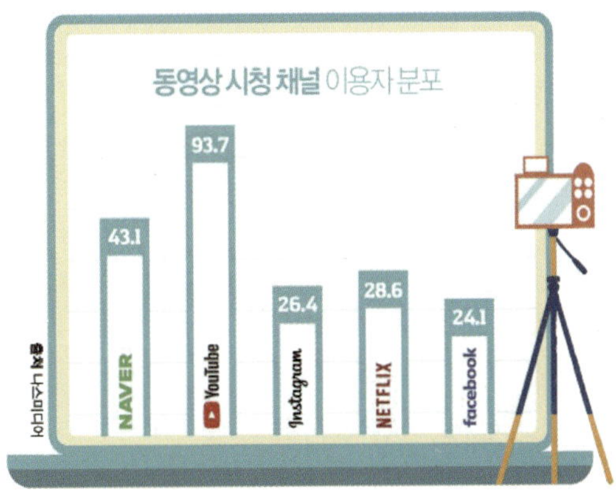


유아들은 음성 검색 또는 키보드 자판을 사용하여 검색한 뒤 영상 중에서 내가 원하는 영상을 선택하여 시청한다. 이렇게 검색 후 콘텐츠 선택이 하나의 놀이가 되었고, 다양한 단어를 검색하면서 인물 검색 또한 재미있는 놀이가 되었다. 친구들의 이름에서 시작해 담임 선생님 이름도 검색해 보았으나 검색 결과 우리 선생님의 얼굴, 우리 친구들의 얼굴은 나오지 않았다. 그러던 중 그림유치원 신** 선생님을 검색하자. 신** 선생님 모습이 검색 결과에 나오는 것을 발견했다. 친구들은 왜 신** 선생님만 유튜브에 나오는지 매우 궁금해하며 선생님에게 인터뷰를 요청하였다.

Q. 유튜브에 신** 선생님을 검색하면 선생님이 영상이 나와요. 어떻게 하면 영상이 나오는 거죠?

A. 영상을 찍어서 유튜브에 업로드 했기 때문이에요.

Q. 선생님은 유치원 선생님인데, 노래 부르는 영상도 있어요. 왜 그렇죠?

A. 선생님은 유치원 선생님이지만 노래 부르기를 좋아해요.
사람들이 선생님 노래를 많이 들어주면 좋겠어서 만든 채널이랍니다.
두 개의 채널을 운영하고 있어요!

Q. 채널이요? 채널은 TV에 나오는 숫자 아닌가요?

A. 유튜브에 영상을 업로드 하려면 채널이 필요해요. 채널은 숫자가 아니고 내가 원하는 이름으로 만들면 됩니다.

Q. 우리도 채널을 만들 수 있나요?

A. 네! 그럼요! 누구나 만들 수 있어요.

Q. 선생님은 어떻게 영상을 찍어요?

A. 모든 영상은 핸드폰으로 찍고 있어요. 핸드폰으로도 좋은 영상을 찍을 수 있답니다. 우리 친구들이 만들고 싶은 영상이 무엇인지 잘 생각해보세요!!

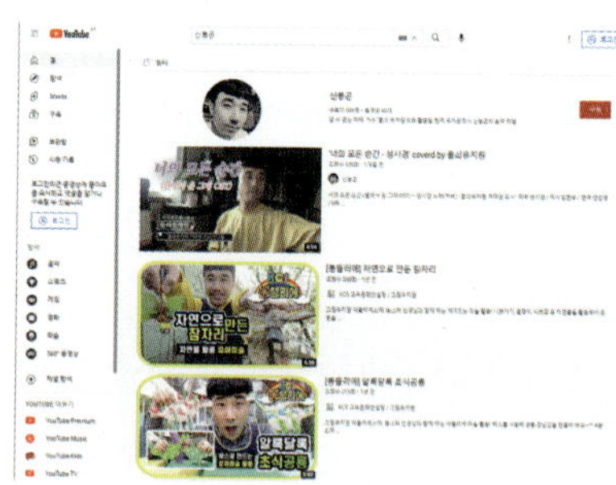

유아들은 궁금한 점을 해소하고, 채널을 TV 속 숫자라고만 생각하고 있었는데 인터뷰를 통해 유튜브 채널의 의미와 존재를 알게 되었다. 또한 신** 선생님은 영상을 핸드폰으로 찍는다는 것과 먼저 우리가 만들고 싶은 영상을 무엇인지 잘 탐구해보라는 조언도 얻을 수 있었다.

인터뷰를 통해 채널의 개념에 대해 알게 된 영상 프로젝트 친구들은 그동안 즐겨 본 콘텐츠에도 채널이 있다는 것을 알게 되었고 여러 채널을 탐색하기 시작했다. 그러던 중 '그림유치원'을 검색 결과 그림유치원의 채널을 발견하고 그림유치원과 관련된 콘텐츠 내에 여러 프로젝트의 영상도 시청하였다. 이를 본 유아들은 영상을 찍어 그림유치원 채널에 업로드 하길 원했다. 그렇다면 영상 콘텐츠를 만드는데 어떤 것들이 필요할지 생각해 보았다.

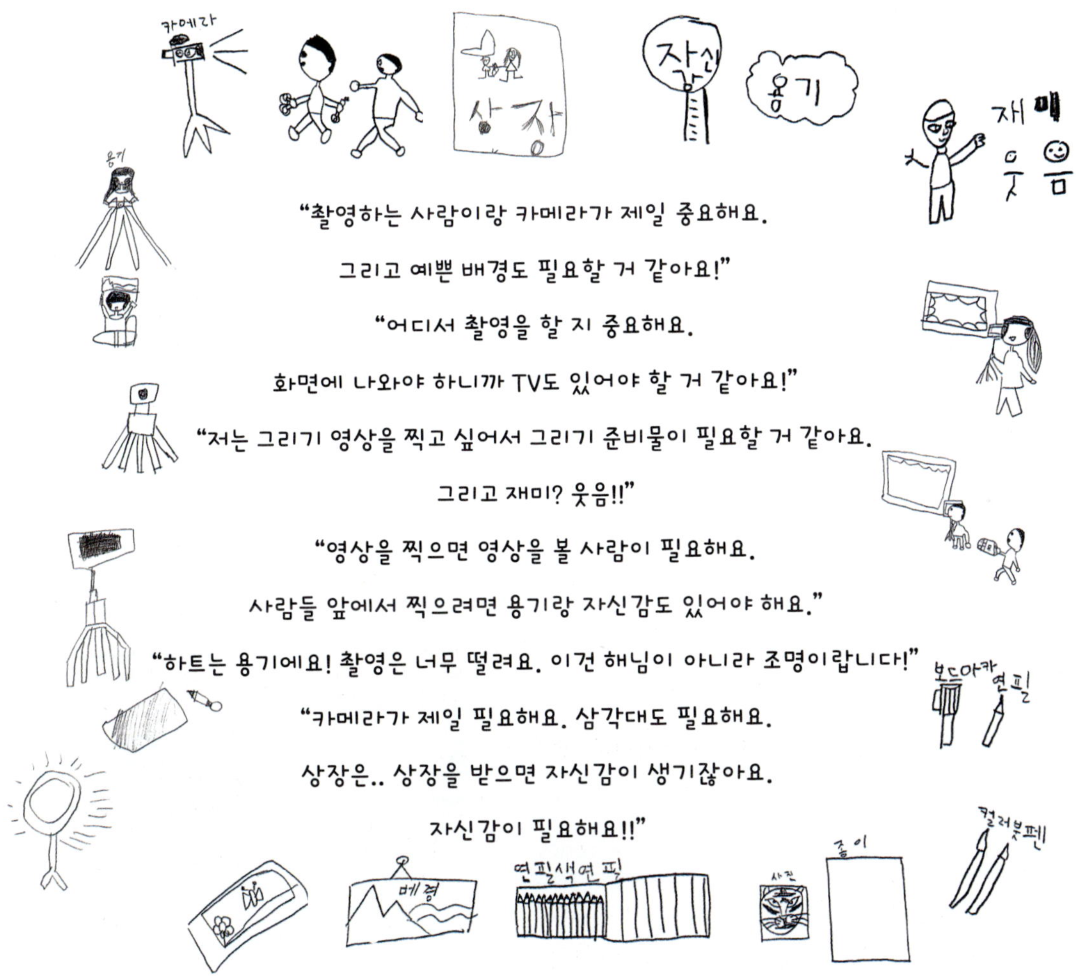


"촬영하는 사람이랑 카메라가 제일 중요해요.
그리고 예쁜 배경도 필요할 거 같아요!"
"어디서 촬영을 할 지 중요해요.
화면에 나와야 하니까 TV도 있어야 할 거 같아요!"
"저는 그리기 영상을 찍고 싶어서 그리기 준비물이 필요할 거 같아요.
그리고 재미? 웃음!!"
"영상을 찍으면 영상을 볼 사람이 필요해요.
사람들 앞에서 찍으려면 용기랑 자신감도 있어야 해요."
"하트는 용기에요! 촬영은 너무 떨려요. 이건 해님이 아니라 조명이랍니다!"
"카메라가 제일 필요해요. 삼각대도 필요해요.
상장은.. 상장을 받으면 자신감이 생기잖아요.
자신감이 필요해요!!"

촬영스태프, 준비물, 촬영 소품, 촬영 기기 외에도 유아들은 용기와 자신감이 필요하다고 이야기했다. 카메라 앞에 서는 것은 꽤나 용기와 자신감이 필요한 일인데 이는 주변 친구들의 응원과 댓글이나 좋아요로 얻어질 수 있고, 재미와 웃음도 빠질 수 없다고 이야기했다. 참고할만한 자료를 찾아보다 '어린이 유튜브스타' 도서 자료를 통해 유튜브 영상을 촬영하기 위해 준비해야 하는 것들과 다양한 컨텐츠에 대해 알 수 있었다.

교실에는 영상제작 영역이 만들어졌다. 삼각대에 핸드폰을 고정시킨 뒤 빔을 연결하여 배경이나 촬영되는 화면을 실시간으로 전송하고, 조명을 두어 영상을 밝게 찍을 수 있도록 세팅되었다. 영상 영역에는 놀이 시간 혼자서 삼각대를 고정하고 영상을 찍기도 하고, 친구와 함께 상황을 연출하며 영상을 찍어보기도 하며 자유롭게 놀이가 이루어졌다.

이후 놀이가 진행되면서 영상을 찍는 구도가 바뀌었는데, 본인이 촬영되는 영상을 보면서 즉각적인 피드백이 이루어지고 직접 연출자의 역할을 할 수 있도록 자리를 바꾸게 되었다. 좋은 영상을 찍기 위해 놀이 속에서 기기와 공간, 구도를 탐구해 가는 모습을 볼 수 있었다. 또한 콘텐츠를 찍기 위한 방송 준비물을 준비하는 친구, 촬영을 하는 친구, 콘텐츠 속에 등장해 그림을 그리는 친구, 조명을 세팅하는 친구 등 하나의 영상을 찍기 위해 필요한 역할을 생각해내고 그 역할을 분담하여 함께 협동하여 영상을 찍는 모습이 보였다. 역할을 돌아가면서 하기도 하지만 본인이 원하는 고정 역할이 생기기도 하였다.

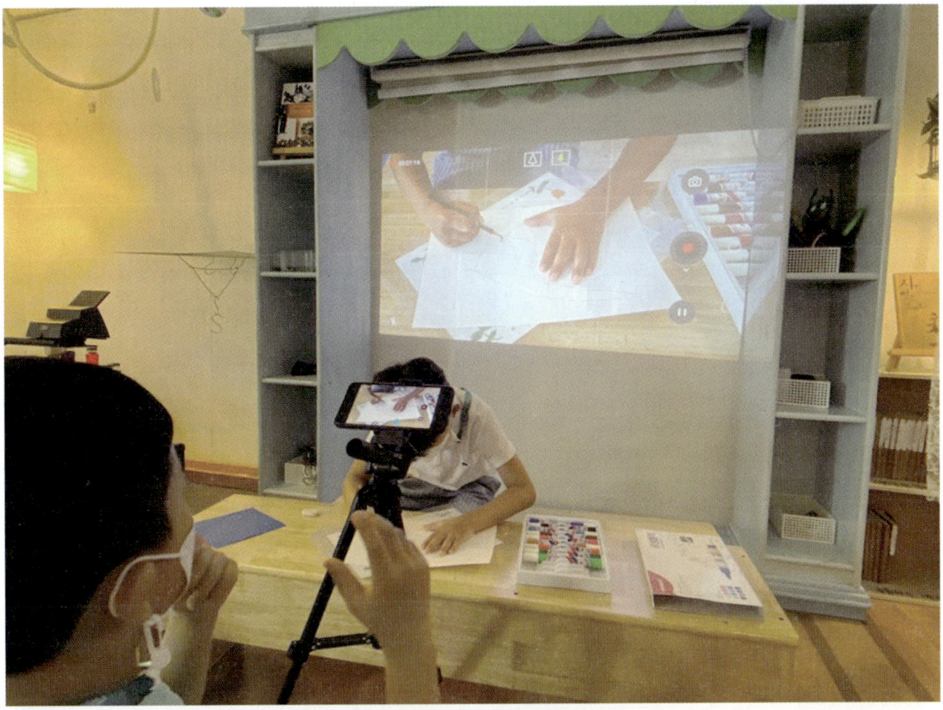

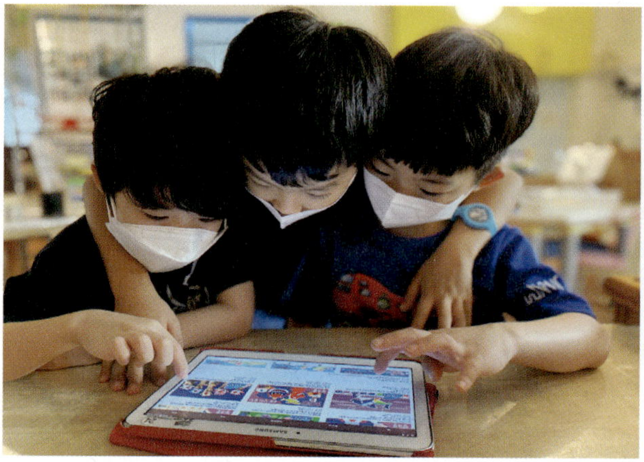

이렇게 영상 영역에서 놀이하며 여러 차례 영상을 찍는데 유아1은 그림 그리기 영상을 찍게 되었다. 그런데 유아1의 영상이 10분,,, 20분,, 약 30분이 되자 친구들은 영상이 언제 끝날지를 기다리며 지루해하는 모습을 보였다. 또 영상이 너무 길면 사람들이 안 좋아할 거라는 피드백을 주기도 하였다. 그래서 친구들은 어떻게 하면 영상을 빨리 찍을 수 있을지, 지루하지 않은 영상을 만들 수 있는지에 대해 탐구를 해보게 되었다. 그러던 중 유튜브그리기 영상 중 굉장히 손이 빠르게 움직이는 영상을 발견하였고, 친구들에게 비디오 스피드 체인저 어플을 소개해 주었다. 이 어플은 찍은 영상을 2배속/4배속/8배속 변경해 주는 기능을 갖고 있다. 2배속과 8배속을 비교하며 배속의 개념을 알아가고, 우리가 찍은 영상을 적당한 속도로 빨리 재생시키는 방법을 익힐 수 있었다. 이렇게 친구들은 자신들의 영상을 배을 조정해 직접 편집하는 기능을 활용하게 되었다.

출처: Google Play 스토어.

"손을 엄청 빨리 움직이나?"

"영상을 이렇게 빨리 찍으려면 어떻게 하지?"

:

"X2?! X8. 8이 더 큰숫자여서 X8이 더 빨리 나온다."

이 시기에 마침 유치원으로 핑크퐁 유튜브 채널 '핑크퐁이 간다'에서 촬영 협조 요청이 왔다. 프로젝트 친구들에게 촬영 기회가 주어졌고, 유아들은 핑크퐁이 오기 전 '핑크퐁이 간다' 유튜브 영상을 찾아보며 핑크퐁 채널을 먼저 탐색해 보았다. 핑크퐁 채널 무료 구독자 수는 무려 928만 명이었다. 유아들은 928만 명이 얼마나 큰 수 인지 생각해보며 그림유치원의 44명 구독자 수와 비교해보며 핑크퐁 채널을 분석하고, 핑크퐁이 오면 궁금한 것들을 물어보기 위해 질문리스트를 정리해 보았다.

유아들은 궁금한 것을 정리하여 인터뷰지를 제작해 핑크퐁 촬영을 하게 되었다. 많은 카메라 수와 스태프들 사이에서도 유아들은 씩씩하게 촬영하였다. 같은 장면을 여러 번 찍는 것에 의아함을 느끼기도 하고 촬영 쉬는 시간 쉽게 볼 수 없었던 커다란 카메라와 조명, 마이크 등 다양한 촬영기기에 관심을 갖고 탐색하는 시간을 가져보기도 했다. 그리고 촬영이 끝난 뒤에는 피디님, 감독님, 튼튼쌤에게 우리가 준비한 인터뷰지를 토대로 인터뷰를 진행하였다.

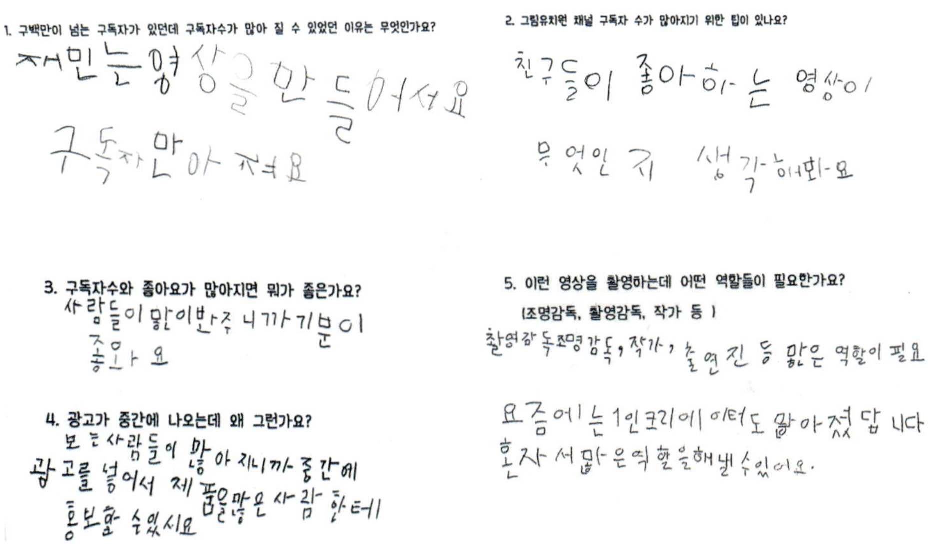
1. 구백만이 넘는 구독자가 있던데 구독자수가 많아 질 수 있었던 이유는 무엇인가요?
재민는 영상을 만들어서요
구독자만아 저요

2. 그림유치원 채널 구독자 수가 많아지기 위한 팁이 있나요?
친구들이 좋아하는 영상이
무엇인지 생각해봐요

3. 구독자수와 좋아요가 많아지면 뭐가 좋은가요?
사람들이 많이봐주니까 기분이
좋아요

4. 광고가 중간에 나오는데 왜 그런가요?
보는 사람들이 많아지니까 중간에
광고를 넣어서 제품을 많은 사람한테
홍보할 수있서요

5. 이런 영상을 촬영하는데 어떤 역할들이 필요한가요?
(조명감독, 촬영감독, 작가 등)
촬영감독 조명감독, 작가, 출연진 등 많은 역할이 필요
요즘에는 1인크리에이터도 많아졌답니다
혼자서 많은역할을해낼수있어요.

촬영이 다 끝난 후 영상 프로젝트 친구들은 다시 한번 인터뷰 영상을 보며 인터뷰 내용을 정리하는 시간을 가졌다. 구독자가 많아질 수 있었던 이유에는 재미있는 영상을 만들기 때문이라고 답해주었고, 그림유치원 채널도 구독자가 많아지기 위해서 어떤 팁이 있는지에 대한 질문에는 그림유치원 채널을 보게 되는 친구들이 좋아하는 영상이 무엇인지 생각해 보라는 이야기를 해주었다. 구독자수와 좋아요가 많아지면 어떤 점이 좋은지에 대해서는 사람들이 많이 봐주면 기분이 좋다고 해주었고, 광고에 대해서는 영상을 보는 사람들이 광고를 보게 되면 광고 속 제품을 홍보할 수 있다고 하였다. 또한 영상을 찍는데에는 여러 역할들이 필요하지만 요즘에는 1인 크리에이터도 많아졌기 때문에 여러 방송 장비를 잘 다룰 수 있다면 혼자서 많은 역할을 해낼 수 있다고 답해주었다.

900만이 넘는 유튜브 채널에 출연한 경험을 가진 영상 프로젝트 친구들은 궁금했던 점을 해소하고 촬영한 후 느낀 점에 대해 공유해 보았다. 같은 말을 반복하는 것이 힘들기도 하고, 웃기기도 하고, 많은 사람들 앞에서 촬영하니까 부끄러웠지만 재미있는 경험이 되었다는 이야기를 들려주었다.

이렇게 자신감이 생긴 친구들은 그림유치원 채널에 올릴 영상을 구체화 시키기 위한 준비를 시작했다. 업로드 할 영상을 위해 영상을 보게 될 대상에 대해 먼저 이야기 나누었다. 우리의 영상은 그림유치원 친구들과 우리의 부모님들이 가장 많이 볼 것이라고 생각되어 친구들과 부모님으로 대상을 정하고 완성된 콘텐츠는 그림유치원 채널에 업로드 하기로 하였다. 영상을 제작하기 전 어떻게 영상을 찍을지 계획하는 '콘티'에 대해 알아보았다. 친구들도 잘 아는 광고, 드라마, 영화와 같은 영상을 제작할 때는 콘티라는 것을 바탕으로 제작이 되는 것을 알고 우리가 찍고자 하는 종이접기, 그림 그리기 콘티를 제작하기로 하였다.

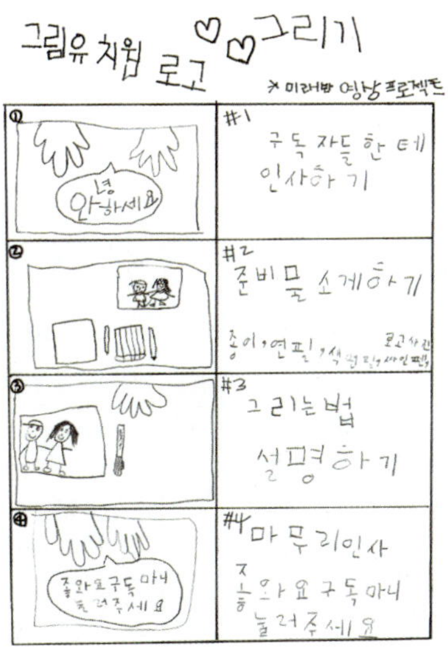


"그림유치원 채널에 올라갈 영상이니까 유치원과 관련된 영상을 찍어보자!"

"그리기를 가르쳐주는 영상이면 좋겠는데.."

"이거 어때? 그림유치원 로고 그리기!"

"대박~ 좋아!"

"구독자들한테 인사를 먼저 해야 해! 안녕하세요~ 이렇게."

"필요한 준비물도 소개해주는 시간을 갖자!"

"마지막에는 좋아요! 구독! 눌러달라고 해야지!"

"나는 조명을 잘 비춰서
화면이 잘 나오도록 할게.
저번에 핑크퐁 조명 감독님처럼!"
"나는 콘티를 보면서 다음 장면을 알려줄게."
"필요한 준비물은 내가 다~ 준비할게."

유아들은 핑크퐁 촬영 경험을 살려 감독, 조명, 연출, 편집의 역할을 나누어 촬영에 임하였다. 최대한 편집을 하지 않아도 괜찮도록 완성도가 높게 찍기를 희망하며 모두가 집중하며 열정 높은 모습을 보였다. 영상을 다 찍은 후에는 자막 작업과 재생 속도를 조절해 완성하였다. 놀이 시간에 지속적으로 유튜브를 탐색하던 유아들은 검색 후 노출되는 영상의 첫 페이지와 재생되는 페이지가 다름을 알았고, 이것은 섬네일(Thumbnail)이라고 한다.

"사람들이 많~이 보게 예쁘게 꾸며주자!"
"우리도 유튜브에 바로 보여지는 화면이 필요해."
"그게 섬네일이래! 섬네일에 우리 사진도 넣자!
우리가 그렸으니까!"

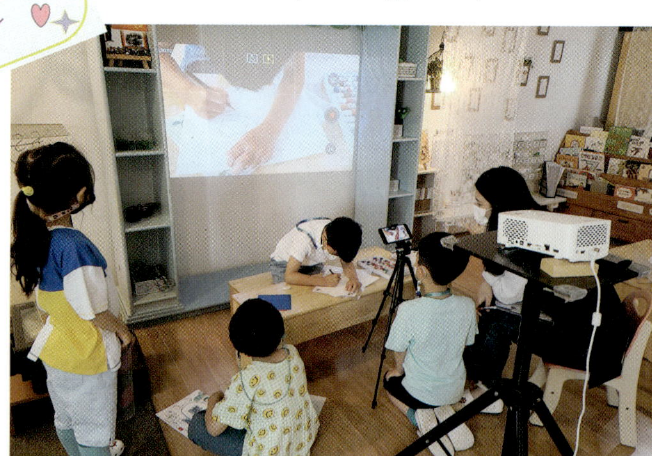

섬네일을 만든 유아들은 신** 선생님의 도움을 받아 그림유치원 유튜브 채널에 영상을 업로드 하였다. 업로드 하였다. 업로드된 영상은 좋은 반응을 보였고 유아들은 해당 게시물에 달린 댓글에 굉장한 관심을 보였다.

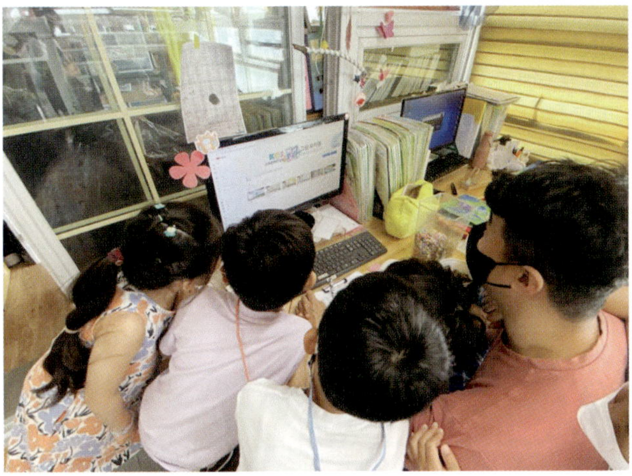

"우리 얼굴이 나오는 영상을 보고싶대~"

"동생들이 볼 수 있는 영상을 찍어달래!"

"5, 6살 동생들이 7살이 되면 미래반에 오잖아.

미래반을 소개하는 영상은 어때?"

유아들은 미래반의 놀이 모습을 영상으로 촬영하기 위해 각 영역마다 제일 재미있는 놀이 또는 놀이 방법을 소개하고, 배우는 누구로 할지, 어떤 순서로 찍는지 등 토의를 통해 정하고 각자 역할을 정해 촬영이 진행되었다. 두 번째 영상까지 업로드 하면서 친구들은 더 많은 좋아요 수와 댓글을 원하며 그림유치원 홈페이지에 홍보글을 원했다. 홍보 대상은 그림유치원 가족들이었고 효과적인 홍보를 위해 유아들은 홈페이지 담당교사를 찾아가 어떻게 하면 글을 올릴 수 있는지 물었다. 담당교사는 어떤 영상인지 설명을 담은 홍보를 원하는 내용과 이미지를 제출해줄 것을 요구 하였고 유아들은 간단한 소개 문구와 함께 유튜브 링크를 전달하였다.

그런데 해당 영상은 유아들이 등장하면서 유튜브 자동 검열 기능에 따라 댓글을 달 수 없게 되었고, 좋아요가 아닌 (👎)가 하나 있는 것을 발견하면서 유아들은 실망에 빠졌다. 좋아요, 싫어요 기능에 대한 찬반토론을 나누며 '싫어요'를 받았을 때의 용기에 대해 생각해보았다. 요즘 청소년들은 쉽게 SNS에 노출되면서 타인의 평가와 시선에 많은 영향을 받는다. 그런 상황을 겪게 될 유아들이 조금은 단단한 마음을 가졌으면 하는 생각에 안전교육을 준비하고 있었는데 우연히 받은 '싫어요' 한 표가 유아들에게 더욱 단단하고 건강한 마음을 갖을 수 있는 기회를 주었다.

"'싫어요'를 받으면 마음이 안 좋아! '싫어요'는 없어져야 해!"

"'싫어요'를 받으면 상처를 받을 수 있어."

"싫으면 '좋아요'를 안 누르면 되잖아!"

"영상이 싫을 수도 있잖아. 나쁜 영상은 '싫어요'를 받아야 해."

"무서운 영상이나 잔인한 영상은 '싫어요'를 받아야지!"!

"실수로 '싫어요'를 누른 걸 수도 있어! 너무 상처 안 받아도 돼!"

"우리는 '싫어요'를 받아도 괜찮아!"

"맞아! '좋아요'가 훨씬 많아!"

"이래서 영상을 찍으려면 용기가 필요한 거야!

'싫어요'받아도 괜찮을 수 있게!"

"'싫어요'대신 싫은 이유를 말할 수 있게 하면 좋겠다.."

그것과 동시에 영상놀이 영역이 엄청난 인기를 끌면서 많은 유아들이 놀이를 하는데 하루는 큰 소리가 들렸다. 바로 "우리 찍지 마!"라며 스마트 폰을 만지는 친구와 유튜버 놀이를 하는 친구 사이에 갈등이 생긴 것이다. 카메라맨 친구는 유튜버 놀이를 하는데 찍히길 원하지 않는 친구가 잘못되었다며 이야기 중이었고, 찍히는 걸 원하지 않는 친구들 사이에 언쟁이 생겼다. 유튜버 놀이를 하지만 실제로 찍히는 것은 거부하는 상황이었다. 유튜버 역할의 유아는 정확히 거절 의사를 보였고, 그 이유에 대해 친구에게 설명하고 있었다. 이후 교실에서 전체 유아들을 대상으로 한 안전교육에서 '초상권'이라는 권리에 대해 알아보고 새로운 교실 약속이 생겼다.

"제 얼굴이 나오는 게 부끄러워요."

"제 얼굴이니까 제 마음이잖아요."

미래반의 새로운 약속!
친구가 거부할 때는 찍지 않아야 하고,
내가 찍히고 싶지 않을 땐 거부하는 의사를 표현하기!

초상권이란?
자기의 초상에 대한 독점권. 인격권의 하나로, 자기의 초상이 승낙 없이 전시되거나 게재되었을 경우에는 손해 배상을 청구할 수 있다.

출처: 네이버 국어사전.

이후 유아들은 졸업을 앞두고 두고두고 남길 영상 콘텐츠를 고민하였다. 마지막 콘텐츠의 조건은 '그림유치원 친구들이 찾아서 볼 수 있는 영상일 것. 학교에 가도 볼 수 있도록 우리가 등장할 것.'이 조건에 맞는 콘텐츠를 여러 개 놔두고 고심하던 끝에 매년 신입친구들이 들어오면 꼭 한 번씩 배우게 되는 '그림유치원 원가'와 '독도아리랑(그림유치원 프로젝트 작사/작곡 동요 작품)' 율동 영상으로 정해졌다. 물론 이 과정에서 영상제작에 참여한 유아들의 얼굴이 공개되기 때문에 참여 의사와 얼굴이 나와도 괜찮은지 서로 확인하는 모습이었다. 교사는 첫 번째 영상이 제작될 때부터 가정에 연락하여 유튜브에 유아들이 공개되어도 괜찮은지 묻고 동의서를 따로 받아 두었다. 이번 영상엔 유아들이 콘텐츠 속에 등장함에 따라 삼각대에 카메라를 고정하였고 교사에게 앞에서 시범 율동을 요청하였다. 그 밖에도 복장, 구도, 촬영 장비 등을 신중하게 선택하고 촬영이 진행되었다.

그림유치원 계정 유튜브에 '독도 아리랑'과 '원가' 율동을 업로드하며 프로젝트는 마무리되었다. 그 이후에도 미래반 친구들은 영상 제작 영역에서 놀이를 이어가며 디지털 세상을 탐구해 나가고 있다.

영상 프로젝트를 통해 유아들은 다양한 디지털 미디어 매체를 탐색하며 이와 친숙해질 수 있었고 정보화시대를 살아가는 유아들은 물리적 공간뿐만 아니라 온라인상의 공간을 인식하고 활용하는 방법을 능동적으로 익혔다. 또한 그에 따라 창의적으로 표상하고, 계획하고 실행할 수 있게 되었다. 이러한 놀이 경험은 앞으로 더욱 급변하는 사회에서 우리 친구들이 비판적 사고를 갖고, 넘쳐나는 미디어 정보를 주체적으로 판단할 수 있는 능력을 갖게 될 것이다.

| 그림유치원<br>로고그리기 | 미래반을<br>소개합니다 | 독도아리랑 | 그림유치원<br>원가 |
|---|---|---|---|

## 3. 종의 기원, 바이러스

| 디지털 놀이 주인공 | 그림유치원 미래반 친구들 (만 5세) |
|---|---|
| 프로젝트 담당 교사명 | 이은진 교사 |
| 프로젝트 기간 | 2022.3 ~ 9 |
| 디지털 매체 활용 | 전자현미경, 광학현미경, 스마트 패드, IPTV |

어서오세요! 미래반 선별진료소입니다.

2019년 시작된 COVID-19 바이러스는 아직도 우리들의 생활에 남아있다.

그림유치원 만 5세 미래반 친구들은 COVID-19를 겪으며 직접 보고 듣고 경험한 것들을 선별진료소 놀이를 통해 풀어내고 있다. 어른들의 걱정과 달리 아이들은 사회 시대적 변화에 잘 적응하고 있는 모습이다. 거리를 두라며 놀이 공간에서도 자리를 정해주고, 기다리는 친구들에게 손 소독제를 뿌려준다. 지켜보는 교사의 짠한 마음과 달리 검사 결과를 전달하며 마스크와 면역력을 챙기라는 진료소 친구의 마음이 따뜻하다.

"마스크 꼭 쓰세요!" "코에 넣겠습니다. 아프니까 조심하세요."

"코로나 검사 결과 양성입니다. 유치원 오지 말고 격리하세요."

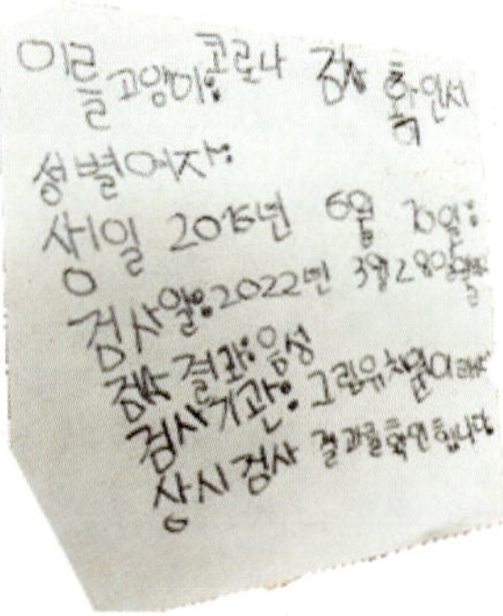

## 바이러스 놀이를 해요.

바이러스는 대체 무엇이길래 우리를 이렇게 힘들게 할까? 바이러스에 대한 궁금증을 해결하고자 다양한 놀이와 실험을 한다. 뉴스 조사 활동을 통해 바이러스 입자 실험을 알게 된 아이들은 나만의 바이러스를 상상해보고 바이러스의 특징과 이름을 지어 구체화해 보았다.

"선생님 저번에 제가 배가 아파서 유치원 쉬었던 거 기억나죠?
그게 장염 바이러스 때문이에요."

"사실 바이러스가 다 나쁜 건 아니고 약에는 좋은 바이러스가 들어있어요."

" 병에 걸려서 아팠는데, 어떤 바이러스 때문인지는 잘 모르겠어요.
그리고 코로나가 오미크론으로 바뀐다고 하는 것 같던데요?"

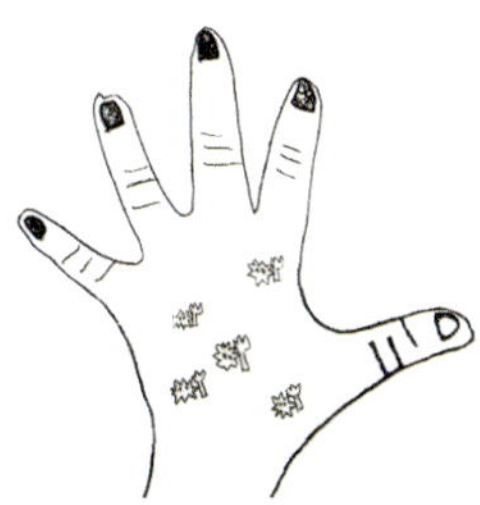
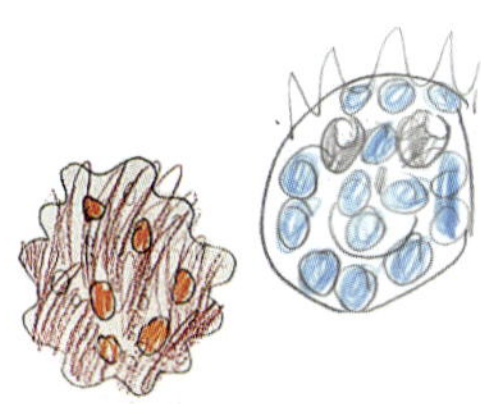

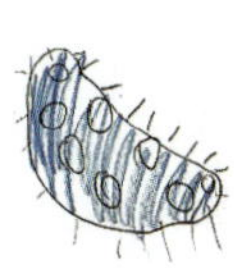

이후 바이러스에 더 다가가고자 여러 색 클레이 혼합, 스티로폼 구, 얼음, 워터비즈, 전자현미경, 아이스박스, 드라이기, 핫팩 등 다양한 도구와 매체를 활용하여 실험해보기도 하였다. 실제 연구원들은 미세 바늘로 바이러스 입자에 힘을 가하여 바이러스를 소멸시키는 방법을 찾는다는 것을 알게 되었고, 워터비즈가 물을 머금어 커지는 것을 관찰한 유아들은 워터비즈를 바이러스에 빗댄 '실험'을 통해 바이러스는 외부의 영향으로 모양이나 형태가 변할 수 있다는 것을 발견했다. 얼리고, 찌르고, 자르고, 말리는 등 워터비즈를 변형시키기 위한 가설을 세우고 이를 증명해보기 위한 실험을 통해 바이러스의 증식/소멸/복제/확산 등을 간접적으로 경험해 보았다.

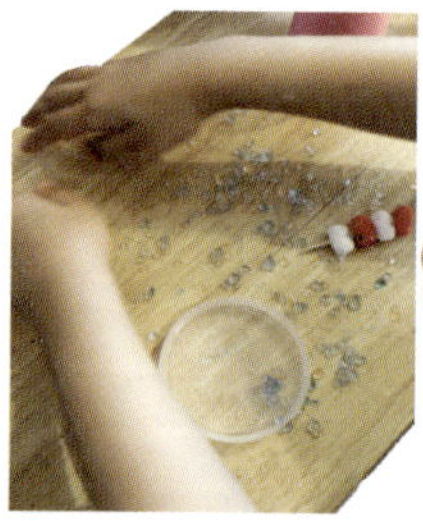

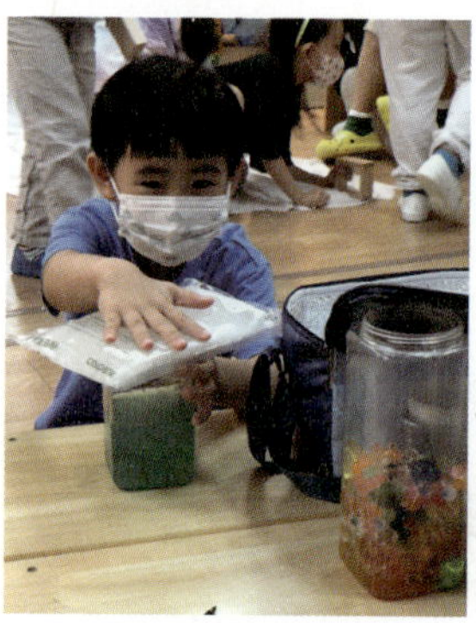

바이러스는 언제부터 생겨났을까?

책과 문화적 자료를 통해 바이러스의 역사에 대해 알아보며 과거에도 팬데믹이 있었으며 우연한 발견으로 백신들과 의약품이 발달된 과정도 알게 되었다. 슬프지만 앞으로도 바이러스는 존재할 것이라는 사실을 알게 된 아이들은 라이트 테이블 위에서 바이러스 입자를 따라 그려 빔프로젝터로 바이러스 입자를 벽면에 띄워 쌓기 놀이 영역을 바이러스 세상으로 만들었다. 이렇게 바이러스 놀이는 다른 영역으로 확장됨과 동시에 '바이러스는 세상 어디에나 존재한다.'라는 사실을 인정하게 되었다. 바이러스가 없어졌으면 좋겠다는 유아들. 만약 바이러스가 없다면 어떤 일이 생길까 생각해 보았다.

▲ 참고도서

▲ LG유플러스 아이들나라 콘텐츠

"혹시 바이러스가 없으면
생태계도 파괴되는 거 아닐까?
그러면 모든 사람이 사망할 수도 있어!"
"아픈 사람이 없으니까 병원은 문을 닫고,
의사 선생님은 행복하게 쉬겠지!"
"아무도 병에 안 걸리면 죽은 사람이 없어서
지구가 사람으로 가득 차는 거 아닐까?
우주에서 보면 사람으로 가득할 거야."
"그런데 COVID-19 덕에 동물이랑 생태계는
좋아졌다던데?"
"맞아. 사람이 제일 문제랬어."

바이러스는 어떻게 생겼는지 바이러스의 입자를 탐색해 보며 바이러스는 아주 작아 눈으로 볼 수가 없고 현미경으로 확대해야 볼 수 있다는 것을 알았다. COVID-19 바이러스에 대한 다양한 경험으로 이미 COVID-19 바이러스의 형태를 알고 있었고 유아들은 COVID-19바이러스에 기초한 바이러스 입자를 표상해 보았다. 놀이 시간에 유튜브에 COVID-19를 검색해 보며 관련 여러 뉴스 기사를 접하며 COVID-19의 시작은 어디인지, 확산세는 어떤지, 감염 경로는 무엇인지 등을 알게 되었고 디지털 미디어를 통해 사회문화적 상황을 알고 있음을 확인할 수 있었다.

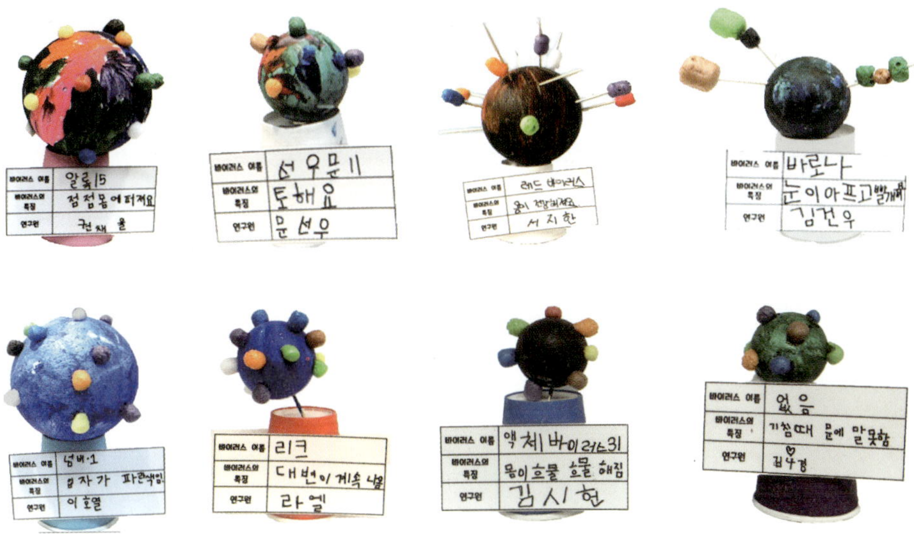

바이러스 연구소
무엇이든 물어보세요.

문명의 발달로 얻게 된 편리함 뒤에는 골병들고 있는 생태계가 있다는 것을 알게 된 아이들은 COVID-19가 좋은 점도 있다면서 바이러스의 의외의 영향력에 대해서도 생각해 보았다. 그렇게 바이러스에 대해 파고들며 유익한 균과 바이러스도 있음을 알게 되었다.

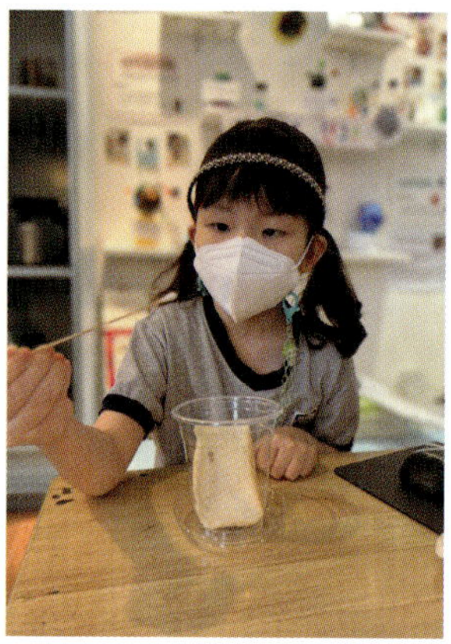

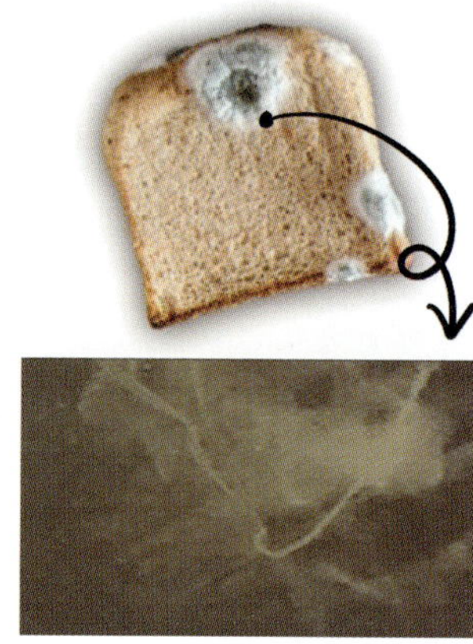

"한번 확대해서 보자! 약간 거미줄 같기도 하고, 식빵에 솜이 뭉쳐져 있는 것 같기도 해!"

유아들은 바이러스와 비슷한 생물들이 있다는 것을 알게 되었는데 눈으로는 볼 수 없는 아주 작은 생물, 바로 세균, 곰팡이, 효모 등 미생물이다. 가정의 협조를 통해 바이러스의 친구인 실제 곰팡이를 키워 전자 현미경, 광학 현미경으로 관찰해 보았다.

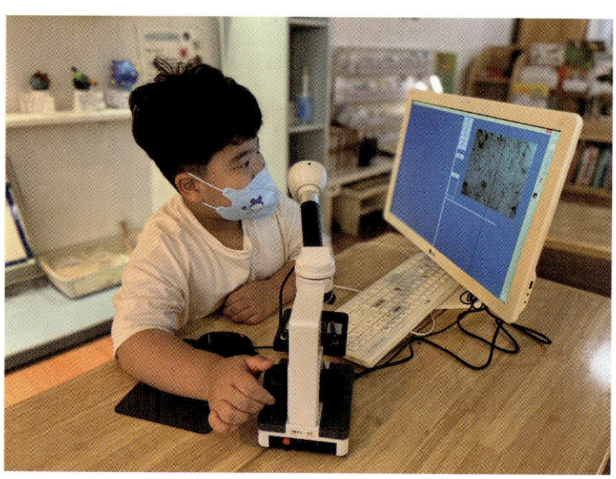

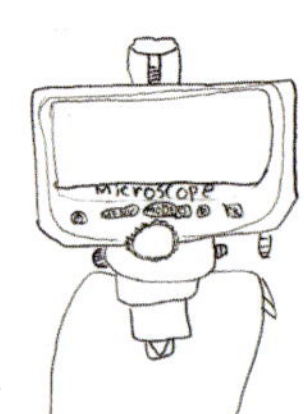


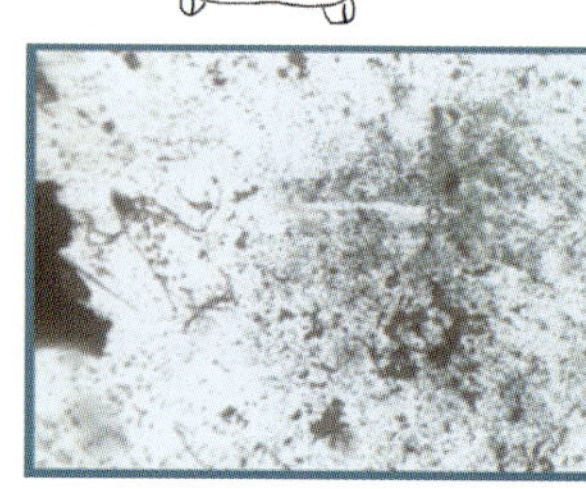

시간이 지나며 COVID-19는 오미크론, 델타변이 등 변화를 거듭했지만 점차 감소세를 보이며 이제 위드코로나 시대와 함께 예전처럼 자유로운 생활을 할 수 있을 거란 기대를 하던 중 원숭이두창 위협 소식을 듣게 된 아이들은 무척 실망하며 대체 왜 바이러스는 끝이 없는지 속상해했다.

### ➔ 내가 만든 바이러스가 세상에 나타났다면?!

만약 아이들이 만들어낸 상상 속의 바이러스가 실제로 나타난다면 어떤 일이 생길까? 아이들은 자신이 만든 바이러스의 특징과 증상, 바이러스가 생겨난 과정 등을 상상해보며 연구일지를 작성하고 실제 현미경을 사용했던 경험을 떠올려 바이러스를 연구하기에 더 편리한 실험 도구를 디자인하고 만들어 이 도구를 활용하여 바이러스를 연구하고, 바이러스를 치료하기 위한 백신도 만들어보았다. 혹시나 미래에 이런 바이러스가 나타나게 된다면 지금의 놀이경험을 떠올리며 성인이 된 유아들이 히어로처럼 백신을 만들어 내지 않을까?

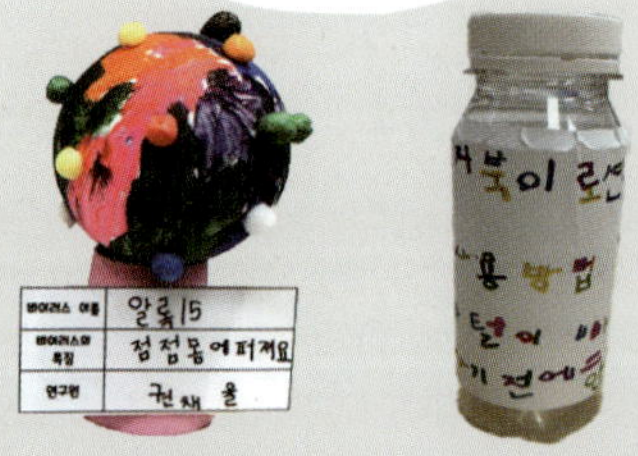


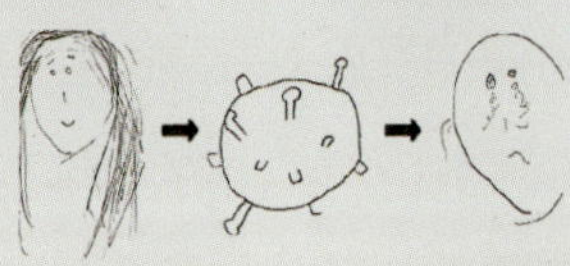

감염되면 온 몸의 털이
다 빠지는 바이러스로
2차 감염의 위험이 큼
키보드가 달린 현미경으로
연구한 것을
바로 기록할 수 있음

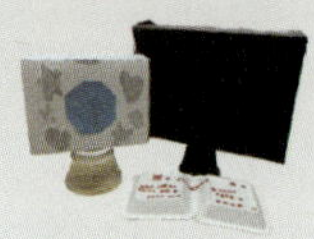

전염성은 없으나
눈이 심하게 충혈되고,
아직 치료제가
없기 때문에
손을 청결하게
유지해야 함

1. 손을 깨끗하게 씻는다.
2. 눈을 만지지 않는다.
3 전염성은 없음.

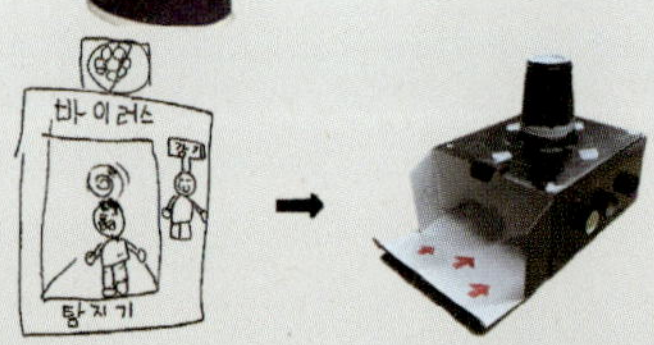


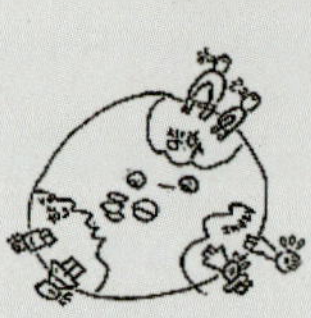

사람 동물 모두
걸릴 수 있습니다.
목소리를 낼 수 없고 기침 소리만 낼 수 있습니다.
기침하는 사람과 5cm 가까이에 있으면 걸립니다.
의사는 환자를 치료하기 위해 방독면을 써야합니다.

감염 증상이 심해지는 경우
뼈가 증발해버리고
온 몸이 흐물흐물해짐

치료제 제조법 :
마리아나 해구에서
자라나는 약초와
깨끗한 물을 믹서기에 갈아서

북극·러시아에서 많이 나타나며 6.25때 한국에 왔고 전염성은 없습니다.
지구온난화로 빙하 속에 있던 바이러스가 이렇게 때 공기로 퍼져나갔습니다.

괜찮으면 흐물흐물.
안괜찮으면 뼈가 증발

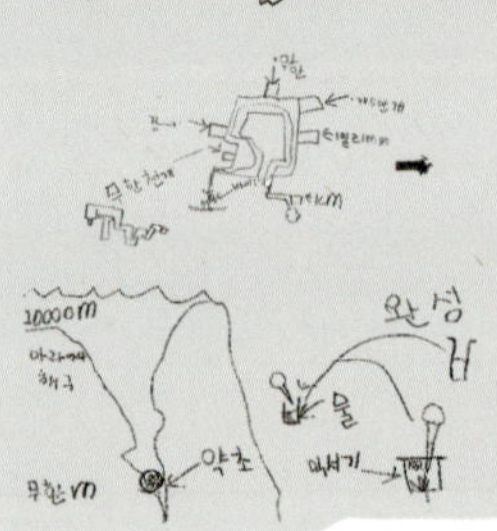

컴퓨터와 따로 연결할 필요 없이
앞쪽의 구멍에 바이러스균을 넣으면
위쪽의 네모난 화면에
바이러스에 대한 정보가 바로 나와
연구 시간이 단축 됨

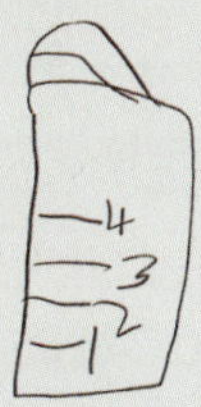

아침 저녁 드세요
아주 쓰니 꼭 물드세요

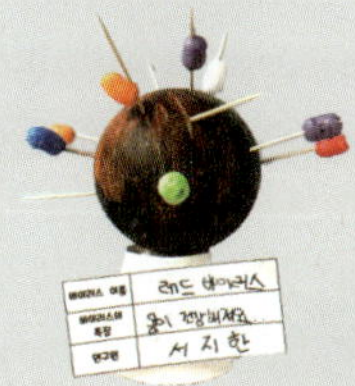

레드 바이러스는 인체에
긍정적인 영향을 미침.
인체에 유해한 영향을
미치는 바이러스들이
레드 바이러스를 만나면
소멸됨

여러 종류의 바이러스를
담을 수 있는 곳이 있어
레드 바이러스와 다른 바이러스 간의
영향까지 확인할 수 있음

심한 고열과 두통 콧물 기침이 나옵니다
몸에 파란색 수포가 올라오고 가렵습니다
긁으면 터지고 다른 곳으로 퍼져갑니다

치료방법
① 바늘로 수포를 찔러요.
② 터진 부위에 약을 바르세요

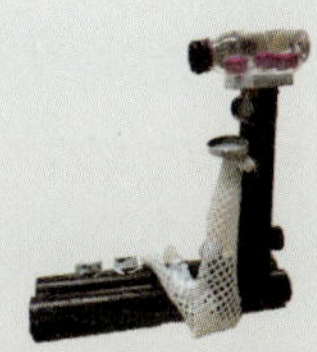

다양한 전선이 연결된 현미경

날씨가 갑자기 더워질 때 생겨요
공용화장실을 사용하면서 감염됨
갈색변 딱딱하고 냄새는 나지 않아요
계속 응가가 나와서 화장실에서 나올 수 없어요
심해지면 잠도 화장실에서 자야해요

3시간 간격으로
물약과 알약 3개씩
섞어서 먹어야 함

## ➔ 그림 협회 미래연구소 바이러스 학회

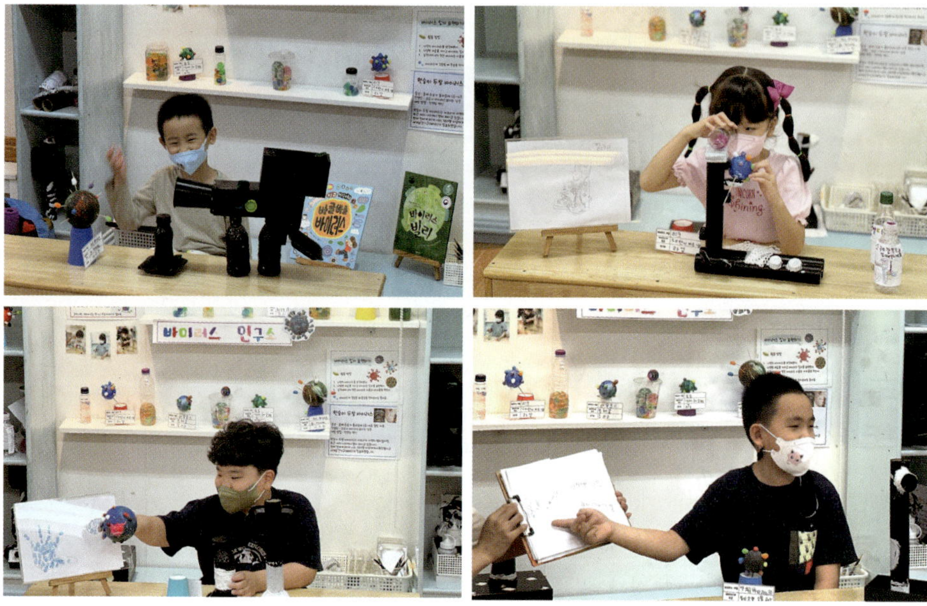

그동안 연구한 바이러스에 대한 모든 것을 발표하는 학회를 열기로 하였다. 학회에는 친구들이 기자, 의사, 간호사, 약사, 바이러스 교수님, 다른 연구원들의 역할을 맡아 모두를 초청하여 우리들의 연구 내용을 발표하게 되었다. 큰 박수로 시작된 학회에서 우리 연구원들은 내가 연구한 바이러스의 이름과 특징, 치료방법, 내가 만든 바이러스 연구 도구의 사용 방법에 대해 열정적으로 설명하고 시범 보이며 질의응답 시간을 가져 보았다. 바이러스 학회를 통해 또 다른 팬데믹이 일어나는 것을 방지할 수 있도록 하였다.

### ➔ 바이러스 놀이를 마무리하며

COVID-19 팬데믹이라는 답답하고 불편한 상황 속에서 자신이 경험한 것을 놀이로 풀어내는 아이들의 모습을 보며 우리 아이들이 대견하게 느껴졌다. 바이러스 놀이가 프로젝트로 심화 되면서 궁금했던 바이러스에 대해 자료를 조사하고, 놀이를 통해 바이러스에 대한 지식을 재정립하며 바이러스에 대한 작은 전문가가 되어가는 우리 아이들을 관찰할 수 있었다.

내가 만든 바이러스가 세상에 나타났다는 재미난 가정을 하고 바이러스 학회를 준비할 때는 아이들의 그동안의 놀이 경험과 창의적인 생각들이 빛을 발하는 순간이었다. 아이들의 열정은 자신의 바이러스를 연구하는 모습을 보며 교사로 하여금 정말 미래의 연구원들이 아닐까 하는 기대감을 갖게 하였다. 바이러스 학회를 통해 내가 연구한 모든 것을 발표하며 큰 박수 소리에 성취감을 느끼는 모습은 앞으로 하나의 주제에 대해 끝없이 탐구하는 열정과 성취감은 앞으로의 밑거름이 되어 우리 아이들이 성장해 나갈 모든 순간에 든든한 바탕이 되었으면 한다.

# 4. 세상이 보이는 한자

| 디지털 놀이 주인공 | 그림유치원 사랑반 친구들 (만 4세) |
|---|---|
| 프로젝트 담당 교사명 | 남경효 교사 |
| 프로젝트 기간 | 2022.4 ~ 9 |
| 디지털 매체 활용 | 스마트 패드, IPTV , 파파고(중국어 번역기) |

그림유치원의 만 4세 사랑반 친구들이 놀이를 하다 이곳 저곳에서 한글과 다른 모습을 하고 있는 문자를 발견한다.

간식 포장지에서, 학용품에서… 그것은 바로 한자!

교실에서 마치 숨은그림찾기를 하듯이 한자를 찾아보며 열정적으로 교실 곳곳을 찾아다닌 사랑반 친구들은 교실에서 생각보다 많은 한자를 찾아내게 된다.

우리가 미처 생각하지 못했던 다양한 곳에서 쓰이고 있었던 한자!

과연 어떤 뜻을 의미할까? 교실에서 찾은 한자를 보며 그 뜻을 궁금해하면서 유아들은 한자에 관심을 갖게 된다.

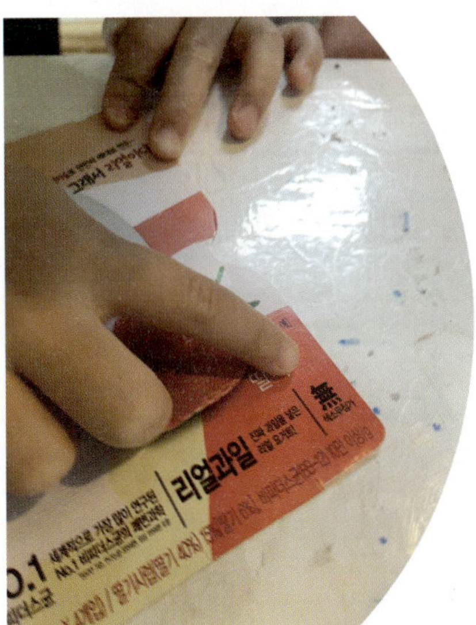


"이건 무슨 말이지?"

"이건 없을 무!야. 난 알고 있어."

"그럼 이건 뭐가 없다는 거야?"

"그냥 '없어요'라고 쓰면 되는데
왜 한자로 쓴 거야?"

"이걸 만든 사람이 한자를 좋아하나?"

"많이 쓰는 게 불편해서 그랬나 봐.
없어요 보다 한자가 짧으니까."

유아들은 한자를 찾아 그 의미에 대해서 알아보면서 한자에는 음과 뜻이 있음을 알게 되고, 언어의 경제성에 대해서도 생각하는 시간을 가진다. 교사는 한자에 대하여 점점 관심을 많이 가지는 유아들에게 한자 사전과 한자 카드 그리고 천자문이 적혀있는 종이를 제시한다.

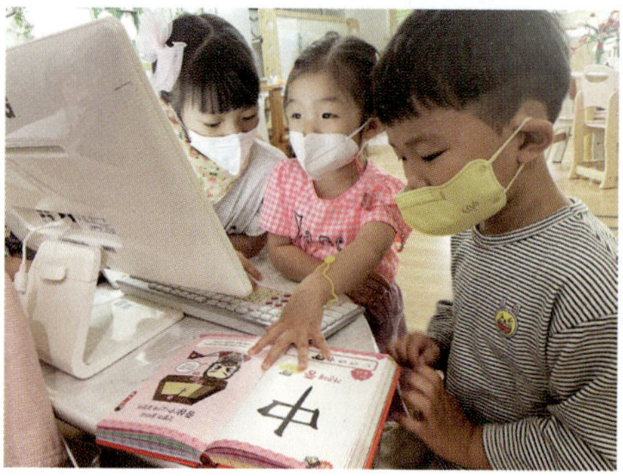

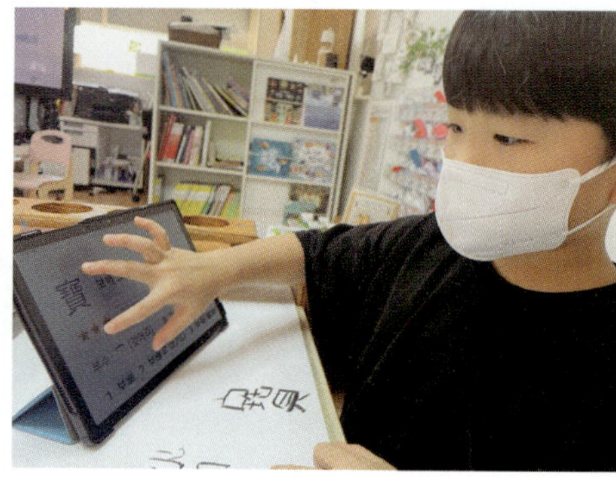

유아들은 한자를 하나의 놀이처럼 생각하며 한자 카드를 이용하여 메모리 게임을 하기도 하고, 한자 사전을 보며 한자를 종이에 따라 적어보거나 컴퓨터의 한자 변환 버튼을 활용하여 여러 한글을 한자로 변환하여 보는 등 다양한 한자 놀이를 즐기는 모습을 보인다.

이러한 한자에 대한 유아들의 관심은 다양한 궁금증으로 이어진다. 그래서 유아들이 가지고 있는 한자에 대한 궁금증을 적어보고 하나씩 해결해 나가기로 한다.

■ 놀이 속에서 함께하는 한자! 네가 궁금해! ■

### ➔ 궁금증 하나.

**우리나라는 한글도 쓰고 한자도 많이 쓰는데 무엇을 먼저 썼나요?**

어른들에게는 당연히 알고 있는 것이지만 유아들에게는 한자가 먼저 쓰이기 시작했는지 한글이 먼저 쓰이기 시작했는지도 궁금한 부분 중 하나이다. 그래서 유아들과 함께 세종대왕의 한글 창제와 관련된 미디어 동화를 시청하며 한글의 창제 배경을 알게 되었고, 한자가 먼저 쓰였다는 사실도 알게 된다. 그런데 우리들이 놀이처럼 재미있게 알아가고 있는 한자가 옛날 시절 어렵고 배우기 힘든 글자였다는 사실이 더 놀랍고 기억에 남았는지 이 부분에 대한 이야기가 오랜 시간 지속된다.

또한 이 동화를 통해 유아들은 우리가 사용하고 있는 한글의 우수성에 대해서도 알게 되는 기회를 가진다.

### ➔ 궁금증 둘.

**왜 옛날이야기 속에서 한자를 쓸 때 사람들이 붓으로 글씨를 쓸까요?**

한자에 대해 알아보면서 동화자료, 사진 자료 등을 유아들과 많이 찾아보았는데 자료 속 모습은 한자를 쓸 때 우리가 사용하고 있는 연필이나 색연필이 아닌 붓을 사용하고 있음을 발견하게 된다. 유아들은 이 시기에는 연필이나 색연필이 만들어지기 전이고, 붓과 먹을 사용하여 글자를 썼다는 사실을 알게 되면서 유아들도 옛날 사람들이 썼던 것처럼 붓을 사용해 보고 싶다고 이야기한다. 이에 교실에는 서예 놀이 영역이 생기게 되었고, 유아들은 너나 할 것 없이 난이도에 상관없이 다양한 한자를 표상하며 놀이를 진행하게 된다.

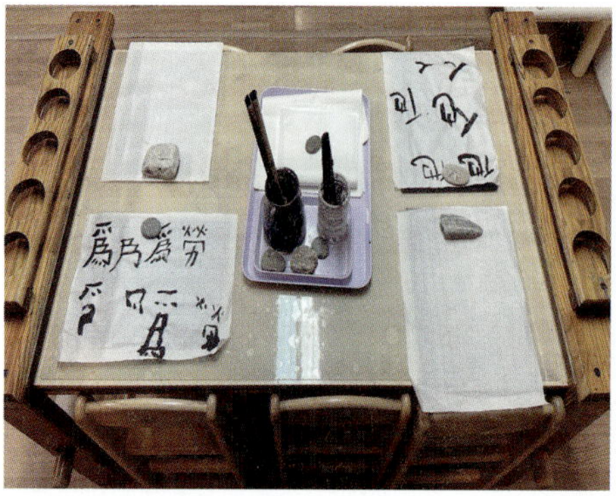

➔궁금증 셋.

**쇠 금(金)도 금이고 금할 금(禁)도 금인데 왜 한자는 다를까요?**

유아들은 한자에 뜻과 음이 존재한다는 사실은 알고 있었지만 똑같이 금이라고 읽는데 한자는 서로 다른 이유를 궁금하게 여긴다. 그래서 많은 유아들이 다 알고 있는 쉬운 한자로 예를 들어 비교해 본다. 바로 해 일(日)과 한 일(一).이 두 글자를 비교해 보며 두 개의 한자를 비교해 본 유아들은 금방 그 차이를 알게 된다. 두 한자의 음은 같지만 뜻이 다른 이유를 한자의 형태인 상형문자에서 찾았고 이 발견은 유아들은 한자가 가지고 있는 뜻과 모양에 관심을 더 가지게 된다.

➔궁금증 넷.

**우리가 쓰는 말은 다 한글이야? 한자야?**

**형 형(兄), 아우 제(弟)! 형제! 이건 한자야 한글이야?**

**한글로 말할 때도 형제라고 말하잖아.**

한자를 좋아하는 유아들과 전이시간에 한자 동요를 들려주었는데 유아들은 이 동요를 들으며 궁금증이 생긴다.

분명 우리가 말하는 한글인데 이것이 한자다?

유아들과 함께 국립국어원에서 발행된 자료를 함께 찾아보며 국어사전에 등재되어 있는 말 중에 한자에서 온 말인 한자어가 55.6%로 우리가 사용하는 말 속에 얼마나 많이 있는지 알 수 있게 된다. 다른 나라의 언어인 한자가 생활 속에 녹아든 배경에 대해 이해하고 그 덕분에 문해력을 키울 수 있다는 것을 몸소 체감하는 유아들은 과연 얼마나 나와 한자가 가까울지 생각해 본다.

한 글자로 뜻을 알려주는 한자어의 특징을 살려 '나'를 한 글자의 한자로 표현해 보기로 한다. 내가 잘하는 것, 좋아하는 것, 나를 표현할 수 있는 것에 대하여 진지하게 고민을 해 보고, 내가 아는 한자를 적어보기도 하고, 한자 사전을 찾아보기도 하며 한 글자의 한자로 나를 표현해 본다.

"나는 뭐든지 잘하니까 빼어날 수를 적을래."

"우리 엄마가 내 이름의 뜻이 별이래. 별을 나타내는 한자를 쓰고 싶어."

"나는 뭘 하면 좋을까?"

"넌 마음이 착하고 따뜻하니까 마음 심을 적는 게 어때?"

한자를 활용하여 '나'를 표현해 본 유아들은 나에 대한 장점을 생각해보고 평소 나의 행동을 되돌아보기도 한다. 나를 표현하는 한자를 찾기 위하여 고민하는 과정에서 획순이 짧아 쉬운 한자 외에도 좀 더 다양한 한자를 접하게 된다. 한자를 놀이로 여기며 함께 활동하던 사랑반 유아들은 내가 알고 있는 한자를 적어 보는 것에서 좀 더 나아가 새로운 한자가 보이면 그 음과 뜻을 알고자 하였다. 벽에 걸려있는 새로 배울 한자의 모습을 보고, 교실의 한자 카드에서 같은 한자를 찾아 음과 뜻을 미리 알아보기도 하고, 한자를 결합하여 단어를 만들어 보기도 한다. 이 시기에 교실에 사자성어 책을 제시해 주었는데 유아들은 처음에는 한자보다는 내용에 관심을 가지고 보다가 점차 네 글자의 한자가 모여 의미를 담고 있다는 것을 깨닫게 된다. 현재의 나를 한 글자의 한자로 나타내어 본 것처럼 사자성어처럼 네 글자의 한자로 나의 미래의 모습 혹은 미래의 나에게 하고 싶은 말을 표현해 보기로 한다.

이러한 유아들의 생각을 한자로 표현하기 위하여 유아들은 한자 사전 속에서 내가 원하는 뜻을 가진 한자를 찾아보기도 하고, 스마트 패드를 활용하여 한자를 검색해 보는 방법을 사용해 보기도 하며 내가 표현하고자 하는 한자를 찾아낸다. 그리고 그동안 놀이 속에서 갈고 닦은 서예 실력을 뽐내며 내가 찾은 한자를 붓과 먹을 사용하여 적어 본다.

"나는 몸이 튼튼하고 마음이 따뜻한 사람이 되고 싶어."

"나는 선생님이 되고 싶은데 아이들을 사랑하고 가르쳐주고 예쁘게 길러주고 싶어."

"난 친구들을 사랑하고 지켜주는 사람이 될 거야."

"난 다른 모든 사람들을 지켜주는 사람이 되고 싶어. 소방관처럼!"

"나도 다른 사람들을 위해서 일하는 어른이 될 거야."

"나는 어른이 되면 금과 보석을 많이 모아서 우리 엄마, 아빠, 고모, 누나, 할머니..
그러니까 우리 가족 모두에게 나눠주고 싶어."

| 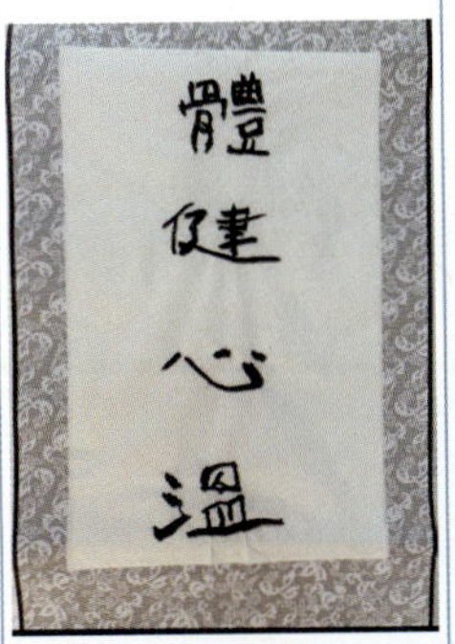 |  |  | 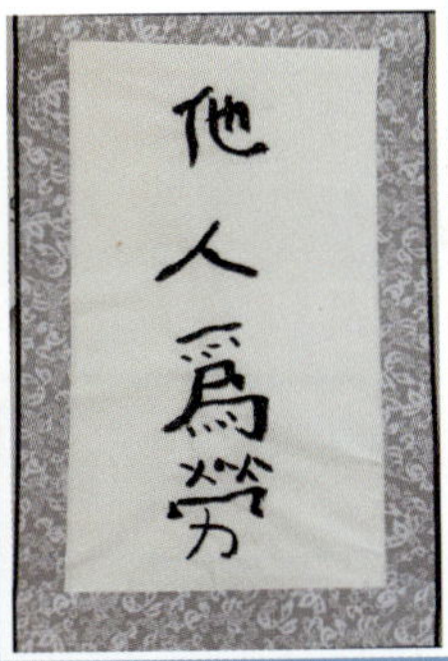 |
|---|---|---|---|
| 체건심온 | 제인수호 | 애교연육 | 타인위로 |
| 몸이 튼튼하고 마음이 따뜻한 사람이 되고 싶어. | 다른 모든 사람들을 지켜주는 사람이 되고 싶어. | 아이들을 사랑하고 가르쳐주고 예쁘게 길러주고 싶어. | 다른 사람들을 위해서 일하는 어른이 될거야. |

이를 통해 유아들은 나와 친구들을 되돌아보기도 하고 내가 되고자 하는 미래의 나의 모습을 상상해 보면서 어떻게 하면 내가 원하는 모습으로 성장할 수 있는지 생각해 볼 수 있는 계기가 되기도 한다. 또한 내가 원하는 것을 한자로 표현하고 알아보기 위해 한글 실력도 함께 향상되는 모습을 볼 수 있다. 이렇게 유아들이 한자를 놀이처럼 알아가면서 사랑반 유아들은 한자뿐만 아니라 우리가 사용하는 말의 의미에 관해서 관심을 가지게 되며 활발한 언어 활동이 이루어진다.

수, 한글, 영어, 한자 등은 아마 앞으로 유아들에게 '공부'로 다가올 하나의 과목이겠지만 이런 놀이 경험을 통해 능동적인 자기 주도적 자세로 많은 것을 대한다면 유아들에게 의미 있는 경험으로 남는다는 것을 느꼈을 것이라고 생각한다. 여러 환경에 따라 우리 아이들이 그려내는 재미있는 놀이를 통해 교사도 또 한걸음 배우게 된 기회이다.

## 5. 우리들의 상상주머니 속 동화나라

| 디지털 놀이 주인공 | 그림유치원 사랑반 친구들(만 4세) |
|---|---|
| 프로젝트 담당 교사명 | 남경효 교사 |
| 프로젝트 기간 | 2018.11. ~ 2019.2. |
| 디지털 매체 활용 | IPTV(아이들나라 책 읽어주는 TV), 스마트 폰, 디지털 카메라 |

### ■ 우리가 생각하는 '동화' ■

그림유치원 만 4세 사랑반 친구들은 LG유플러스 아이들나라 책 읽어주는 TV를 보며 동화에 관심을 가진다. 사랑반 친구들이 좋아하는 동화는 무엇일까?

알사탕, 장수탕 선녀님, 메리, 이상한 손님 등등...

우리가 좋아하는 동화가 정말 많잖아!

■ 움직이는 '동화' ■

좋아하는 동화들에서 공통점으로 찾은 것은 '공감'과 '움직임'이었다. 물론 도서로도 읽어 본 경험이 있는 유아들이지만 왠지 움직임이 추가된 영상 콘텐츠 동화는 더욱 재미가 있다고 느꼈다.

유아들은 공감이 포함된 동화를 만들었고 이어 움직이는 동화로 만들고 싶어 한다.

동화를 어떻게 움직이게 만들 수 있지?

실을 이용해서 움직이는 인형 있잖아. 그렇게 만들면 좋지 않아?

그림을 이렇게 찍고 조금 움직이고

또 사진 찍고 해서

사진을 많이 찍으면 움직이는 것처럼 보여!

사진인데 움직이는 것처럼 보인다고?

사진을 빨리 움직이면 움직이는 것처럼 보이게 할 수 있어.

동영상을 찍으면 그건 움직이는 거니까 좋은 것 같아.

움직이는 동화를 위해 실을 활용하는 방법, 사진 찍어 이어 붙이는 방법, 동영상 촬영 방법 등 다양한 방법을 알아보았고, 그중 우리가 실현할 수 있는 방법을 선택했다. 동화 장면마다 필요한 사진이나 그림이 무엇인지 생각해보고 스토리보드를 작성해보기로 한다.

사랑이와 햇살이는 열기구를 타고 한참을 날아갔어요.

그런데 갑자기 해님이 나타나 반짝! 바람이 멈춰서 더 이상 날아가지 못하고 땅으로 열기구가 떨어졌어요.

햇살이 : 어? 여긴 어디지?

사랑이: 생쥐들이 사는 마을인가? 집이 모두 너무 작아.

햇살이: 나무도 우리보다 작아. 여긴 뭐든지 다 작은가 봐.

사랑이와 햇살이가 마을을 구경하고 있는데 아래에서 갑자기 무슨 소리가 들렸어요.

작은 사람들: 안돼요!!!!!

사랑이: 어? 무슨 소리지?

사랑이와 햇살이가 바닥을 쳐다보자 햄스터처럼 아주 작은 사람들이 서있었어요.

작은 사람들: 조심하세요!! 우리가 다칠 뻔했잖아요.

햇살이: 미안해요. 사람이 있는 줄 몰랐어요.

작은 사람들: 동네사람들~~ 여기 우리를 해치려는 사람들이 있어요.

사람들이 다가오는 소리에 사랑이와 햇살이는 서둘러 달려가기 시작했어요.

사랑이: 어떡하지? 사람들이 화가 많이 났나 봐.

햇살이: 빨리 도망가야겠어.

> 사랑이: 더 이상 도망갈 곳이 없어. 여긴 분수로 막혀있어.
>
> 햇살이: 어떡하지?
>
> 사랑이: 그럼 우리 사람들에게 사과하자. 미안하다고 사과하면 우리의 마음을 알아 줄거야.
>
> 사랑이와 햇살이: 여러분 정말 미안해요. 정말로 보지 못했거든요. 대신에 우리가 재미있는 미끄럼틀을 태워줄게요.

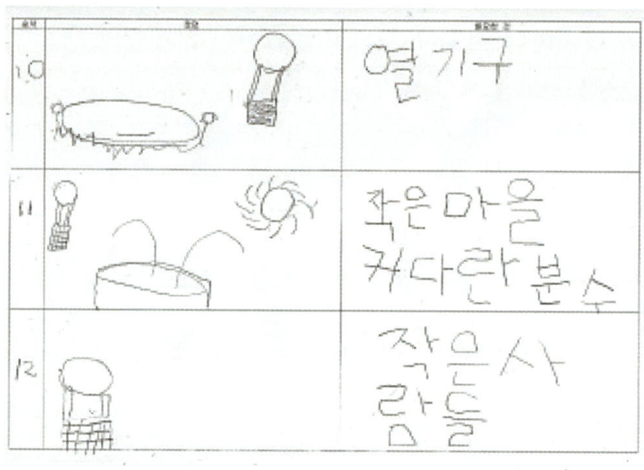


■ 아이들나라 책 읽어주는 TV 선생님 초대하다. ■

동화 속 장면에 올 그림이 완성된 사랑반 친구들은 아이들나라 책 읽어주는 TV를 다시 살펴보기로 했다. 그리고 책 읽어주는 TV 동화구연 선생님이 읽어주는 동화책이 재미있는 이유에 대해 다시 생각해 보았다.

> "바로, 선생님의 다양한 목소리야!
>
> 메리 읽어주는 선생님도 할머니가 아닌데 할머니 목소리가 나와.
>
> 아이들나라 동화구연 선생님은 어떻게 여러 가지 목소리를 낼 수 있을까? 궁금하다!"
>
> "책 읽어주는 선생님에게 물어보고 싶어. 만나볼 수 있을까? 편지를 보내보자!"

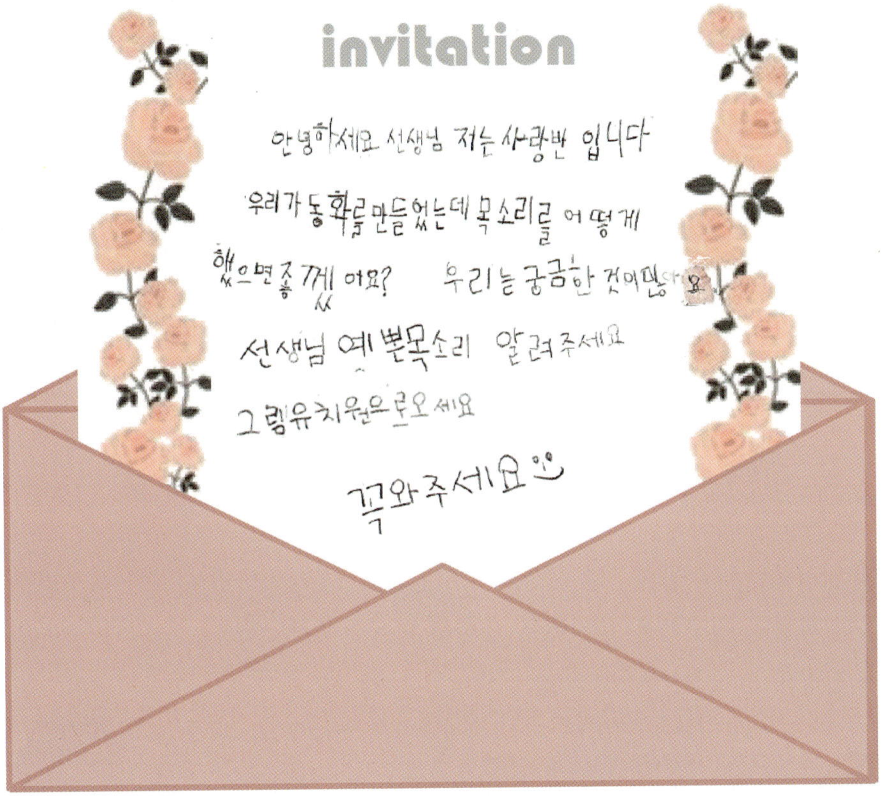


위 편지를 아이들나라 담당님에게 전달하여 유아들의 귀여운 요청을 부탁하였고 흔쾌히 협조를 해주었다. 책 읽어주는 TV 동화구연 선생님과 드디어 만나게 된 사랑반 친구들은 그동안 궁금했던 것들에 관해 물어보았다. 동화구연 선생님은 사랑반 친구들이 지은 동화를 여러 가지 목소리로 읽어 주고, 만남이 끝난 후 교실에서 동화구연 선생님의 목소리를 기억해 본다.

책 읽어주는 TV 동화구연 선생님이 시범을 보인 캐릭터별 다양한 목소리를 기억하며 사랑반 친구들은 움직이는 동화를 만들기 위한 촬영을 역할과 장면을 나누어 진행해 본다.

"우리들 그림자가 나오지 않게 하려면 좀 옆으로 서서 찍어야겠다."

"이렇게 찍으면 움직이는 것처럼 보이겠지?"

"빨리 찍어서 연결해 보고 싶다."

"여기에 어떤 소리를 넣으면 재미있을까? 우르르 쾅쾅 이라고 녹음했던 소리가 날까?"

스마트 폰을 활용하여 주인공에게 다른 목소리와 효과음을 녹음하고, 배경을 촬영하여 동화를 만들어 본다. 교사의 지원을 받아 동영상 편집 앱을 활용하여 필요 없는 부분을 삭제하거나 음성 위치 조절 등 절차를 거쳐 동화를 완성한다. 마지막으로 동화의 끝에 '감사합니다' 인사말과 함께 움직이는 동화를 완성한 친구들의 이름을 넣고 동화를 들려주기 위해 다른 반 친구들을 초대해 시사회를 가졌다.

"와, 목소리가 다르니까 엄청 재미있어!"

"또 보고 싶어."

사랑반 동화는 대성공! 친구들에게 재미와 웃음을 통해 공감을 얻었고, 여럿이 여러 번 다시 볼 수 있다는 점에서 큰 호응을 얻었다. 친구들과 함께한 움직이는 동화 만들기 '사랑이와 햇살이의 이상한 여행' 동화프로젝트의 대단원의 막을 내렸다.

## 6. 물고기야, 이건 플라스틱이야

| 디지털 놀이 주인공 | 그림유치원 바다반 친구들(만 5세) |
|---|---|
| 프로젝트 담당 교사명 | 유지원 교사 |
| 프로젝트 기간 | 2018.10 ~ 2019.1 |
| 디지털 매체 활용 | IPTV(아이들나라 생생체험학습), 스마트 폰, 웹캠, 빔프로젝터 |

하원시간 전 유아들과 함께 하루 1뉴스라는 테마로 진행되는 이야기 나누기 시간에 환경오염, 미세플라스틱에 관한 정보를 뉴스 영상을 통해 접하게 되면서 며칠간 이와 관련된 뉴스 주제를 탐색해 보았다. 이에 교사는 유아들에게 환경오염에 관한 이슈거리를 스크랩 제공하고, 관심 있는 유아들을 모아 프로젝트로 발전되었다.

### ① 프로젝트 예상 흐름도

이는 어디까지나 교사의 예상 흐름도일 뿐, 유아들의 흥미를 헤치지 않는 범위 내의 교사 예상 지도안을 뜻한다. 유아들의 참여와 요구에 따라 방향을 얼마든지 바뀌며 교사는 이를 아이들나라 내 콘텐츠 및 기기 활용을 할 수 있도록 돕는다.

| 프로젝트명 (가제) | | 미세플라스틱은 위험해요. |
|---|---|---|
| 교육목표 | | 환경 문제로 대두되고 있는 미세플라스틱의 영향에 대해 알아본다. |
| 프로젝트 예상 흐름도 | 발현 | • 미세플라스틱에 대한 정보를 뉴스 영상을 통해 접하게 되었다.<br>• 아이들이 미세플라스틱에 대한 관심이 높아졌고<br>• 플라스틱 사용에 대한 민감도도 함께 높아졌다. |

<table>
<tr><td rowspan="6">프로젝트<br>예상<br>흐름도</td><td>전개</td><td>1. 미세플라스틱으로 인한 영향에 대해 알아본다.<br><br>2. 미세플라스틱으로 인해 고통 받고 있는 물고기의 마음을 이해해본다.<br>- 라이트 박스에 있는 조개껍질을 꺼내고 우유 뚜껑과 우유병으로 채워본다.<br>(플라스틱 속에 살고 있는 물고기를 표현한다.)<br>- 〈LG유플러스 아이들나라 생생체험학습 → 융합교실 → 체험학습 → 물고기 그리기〉 프로그램에서 플라스틱에 힘들어하는 물고기를 표현해보고 AR로 화면에 전송한다.<br>- 깨끗한 물이 아닌 오염된 물을 그림으로 그려 표현한다.<br>- 깨끗한 물에서 사는 물고기를 표현해보며 비교한다.<br><br>3. 플라스틱(일회용품)이 사용되는 양에 대해 조사한다.<br>- 가정과 유치원 / 멸종위기 바다생물에 대해 알아본다.<br><br>4. 플라스틱을 줄일 수 있는 방안에 대해 생각하여본다.<br>- 플라스틱 대체물 - 일회용품의 대체물<br><br>5. AR과 모래놀이를 통해 홍보 영화를 만든다.</td></tr>
<tr><td>마무리</td><td>• 찰흙을 이용해 컵을 만든다.<br>• 천을 이용해 장바구니를 만든다.<br>• 플라스틱을 이용한 재활용품을 만든다.<br>• 벼룩시장을 연다.</td></tr>
<tr><td>1주</td><td>생생체험학습 → 융합교실 → 체험학습 → 물고기 그리기 프로그램에서 플라스틱에 힘들어하는 물고기를 표현해보고 AR로 화면에 전송한다.</td></tr>
<tr><td>2주</td><td>미세플라스틱으로 인해 고통 받고 있는 물고기의 마음을 이해해본다.<br>- 라이트 박스에 있는 조개껍질을 꺼내고 우유 뚜껑과 우유병으로 채워본다.<br>(플라스틱 속에 살고 있는 물고기를 표현한다.)</td></tr>
<tr><td>3주</td><td>웹캠을 이용하여 아이들만의 '미세플라스틱의 심각성'을 주제로 영상을 촬영한다.</td></tr>
<tr><td>4주</td><td>플라스틱(일회용품)이 사용되는 양에 대해 조사한다.<br>- 가정과 유치원</td></tr>
</table>

<table>
<tr><td rowspan="7">프로젝트<br>예상<br>흐름도</td><td>5주</td><td>멸종위기 바다생물(AR)에 대해 알아본다.<br>- 어떤 환경 때문에 멸종되는지 이야기를 나눠본다.</td></tr>
<tr><td>6주</td><td>플라스틱을 줄일 수 있는 방안에 대해 생각하여본다.<br>- 플라스틱 대체물 / 일회용품의 대체물</td></tr>
<tr><td>7주</td><td>웹캠을 이용해 AR과 모래놀이를 통해 홍보 영화를 만든다.</td></tr>
<tr><td>8주</td><td rowspan="2">• 찰흙을 이용해 컵을 만든다.<br>• 천을 이용해 장바구니를 만든다.<br>• 플라스틱을 이용한 재활용품을 만든다</td></tr>
<tr><td>9주</td></tr>
<tr><td>10주</td><td>벼룩시장을 연다.</td></tr>
</table>

② 프로젝트 진행 과정

만 5세 바다반은 유아들과 하원 시간에 LG유플러스 아이들나라 음성 검색을 활용해 뉴스를 함께 공유하는 시간을 갖고 있다. 며칠간 같은 주제(환경오염)의 뉴스가 많이 눈에 띄었고, 오염된 환경과 피해를 받는 동물 사진에 유아들은 적잖은 충격을 받았다.

검색 기능을 통한 뉴스 시청

유아들에겐 '미세플라스틱'이라는 단어와 소재가 매우 생소하던 중 이것이 해양생태계 파괴를 일으킨다는 뉴스를 자주 접하게 된다. 이는 자연히 고통받는 동식물들의 모습 또한 유아들에게 노출이 되었고 한 친구가 빨대에 고통받는 거북이 영상을 거론한다.

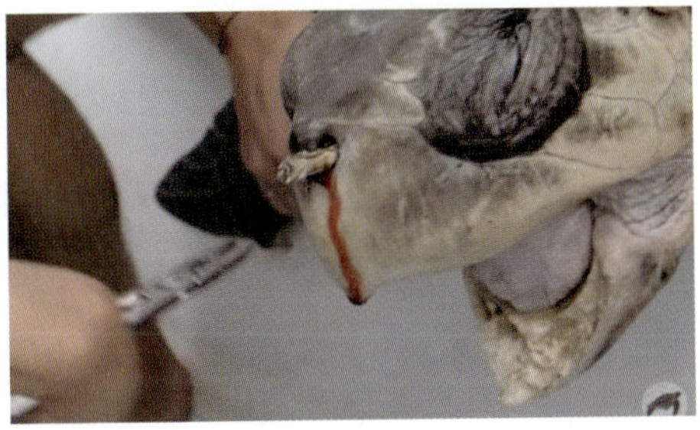

아이들나라를 통해 검색해 살펴본 환경오염 피해를 본 거북이 사진

"선생님! 저 거북이 코에 빨대를 빼는 영상을 집에서 엄마와 함께 본 적이 있어요."

"거북이 코에 왜 빨대가 들어간 거야?"

"거북이는 빨대를 사용할 수 없을 텐데? 분명 사람 때문일 거야."

유아들은 '사람에서부터 시작된 쓰레기일 것이다'라고 생각하였고 플라스틱이 어떻게 바다를 오염시키고 어떤 피해를 주는지에 〈바다–플라스틱 – 해양물의 피해〉 대해 3가지의 연관성에 대해 깊이 생각해보기 시작했다.

바다는 물고기, 거북이와 같은 바다생물들의 집인데 그들의 집에 사람들이 쓰레기를 버리고 간 것처럼 우리 집에 누군가 쓰레기를 버리고 간다면 어떤 느낌일지 이야기를 나누어 보며 표상활동을 진행했다.

"엄마랑 쿠키를 만들고 있어요.

소꿉놀이를 하고 있어요.

아빠는 야구를 보고 있어요."

"놀이하고 있어요.

엄마가 외출하시려고

엘리베이터를 타고 있어요.

다 놀고 신나게 집에 가려고 준비 중이에요.

장난감 가지고 놀이하고 있어요."

쓰레기가 있기 전의 집은 재미있고 행복하고 즐거운 집으로 표상되었다. 또는 즐겁고 재미있는 집, 향기로운 집이라고 이야기한다. 유아들의 요구로 여러 플라스틱 사진을 제공하자 쓰레기 사진을 잘라 붙이며 2차 표상이 진행되었다.

"이렇게 막~ 누가 버렸어요.
그래서 나는 재활용 만들기 놀이를 하고 있어요.
아빠가 쓰레기를 해결할 방법을
생각하고 있어요.
쓰레기를 치워요.
엄마랑 경찰서 가서 누가 했는지 찾아내요."

"쓰레기를 치우고 있어요.
냄새가 더러워서 코를 막고 있어요.
쓰레기 치우는 차로 치우고 있어요.
잠을 잘 못 잘 것 같아요."
"냄새 나는 집이에요. 쓰레기를 분리하고
있어요. 집에 가기 싫은 마음이 들어요."
"속상한 마음. 창문을 닫고 있어요."

유아의 2차 표상 과정에서 '쓰레기가 버려진 집은 물고기가 정말 살기 어렵고 싫겠다.'라는 생각의 확정성을 교사는 인지할 수 있었다. 따라서 유아들과 함께 해양에 사는 생물들의 쓰레기 피해에 대하여 직·간접적으로 생각해보는 시간을 가져보았으며, 공감을 통한 동일시 현상으로 환경오염의 심각성과 실제적 피해에 대하여 생각해보았다. 이러한 과정은 주제에 대한 유아의 호기심과 흥미를 자극하여 더욱 발전할 수 있는 기회의 장을 마련하는 계기가 되었다.

환경뉴스 공유 시간은 미세플라스틱 뉴스로 관심이 옮겨졌고 하원시간에 LG 유플러스 아이들나라 음성 검색으로 "미세플라스틱"을 검색해 보며 매일 새롭게 업데이트되는 뉴스 검색 결과 화면에 굉장히 놀라며 그 결과의 수만큼 유아들은 안타까워했다.

연관검색어 ? 플라스틱 분해 나방 미세플라스틱 크기 바다 플라스틱 생수 미세플라스틱 신고
꿀벌부채명나방 화장품 미세플라스틱 페트병 미세플라스틱 더보기

뉴스 1-10 / 12,744건

항만 **미세**먼지와 해양**플라스틱** 문제에 총력 대응 정책브리핑 6시간 전 네이버뉴스
해양**미세플라스틱** 분포에 대한 정기조사도 시행한다. * 쓰레기 집하장 설치, 수거 전용 차량·선박 제작 및 운영, 상시수거 등 - 올해 상반기 중에는 관계부처 합동으로 해양플라스틱 쓰레기 저감 종합...

'테임강' 등 영국 전역서 **미세 플라스틱** 대량 발견
그린포스트코리아 10시간 전
영국 10개 주요 강, 호수 등에서 **미세 플라스틱**이 대량 발견됐다. (사진 그린피스 제공) 영국 10개 주요 강, 호수 등에서 **미세 플라스틱**이 대량 발견됐다. (사진 그린피스 제공) [그린포스트코리아 황인솔 기자] 영국의 강...

**플라스틱**, 국가 간 '종류별 로드맵' 구축해야 환경일보 7시간 전
**미세플라스틱** 발생원별 분류 이를 통해 실제로 일회용컵 사용은 10억 개 정도 감소한 것으로 김미화 이사장은 발표했다. 그는 "카페 내에서 플라스틱 사용이 감소하는 대신 택배물 등 다른 곳에서...

**미세**먼지 건강지킴이...코멕스, '클린보틀' 등 물병 6종 출시
싱글리스트 12시간 전
초**미세**먼지가 연일 기승을 부리는 요즘, 원활한 수분 섭취가 건강을 지키는 손쉬운 방법 가운데 하나로... 물병이라는 단어의 초성인 'ㅁ' 'ㅂ'을 디자인 요소로 사용해 트렌디한 느낌을 살렸으며 **플라스틱** 소재이지만...
ㄴ 코멕스, **미세**먼지 극복 물병 6종 선··· 매일일보 11시간 전

**플라스틱** 포비아 없는 주방 '안심 소재' 제품 속속 선보여
뉴스1 14시간 전 네이버뉴스
지난 1월 한국생명공학연구원 연구팀이 몸속에 들어온 **미세 플라스틱**이 세포를 훼손하고 다른 물질의 독성을 증폭시킨다는 연구 결과를 발표하면서 '플라스틱 포비아'는 식지 않는 추세이다. 특히 가족 건강과...

김명자 "**미세**먼지 정확한 원인파악과 국제협력의 틀 유지 중요...**플라스틱** 이...
BBS NEWS 8시간 전
김명자 : 남은 1년 동안 제게 주어진 과제가 **미세**먼지와 **플라스틱** 문제에 대해서 정말 실질적인, 통합적인 각도에서 보면서 제대로 방향을 잡아갈 수 있는 지혜를 모으고 구체적인 솔루션을 찾아내는 그런 플랫폼을 만드는...

**미세**먼지 저감 친환경 항만 인프라 확대된다 울산매일신문 9시간 전
김영춘 해수부 장관은 "올해는 수산혁신, 해운재건 등 해양수산업의 체질개선과 함께 항만**미세**먼지와 해양**플라스틱** 쓰레기에 대한 종합적 대응체계를 마련하는 데 역량을 집중하겠다"며 "산업 육성뿐만 아니라 국민...

유아들이 검색 결과 장면과 함께 시청하는 모습

우리가 사용하는 플라스틱이 많은 생명들에게 피해를 주고 있다는 사실과 미세 플라스틱으로 인한 생태계 파괴 심각성을 알게 되었고 어떤 뉴스들이 기억에 남는지 이야기해 보았다.

유아들이 뽑은 기억에 남는 뉴스

쓰레기로 넘친 물고기의 배 속 기사를 접한 후 유아들은 LG유플러스 아이들나라 '물고기 그리기' 활동을 아픈 물고기로 표상해 보고 싶다는 의견을 보였고, 평소 예쁘고 아름답게 그렸던 물고기들을 아파하는 모습으로 표상한 뒤 화면에 띄워 친구들과 공유해 보았다. 이는 교사가 보아도 굉장히 고통스러운 해양오염 실태를 굉장히 실감 나게 접할 수 있었다.

미세플라스틱을 먹어서
괴로움 받는 물고기

플라스틱을 먹어서
배에 피가 났어요

미세플라스틱을 먹어서
배탈이 났어요

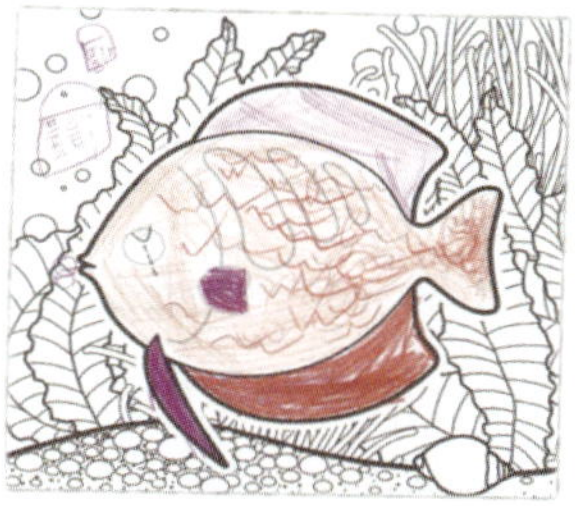

미세플라스틱을 먹어서
아파서 피가 나요

미세플라스틱을 먹어서
피가 났어요

플라스틱에 많이 부딪혀서
아픈 물고기

미세플라스틱에 부딪혀서
울고 있는 물고기

'물고기 그리기'를 활용한 아픈 물고기 표상

일반 평면적으로 표상했을 때보다 실제로 아픈 물고기가 움직이는 모습과 그런 생물로 가득한 바닷속을 접하게 되자 유아들은 꽤 충격을 받았고, 더욱더 마음이 아프다며 이를 그냥 놔둘 수 없으니 미세플라스틱을 해결해 보자는 의지를 갖게 되며 프로젝트가 본격적으로 심화되었다.

자유선택활동과 교육과정 내에 틈틈이 유아들과 LG유플러스 아이들나라 생생체험학습 바다생물을 활용한 다양한 활동을 진행하였고, 이는 유아들의 호기심과 흥미를 불러일으키기에 충분했다.

바다생물 콘텐츠를 활용한 대그룹 시간

유아들과 함께 브레인스토밍해 보며 플라스틱 쓰레기에는 어떤 것들이 있고 이들은 어디서 생겨나는지, 이를 어떻게 해결해야 할지 생각을 나누어 보았다. 그중 우리가 해결할 수 있고 가장 큰 문제점이라고 생각되는 것과 궁금한 점을 유아들과 함께 해결 방법을 의논해 보았다.

첫째, 유치원에서 제일 많이 나오는 재활용 쓰레기 우유병 활용하기

둘째, 대체 우리는 얼마만큼의 플라스틱을 사용하는가?

셋째, 비닐봉투의 사용량을 줄이기 위한 아이디어 고안

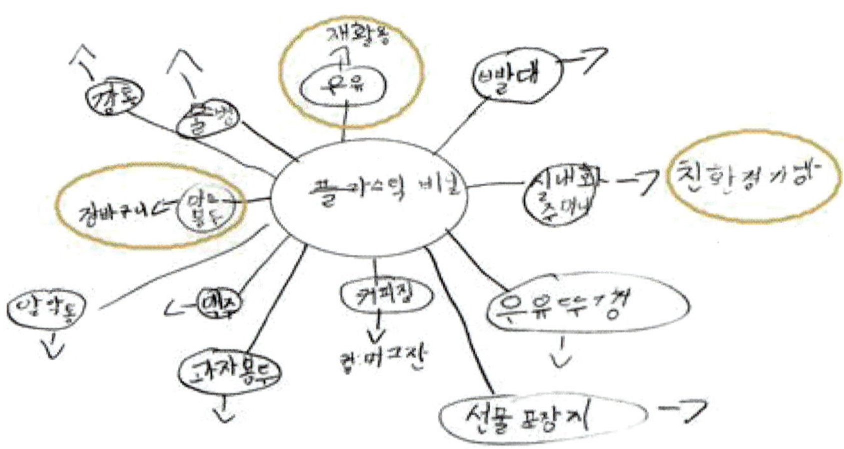


유아들과 함께한 브레인스토밍 표상

첫째, 유치원에서 제일 많이 나오는 재활용 쓰레기 우유병 활용하기

유아들은 제일 먼저 병을 깨끗하게 만들어야 친구들이 사용할 것이니 포장지를 벗기고 씻어 말리는 과정을 매일 같이 진행하였고 이것을 활용한 만들기 활동을 친구들에게 선보였다.

이 과정에서 LG유플러스 아이들나라 음성 검색기능을 활용해 Youtube 동영상에서 재활용 만들기 콘텐츠들을 보며 아이디어를 많이 얻었다

대그룹 Youtube 시청

유아들은 우유병에 물을 넣어 활동하는 것을 굉장히 즐거워했고, 이를 확장시켜주기 위해 물과 함께 넣을 수 있는 다양한 매체와 글리터를 준비해 주었다. 유아들은 워터볼-글리터볼을 만들기 시작했고 이는 폭발적인 인기를 얻어 급기야 유아들이 우유를 마신 뒤 병을 손에 꼭 쥐고 다니는 모습이 목격되었다. (워터볼-

글리터볼은 활용한 매체에 맞게 글리터볼이라 명칭 한다.)

우유병을 활용한 워터-글리터병 만들기

완성된 글리터병은 연령과 상관없이 다른 반 유아들에게도 큰 호기심의 대상이었고, '미세플라스틱 프로젝트' 모둠 친구들은 그림유치원 각 반을 돌며 본인들이 프로젝트를 진행하면서 알게 된 해양 오염의 심각성과 버려지는 플라스틱의 위험성을 알려주고, 글리터병을 만드는 방법을 소개해주었다.

둘째, 대체 우리는 얼마큼의 플라스틱을 사용할까?

"솔직히 나는 별로 안 써요. 우유병 또한 만들기를 하는걸요?"

각자 플라스틱 하루 소비량은 유아가 체감하기엔 어려웠고, 대략적으로 수를 가늠해 본 뒤 수치를 교사와 함께 계산해보며 적다고 생각되었던 수의 쓰레기가 합쳐지자 우리는 하루 동안 굉장히 많은 양의 쓰레기를 배출하고 있음을 알았다.

유아들이 자발적으로 기록한 플라스틱, 비닐의 사용량

유아는 자발적인 기록지를 만들어 하루 플라스틱과 비닐 소비량을 적어보았다. 유아들은 가정에서 사용하는 개수도 적어오는 높은 참여율을 보였고 이는 생각보다 많은 양의 플라스틱과 비닐을 사용하고 있음을 알 수 있었다.

유아들의 지식을 확장시키기 위해 적당한 현장학습 장소를 물색해 다녀오게 되었고, 근처에 위치한 '새활용플라자'를 방문하게 되었다. 새활용플라자에서 다양하고 넓은 경험을 할 수 있었고, 포스터가 주는 힘과 물의 정수 과정에 대해 알게 되었다. 많은 업사이클링 아이디어를 얻을 수 있었다.

새활용플라자 현장학습

셋째, 비닐봉투의 사용을 줄이기 위한 아이디어 고안

현재 유치원에서는 유아들의 물건을 가정으로 보내는 과정에서 상당량의 비닐봉지를 사용하고 있었다. 이는 친환경 가방을 유치원에서 선물로 나누어주고 그것을 활용하도록 독려하고 있지만 가져오는 것을 까먹은 유아들의 수도 상당했다. 비닐봉지를 대신할 무언가를 생각하던 유아들은 새활용플라자에서 보았던 방법으로 헌 옷을 활용해 장바구니, 친환경 가방을 만들어 보기로 했다.

"우리가 장바구니를 만들어요. 천을 잘라서 바느질을 해요."

"그럼 새 천을 또 사용하게 되는 거네."

"아! 천은 옷이잖아. 안 입는 옷, 작아진 옷, 여름옷 모아서
새활용플라자에서 본 방법대로 장바구니를 만들어 보아요!"

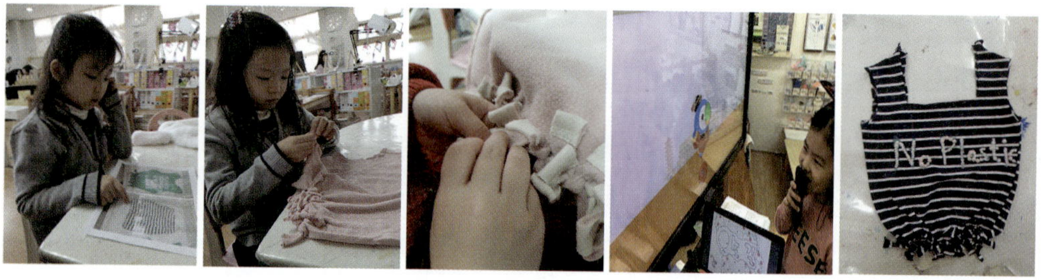


친환경 가방 제작 과정

완성된 헌 옷 장바구니에 "No Plastic"이라는 문구를 넣어 작품 속에 본인들의 뜻을 담는데 꼼꼼히 신경 썼다. 영어 문구를 만드는 과정에서 교사가 놀랄 만큼 익숙하게 유아들이 LG유플러스 아이들나라 파파고를 활용하는 모습을 관찰할 수 있었다.

완성된 작품을 들고 각 반을 돌며 비닐봉지 사용량을 줄이는 운동에 동참해 줄 것을 홍보하였으며 이는 자연스럽게 다른 유아들에게도 플라스틱, 비닐 등으로 인한 환경오염에 관심을 갖게 만들기에 충분했다.

다른 반에 업사이클링 작품을 소개

"동생들이 이제 플라스틱 우유병을 재활용할 생각 하니 너무 기쁘다."

"다른 사람들에게도 알려주고 싶어!"

"그림유치원에 헌 옷을 모아두는 장소가 있었으면 좋겠다."

"그럼 자유 선택 놀이시간에 더 많은 옷으로 가방을 만들 수 있잖아."

"그럼 놀이가 환경을 사랑하는 마음인 거랑 같네!"

유아들은 프로젝트를 진행하며 다른 반 선생님과 친구들에게 글리터병 만드는 방법, 헌 옷으로 예쁜 가방을 만드는 방법 등을 공유하며 '환경을 보호하는 방법'을 더 많은 사람들에게 공유하고 싶다는 의견을 보였다. 해양 오염심각성에 관련된 내용을 어린 동생들부터 나이가 많은 할머니, 할아버지까지 알릴 것이고, '플라스틱으로 인한 해양오염의 심각성'을 쉽게 이해하고 환경보호운동을 실천할 수 있는 방법을 주제로 한 동영상 제작을 생각해 내었다.

유아들은 콘티-스토리를 짜게 되었고 이 과정에서 LG유플러스 아이들나라 '물고기 그리기' 경험이 모티브가 되어 전체적인 틀을 잡는 데 도움이 되었다.

콘티-스토리 협의 과정

① 자유롭게 헤엄치고 있는 물고기
② 가까이서 보니 고통 받고 있는 물고기
- 플라스틱 집에서 사는 물고기
- 플라스틱을 공격하는 물고기
- 플라스틱을 먹고 있는 물고기
- 플라스틱에 고통 받고 있는 물고기

③ 이것들이 어디서 왔지? (고민)
④ 플라스틱 길을 따라가보니 사람들이 버린 것을 알게 됨
⑤ 바다반 미세플라스틱 친구들에게 해결 방법으로 도움을 요청함
⑥ 프로젝트 친구들이 해결 방법을 소개해줌

콘티-스토리를 기초로 유아들을 동영상을 촬영하기 위한 배경, 소품과 주인공들을 만들어 보았다. 주인공 해양생물들의 모습은 유아들이 뉴스에서 접한 허리가 잘록한 거북이, 상처 난 물고기, 병 든 물고기 등을 표상했다.

영상 속 주인공 만들기

프로젝트를 진행하면서 미세플라스틱, 해양오염에 관해 다큐를 '바다모래놀이 영역'에서 시청할 수 있도록 준비해 주었고, 유아들을 놀이하며 플라스틱 쓰레기를 가져와 구성하는 모습이 관찰되었다.

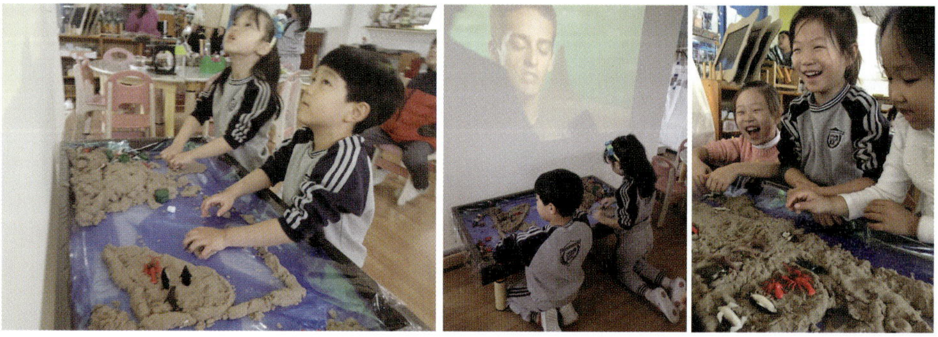

바다모래놀이 영역 활동

그러던 중 '해양수산부'와 '해양환경공단'에서 주최하는 '2018 깨끗한 바다 만들기 UCC 및 표어 공모전'을 접하게 되었다. 이 정보를 미세플라스틱 프로젝트 유아들에게 전달하자 우리가 만들려던 영상의 주제와 일치하고 많은 사람들에게 알리고자 하는 목표에 적합함을 살펴 공모전에 응모하기로 결정하였다.

예전에는 유아들의 표상 결과물을 동영상으로 제작하는 데 있어 유아들의 손길

보다 교사의 손이 많이 가기에 그 의미를 반감 시킬까 우려가 되었다. 하지만 LG 유플러스 아이들나라의 증강현실 효과와 배경으로 활용할 수 있는 다양한 콘텐츠가 있어 교사의 능력 외에 유아들의 의지로 표현할 수 있는 특수 효과 같은 증강현실 기법을 포함할 수 있었고 이는 영상의 완성도를 더 높여 주었다.

동영상 제작 과정

표어부문에는 미세플라스틱 프로젝트 모둠 외에도 바다반 유아 모두가 참여해 '쓸모 있는 시간 20분, 쓸모 없는 시간 200년, 나는 플라스틱 입니다.'라는 문구로 공모전에 제출하였다.

그 결과 3,000명의 경쟁작을 제치고 우수상과 상금 100만 원을 받는 큰 성과를 얻었다. 유아들이 환경보호를 위해 열심히 노력하고 있는 모습을 많은 사람들에게 알리고 싶은 마음과 함께, 이 영상이 널리 퍼져 더 많은 사람들이 플라스틱 사용을 줄이는 모습을 보고 싶다던 유아들의 바람대로 결과를 이룰 수 있었다. 해당 기관에서는 어떤 프로그램을 사용해 동영상을 편집했는지 궁금해하였고, 물고기와 배경 이미지는 영상편집 프로그램이 아닌 LG유플러스 아이들나라의 증강현실 효과임을 알려 주었다.

'깨끗한 바다 만들기' UCC 및 표어공모전 시상식

프로젝트는 마무리가 되었고 우승 상금을 어떤 방식으로 사용할 것인지 유아들은 다양한 방법을 제안했고 그중 3가지 방법으로 의견이 모이게 되었다.

물고기야 그건
플라스틱이야

"그림유치원 친구들이 언제나 〈환경〉을 생각할 수 있는 무언가를 사고 싶어요."

"환경 단체에 기부를 하고 싶어요."

"우리가 상을 탈 수 있게 영상 편집을 도와주신 선생님 친구에게 선물을 사드리고 싶어요."

첫 번째, 환경을 위한 물건 구입

환경을 생각하는 장바구니, 우산 빗물 털이, 분리수거함 등 많은 의견이 나왔지만 새활용플라자에서 접한 환경을 보호하는 마음에서 생긴 교구-바툴을 그림유치원에 구비해 동생들이 버려지는 플라스틱을 활용하여 놀이하는 것이, 일회용 쓰레기를 줄이고 훨씬 의미 있다고 생각하였다.

바툴은 생수병과 생수병 뚜껑부분을 연결해 끼우기 블록처럼 활용할 수 있는 교구로 버려지는 패트병을 교구로 활용할 수 있다. 하지만 그림유치원 우유병은 일반 플라스틱 병뚜껑보다 입구가 넓어 활용할 수 없다는 정보를 확인하였다 그러던 중 바툴 교구 판매처가 플라스틱을 수거하는 업무도 병행한다는 것을 알고 유치원의 우유병을 모아 전달하면서 이것을 활용 할 수 있는 방법에 대해 전문가에게 문의하고, 가정에서 버려지는 페트병을 수거해 재활용할 수 있도록 '바툴' 교구를 구입하기로 하였다.

바툴 방문과 전문가와의 만남

교구를 구입해 프로젝트 모둠 유아들이 먼저 사용법을 익혀 활동한 뒤 각 반을 돌며 바툴 교구에 대한 의미와 사용법을 전달하였다.

바툴 사용법 전달

두 번째, 환경을 위한 기부

아이들과 함께 플라스틱을 줄이는 환경단체에 대해 검색을 통해 'GreenPeace' 단체가 '깨끗한 바다를 위해 플라스틱 사용을 함께 줄여요!' 문구와 홈페이지 속 다양한 게시글을 통해 해양 오염에 관심이 많음을 알 수 있었고 상금 중 일부를 이곳에 기부하기로 하였다.

세 번째, 성찰하기

이 과정들을 거쳐 '미세플라스틱 프로젝트'가 마무리가 되었다. 프로젝트가 끝난 이후에도 아이들과 함께 '미세플라스틱'에 대해 계속해서 많은 이야기를 나누었고, 자연스럽게 '뉴스'를 접하며 현재 이슈되고 있는 환경 문제에 관심을 가지는 모습을 볼 수 있었다. 현재, 종이 빨대와 수소 자동차처럼 앞으로 더욱이 '친환경', '재생 가능한 환경'에 관한 다양한 것들이 유아들의 손을 통해 개발되고 연구될 것이 많을 것이라 기대된다. 환경을 생각한다는 것은 나와 더불어 사는 다른 생명을 지켜낸다는 의미이다. 유아기 시절부터 환경에 관심을 갖고 보호하고자 하는 마음이 길러진다면 성장함에 있어 자신 이외의 것들에 대해 배려하며 나에게 주어진 모든 것들에 대해 감사함을 느끼게 될 것이라고 생각한다.

### 3) 프로젝트 결론

LG유플러스 아이들나라를 프로젝트 과정 내에 적용함에 있어 이 시기 유아들이 이해하고 응용하기 어려운 주제에 대해 쉽고 친숙하게 다가갈 수 있었으며 멀티기기를 사용함에 있어 수업 참여도와 흥미가 우수했고, 그 활용도 또한 높았다. 보통 유아들이 동식물에 관한 관심과 호기심은 한 단계 더 나아가 눈앞에서 실제처럼 움직이는 해양생물들에게 많은 애정을 보였으며 이는 환경보호를 하는 데 힘을 보태고자 하는 의지로 이어졌다. 이제껏 많은 캠페인성 프로젝트를 진행해 보았는데 쓰레기를 줍고, 포스터를 제작해 홍보해 보았던 경험보다 LG유플러스 디지털 미디어 콘텐츠를 활용해 UCC를 제작하는 경험이 유아들에게 훨씬 교육적이고 의미로울 것이라 생각되었다. 교사의 손을 빌리기 전에 유아들만의 힘으로 작품의 완성도가 높았고 현대사회 문화 흐름과 일치할 수 있었다. 또한 이는 프로젝트를 진행함에 있어 유아들의 표정, 참여도, 가정에서 들리는 학부모의 반응에서 알 수 있었다.

## 7. 공룡 사용 설명서

| 디지털 놀이 주인공 | 그림유치원 사랑반 친구들(만 4세) |
|---|---|
| 프로젝트 담당 교사명 | 최태경 교사 |
| 프로젝트 기간 | 2018.4 ~ 2018.9 |
| 디지털 매체 활용 | IPTV(아이들나라 생생체험학습), 스마트 폰, 웹캠, 빔프로젝터 |

교실 환경구성 영역 중 디지털 미디어 영역에서 빔프로젝터를 활용한 공룡시대 배경 속 구성놀이 영역이 유아들에게 인기가 높았고, 자유선택활동 시간 내에 LG유플러스 아이들나라 생생체험학습 공룡마을이 굉장히 좋은 반응을 얻고 있다. 반복되어 공통적으로 공룡에 관해 관심 있는 유아들이 많음을 관찰하고 이를 주제로 프로젝트 모둠을 꾸려 진행되었다.

### ① 프로젝트 예상 흐름도

| 프로젝트명 (가제) | | 공룡 |
|---|---|---|
| 교육목표 | | • 공룡에 대한 지식을 확장하고, 책으로 만들어 공유한다.<br>• 다양한 방법으로 표상하며, 작품을 협력하여 구성한다.<br>• 미디어 매체를 긍정적으로 활용하는 태도를 기른다. |
| 프로젝트 예상 흐름도 | 발현 | • 학기 초부터 공룡에 대해 유아들이 관심을 많이 보임<br>• LG유플러스 아이들나라를 통해 AR로 공룡을 마주하자 집중도와 흥미가 높음<br>• 미디어 영역에 공룡 놀이를 할 수 있도록 구성하자 엄청난 인기를 끔<br>• 쌓기 영역까지 놀이 영역을 확장하여 놀이하는 모습을 보여줌 |
| | 전개 | 공룡에 대해 알고 있는 것을 공유한다.<br>2. 공룡에 대해 알고 싶은 것을 공유한다.<br>3. 공룡에 대해 알고 싶은 것들을 알아본다. |

<table>
<tr><td rowspan="13">프로젝트<br>예상<br>흐름도</td><td>전개</td><td colspan="2">(어떻게 생겼을까? 어떤 종류가 있을까? 어떤 특징이 있을까? 무엇을 먹고 살았을까? 어디에서 살았을까? 사는 곳은 어땠을까? 무엇을 좋아할까? 무엇을 하고 살았을까? 등등)<br>→ LG유플러스 아이들나라 – 생생체험학습 – 공룡마을어린이다큐/만화학습 활용<br>4. 자유선택활동 : 아이들나라 콘텐츠에서 연계될 수 있는 환경으로 구성<br>– 미디어 영역 : 공룡 놀이<br>– 라이트 영역 : 화석 발굴 놀이<br>– 조형 영역 : 공룡 만들기(지점토), 상상의 공룡 그리기<br>– 협동 테이블 – 공룡이 살던 곳<br>5. 현장학습 : 서대문자연사박물관 예상</td></tr>
<tr><td>마무리</td><td colspan="2">(무엇을 하고 살았을까 ☞ 상상해 볼까? 이야기로 만들어볼까?)<br>• 공룡들을 주인공으로 한 우리만의 이야기(동화)를 만든다.<br>• 필요한 배경과 소품을 직접 만들고 LG유플러스 아이들나라를 활용한 동극 또는 영상동화를 촬영한다.<br>– 스토리 2개의 동극+영상동화? – 스토리 2개의 동극 or 영상동화?</td></tr>
<tr><td>1주</td><td>공룡에 대해 알고 있는 것,<br>알고 싶은 것을 이야기 나누며 공유한다.</td><td rowspan="5">자유놀이<br><br>라이트 – 화석 발굴<br><br>미디어 – 공룡 나라<br><br>조형 – 공룡 만들기(지점토)</td></tr>
<tr><td>2주</td><td>공룡에 대해 알고 싶은 것들을 LG유플러스 아이들나라 – 생생체험학습 – 공룡마을 – 어린이다큐/만화학습을 활용하여 알아본다.</td></tr>
<tr><td>3주</td><td>‘사랑반 공룡책(가제)’의 구성과 수록될 이야기를 구상한다.</td></tr>
<tr><td>4주</td><td rowspan="2">필요한 배경과 소품을 만든다.</td></tr>
<tr><td>5주</td></tr>
<tr><td>6주</td><td colspan="2">LG유플러스 아이들나라 생생체험학습–공룡마을을 활용하여 촬영한다.</td></tr>
<tr><td>7주</td><td colspan="2">웹캠을 이용해 AR과 모래놀이를 통해 홍보 영화를 만든다.</td></tr>
<tr><td>8주</td><td colspan="2">‘사랑반 공룡책(가제)’을 제작한다.</td></tr>
<tr><td>9주</td><td colspan="2">현장학습 : 서대문 자연사 박물관?</td></tr>
<tr><td>10주</td><td colspan="2">완성 된 책(학습 만화)을 친구들에게 소개하고 함께 감상한다.</td></tr>
</table>

② 프로젝트 진행 과정

학기 초부터 공룡에 대한 관심이 많았던 유아들. 이 시기의 유아들에게 공룡은 빠질 수 없는 관심사이다. 자유선택활동을 공유하는 이야기 나누기 시간에 친구들에게 공룡 퀴즈를 내기도 하고 자신이 좋아하는 공룡을 소개하거나, 그림 또는 종이접기로 만든 작품을 소개하기도 하였다.

LG유플러스 아이들나라의 생생체험학습 공룡마을

LG유플러스 아이들나라의 생생체험학습 공룡마을은 처음 선보인 당시부터 지속적으로 유아들에게 굉장한 이슈거리이다. 공룡이 우리 교실에서 뛰어놀고 함께 사진을 찍을 수 있다는 것은 유아들에게 작은 꿈을 실현시켜주는 것과 같다. 공룡과 한 공간에서 마주하는 시간에는 굉장히 집중하고 흥미를 느끼는 모습을 볼 수 있다.

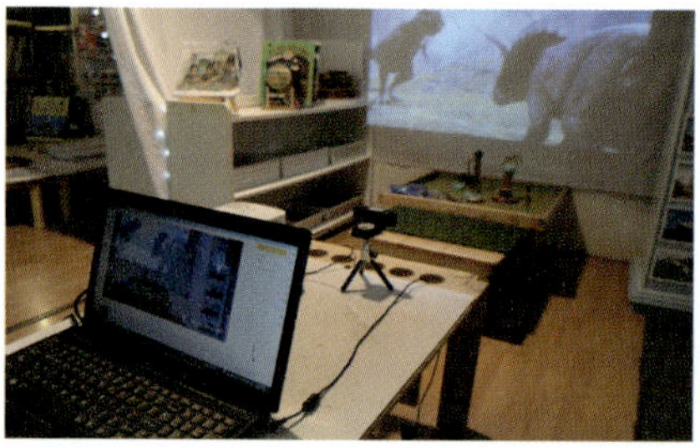

공룡을 테마로 준비된 놀이 영역

유아들의 흥미에 따라 디지털 미디어를 공룡 놀이 공간에 함께 구성하자 엄청난 인기를 끌었고, 놀이 가운데 지적 갈등이 일어나거나 여러 가지 호기심을 보이는 친구들이 눈에 띄기 시작하였다. 유아들끼리 활동을 진행하면서 공룡에 관해 이야기를 쏟아내었고 이는 자연스럽게 공룡을 좋아하는 친구들이 모여 공룡에 대해 궁금했던 것들을 알아보고 지식을 확장하며 프로젝트로 이어졌다.

프로젝트 모둠 토론시간

- 힘이 센 육식 공룡이 왜 없어졌을까?
- 공룡이 추운 데서 살면 어떻게 될지 궁금해.
- 내가 좋아하는 티라노사우루스는 어디에 살았을까?
- 나는 공룡이 모두 사랑스러워. 공룡과 같이 살 수는 없을까?
- 공룡이랑 같이 놀면 재밌을 거 같아.
- 왜 없어진 걸까? 너무 아쉽다.
- 공룡 화석을 어떻게 찾는지 궁금해.

유이들의 호기심을 해소하고자 공룡과 관련된 질문 목록을 작성해 보았고 이는 LG유플러스 아이들나라와 검색기능을 활용하여 적절한 답(정보)을 알아보았다.

첫 번째, 공룡은 왜, 어떻게 사라졌을까?
두 번째, 공룡이 멸종된 다른 이유는 없을까?
세 번째, 화석은 어떻게 발굴할까?
네 번째, 공룡 이름은 어떻게 지어졌을까?
다섯 번째, 공룡 시대는 어떻게 나누어질까?
여섯 번째, 공룡은 어디에 살았을까?

첫 번째, 공룡은 왜 어떻게 사라졌을까?
공룡의 사라진 이유, 즉 멸종설을 알아보는 것이었다.

아이들나라 활용하기

- LG유플러스 아이들나라 – 생생체험학습 – 공룡마을 – 만화학습 – 사라진 공룡들 1

유아들은 LG유플러스 아이들나라 콘텐츠를 통해 다음과 같은 정보를 습득했다.

| 운석 충돌설 | 화산 폭발설 |
| --- | --- |
| 커다란 운석이 떨어져 뜨거운 먼지와 가스구름이 생기면서 햇빛을 가렸다.<br>몇 년 동안이나 햇빛이 비치지 않아 식물이 죽어가고 굶주린 초식공룡도 사라져갔다.<br>남아 있던 육식공룡들도 서로 잡아먹다가 차례로 멸종하게 되었다. | 지구 곳곳에서 대규모 화산폭발이 이어져 운석 충돌과 마찬가지의 과정을 거치게 되었다. |

우주나 공룡과 같이 실제적 존재를 유아가 직접 확인하기 어려운 것들은 책이나 교사가 제공하는 한정된 자료를 통해 정보를 제공받을 수밖에 없었다. 그러나 LG유플러스 아이들나라를 통해 유아들 스스로 정보를 검색하고 선택하여 학습하는 과정에서 좀 더 정보의 반경이 넓어지고 내용전달이 효과적으로 이루어질 수 있었다.

두 번째, 공룡이 멸종된 다른 이유는 없을까?

과학적 가설로 풀이된 공룡 멸종설 외에도 유아들이 재미있어할 내용의 콘텐츠를 확인하였고, 이는 자칫하면 지루할 수 있는 프로젝트 진행을 즐겁게 해주었다. 사진 또는 문자로만 전달되던 정보가 멀티미디어 자료로 제공되면서 이해를 높이고 집중력 또한 높았다.

아이들나라 활용하기

• LG유플러스 아이들나라 – 생생체험학습 – 공룡마을 – 만화학습 – 사라진 공룡들 2

"눈이 많이 오고 계속 와서 추워져서 죽었어요."

"쥐가 알을 훔쳐갔어요. 다~ 먹었어요."

"공룡들이 많아져서 방귀를 너무 많이 뀌었대요."

"그래서 지독해서 숨을 쉴 수가 없었나봐."

"아니야 계속 방귀도 뀌고 트림도 하고 그래서 가스가 많이 생겼어."

"그래요. 그래서 지구를 지켜주는 오존이라는

보호막이 사라져서 날씨가 이상해진 거야."

| 추위설 | 알도둑설 | 공룡방귀설 |
|---|---|---|
| 갑작스레 찾아온 혹독한 추위로 인해 공룡들이 얼어 죽게 되었다. | 포유류들이 공룡들의 알을 모두 먹어 멸종하게 되었다. | 살기 좋은 날씨와 먹이 덕분에 공룡들이 너무 많아졌다.<br>공룡들의 트림과 방귀로 오존층이 파괴되며 일어난 기후변화 때문에 멸종했다. |

유아들은 프로젝트를 진행하는 동안 알게 된 사실을 계속해서 확인하고 서로 이야기를 나누었으며 그에 대한 자신의 가설을 덧붙여 이상 기후를 배경으로 설정하거나 알 도둑의 등장, 우주인의 침략 등과 같은 이야기가 자유선택활동 놀이 시간에 활동 스토리배경으로 접목함이 관찰되었다.

자유선택활동

세 번째, 화석은 어떻게 발굴할까?

이는 LG유플러스 아이들나라 – 생생자연학습 – 공룡화석놀이 콘텐츠를 통해 간접경험을 한 유아들은 어렴풋이 정보를 알고 있었다.

- LG유플러스 아이들나라 – 생생체험학습 – 공룡마을 – 만화학습 – 공룡을 찾아서 1

공룡 화석을 발굴하는 현장을 지켜 본 유아들은 신기하고 재밌지만, 힘들고 어려울 것 같다고 이야기하였다. 마지막 장면에서 고고학자들이 텐트를 치고 밥을 먹으며, 빨래를 하는 모습을 인상 깊어 하며 공룡 화석을 발굴하는 데에는 몇 달에서 몇 년이 걸린다는 내용을 상기하였다. 유아들이 지금부터 초등학교 형님으로 올라갈 때까지도 계속해서 화석을 발굴해야만 공룡 화석을 볼 수 있다고 이야기하자 친구들은 놀라면서 옛날에 살았던 공룡 친구들을 만나는 일이 많은 사람들의 수고 끝에 이루어지는 것임을 알게 되었다.

네 번째, 공룡 이름은 어떻게 지어졌을까?

아이들나라 활용

- LG유플러스 아이들나라 – 생생체험학습 – 공룡마을 – 만화학습 – 공룡이란 이름은 누가 지었을까

유아들은 LG유플러스 아이들나라 콘텐츠를 통해 다음과 같은 정보를 알 수 있었고, 공룡의 영어와 한자어 모두 비슷한 뜻을 가지고 있음을 알게 되었다. 이외에도 유아들은 음성검색을 활용해 관심 있는 다양한 공룡 이름의 의미를 더 알아보기도 하였다.

| Dinosaur<br>그리스어 Deinos(무서운) + Sauros(도마뱀)<br>= 무서운 도마뱀 | 공룡(恐龍)<br>한자 恐(두려울 공) + 龍(용 룡) = 두려운 용 |
|---|---|

IP TV Google 음성 검색을 통해서 공룡 시대의 구분과 공룡이 살았던 지역을 알아보았다. 인터넷 검색을 통해 얻은 자료들이 유아 수준에 다소 맞지 않은 게 다수거나, 찾으려는 것과 벗어나는 내용이 많을 수 있는데 유아기의 이런 정보검색 경험은 비판적 사고를 통해 인터넷 속의 방대한 지식 중 적절한 것을 어떻게 선별하고, 잘 끄집어내어 자신에게 이롭게 활용할 수 있는 능력을 기르는 데에 도움을 준다.

다섯 번째, 공룡 시대는 어떻게 나누어질까? Google 검색 – '공룡이 살았던 시대'

인터넷 검색을 활용하여 공룡 시대의 구분에 대해서도 알아보았는데 유아에게는 워낙 단위가 큰 숫자다보니 이해하는 데 어려움을 느꼈다. 색테이프를 활용하여 바닥에 붙이면서 공룡 시대가 얼마나 옛날이었는지 눈으로 확인해보며 가늠해보았다.

여섯 번째, 공룡은 어디에 살았을까?

Google 검색 결과 – '공룡이 살았던 지역'

"우리나라에는 벨로키랍토르가 살았대!"

"미국에 공룡이 엄청 많아," "유럽에도 많은데?"

"중국에 스피노사우루스가 살았대. 엄청 센 공룡이야. 티라노도 이겨."

때마침 누리과정 생활주제에 따라 세계 여러 나라에 대해 알아가고 있었기 때문에 친숙해진 세계 지도를 보면서 대륙과 국가를 언급하며 공룡이 살았던 곳을 알 수 있었다.

유아들은 궁금했던 질문 목록에 대한 답을 찾아본 후 알아본 내용을 이야기 나누며 서로 지식을 공유하는 시간을 가졌다. 내용을 전달하면서 자신들도 배웠던 내용을 자연스럽게 되새기게 된다. 가정에서 LG유플러스 아이들나라를 사용하는 유아는 가정에서도 또 한 번 찾아보았음을 이야기 하였다.

프로젝트를 진행함에 있어 교실 환경 또한 프로젝트 주제에 맞게 구성되어 활동한다. 디지털 미디어 기기가 추가된 영역 외에도 다양한 영역에서 공룡과 관련된 활동이 이루어진다.

디지털 미디어 영역 공룡마을

상상 속에 몰입하여 유아들은 자연물과 천, 블록 등을 활용하여 직접 배경을 구성한다. 빔프로젝터를 통해 비춰지는 영상은 놀이에 대한 몰입을 배가시킨다. 놀이 속에서 유아들은 끊임없이 상황을 부여하고 설명하며 자신의 역할에 최선을 다한다.

라이트테이블 공룡 뼈 구성

라이트테이블 유토 활동

유아들은 추후 소개될, 그림으로 표상하였던 파트너 공룡을 라이트테이블 영역에서 유토를 활용하여 재구성하기도 하였다. 같은 재료임에도 바닥에 눕혀 평면적으로 표현하기도 하고, 걸어 다니는 모습을 입체적으로 표현하기도 하였다. 공룡의 특징을 잡아내어 유토를 조작하는 모습은 매우 진지하고 유아들이 움직이는 자료들을 많이 접함에 있어 보통 평면적인 표상활동이 움직임이 있거나 입체적으로 표현하는 모습이 많이 포착되었다.

공룡 관련 책 읽기

앞에서 궁금했던 내용을 선정하여 계획에 따라 알아보았던 경험과 다르게 유아들이 알아보고 싶은 내용을 스스로 책을 읽으며 찾아보았다. 이전에 LG유플러스 아이들나라 내에 공룡 관련 독서 콘텐츠를 함께 보며 토론하는 활동이 되었다면 가정 협조로 수합된 공룡 관련 도서와 기존에 유치원에 구비되어 있던 공룡 관련 도서 등을 자신의 관심과 흥미에 따라 스스로 읽으며 공룡에 대해 알아가는 시간을 가졌다. 글을 잘 읽지 못하는 유아들도 친구나 선생님에게 물어보며 공룡에 대해 알고자 하는 의지를 확인할 수 있었고, 궁금증을 해결하면서 더욱 몰입하는 모습을 볼 수 있었다. 도움을 주는 친구들도 함께 새롭게 알아가거나 기존 지식을 재구성하며 또래간의 교수가 자연스럽게 이루어졌다. 또래교수를 통해 혼자서는 접근할 수 없었던 잠재적 발달수준까지 이른다.

새로운 환경에서의 정보를 얻고 유아들의 지식을 확장시키기 위해 서대문 자연사 박물관으로 현장학습을 다녀왔다. 실제로 접하는 것은 유아들의 흥미를 최고조로 이끌었고 그간 쌓아온 지식을 방출(진짜 공룡뼈의 모양 확인, 이빨부분을 보고 식성 유추, 화석 발굴현장의 모습 회상 등)하며 확인하는 모습들을 발견할 수 있었다. 이는 LG유플러스 아이들나라 생생체험학습 공룡마을을 통해 움직이던 공룡을 접했을 때의 유아들의 열정과 맞먹었고 이는 증강현실을 교육과정 내에 도입함이 이 시기 유아들에게 적절한 교육매체로서 활용 가능함을 알 수 있었다.

서대문 자연사 박물관 현장학습

또한 LG유플러스 아이들나라 생생체험학습 공룡마을을 통한 스마트 미디어 매체의 경험을 실제적 경험과 함께 공유하여 체험할 수 있었고, 유아의 물리적 환경을 스마트 미디어 매체와 실제적 공간 조화의 확장적 사고로 발전할 수 있게 하는 데 큰 도움이 되었다. 또한 교육과정에 도입된 증간현실은 교육매체로써 매우 효과적이라는 것을 입증할 수 있었다.

공룡에 대한 관심이 늘어가면서 공룡에 대해 많이 알게 되고 공룡들과 친숙해져 즐겁지만 반면 실제로 공룡 친구들을 만날 수 없어 슬프다는 유아들의 마음을 달래고자 나만의 파트너 공룡을 선정하여 애착을 가지고 보다 집중적으로 알아보았다.

LG유플러스 아이들나라 생생체험학습 & LG V40(스마트 폰) 기능 활용하여 교사가 촬영하였고 문화적 자료로 공룡마을을 활용하여 자신이 선택한 공룡을 그림으로 표상해 보았다. 일반적으로 사진 자료를 참고하여 표상활동을 했을 때보다 다양한 공룡모습과 특징이 잘 나와 있다. AR로 살펴보는 공룡은 사진처럼 일방이 아닌 사방면의 모습과 움직임까지 볼 수 있어 유아들이 흥미를 갖고 진지하게 표상활동에 임할 수 있다.

아이들나라를 문화적 자료로 활용한 공룡 표상 활동

공룡 프로젝트 모둠 유아들은 지금까지 알게 된 지식과 나만의 공룡에 대한 애정을 담은 공룡 책을 만드는 것으로 결정이 되었다. 어떤 내용의 책으로 만들지 유아들과 함께 토론을 통해 다음과 같은 내용을 담기로 정해졌다.

프로젝트 모둠 토론시간

1. 지금까지 공룡이 살아 있다면?
2. 나만의 특별한 공룡 파트너를 소개
3. 알게 된 공룡에 대한 지식을 공유하는 Q&A

"우리가 그린 공룡 그림도 넣었으면 좋겠어요."

"엄청 무서운 공룡 미끄럼틀을 타니까 놀란 표정으로 그려야지."

"글씨랑 그림을 같이 넣어요. 동생들도 알 수 있게."

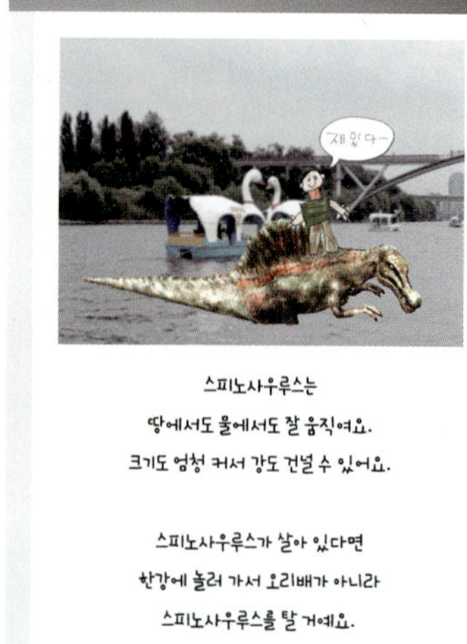


책의 그림 부분에 공룡은 LG유플러스 아이들나라 생생체험학습 공룡마을 AR을 캡쳐하여 배경 화면과 합성을 하였고 이 위에 유아들 그림을 입히는 과정으로 진행되었다.

완성된 공룡책 일부분

공룡책이 완성되며 프로젝트는 마무리가 되었다. 친구들에게 '공룡사용설명서'를 공개하며 유아들은 굉장한 성취감을 느낄 수 있었고, 자신들이 맡았던 페이지 내용과 그 밖의 공룡 관련 지식을 전달하는 모습이 관찰 되었다.

완성된 공룡책 공유하기

③ 프로젝트 결론

유아의 흥미에 따라 프로젝트를 진행하면서 몰입하고 탐구하는 이 과정이 뜻깊은 경험이 되었을 것이고, 현재 어린 시절 공룡 마니아였던 사람들이 성인이 되어 지질학자, 고생물학자, 공룡박사 학위 취득을 하는 열정으로 이어진 사례가 있다.

유아기의 호기심을 어떻게 키워주고, 함께 해소하는 방향을 고민하고, 어떤 교육 매체를 사용해야 하는지에 대한 중요성은 여러 연구 결과로 이미 잘 알려져 있다. 유아의 호기심과 흥미를 자극하여 세상에 대한 의문을 제기할 수 있게 도와주고 원리를 찾아가면서 세상에 대한 지식을 습득할 수 있게 도와주는 것은 중요하다. 그리고 이러한 과정에서 교육 매체의 활용은 유아의 교육적 효과에 매우 유의미한 영향을 미친다는 것이 많은 연구를 통해 알려졌다.

이번 프로젝트를 진행함에 있어 디지털 미디어 매체와 LG유플러스 아이들나라를 활용하였는데 디지털 미디어 매체의 단점으로 무분별한 지나친 몰입을 들 수 있다. 하지만, 유아들의 집중 시간은 20분 정도로 짧고 흥미가 쉽게 떨어지는 경향이 있는데 디지털 매체는 어떠한 유아들에게도 쉽게 흥미를 유발한다. 또 지속적인 몰입을 가능케하기 때문에 집중이 잘 되고, LG유플러스 아이들나라 자체적으로 유아 수준에 맞춘 적절한 교육적인 콘텐츠를 제공하여 정보 이해를 쉽게 도움을 주는 등, 단점이 장점이 되는 모습을 살펴볼 수 있었다. 이는 어떤 매체를 어떻게 이롭게, 교육적으로 활용하느냐에 따라 큰 장점으로 발휘할 수도 있는 것이 확인되었다. 또, LG유플러스 아이들나라와 컴퓨터, 노트북, 스마트 폰, 빔프로젝터, 캠 등 굉장히 다양한 디지털 매체를 활용해 보았는데 미래사회, 4차 산업혁명의 시대를 살아갈 유아들과 필연적일 수밖에 없는 관계인만큼 긍정적이고 이로운 면을 이끌어 활용하기 위해서는 더욱 가까이 접하고 많이 경험해 봐야 할 것이라 생각된다.

# 참고문헌

간진숙, 이칭찬(2010). 대학교수자용 웹기반 수업설계 시스템. 정보과학회논문지: 소프트웨어 및 응용, 37(3), 222-232.

강소담(2019). 언플러그드 코딩 활동을 통한 수학 학습에서 나타나는 수학적 사고와 수학적 태도의 특 성, 서울교육대학교 교육전문대학원 석사학위논문.

강준구(2022. 7. 11). 자녀가 직접 '셰어런팅' 사진 삭제 요구. '잊힐 권리' 시동. 국민일보. https://news.kmib.co.kr/article/view.asp?arcid=0017265051&code= 61121111&cp=nv에서 2022년 9월 1일 인출.

과학기술정보통신부, 한국인터넷진흥원(2019). 2019 인터넷 이용실태조사 요약보고서. https://eiec.kdi.re.kr/policy/materialView.do?num=198051에서 2023년 1월 4일 인출.

과학기술정보통신부, 한국인터넷진흥원(2020). 2020. 스마트 폰 과의존 실태조사 요약보고서. https://doc.msit.go.kr/SynapDocViewServer/viewer/doc.html?key=ff61cb56614e47ab812a7dcd6c3b30dc&convType=img&convLocale=ko_KR&contextPath=/SynapDocViewServer.web_pdf에서 2023년 1월 4일 인출.

과학기술정보통신부, 한국정보화진흥원(2019). 2019 유아 및 보호자용 스마트 폰 과의존 예방 가이드라인 매뉴얼. https://www.iapc.or.kr/mediaView.do?idx=28&article_id=ICCART_0000000112995&type=A1#this에서 2023년 1월 5일 인출.

교육부(2019). 2019 개정 누리과정 (교육부 고시 제 2019-189호). 서울: 교육부

교육부(2019). 학교안전교육 실시 기준 등에 관한 고시 (교육부 고시 제 2019-214호, 2020. 1. 1. 일부개정). 서울: 교육부

교육부(2022). 유치원교사의 디지털 역량 강화 연수자료. (인천교육-2021-0266). 서울: 공동체

구본권(2017) 디지털리터러시란 무엇인가? [블로그 포스트] https://dadoc.or.kr/2539 에서 2022년 07월 15일 인출

권은경(2014). 학교도서관 활용교육의 현상에 대한 분석 연구: 연구학교보고서를 중심으로. 한국도서관·정보학회지, 45(4), 139-164.

김교령(2022). 유아교사의 디지털 역량 및 디지털 역량 교육에 대한 인식과 요구. 교육과학연구, 53(2), 75-95.

김기봉(2002). 포스트 코로나 뉴노멀과 신문명 패러다임. 철학과 현실, 126(-), 105-130.

김대웅, 박윤현(2018). 어머니 양육 스트레스, 온정적 양육행동, 유아 전자매체 이용시간, 외현화 문제 행동의 관계: 성별 다집단 분석. 열린유아교육연구, 23(6), 135-156.

김두한(2023.8.11). 한국형 ESG 메타버버스 울릉 '독도버스' 1주년...핑거'스페셜 NFT 발급'. 경북매일. http://www.kbmaeil.com/news/articleView.html?idxno=966378에서 2023년 9월 6일 인출.

김미진(2011). 창의성 증진을 위한 과학활동이 유아의 창의성 및 과학적 탐구능력에 미치는 영향. 한국유아교육연구, 13(1), 55-78.

김신애, 방준성(2021). 메타버스에서 디지털 아바타를 활용한 교육적 자아의 확장과 AI 아바타와 교육적 상호작용 가능성. 교육원리, 26(2), 147-166.

김양은(2005). 미디어 교육의 개념 변화에 대한 고찰. 한국언론정보학보, 77-110.

김영심(2012). 낯선 사람의 범죄유인 행동에 대한 유아의 인식. 대한가정학회, Family and Environment Research, 50(1), 41-50.

김용민(2020. 6. 3). 교육학 박사 김창숙 원장, "우리 아이들의 미래교육 무엇으로 준비해야 하는가!" 에듀뉴스. http://www.edunews.co.kr/news/articleView.html?idxno=58406 에서 2022년 10월 21일 인출.

김윤희(2019). 놀이와 창조성에 관한 고찰: 놀이 속 물리적 세계와 상상의 연결. 유아교육연구, 39(2), 485-507.

김은영, 최혜윤(2020). 유아교육에서의 디지털 미디어 활용. 서울 : 창지사.

김정원, 김유정(2014). 그림책을 활용한 유아수학교육의 효과: 누리과정의 수학교육 내용체계에 근거한 접근. 어린이문학교육연구, 15(1), 51-75.

김지은(2018). 피지컬 컴퓨팅 기반의 프로그래밍 교육이 컴퓨팅 사고력, 학습몰입 및 SW인식에 미치는 영향. 아주대학교 교육대학원 박사학위논문.

김지혁(2023). 학생들이 직접 가상공간 교실 꾸미는 메타버스 학교. 울산신문. https://www.ulsanpress.net/news/articleView.html?idxno=505313에서 2023년 9월 6일 인출.

김창환(2014). 한국의 교육지표· 지수 개발 연구 (III):대학생역량지수 개발 연구. (KEDI 연구보고, 1-248). 서울: 한국교육개발원

김호, 김윤주, 김인애 외 13인 공저(2022). 유아교육기관에서의 디지털 놀이와 활동. 서울: 공동체.

김호현, 김충일(2018). 누리과정에 함의된 유아교육의 주요 개념과 4 차 산업혁명 시대의 유아교육계의 역할. 열린유아교육연구, 23(5), 55-76.

김효진(2021). 영유아 교사의 원격 수업 운영에 대한 실태와 인식 및 요구분석. 아주대학교 교육대학원 석사학위논문.

남창우, 박영희(2016). 영·유아교사의 디지털 리터러시, 테크놀로지 자아효능감 및 디지털 스토리텔링에 대한 태도 간의 관계. 교육과정평가연구, 19(1), 199-226.

남현정(2014). 소아청소년의 스마트 폰 사용과 비만 및 비만 관련 생활 습관과의 연관성. 동아대학교 대학원 의학석사학위논문.

노을(2019). 디지털 매체 세대의 능동적 현대소설학습 방안: 2015 개정 고등학교『국어』,『문학』교과서의 현대소설 제재를 중심으로. 이화여자대학교 교육대학원 석사학위 논문.

노현아, 정인기, 이원규(2013). 교육대학교 신입생 대상 ICT 리터러시 능력 측정 분석. 정보교육학회논문지, 17(3), 277-290.

매슈워커(2019). 우리는 왜 잠을 자야 할까(수면과 꿈의 과학). 서울 : 열린책들.

문경화(2009). ASSURE모형을 이용한 웹기반 학습지도안 설계 및 구현. 전북대학교교육대학원 석사학위논문.

박순봉(2019. 2. 6). 내 아이 사진 올리는데 뭐 어때? 초상권, 해외선 다르다. 경향신문. https://www.khan.co.kr/national/national-general/article/201902061026001에서 2022년 9월 5일 인출.

박일준, 김묘은(2020). 디지털리터러시교실. 서울: 북토리

박태웅(2023). ChatGPT가 뭐길래?. 딴지방송국 인터뷰. https://www.youtube.com/watch?v=jB_2RZEqQ5w&t=5472s에서 2023년09월09일 인출.

박형주(2022). 데이터사이언스 연구의 지적 구조 분석 및 시각화. 한국콘텐츠학회논문지, 22(7), 18-29.

방송통신위원회(2020). 디지털미디어 소통역량 강화 종합계획. https://bit.ly/3ItYcuk에서 2022년 10월 15일 인출.

방준성(2021). 새로운 미디어 세상과 기술. 메타버스와 디지털사회. 제11회 차세대방송미디어기술세미나, 세션5. 11월30일. 서울: 스텐포드 호텔(상암)

법무부(2017). 가짜 뉴스와 진짜 뉴스, 어떻게 구별하나요? https://theuranus.tistory.com/2841에서 2022년 9월 1일 인출.

브레인기자(2019. 12. 10). 자세가 좋으면 집중력도 쑥쑥!. 브레인 미디어. https://www.brainmedia.co.kr/MediaContent/MediaContentView.aspx?contIdx=21284에서 2022년 8월 31일 인출.

서울YMCA 시청자시민운동본부(2005). 서울 YMCA 좋은 어린이 프로그램 평가 자료집. 서울: YMCA.

서울YMCA 시청자시민운동본부(2008). 어린이 프로그램 발전을 위한 정책연구보고서. 서울: YMCA.

송병기(2013. 3. 31). 척추 건강을 위한 올바른 자세는? 국민일보 쿠키 뉴스. https://www.kukinews.com/newsView/kuk201303310005 에서 2022년 10월 18일 인출.

송협(2022). 메타버스 ZEP 교실서 친구들과 수업…네이버 웨일과 연동. 더 데일리 포스트. https://www.thedailypost.kr/news/articleView.html?idxno=86455에서 2023년 9월 5일 인출.

시청자미디어재단, 육아정책연구소(2021). 유아 미디어 교육 프로그램. 서울: 육아정책연구소.

신성환(2009). 디지털 호모 루덴스, 놀이하는 삶과 문화적 혁신-기술과 놀이에 대한 새로운 자의식 및 소설적 형상화. 한국언어문화, 통권(38), 189-220.

심혜련(2014). 파국과 야만의 시대에서의 경험과 사유: 발터 벤야민 이론을 중심으로. 시대와 철학, 25(4), 281-310.

안인회(2016). 코딩교육의 현황과 미래. 미디어와 교육, 6(1), 76-87.

안정임, 최진호(2020). 디지털 시민성 역량이 공동체 의식에 미치는 영향: 연령대별 차이를 중심으로. 정치커뮤니케이션 연구, 통권(57), 133-177.

양미경(2020). 플랫폼 생태계의 특성과 교육학적 시사점 탐색. 교육원리연구, 25(2), 73-91.

우혁준(2023). 미드저니로 캐릭터 생성하고 비디오스튜로 동화책 동영상 편집하기. 비디오스튜 튜토리얼 블로그. https://videostew.com/blog/15194-create-a-character-in-midjerniro-and-edit-a-fairy-tale-video-with-videostew?p=1에서 2023년 9월 7일 인출.

유구종(2006a). 유아교육용 인터넷콘텐츠 평가 척도 개발연구. 유아교육연구, 26(5), 287-307.

유구종(2006b). 멀티미디어 통합영역 구성이 유아의 사회적 행동과 어휘 표현력에 미치는 영향. 유아교육연구, 26(2), 123-147.

유구종(2020). 4차 산업혁명 시대의 유아 스마트교육 및 매체. 파주: 정민사.

유구종, 조희정, 김은아, 윤향실(2014). 유아 스마트매체 활용에 따른 상호작용 및 사회·정서행동 양상 분석: 자유선택활동에서 생태학적 관점을 중심으로. 열린유아교육연구, 19(3), 159-186.

유대형(2020. 7. 3). 거북목, 호흡에도 악영향…'30분 걷기'로 폐활량 회복하세요. 헬스조선뉴스. https://m.health.chosun.com/svc/news_view.html?contid=2020070204611에서 2022년 9월 1일 인출.

유은영(2011). 컴퓨터 통합교육 정도와 관련된 유아교사의 내적 변인들 간의 구조모형 분석-구성주의 교수신념, 일반적 교수효능감, 컴퓨터 교육에 대한 태도 및 컴퓨터 교수효능감을 중심으로. 유아교육연구, 31(5), 463-480.

유충호(2011). 정보통신 발전과 개인정보보호에 관한 민사법적 연구. 중앙대학교 일반대학원 석사학위논문.

유홍식, 조형숙, 황성연(2006). 유아/어린이 프로그램 평가지수의 개발과 방향. 한국언론학회 가을철 학술대회 기획 세션. 한국언론학회 학술대회 발표논문집, pp.1-15. 10월 21일. 서울: 한국프레스센터.

윤미혜(2002). 영아용 방송 프로그램에 관한 고찰: EBS의 방귀대장 뿡뿡이를 중심으로. 어린이미디어연구, 1(-), 153-172.

이건우(2019). 협동적 문제해결학습을 통한 유아 코딩 로봇활동이 교사의 학습지원 행동과 유아의 수학적 문제해결력에 미치는 영향. 강릉원주대학교 교육대학원 석사학위논문.

이경우, 곽향림, 정경진, 이윤희(2019). 그룹게임: 코딩과 컴퓨팅 사고 놀이. 서울: 창지사.

이명희, 차태호.(2015). 융합을 통한 네오뉴미디어 시대의 감성 마케팅과 광고. 정보디자인학연구, 18(1), 123-132.

이미란, 홍순옥(2018). PBL 기반 예비유아교사의 교직윤리 교육 프로그램 개발 및 효과. 열린유아교육연구, 23(1), 479-506.

이보람(2018. 2. 17). 스마트 폰 보면서 식사하면 어떤 문제가 생기나 봤더니. 헬스조선. https://health.chosun.com/site/data/html_dir/2018/02/13/2018021301061에서 2022년 10월 21일 인출.

이서윤(2020). 디지털 시민성에 대한 델파이 연구. 서울교육대학교 교육전문대학원 석사학위논문.

이소연(2022). SNS에 공유하는 자녀의 일상, 어떻게 생각하시나요? 셰어런팅 인식조사. https://hrcopinion.co.kr/archives/23140에서 2022년 9월 4일 인출.

이수용(2021. 3. 9). COVID-19로 인한 학생들의 비만과 인터넷·스마트 폰 중독 대폭 증가. 위클리 오늘. https://www.weeklytoday.com/news/articleView.html?idxno=347935 에서 10월 21일 인출.

이어령(2006). 디지로그. 서울: 생각의 나무.

이연승(2022). 포스트 디지털 시대, 유아와 디지털의 관계맺음의 의미. 디지털 전환 시대 유아교육의 방향과 과제: 유아 미래역량과 유보통합. 한국유아교육학회 2022년 추계정기학술대회 자료집, pp.48-73. 대구: 경북대학교 사범대학 이기남홀(217호).

이유진, 이연승(2022). 코딩 로봇을 활용한 유아 소프트웨어교육프로그램 개발 및 효과. 유아교육연구, 42(3), 333-359.

이임수(2015). 디지털 미디어 시대의 참여 미술: 재매개와 상호작용. 미술이론과 현장, 19, 83-113.

이재은, 김준수(2020). 북유럽 국가 사례를 중심으로 살펴본 유아 소프트웨어(SW) 교육 고찰. 유아교육연구, 40(3), 229-251.

이종현(2020. 2. 9). 위협받는 우리집...패스워드 변경하셨나요?. 디지털 데일리. https://www.ddaily.co.kr/news/article/?no=191624 에서 9월 5일 인출.

이지운, 강은진.(2020). 코로나 19 상황에서 교육용 SNS 앱의 유아 원격교육 활용 가능성 탐색. 열린유아교육연구, 25(6), 347-369.

이해국, 신윤미(2019). 유아동의 디지털미디어 노출 및 과사용 관련 건강문제에 대한 일차의료의 중재. 의료정책포럼, 17(1), 70-74.

이희수(2013). 1인 미디어 이용자들의 디지털 콘텐츠 저작권 인식에 관한 연구. 경희대학교 언론정보대학원 석사학위논문.

임수영(2017). 블록형 프로그래밍 언어 학습을 통한 컴퓨터 사고력 향상의 분석. 경북대학교 산업대학원 석사학위논문.

임영식, 정경은(2019). 청소년 디지털 시민성 척도 개발. 청소년학연구, 26(9), 495-522.

임완수, 한기호(2021). 어웨이크닝(기술로 사람과 사람을 잇는 커뮤니티맵핑 이야기). 서울: 북바이북.

임혁백, 송경재, 장우영(2017). 빅데이터 T기반 헤테라키 민주주의 메가트렌드. 서울: 한국정보화진흥원.

정다희(2014). 경험귀납적 과제 유형, 가설연역적 과제 유형의 물리적 지식활동에서 나타난 만 5세 유아의 논리-수학적 사고 발달 특성. 덕성여자대학교 대학원 석사학위논문.

정유남, 이영희(2022). 메타버스 플랫폼을 활용한 초등 융합교육사례 연구. 학습자중심교과교육연구, 22(16), 561-580.

정제영(2019, 5). 디지털 혁명시대, 디지털 시민성의 중요성. 행복한 교육, 2019년 5월호. https://happyedu.moe.go.kr/happy/bbs/selectHappyArticle.do?bbsId=BBSMSTR_000000005152&nttId=9197 에서 2022년 10월 03일 인출.

조명선(2013). 바른 자세로 뇌를 지키자. [블로그 포스트] 4.30. https://bblog.tistory.com/45 에서 2022년 10월 18일 인출.

지옥정, 서희전, 계보경, 고영미, 권이정, 김미애, 김혜정, 임수진(2018). 유아교육과 미디어 활용. 서울: 창지사.

최상덕(2018). 2018 한국교육개발원 정책제안서. (연구보고, OR2018-13). 서울: 한국교육개발원.

최연철(2014). EBS 누리샘 사회관계영역 동영상 콘텐츠 내용 분석. EBS누리샘의 교육 콘텐츠 활용 방안. 한국어린이미디어학회 추계학술대회 발표자료집, pp.51-75. 12월 20일. 서울: 서울교육대학교 인문관.

최재붕(2019). 스마트 폰이 낳은 신인류 포노사피엔스. 서울: 샘앤파커스.

최재붕(2022). 메타버스 시대 세계관을 바꿔라. 미래융합교육학회 인문학 강좌. 9월 15일. https://us02web.zoom.us/j/82569976994?pwd=ejhVTGpRUkhtZFd3eWtvK3J2czVGQT09 온라인 웨비나.

최진경(2021). 포스트 디지털 시대를 위한 음악교육의 과제-기술과 예술에 대한 철학적 고찰을 중심으로. 음악교육연구, 50(-), 175-197.

한국언론진흥재단(2020). 2020 어린이미디어 이용조사. 한국언론진흥재단. https://www.data.go.kr/data/15077841/fileData.do에서 2022년 11월 3일 인출.

한국정보보호센터(2022). 개인정보보호 내용체계도. https://www.schoolsafe.kr/post/view?id=2166에서 2022년 9월 5일 인출.

한국지능정보사회진흥원(2020). 2020년 사이버폭력 실태조사. (NIA Ⅷ_RSE-C-20037). 서울: 한국지능정보사회진흥원.

한국콘텐츠진흥원 미국비즈니스 센터(2020). 미국콘텐츠 산업동향. 미국 내 메타버스 산업 현황과 전망, 2022(1), 1-18.

허경아(2011). 유아교사의 디지털 리터러시 진단 도구 개발 및 타당화. 경북대학교 대학원 박사학위논문.

허경아, 정정희(2012). 유아교사의 디지털 리터러시 진단 및 관련 변인. 어린이문학교육연구, 13(3), 479-494.

현대원, 박창신(2004). 퍼스널 미디어. 서울: 디지털미디어리서치.

홍남희(2021). 젠더 평등과 미디어: 프레이저의 정의론과 영국 미디어 규제 사례를 중심으로. 언론과 사회, 29(1), 56-99.

홍남희(2022). 미디어리터러시를 넘어 '디지털 시민성'으로. https://brunch.co.kr/@kpf10/1050에서 2022. 10월 3일 인출

Amy Cuddy · TED Global(2012). Your body language may shape who you are. Retrieved from https://ed.ted.com/lessons/your-body-language-shapes-who-you-are-amy-cuddy.

Ben, H. (2019). 디지털 시민 학교 세트(양병헌, 역). 파주: ㈜라임. (원서 출판 2013).

Blinder, A. S. (2009). How many US jobs might be off shorable?. *World Economics, 10*(2), 41.

Bocconi, S., Chioccariello, A., Dettori, G., Ferrari, A., & Engelhardt, K. (2016). Developing computational thinking in compulsory education-Implications for policy and practice (No. JRC104188). Joint Research Centre (Seville site).

Buckingham, D. (2013). *Media education: Literacy, learning and contemporary culture*. John Wiley & Sons.

Cannella, G. S. (2000). The scientific discourse of education: Predetermining the lives of others—

Foucault, education, and children. *Contemporary Issues in Early Childhood*, 1(1), 36–44.

Choi, K. S. (2002). Developmental psychology. Seoul: Kyomunsa.

Clark, R. E. (1985). Evidence for confounding in computer–based instruction studies: Analyzing the meta–analyses. *ECTJ, 33*(4), 249–262.

Committee on the Rigths of the Child (2021). *Children's Rights in the Digital Environment*. Retrieved from https://gdc.unicef.org/resource/childrens–rights–digital–environment#:~:text=The%20rights%20of%20the%20child%20in%20the%20digital,but%20safe%20digital%20spaces%20for%20children%20are%20needed.

Davis, B. C., & Shade, D. D. (1999). Integrating technology into the early childhood classroom: The case of literacy learning. *Information Technology in Childhood Education Annual, 1999*(1), 221–254.

Dorr, A. (1986). *Television and children: A special medium for a special audience*. Beverlt Hills, CA: SAGE.

Downes, T., & Fatouros, C. (1995). Young children learning in their preschool and primary years: A framework for planning to incorporate IT. *Australian Educational Computing, May*, 4–9.

Dufva, T. (2018). *Art education in the post-digital era*. Doctoral dissertation, Alto University. Palo alto. Finland

EdD, S. A. C., & Barker, T. (2013). *The big disconnect, protecting childhood and family relationships in the digital age*. New York: Harper Collins.

Edwards, S. (2013). Digital play in the early years: A contextual response to the problem of integrating technologies and play–based pedagogies in the early childhood curriculum. *European Early Childhood Education Research Journal, 21*(2), 199–212.

Ferrari, A., & Punie, Y. (2013). DIGCOMP: *A framework for developing and understanding digital competence in Europe.*

Gee, J. P. (2009). *Video games, learning, and "content". In Games: Purpose and potential in education*. Springer, Boston, MA.

Gilster, P. (1997). *Digital literacy*. New York: Wiley Computer Pub.

Haugland, S. W. (1999). What role should technology play in young children's learning? Part 1. *Young children, 54*(6), 26–31.

Heinich, R., Molenda, M., & Russell, J. D. (1989). *Instructional media and the new technologies of instruction*. New York: Macmillan.

Hirsch, J., Knittle, J., L. (1970). Cellularity of obese and non obese human adipose tissue. *Federation Proceedings, 29*(4), 35(7), 1516–1521.

Hyun, J. H. (2005). *Understanding child development*. Seoul: Changjisa

Internet society foundation (2019). *In Kenya, helping kids use the internet responsibly*. Retrieved from https://www.isocfoundation.org/story/in–kenya–helping–kids–use–the–internet–responsibly/?gclid=EAIaIQobChMIksDCw7au_AIVBVZgCh2PogS8EAAYASAAEgKxbPD_BwE.

Jonathan Steuer (1992). Defining Virtual Reality: Dimensions Determining Telepresence. *Journal of Communication, 42*(4), 73–93.

Kamii, C., & Ewing, J. K. (1996). Basing teaching on Piaget's constructivism. *Childhood Education, 72*(5), 260–264.

Knittle, J. L. (1972) Obesity in childhood; a problem in adipose tissue cellular development. *The Journal of Pediatrics, 81*(6), 1048–1059.

Korat, O. (2009). The effects of CD–ROM storybook reading on Israeli children's early literacy as a function of age group and repeated reading. *Education and Information Technologies, 14*(–), 39–53.

Kwak, E. B. (2000). *A study on the composition and effects of safety education for early childhood*. Unpublished doctoral dissertation, Chung–ang University, Seoul, Korea.

Marsh, J. (2010). Young children's play in online virtual worlds. *Journal of Early Childhood Research, 8*(1), 23–39.

Martinez, S. L. & Stager. G. (2015). 메이커 혁명[*Invent to learn*]. (송기봉, 김상균 공역). 서울: 홍릉과학출판사. (원저 2013년 출판)

Media, C. S., & Rideout, V. (2013). Zero to eight children's media use in America. *Common Sense Media*, 1–40.

Michel, H. (1998). 가상현실의 철학적 의미[*The Metaphysics of Virtual Realty*]. (여명숙 역). 서울: 책세상. (원저 1997년 출판)

NAEYC (2012). *Technology and Interactive Media as Tools in Early Childhood Programs Serving Children from Birth through Age 8*. NAEYC Joint Position Statement with the Fred Rogers Center. Retrieved from http://www.naeyc.org/files/naeyc/PS_technology_WEB.pdf.

OCR Technology: Introduction to Design, Use, Companies, Service – Nanonets. https://nanonets.com/blog/ocr–technology/에서 2023년 9월 10일 인출.

Ofcom (2016). *Children and parents: media use and attitudes report 2016*. London: Ofcom. Retrieved from https://www.ofcom.org.uk/research–and–data/medialiteracy–research/childrens/children–parents–nov16

Olweus, D.(1993). Bullying at School: What we know and what we can do. Malden, MA: Blackwell.

Otterborn, A., Schnborn, K., & Hultn, M. (2019). Surveying preschool teachers' use of digital tablets: general and technology education related findings. *International Journal of Technology and Design Education, 29*(4), 717–737.

Papert, S. (1993). *The children's machine: Rethinking school in the age of the computer*. Basic Books, Inc.

Piotrowski, J. T. (2014). The relationship between narrative processing demands and young American children s comprehendion of educational television. *Journal of Children and Media, 8*, 267–285.

Potter, W. J. (2020). 미디어 리터러시 탐구. (김대희, 전미현, 역). 서울: 소통 출판사. (원저 2019년 출판)

Roberta, G., & Cathy, H. P. (2016). 4차 산업혁명시대 미래형 인재를 만드는 최고의 교육.(김선아 역). 서울: 예문아카이브(원저 2016 출판)

Rubin, K. H., Fein, G. G., Vandenberg, B., Mussen, P. H., & Hetherington, E. M. (1983). *Handbook of child psychology, Vol. 4: Socialization, personality, and social development*. New York, 30-34.

Seo, J., W., Jung, J., A., Park, H. S., Ko, J. S., Kim, Y. J., & Kim. J. Y. (2008). Assessment of modifiable lifestyle factors for obese children and adolescents through questionnaires. *Clinical and Experimental Pediatrics, 51*(6), 576-583.

Shaffer, D. W. (2007). Epistemic games as career preparatory experiences for students with disabilities. *Journal of Special Education Technology, 22*(3), 57-69.

Sheingold, S. H. (1986). Unintended results of Medicare's national prospective payment rates. *Health Affairs, 5*(4), 5-21.

Sheridan, S., & Pramling S, I. (2003). Learning through ICT in Swedish early childhood education from a pedagogical perspective of quality. *Childhood Education, 79* (5), 276-277.

Truxal, M. R. (1994). Increasing Teacher/Parent Awareness of Developmentally Appropriate Movies for 3-6 Year Olds through Use of a Rating Scale.

UNESCO (2018). *UNESCO-UNEVOC medium-term strategy II*. Retrieved from https://unevoc.unesco.org/up/UNESCO-UNEVOC_MTS_Strategic_Plan_2018%e2%80%932020_EN.pdf.

UNICEF (2020). COVID-19 and its implications for protecting children online.

UNICEF (2021). Investigating Risks and opportunities for children in a digital world.

Vygotsky , L. S.( 2005 ) Appendix: From the notes of L. S. Vygotsky for lectures on the psychology of preschool children. *Journal of Russian and East European Psychology, 43*(2), 90-97.

Vygotsky, L. (1978). Interaction between learning and development. *Readings on the Development of Children, 23*(3), 34-41.

Wikipedia (2012). Social networking service. Retrieved from http://en.wikipedia.org/wiki/Social_networking_service.

Zevenbergen, R. (2007). Digital natives come to preschool: Implications for early childhood practice. *Contemporary Issues in Early Childhood, 8*(1), 19-29.

[용어 출처]

개인정보보호포털(n.d). 개인정보의 이해. https://www.privacy.go.kr/nns/ntc/ inf/personalInfo.do에서 2022년 8월 20일 인출.

나무위키(n.d). ChatGPT. https://namu.wiki/w/ChatGPT에서 2023년 9월 10일 인출.

나무위키(n.d). 워터마크. https://namu.wiki/w/%EC%9B%8C%ED%84%B0%EB%A7%88%ED%81%AC에서 2023년 9월 8일 인출.

나무위키(n.d). QR코드. https://namu.wiki/w/QR%EC%BD%94%EB%93%9C에서 2023년 9월 5일 인출.

나무위키(n.d). TTS. https://namu.wiki/w/Text%20to%20Speech에서 2023년 9월 7일 인출.

나무위키(n.d). GIF. https://namu.wiki/w/GIF에서 2023년 9월 12일 인출.

네이버IT용어사전(2022). 패스워드. https://terms.naver.com/entry.naver? docId =860088&cid=423 46&categoryId=42346에서 2022년 8월 26일 인출.

네이버국어사전(2022). 디지털지도 https://ko.dict.naver.com/#/entry/koko/97ed7e7bc8284e6cab1dbcd3554d9bac에서 2022년 9월 5일 인출.

네이버동영상백과(2022). 저작권. https://terms.naver.com/entry.naver?docId=6030852&cid=67207&categoryId=67210에서 2022년 10월 1일 인출.

네이버시사상식사전(2022). 초상권. https://terms.naver.com/entry.naver?docId=935017&cid=43667&categoryId=43667에서 2022년 9월 5일 인출.

네이버지식백과(2022). 게임 중독. https://terms.naver.com/ entry.naver?docId=2070245&cid=41991&categoryId=41991에서 2022년 8월 29 인출.

네이버지식백과(2022). 사이버폭력. https://terms.naver.com/entry.naver?docId=1224025&cid=40942& categoryId =32854에서 2022년 8월 29일 인출.

네이버지식백과(2023). 시사상식사전. 바드. https://terms.naver.com/entry.naver?docId=6691856&cid=43667&categoryId=43667에서 2023년 9월 9일 인출.

네이버표준국어대사전(2022). 저작권침해. https://ko.dict.naver.com/#/ entry/koko/2385fdd5b40440dab854f139b845f755에서 2022년 8월 26일 인출.

네이버표준국어대사전(2022). 컴퓨터 바이러스. https://ko.dict.naver .com/#/entry/koko/6736134c951a41fa9dd8cda2474d9cbd에서 2022년 8월 29일 인출.

두산백과(2022). 웹 2.0. https://www.doopedia.co.kr/search/encyber/new_totalSearch.jsp?WT.ac=search에서 2022년 10월 21일 인출.

위키디피아(2022). 세계 인권 선언. https://ko.wikipedia.org/wiki/ %EC%84%B8%EA%B3%84_%EC%9D%B8%EA%B6%8C_%EC%84%A0%EC%96%B8에서 2022년 10월 21일 인출.

한국저작권위원회(2016). 저작권이란 무엇인가. https://www.youtube.com/ watch?v= qyIbtz-l6q8에서 2022년 8월 26일 인출.

[이미지 출처]
http://hicomputing.org/swMarket/32839
http://map.naver.com
http://map.vworld.kr
http://www.miraehospital.com/content/index.sgk?gubun=counseling&dname=customer&mode=view&no=262&page=2&board_id=5&board_skin=list
http://www.ngii.go.kr
https://artsandculture.google.com/
https://bit.ly/3YWvuZO
https://citywalks.live/
https://earth.google.com
https://kcmf.or.kr/
https://m.blog.naver.com/PostView.naver?isHttpsRedirect=true&blogId=femail317&logNo=220847796898
https://m.khan.co.kr/national/health-welfare/article/201803151524001
https://pinkwink.kr/1069
https://playentry.org/
https://www.aitimes.kr
https://www.joongang.co.kr/article/14747896#home
https://www.joongang.co.kr/article/19566013#home
https://www.lawissue.co.kr/view.php?ud=2019122310430220959a8c8bf58f_12
https://www.mk.co.kr/news/it/view/2021/07/679305/
https://www.sc.or.kr/news/magazineView.do?NO=70949
https://www.schoolsafe.kr
https://www.unicef.or.kr/what-we-do/news/136956
https://www.yoga-anatomy.com
https://www.youtube.com/watch?v=CqBXM2CR7VE

-2023 그림유치원 만 5세 미래반-

## 동대문구 그림유치원

그림유치원은 1987년 서울 옥수동에서 1학급으로 개원하여 2001년 동대문구에서 그림유치원 9학급으로 성장하였다. 그동안 5,000여 명의 수료·졸업생 배출하였고, 이탈리아 레지오 에밀리아 접근법을 교육 기반으로 삼아 새로운 교육을 혁신 선도하고 있다.

4차 산업혁명 시대를 맞이하여 미래지향적 교육의 실천으로 2018년부터 스마트 디지털 미디어 교육을 현장에 연구 적용하여 학습에 활용하고 있다. 그림유치원은 스마트 미디어 놀이 · 교육을 레지오교육 접근에 기초하여 또래와의 상호작용과 협력으로 지식을 구성해 나가며 다양한 디지털 교수매체의 사용으로 디지털 리터러시 능력을 높이고, 많은 디지털 경험을 함으로 디지털 시민성을 키우는데 노력하고 있다. 또한 유아의 인지 수준에 맞는 프로그램을 통해 올바른 교육모델을 제공하고 있다. 이에 지역내 우수 유치원으로 여러 표창을 받고 스마트 디지털 환경의 모델이 되는 미래 학교로서 유아교육을 선도하고있다.

# 저자 소개

## 김창숙

대표 저자 김창숙 교수는 36년간 서울 그림유치원 설립자 및 원장으로 한국 유아교육 발전에 힘써왔다. 단국대학교 사범대 교직교육과 초빙교수 및 한양여자대학교 유아교육과 겸임교수로 재직하며 부모교육, 유아사회교육, 아동상담, 인성교육, 정신건강, 유아생활교육, 미술교육, 리더십, 교육학개론 등을 강의하였다.

「레지오 접근법에 기초한 다상징적 프로젝트에서 유아의 표현능력 향상에 관한 연구」 한양대학교 교육대학원에서 석사 학위를 취득하고, 「한국형 레지오 에밀리아 접근법 연구 : 페다고지스타로서의 유치원 원장 역할을 중심으로」 단국대학교 일반대학원에서 박사 학위를 취득하였다. 박사 학위 취득 후 대만, 중국, 미국 등에서 여러 차례 초대 강연과 논문 발표 등으로 한국 유아교육 현장 사례 등을 강연하였다.

최근에는 LG유플러스 아이들나라 자문위원으로 유아 스마트멀티미디어교육에 관련된 실험 연구 등으로 다수의 논문을 발표하고 다양한 미디어 매체에 출연하여 아이들의 미디어 리터러시 향상과 안전한 미디어 생활을 위해 활동하고 있다. 대표적인 미디어 출연은 LG 헬로비전 '특집헬로이슈토크 : 우리 아이 스마트 교육법, 코로나 시대 건강한 스마트 기기 활용법', 헬로TV '스페셜 ; 코로나 시대 우리아이 스마트 교육법', LG유플러스·SBS '육아정보 소통 라이브쇼 엄빠교실 : 우리 아이 행복하게 유치원 보내는 법!', 시청자미디어재단 유튜브 '유아 미디어 강사 역량 강화 교육', 교원에듀 '부모 안심 홈세미나 : 효율적인 유아 공부 시작 방법' 등이 있다. 또한 2022년 시청자미디어재단·LG유플러스·육아정책연구소와 함께 아동의 건강하고 안전한 미디어 이용을 위한 프로젝트에 참여하였다.

현재 운영 중인 동대문구 그림유치원은 레지오 에밀리아 교육철학을 토대로 멀티미디어 놀이 교육을 도입하여 국내외 교육전문가들에게 멀티미디어 놀이에 대한 방향성을 제시하는 데 노력하고있다. 2021년도에는 서울특별시의회에서 표창장을 수여 받고, 2007년과 2020년에는 부총리 겸 교육부장관 표창장을 수여 받았다. 그동안의 저서로는 레지오 에밀리아 교육의 한국 적용에 따른 여정, 레지오에밀리아 교육에서 프로젝트 이야기(공저), 글로벌 시대의 부모교육(공저), 부모교육(공저) 등이 있다. 2019년 한국열린유아교육학회 춘계학술대회 우수논문상, 육아정책연구소 주관 SDG 연합 학술대회에서 최우수 논문상을 수상하였으며, 2021년 한국열린유아교육학회 추계학술대회 우수상, 2022년 한국유아교육학회 춘계학술대회에서 '디지털 리터러시 단계를 이용한 놀이 지원이 유아의 디지털 윤리에 미치는 영향'으로 최우수논문상을 받았으며, 논문상을 수상하였다.

사회 활동으로 국제로터리 3650지구 여성위원회 위원장을 맡고 있으며 2022년 자랑스런 단국인으로 공로패를 수상 및, LG유플러스 아이들나라 자문위원, 라임유아교육 자문위원, 미국 브라이트데이(Bright Day LLC) 자문위원, 동대문구청 공직자윤리위원회 위원으로 활동하고 있으며 크라운 해태 자문위원 등을 역임하였다. 2022년 Bright Day LLC, Bright Day Foundation의 글로벌 프로젝트 다큐멘터리 영화 'PALY IS THE WAY'에 놀이를 통한 배움과 즐거움을 창조하고 있는 한국의 대표 교육자로 선정되어 인터뷰에 출연하여 그림유치원 교육과정 및 환경 등을 소개하였다.

## 김은아

저자 김은아는 문학박사로 현재 한림성심대학교 유아교육과 교수로 재직하고 있으며, 아동권리와 복지, 유아안전교육, 아동영양관리, 현장연구세미나, 문화예술교육, 미디어와 유아교육, 정보능력 등의 과목을 강의하고 있다. 유아 ICT, 미디어 활용 등이 주 연구 분야이며, 국제 포럼인 ELF(Educare Leaders Forum)에서 '유아를 위한 Youtube Literacy'에 대한 주제를 발제하였고 LG유플러스 아이들나라에서 진행하는 프로젝트에 다수 참여하였다. 육아정책연구소 주관 SDG 연합 학술대회 및 한국열린유아교육학회와 한국유아교육학회 등 유아교육관련 학회에서 개최하는 학술대회에서 유아 멀티미디어 관련 연구를 발표하여 다수의 최우수 및 우수논문상을 수상하였다.

사회활동으로 KCS교육문화컨설팅의 자문을 맡고 있으며 LG유플러스 아이들나라 미디어 콘텐츠 분석 및 교구 활용 적합성 분석에 참여하고 있다, 학회활동으로 전국전문대학교유아교육과교수협의회, 한국열린유아교육학회, 한국유아교육학회 이사를 맡고 있으며, 열린유아교육연구 편집위원을 맡고 있다.

## 이주현

저자 이주현은 KCS교육문화컨설팅 책임 연구원으로 현재 안산대학교 유아교육과에서 겸임교수로 재직하고 있다. 한양여자대학교에서 학사, 중앙대학교에서 유아교육으로 석사를 졸업 후 현재는 숭실대학교 일반대학원 문화콘텐츠학과 박사 재학 중이다. 한국교육방송공사(EBS)에서 교육콘텐츠 기획자로 재직하며 이야기 더하기 52편, 유아직업 탐구용 17편 등 교사용 미디어 교육콘텐츠를 개발하였으며, 놀이터 프로젝트, EBS-육아정책연구소 정부용역 사업으로 놀이중심 교육홍보 동영상 제작에 참여하였고, 지방자치연구소에서 국가인적자원개발 컨소시엄 사업 담당 연구원으로 재직하였다.

연구로는 IPTV 미디어 콘텐츠의 유아교육적 활용 적합성 분류 준거 개발 및 콘텐츠 분석 트랙 논문이 있다. 현재는 KCS교육문화컨설팅에서 LG유플러스 아이들나라 미디어 콘텐츠 분석 및 교구 활용 적합성을 진행하고 있으며 시청자미디어재단-육아정책연구소 정부 용역 사업으로 미디어 교육 프로그램 활동 개발 협력진으로 참여하였다.

## 이선혜

저자 이선혜는 동덕여자대학교 아동학과를 졸업하여 그림유치원에서 실습생부터 정교사를 거쳐 오랜 기간 연구부장교사로 근무하고 있다. 한 해 동안 진행되는 20여 개의 프로젝트를 지도하며 다양한 프로젝트들은 다수의 공모전에서 수상하였다. 2009 서울시교육감 표창, 2022 서울시의회 표창 및 2022 교육장 표창장을 수상하였다.

2019 한국열린유아교육학회 춘계학술대회 '누리과정 자유놀이 현장적용 사례'와 추계학술대회 '다문화 수업을 위한 멀티미디어 활용사례 연구', '유아의 자기주도적 디지털 미디어 독서콘텐츠 활용사례 분석'을 공동 발표하고, 2021 한국열린유아교육학회 추계학술대회 「STMPE를 활용한 놀이 지원이 유아의 디지털 리터러시 능력에 미치는 영향」 우수 논문상을 공동 수상하였다. 2021 한국어린이미디어학회 기획과제 '미래사회를 대비한 유아교사의 디지털 역량요소 탐색' 연구 참여 등 유아들의 유능함이 담긴 현장이야기를 전달하고 있다.

제 2 판

알파세대를 위한

# 유아 멀티미디어 놀이 · 교육

초 판 1쇄 발행 2023년 3월 3일
초 판 2쇄 발행 2023년 3월 15일
제2판 1쇄 발행 2023년 11월 3일

지 은 이 | 김창숙 · 김은아 · 이주현 · 이선혜
펴 낸 이 | 김기섭
편 집 인 | 오선율
펴 낸 곳 | 창지사 www.changjisa.com
08589 서울시 금천구 가산디지털 1로 83 파트너스타워 1차 9층
전화 (02)719-2211~3
팩스 (02)701-9386
등 록 | 1977년 4월 28일 · 제1-421호



ISBN 978-89-426-1856-9 (93370)

값 25,000원